Das Konzentrationslager Breitenau

Nationalsozialismus in Nordhessen –
Schriften zur regionalen Zeitgeschichte
Herausgegeben vom Fachbereich Erziehungswissenschaft/
Humanwissenschaften der Universität Gesamthochschule Kassel
Band 18

Zum Autor
Dr. phil. Dietfrid Krause-Vilmar, geb. 1939 in Marburg/L., Studium der Geschichte, Politikwissenschaft und Erziehungswissenschaft an den Universitäten
Marburg und Frankfurt/M., seit 1975 Professor für Erziehungswissenschaft an
der Universität Gesamthochschule Kassel, Mitbegründer der Gedenkstätte Breitenau in Guxhagen, Herausgeber der Schriftenreihe »Nationalsozialismus in
Nordhessen – Schriften zur regionalen Zeitgeschichte«.

Dietfrid Krause-Vilmar

Das Konzentrationslager Breitenau

Ein staatliches Schutzhaftlager 1933/34

SCHÜREN

Die Deutsche Bibliothek – CIP-Einheitsaufnahme

Krause-Vilmar, Dietfrid:
Das Konzentrationslager Breitenau : ein staatliches Schutzhaftlager
1933/34 / Dietfrid Krause-Vilmar. - Marburg : Schüren, 1997
   (Nationalsozialismus in Nordhessen ; Bd. 18)
   ISBN 3-89472-158-8

Schüren Presseverlag GmbH
Deutschhausstr. 31 • 35037 Marburg
© Schüren Presseverlag 1998
Alle Rechte vorbehalten
Druck: WB-Druck, Rieden
Lektorat: Georg Bucher
Layout: Armin Rohrwick
Printed in Germany
ISBN 3-89472-158-8

Inhalt

Einleitung

Historisches Stichwort: Breitenau

Breitenau ist der Name eines alten Benediktinerklosters, das in einer ›breiten Aue‹ gelegen ist, die vom Zusammenfluß der Fulda und Eder dort gebildet wird. 1527 wurde es durch Landgraf Philipp als solches aufgelöst und in ein fürstliches Hofgut umgewandelt;[1] einige Gebäude (die Kirche und die Zehntscheune) und Gebäudeteile blieben erhalten. Breitenau war vormals auch der Sitz eines zum Amt Melsungen gehörenden Gerichts[2] gewesen.

Das fürstliche Hofgut wurde 1831 Staatsdomäne.[3] In kurhessischer Zeit bildete sich um die Kirche ein kleines Pfarrdorf.[4] In preußischer Zeit wurde diese Ortschaft Teil der Gemeinde Guxhagen im ehemaligen Landkreis Melsungen, der heute zum Schwalm-Eder-Kreis gehört.[5] Die ehemalige Klosterkirche Breitenau blieb die Hauptkirche von Guxhagen, und im Namen des Kirchspiels Guxhagen-Breitenau blieb der alte Name bis in allerjüngste Zeit erhalten.[6] Guxhagen hat einen Bahnhof, der den Ort mit Kassel und Bebra verbindet.

Pläne von Landgraf Moritz, in Breitenau 1606 eine Stadt zu gründen (ein ›Hessisches Köln‹) bzw. die Gebäude zu einem Lustschloß umzubauen, scheiterten.[7] Die Gebäude dienten der Gemeinde Guxhagen als Korn- und Fruchtspeicher bzw. standen Jahrzehnte ungenutzt, bis der preußische Innenminister 1874 dem Kommunalen Bezirksverband im Regierungsbezirk Kassel die Gründung einer Korrektions- und Landarmenanstalt auferlegte.[8] Breitenau wurde nun Ar-

---

1 Christof Noll: Kloster Breitenau. In: Zeitschrift des Vereins für hessische Geschichte und Landeskunde 92 (1987), 27-41.

2 Landgraf Heinrich II. hatte dieses Gericht 1357 gekauft; hierzu zählten die Dörfer Guxhagen, Büchenwerra, Ellenberg und die Höfe Fahre und Schwärzelshof. G. Landau, Beschreibung des Kurfürstentums Hessen. Cassel 1842, 14, 264 u. 267. – Historisches Ortslexikon für Kurhessen. Bearbeitet von Heinrich Reimer. Marburg 1974 [Neudruck der 1. Ausgabe Marburg 1926], 63.

3 Evangelisches Pfarramt Guxhagen-Breitenau (Hg.): Kloster Breitenau. Melsungen o. J., 34 . – Die Kurhess. Verfassung vom 4. Januar 1831 hatte die »Sonderung des Staatsvermögens vom Fideikommiß-Vermögen des kurfürstlichen Hauses« (§140) vorgesehen. Dokumente zur deutschen Verfassungsgeschichte. Hgg. v. Ernst Rudolf Huber. Bd 1. Deutsche Verfassungsdokumente 1803-1850. Stuttgart u.a. ³1978, 238-262 (Verfassungsurkunde für Kurhessen [1831]), hier 259.

4 H. Rudolph: Vollständigstes geographisch-topographisch-statistisches Ortslexikon von Deutschland [...] Zürich 1868, Sp. 464.

5 »Breitenau – Ortschaft Kr. Melsungen s. Guxhagen« (Meyers Orts- und Verkehrs-Lexikon. Leipzig und Wien ⁵1912).

6 Gemeindelexikon für die Provinz Hessen-Nassau. Auf Grund der Materialien der Volkszählung vom 2. Dezember 1895 und anderer amtlicher Quellen bearbeitet vom Königlichen statistischen Bureau. Berlin 1897, 22 f.

7 Ralf Löber: Das Benediktinerkloster Breitenau. In: Gunnar Richter (Hg): Breitenau. Zur Geschichte eines nationalsozialistischen Konzentrations- und Arbeitserziehungslagers. Kassel 1993 (im folgenden zitiert: Richter, Breitenau), 16-20.

8 Thomas Klein (Bearb.): Grundriß zur deutschen Verwaltungsgeschichte 1815-1945. Reihe A: Preußen. Band 11. Marburg 1979, 295.

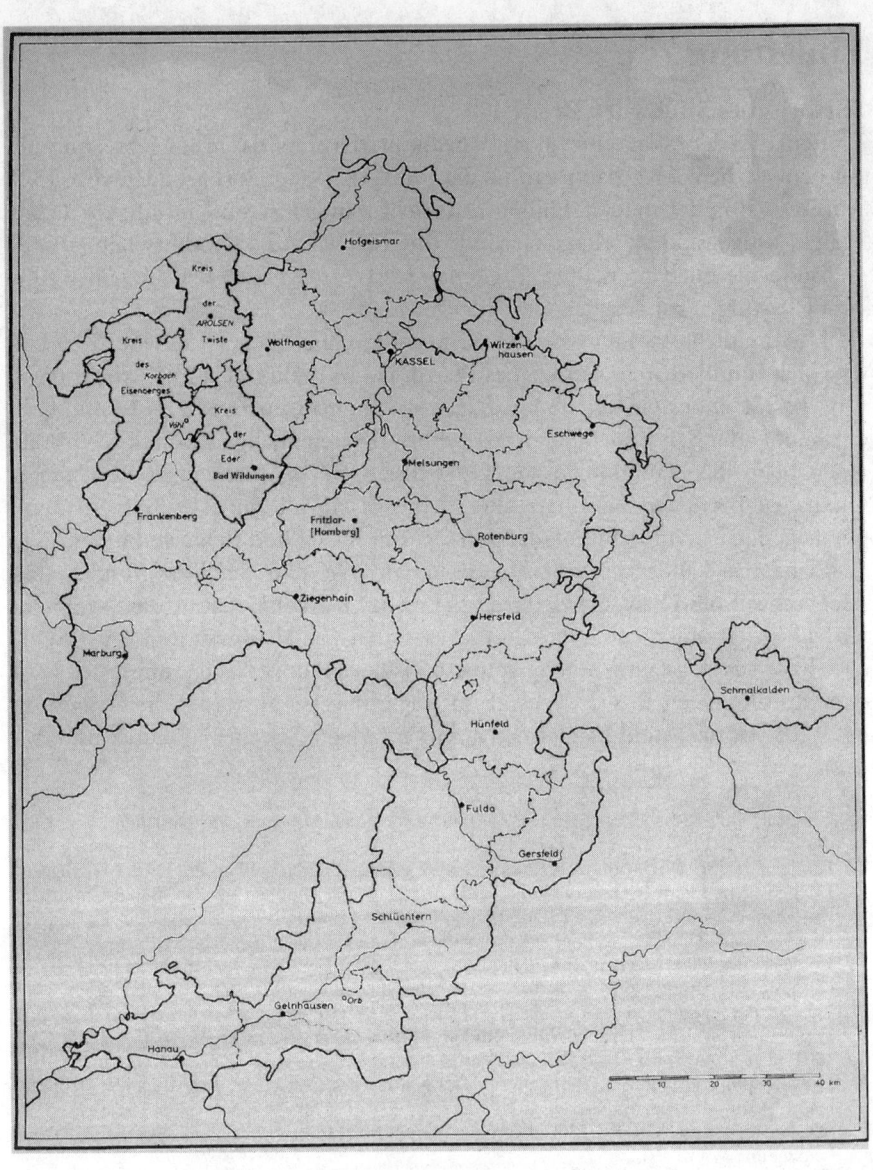

*Land- und Stadtkreise im Regierungsbezirk Kassel im Jahr 1933
(Veränderte Karte des Landesamtes für geschichtliche Landeskunde Marburg »Regierungsbe-
zirk Kassel und Fürstentum Waldeck im Jahre 1868«. In: Karl Dülfer, Die Regierung in
Kassel vornehmlich im 19. und 20. Jahrhundert, Kassel 1960)*

10

Gesamtansicht der Landesarbeitsanstalt Breitenau in den 30er Jahren

beitshaus.[9] Bettler, säumige Unterhaltspflichtige, Zigeuner, Prostituierte und Zuhälter wurden hier als Korrigenden und Korrigendinnen untergebracht. Auch Fürsorgezöglinge wurden nach Breitenau eingewiesen. Für Strafgefangene des Kasseler Zuchthauses Wehlheiden wurde 1911 ein Zellenbau errichtet.

Diesem ehemaligen Kloster und Arbeitshaus gilt nun unser Interesse, weil hier am 16. Juni 1933 vom Kasseler Polizeipräsidenten ein »Konzentrationslager für politische Schutzhäftlinge« eingerichtet wurde, das bis zum 13. März 1934 bestand und für Schutzhaftgefangene aus dem damaligen Regierungsbezirk Kassel vorgesehen war.[10] Es war nicht das einzige Arbeitshaus in Preußen, dem im Jahre 1933 ein Konzentrationslager angegliedert wurde.[11]

Die Geschichte dieses ›frühen‹ Konzentrationslagers Breitenau in den knapp neun Monaten seines Bestehens ist das Thema der folgenden Darstellung.

Nach der Auflösung des Konzentrationslagers im März 1934 wurde Breitenau wieder Arbeitshaus. Die Räume blieben nicht ungenutzt. Die Zahlen der wegen Bettelei und Landstreichens zur Nachhaft in Breitenau eingewiesenen Menschen stiegen ab Herbst 1933 wieder steil an.[12]

Während des 2. Weltkrieges wurde in Breitenau von der Gestapo Kassel ein sogenanntes Arbeitserziehungslager eingerichtet. Die meisten der insgesamt etwa 8400 Gefangenen waren ausländische Zwangsarbeiter und Zwangsarbeiterinnen. Sie hatten sich gegen die rigiden Arbeits- und Lebensbedingungen gewehrt und wurden deshalb einer besonderen Art von »Arbeitserziehung« unterworfen. Die Haft konnte mit der Rückführung zum alten Arbeitsplatz oder mit der Einweisung in ein Konzentrationslager enden. Breitenau fungierte während des Krieges auch als Sammellager für Menschen, über deren weiteres Schicksal bei den Verfolgungsbehörden, z.B. im Reichssicherheitshauptamt in Berlin, noch nicht entschieden war. Zahlreiche deutsche Juden aus dem Regierungsbezirk Kassel befanden sich als Gefangene in Breitenau in Ungewißheit, bis schließlich ein förmlicher »Schutzhaftbefehl« eintraf.

Am Ende des Krieges wurde auch Breitenau zum Ort eines der zahlreichen Kriegsverbrechen der letzten Phase. In der Nacht zum 30. März 1945 ermordeten SS- und Gestapo-Männer, die einer Volkssturm-Einheit angehörten, kurz vor dem Eintreffen amerikanischer Truppen am Fuldaberg oberhalb Breitenaus 28 Gefangene.

---

9   Wolfgang Ayaß: Das Arbeitshaus Breitenau. Bettler, Landstreicher, Prostituierte, Zuhälter und Fürsorgeempfänger in der Korrektions- und Landarmenanstalt Breitenau. Kassel 1992 (im folgenden zitiert: Ayaß, Arbeitshaus Breitenau).
10 Der Regierungsbezirk Kassel umfaßte damals nicht nur das heutige Nordhessen, sondern schloß Gelnhausen und Schlüchtern sowie Stadt und Landkreis Hanau ein.
11 Im Jahre 1933 waren in Brauweiler bei Köln, in Benninghausen in Westfalen und in Moringen im heutigen Niedersachsen ebenfalls Konzentrationslager eingerichtet worden.
12 Ayaß, Arbeitshaus Breitenau, 264-275.

Nach dem Krieg blieb Breitenau noch bis 1949 Arbeitshaus. 1952 wurde es unter der neuen Bezeichnung »Landesjugendheim Fuldatal« – der Name Breitenau verschwand stillschweigend – eines der bekanntesten geschlossenen Fürsorgeheime für Mädchen, das nach heftiger öffentlich gewordener Kritik im Dezember 1973 geschlossen wurde. Der Landeswohlfahrtsverband Hessen (LWV) mit Sitz in Kassel war im Jahre 1953 der Rechtsnachfolger des Bezirkskommunalverbandes Kassel geworden. Seit Januar 1974 befand sich auf dem Gelände des ehemaligen Klosters, Arbeitshauses und KZ Breitenau die Außenstelle Guxhagen des Psychiatrischen Krankenhauses Haina, seit 1981 des Psychiatrischen Krankenhauses Merxhausen; als Krankenhaus wurde es Ende 1996 aufgelöst; an seine Stelle tritt künftig eine Rehabilitationseinrichtung und ein Wohnheim für psychisch kranke Menschen.

Im Jahre 1984 hat die Universität Gesamthochschule Kassel mit Unterstützung des Landeswohlfahrtsverbandes Hessen in Breitenau eine Gedenkstätte eingerichtet, die auf Initiative einer Projektgruppe aus Studierenden und Mitarbeitern der Hochschule entstand und inzwischen von einem Förderverein, der sich um regionale Verbreitung der Bildungsarbeit bemüht, getragen wird. Seit 1987 wird die Arbeit der Gedenkstätte vom Land Hessen zunächst als Projekt, seit 1995 institutionell gefördert.

Quellenlage

Schriftliche Quellen

Während für die meisten frühen Konzentrationslager Namen und Zahl der Schutzhaftgefangenen nicht mehr festgestellt werden können, sind für Breitenau zwei aufschlußreiche Quellen überliefert, die dies möglich machen:

- die »Nachweisungen über Zu- und Abgänge im Konzentrationslager Breitenau«[13]
- und das »Aufnahmebuch für Häftlinge vom 1.4.1933 bis 13.3.1934«[14].

Die »Nachweisungen« bilden den Hauptanteil (neben einigen Schreiben und Notizen) einer Akte, die am 22. Juni 1933 auf Weisung des Anstaltsvorstehers angelegt worden war.[15] Anlaß hierfür war die Vereinbarung zwischen dem Landeshauptmann in Hessen, der dem Kommunalen Bezirksverband Kassel vorstand, und dem Polizeipräsidenten in Kassel über die Einrichtung des KZ Breitenau. Darin war eine Kostenregelung vorgesehen, die detaillierte Nachweise über die Tagesbelegung

---

13 Archiv des Landeswohlfahrtsverbandes (LWV) Hessen: Landarmen- und Korrektionsanstalt Breitenau 1874-1949 (1976). Bestand 2. Nr. 7631. Einrichtung und Auflösung des KZ Breitenau für politische Häftlinge 1933-1934 (im folgenden zitiert: Archiv des LWV Hessen: KZ Breitenau).

14 Archiv des LWV Hessen: Landarmen- und Korrektionsanstalt Breitenau 1874-1949 (1976). Bestand 2. Nr. 7630. Aufnahmebuch für Häftlinge während Bestehens des Konzentrationslagers 1933-1934 (im folgenden zitiert: Archiv des LWV Hessen: Aufnahmebuch).

15 Archiv des LWV Hessen: KZ Breitenau. Handschriftl. Notiz des Anstaltsvorstehers vom 22.6.1933: »Es ist eine Akte VI. B 21 mit der Bezeichnung ›Aufnahme von polit[ischen] Schutzhäftlingen‹ anzulegen.«

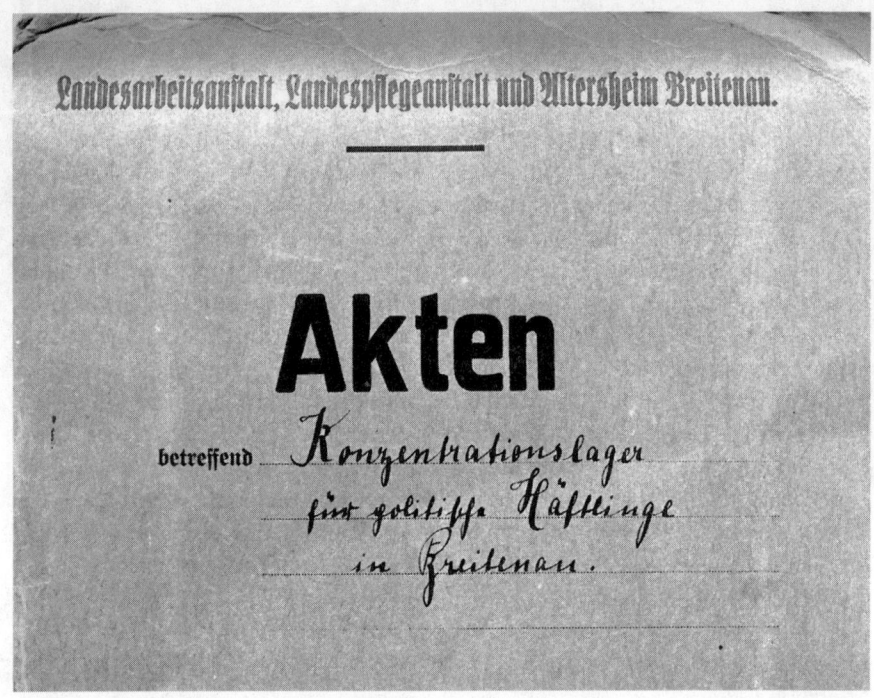

Landesarbeitsanstalt, Landespflegeanstalt und Altersheim Breitenau.

Akten

betreffend *Konzentrationslager für politische Häftlinge in Breitenau.*

Aktendeckel der am 22. Juni 1933 auf Weisung des Anstaltsvorstehers angelegten Akte »betr.: Konzentrationslager für politische Häftlinge in Breitenau« (Archiv des LWV Hessen: KZ Breitenau)

erforderlich machte. In der Vereinbarung hieß es: »Der aufsichtsführende Polizeibeamte übergibt nach Bezug der Abteilung dem Anstaltsleiter ein Verzeichnis aller zu beköstigenden und unterzubringenden Personen und teilt ebenfalls alle vorkommenden Veränderungen mit.«[16]

Während in der Regel die Originale der Nachweisungen nach Kassel an den Landeshauptmann weitergereicht wurden, legte man in der Anstalt unter der Bezeichnung »betr.: Konzentrationslager für politische Häftlinge in Breitenau« (VI B 21.I) eine Akte für die Durchschläge der Nachweisungen an, die überliefert ist.

Die entsprechenden Nachweisungen (Format DIN A4 und Format 21 cm x 33 cm) wurden vom Führer des Hilfspolizeikommandos in Breitenau in der Zeit vom 19. Juni 1933 bis zum 17. März 1934 in unregelmäßigen Abständen – je nach

---

16 Archiv des LWV Hessen: KZ Breitenau. Vereinbarung über die Einrichtung des KZ Breitenau. Es handelt sich um einen maschinenschriftlichen Durchschlag des Schreibens des Landeshauptmanns an den PP in Kassel vom 15.6.1933, den dieser dem Anstaltsvorsteher in Breitenau zur Kenntnis gegeben hatte.

20. Juli 1933.

VI. B. 21.

Betrifft: Konzentrationslager

2 Anlagen

In der Anlage werden zwei
Nachweisungen über Zu= und Abgänge
im Konzentrationslager vorgelegt.

An
den Herrn Landeshauptmann
in Hessen
zu K a s s e l .

Eines der zahlreichen Begleitschreiben des Anstaltvorstehers Breitenau an den Landeshauptmann in Kassel zu einer von der SA-Wachmannschaft ihm übergebenen »Nachweisung« der
Gefangenen (Archiv des LWV Hessen: KZ Breitenau).

15

Betr. Nachtrag zur Nachweisung über Schutzhäftlinge.
==

Zugänge :   E c k h a r dt , Heinrich, Arbeiter,geb.15.7.1899 in
19.7.33   Hanau a/M, wohnh. Hanau, Gärtnerstr.81

               M a t z a k , Ernst, Koch, geb. 22.4.1909 in Biskupitz,
                                wohnh. Kassel, Obere Karlstr.24

               H u m b u r g , Heinrich, Gastwirt,geb. 18.11.1889 in
                                Hundeshagen, wohnh. Völkershausen,
                                Kr. Eschwege.

               M i e l k e , Arthur, Melker, geb. 26.2.1891 in Bischofs-
                                werda, Kr. Schlochau, wohnh. Wildungen,
                                Adolf Hitlerstr. 19a.

               W e b e r II, Ludwig, Arbeiter, geb.23.10.1901 in Netze,
                                wohnh. Netze, Hauptstr. 18

                                ==============

Abgänge: W a n d , Ewald, Laborant, geb. 10.10.1898 in Breitenwor
19.7.33   bis, wohnh. Kassel, Niedervellmarsche Str
                                                                  26.

               H i l d e b r a n d , Jakob, Schlosser, geb. 19.1.1903
                                in Harleshausen,Bachstr.3   in Kassel

               L o o s e , Fritz, Schneider, geb.23.2.1909 inNieder-
                                elsungen, wohnh. dorts. Mittelstr.37

               H o r n s c h u , August, Schwellenhauer, geb.21.7.1898
                                inNiederelsungen, wohnh. dorts,Oberstr.104

               S e i t z , Heinrich, Schlosser, geb.1.6.1897 in Ober-
                                vorschütz, wohnh. Kassel, Hebbelstr.10

               B e l z , Konrad, Arb. geb. 30.12.1887 in Altenbruns-
                                lar, wohnh. Kassel, Henkelstr. 13

                                        I.A.

Herrn

     Vorsteher Schrötter

          H i e r .
          =*+*+*+*+*+*=

*Eine der zahlreichen »Nachweisungen«, hier von einem Angehörigen der SA-Wachmann-
schaft unterzeichnet und an den Vorsteher der Anstalt Breitenau gerichtet (Archiv des LWV
Hessen: KZ Breitenau).*

16

Aktendeckel des in der Anstalt Breitenau geführten Aufnahmebuchs
(Archiv des LWV Hessen).

den sog. ›Zugängen‹ und ›Abgängen‹ von Gefangenen bzw. Angehörigen der Wachmannschaft – in zwei Exemplaren zusammengestellt, unterzeichnet und dem Vorsteher der Landesarbeitsanstalt Breitenau zugestellt.[17] Der Vorsteher (zunächst Landesobersekretär Joseph Schrötter, ab 21. Oktober 1933 Landes-oberrentmeister Heinrich Klimmer) reichte sie mit seinem Begleitschreiben unter dem Aktenzeichen »VI.B.21 betr.: Konzentrationslager« an den Landeshauptmann in Hessen (Sitz Kassel) weiter. Das Begleitschreiben enthielt auch die Zahl der jeweiligen ›Belegung‹ des Lagers (etwa so: »Das Konzentrationslager ist zur Zeit belegt mit [z. B. 20] Hilfspolizeibeamten und [z. B. 159] Schutzhäftlingen.«). Die Nachweisungen sind vollständig, die Begleitschreiben sind bis auf ein Exemplar erhalten. Die Nachweisungen sind teils im Original, teils in Maschinendurchschrift erhalten. Einige Exemplare weisen am linken Heftrand das Prägezeichen »Polizeipräsidium Kassel« auf. Die Begleitschreiben des Anstaltsleiters sind in Durchschrift erhalten.

---

17 Archiv des LWV Hessen: KZ Breitenau. Die Nachweisungen wurden zunächst von Polizei-obersekretär Faust, dann von SA-Oberscharführer Walter K., von SS-Scharführer (ab 12.10.1933: SS-Oberscharführer) Georg M., von SS-Mann Adam L. und von SS-Sturmmann (ab 24.2.1934: SS-Rottenführer) Fritz W. zusammengestellt und unterzeichnet. W. unterzeichnete als einziger seine Meldungen mit »Führer des Wachkommandos« (vgl. Nachweisungen, 24.2.1934 ff.). Die handschriftlich erstellten Nachweisungen wurden, wie ein Vergleich mit seiner Handschrift ergibt (z.B. mit dem von ihm unterzeichneten Bericht vom 9./11.12.1933), von Adam L. erstellt.

Die insgesamt 114 Nachweisungen[18] hielten auf den Tag genau die Veränderungen in der Zusammensetzung der Schutzhaftgefangenen und der SA- bzw. SS-Wachmannschaften fest. Neben dem Namen, dem Vornamen, dem Geburtsort und -datum wurden der Wohnort, die Straße und Hausnummer und der Beruf aufgeführt. In den ersten beiden Nachweisungen (vom 19. Juni 1933) wurden Mitgliedschaften in politischen Organisationen (z. B. KPD oder Kampfbund [gegen den Faschismus], illegaler Rotfrontkämpferbund oder SPD) aufgeführt. In diesen beiden Nachweisungen wurde auch eine Zuordnung der Gefangenen nach ›Stufe I‹ und ›Stufe II‹ vorgenommen. In der zweiten Nachweisung vom 19. Juni 1933 wurde hinter dem Namen des Schutzhaftgefangenen jeweils eine ›Liste‹ genannt, auf die Bezug genommen wurde (z. B. »Schädler, Ernst, Nr. 103 der Liste ...«). Um welche Liste es sich hier gehandelt hat, konnte nicht festgestellt werden.

Die Entstehung des Aufnahmebuchs, das ebenfalls in den Anstaltsakten überliefert ist, ließ sich nicht klären. Die Stempel »Landesarbeitsanstalt und Landesfürsorgeheim Breitenau« (verschiedene Ausfertigungen), die Tatsache, daß zwei Personen (bis 24.6.1933 und ab 29.6.1933) die Eintragungen vorgenommen haben, sowie die mit Bleistift unregelmäßig am Rand vorgenommenen Additionen der Zahl der Gefangenen sprechen dafür, daß das Buch zur Zeit des Bestehens des KZ Breitenau angelegt und geführt worden ist. Solche Aufnahmebücher wurden traditionell im Arbeitshaus Breitenau angelegt; die Bezeichnung ›Aufnahmebuch‹ verweist darauf, daß man hier einer hauseigenen Tradition gefolgt ist, denn es handelte sich um kein Buch, sondern um ein großformatiges Heft (30,5 x 44,5 cm), in dem, in zeitlicher Folge und fortlaufend gezählt, die Gefangenen mit Namen, Vornamen, Beruf, Geburtstag und Geburtsort, dem Tag des ›Zugangs‹ und dem Tag des ›Abgangs‹ handschriftlich aufgeführt sind. Einige Tatsachen stützen die Annahme, daß das Aufnahmebuch von einem Angehörigen der Anstalt Breitenau geführt wurde.[19] In den Aktendeckel sind 15 Blatt im Format 28 x 43,3 cm des anscheinend in Gefängnissen üblichen Formulars

---

18 Archiv des LWV Hessen: KZ Breitenau. Folgende Nachweisungen liegen vor: vom 19. Juni (zwei Nachweisungen), vom 22. Juni, vom 27. Juni, vom 1. Juli, vom 3. Juli (2), vom 7. Juli, vom 15. Juli (2), vom 20. Juli (2), vom 24. Juli, vom 2. August (3), vom 10. August (5), vom 12. August (2), vom 15. August, vom 19. August (2), vom 23. August, vom 27. August, vom 2. September (2), vom 11. September (2), [ohne Anschreiben, vermutlich vom 13. September] (2), [ohne Anschreiben, vermutlich vom 16. September], vom 21. September (3), vom 25. September (2), vom 30. September (3), vom 3. Oktober (2), vom 7. Oktober (2), vom 11. Oktober (2), vom 20. Oktober (6), vom 28. Oktober (4), vom 1. November, vom 11. November (6), vom 1. Dezember (11), vom 27. Dezember (5) – alle 1933 – vom 9. Januar (8), vom 27. Januar (6), vom 24. Februar (9), [ohne Anschreiben, vermutlich vom 17. März] (9) – alle 1934.

19 Die erste Eintragung erfolgte zu einem Zeitpunkt (1.4.1933), als die Hilfspolizei noch nicht in Breitenau stationiert war; der Stempel »Landesarbeitsanstalt und Landesfürsorgeheim Breitenau« befindet sich auf dem Umschlag; die erhaltenen Schriftzüge sind nicht mit den Schriftzügen der die Nachweisungen unterzeichnenden Hilfspolizisten identisch.

»B 1 a. Namens=Verzeichnis zu den Gefangenenbüchern. – Einlagebögen« eingeheftet. 29 Seiten sind beschrieben. Auf dem Umschlag sind zwei Stempel und die (auf einem als Etikett zugeschnittenen Zettel) angebrachte Überschrift »Aufnahmebuch für Häftlinge vom 1.4.1933 bis 13.3.1934« enthalten (in Druckbuchstaben handschriftlich, abweichend von den anderen Schriftformen). Da von den 470 Gefangenen des KZ Breitenau 39 zweimal und einer dreimal inhaftiert gewesen waren, ergab sich im Aufnahmebuch die Zahl von 511 Aufnahmen (Ziffer 1 bis 511).

Dem äußeren Erscheinungsbild nach handelt es sich sowohl bei dem erwähnten Aufnahmebuch als auch bei den Nachweisungen um Originale. Das Aufnahmebuch ist ein Unikat, die Nachweisungen sind originale Maschinen-Durchschriften, einige Originale.

Die Nachweisungen und das Aufnahmebuch stimmen in allen Angaben über die Schutzhaftgefangenen überein. Lediglich in unwesentlichen Details finden sich Abweichungen zwischen beiden Quellen (besonders Schreibweisen von Ortsnamen sind im Aufnahmebuch eher falsch: Obervelmar, Fechtenheim, Langensebold).[20]

Soviel zu den in der Anstalt Breitenau selbst geführten Akten. Man hätte erwarten können, daß entsprechende Unterlagen sich beim Landeshauptmann in Hessen finden, was jedoch nicht zutrifft. Der Bestand 1 im Archiv des LWV Hessen enthält keine für das KZ Breitenau bedeutsamen Akten.

Weiter waren die Akten des Regierungspräsidenten in Kassel und der Landräte des Regierungsbezirks im Hessischen Staatsarchiv Marburg heranzuziehen, die sich als ergiebig erwiesen. In Sachen Schutzhaft ist vor allem im Jahre 1933 dicht und häufig korrespondiert worden – zum einen, da diese von Staats wegen (anfangs durch den Landrat) angeordnet wurde, zum andern, da der Staat kostenpflichtig war. Zahlreiche Schutzhaftvorgänge sind so vollständig erhalten, daß daraus die Haftgründe bzw. Haftanlässe – die vorgeschobenen sind nicht immer leicht von den tatsächlichen zu unterscheiden – zu ersehen sind. Besonders aufschlußreich ist eine 553 Blatt umfassende Akte, die sich mit

---

20 Nicht immer wurden bei kleineren oder entlegenen Gemeinden die Ortsnamen so eindeutig bzw. vollständig angegeben, daß die Identität des Ortes zweifelsfrei feststeht. Es war notwendig, sämtliche Ortsnamen (der Geburts- und Wohnorte) mit Hilfe der einschlägigen Ortslexika nachzuprüfen, wobei sich auch auf diesem Wege nicht alles aufklären ließ. Die Ermittlung des Herkunftsortes und des Geburtsortes bildet für lebensgeschichtliche Studien (Standesamt des Geburtsortes bleibt maßgebend) eine entscheidende Voraussetzung. Ferner war es notwendig, bei fachkundigen Heimathistorikern in Einzelfällen nachzufragen. Dies ist bislang vollständig für die Altkreise Hofgeismar, Frankenberg, Fritzlar-Homberg, Melsungen, für die Stadt Kassel und für Schmalkalden und Büdingen geschehen. Eine Dokumentation, in der sämtliche Schreibweisen aufgenommen sind, ist in der Gedenkstätte Breitenau einsehbar: Schutzhaftgefangene des Konzentrationslagers Breitenau 1933/1934. Namen, Geburtsdaten, Geburtsorte, Wohnorte, Berufe, Haftzeiten. Alphabetisch und nach Kreisen zusammngestellt von Dietfrid Krause-Vilmar. Kassel 1987 (Archivexemplar in der Gedenkstätte Breitenau).

den Kosten der Schutzhaft befaßt.[21] Vergleichbare Akten finden sich bei den Landräten, wobei hier auch auf Vorarbeiten eines Forschungsprojektes des Wiesbadener Hauptstaatsarchivs zurückgegriffen werden konnte.[22] Die umfangreichen und von uns systematisch einbezogenen Akten, die unter »Polizei, Sicherheitspolizei« beim Regierungspräsidenten abgelegt worden sind, erwiesen sich ebenfalls als aufschlußreich.[23] Schließlich waren – neben kleineren weiteren Akten – die über den Kommunismus angelegten Akten für unsere Untersuchung von Belang, da die meisten Gefangenen des KZ Breitenau aus der kommunistischen Bewegung stammten bzw. der KPD angehörten.[24]

Keine Überlieferung fand sich in den Akten des Polizeipräsidenten in Kassel, obgleich der Regierungspräsident den Landräten die ›Überreichung der Akten des betreffenden Schutzhäftlings‹ an den Polizeipräsidenten verfahrensrechtlich vorgeschrieben hatte. Diese sind im Hessischen Staatsarchiv in Marburg jedoch nicht erhalten.

Da jedoch der Polizeipräsident zu dieser Zeit regelmäßig in der Angelegenheit ›politische Schutzhaft‹ an den Regierungspräsidenten zu berichten hatte, und da diese Akten überliefert sind, lassen sich auf diesem Weg in zahlreichen Fällen die Gründe der Verhängung von Schutzhaft nachweisen.

Weitere Aufschlüsse gewähren die überwiegend vollständig erhaltenen Akten der Landräte im Regierungsbezirk Kassel. Auch die Lageberichte des Kasseler Regierungspräsidenten und diejenigen der im Mai 1933 begründeten Gestapostelle Kassel enthalten wertvolle Hinweise auf die Haftgründe.[25]

---

21 HStA Mbg 165/3878. Der Regierungspräsident in Kassel (RP). Sonder-Akten betreffend Verrechnung der Kosten für Schutzhaftgefangene. Band I (1933). Ein Band II ist nicht überliefert (im folgenden zitiert: HStA Mbg 165/3878). Hier findet sich eine Abschrift der Vereinbarung zwischen dem Landeshauptmann und dem PP über die Einrichtung des KZ Breitenau: Der Landeshauptmann in Hessen an den Polizeipräsidenten in Kassel am 15. Juni 1933 [Vereinbarung über Einrichtung des KZ Breitenau]. Abschrift aus dem Polizeipräsidium zur Kenntnis des RP.

22 Hessisches Hauptstaatsarchiv Wiesbaden: Dokumentation des biographisch aufgebauten Forschungsprojektes zu Verfolgung und Widerstand in Hessen (im folgenden zitiert: HHStA Wbdn: Dokumentation).

23 HStA Mbg 165/3982. RP Kassel. Sonder-Akten betreffend Öffentliche Ruhe und Ordnung. Band 10, 11, 12, 13 (März 1933 – August 1934) (im folgenden zitiert: HStA Mbg 165/3982. Band ...).

24 HStA Mbg 165/3886. RP Kassel. Sonder-Akten betreffend die Kommunistische Partei Deutschlands. K.P.D. Die kommunistische Bewegung. Band 1 – 165/3886. RP Kassel betr. die KPD im Jahre 1933. Band 2 (im folgenden zitiert: HStA Mbg 165/3886. Band ...).

25 Die Lageberichte der Geheimen Staatspolizei über die Provinz Hessen-Nassau 1933 – 1936. Zwei Teilbände. Mit ergänzenden Materialien herausgegeben, eingeleitet und erläutert von Thomas Klein (=Veröffentlichungen aus den Archiven preußischer Kulturbesitz, Band 22). Köln – Wien 1986 (im folgenden zitiert: Klein, Lageberichte der Gestapo).
Der Regierungsbezirk Kassel 1933 – 1936. Die Berichte des Regierungspräsidenten und der Landräte. Hgg. und eingel. von Thomas Klein. Zwei Teile. (=Quellen und Forschungen zur hessischen Geschichte. Herausgegeben von der Historischen Kommission Darmstadt und der Historischen Kommission für Hessen, 64) Darmstadt und Marburg 1985 (im folgenden zitiert: Klein, Berichte des RP).

Fotos vom Konzentrationslager sind nicht überliefert.[26] Schließlich war die regional- und lokalhistorische Literatur heranzuziehen.

Mündliche Überlieferung
Zahlreiche ehemalige Gefangene des Lagers Breitenau standen zu Gesprächen zur Verfügung. Die mündliche Überlieferung zu Breitenau ergänzt vieles und eröffnet neue Aspekte: mit einigen der ehemals Gefangenen wurden Gespräche geführt, mit anderen Briefe gewechselt; Frauen der Gefangenen und Nachfahren haben berichtet und der Gedenkstätte Dokumente und Fotos übergeben.

Ich betrachte die Gespräche mit den ehemaligen Gefangenen als etwas besonders Wertvolles: sie haben über eine schwere Zeit ihres Lebens gesprochen und etwas von sich mitgeteilt. Ich habe daher versucht, aus diesen Gesprächen möglichst viel in den wissenschaftlichen Text einzubringen.[27]

Allerdings wollten einige der ehemaligen Verfolgten nicht mehr über ihre Zeit im Konzentrationslager Breitenau sprechen. So schrieb uns ein ehemaliger Gefangener Breitenaus auf die Anfrage, ob er zu einem Gespräch bereit sei:

>»Habe in meinem Leben durch meinen damaligen Leichtsinn so viel Nachteile gehabt, daß ich nicht bereit bin, irgendwelche Auskünfte zu geben. Durch Ihren Brief sehe ich, *daß diese Sache nach bald 50 Jahren mir noch immer anhängt.* Im Jahre 1949 bin ich aus der KPD ausgetreten, da ich diese Politik nicht mitmachen wollte. Durch Drohungen, die ich damals erhielt, dürfte es für mich gefährlich sein, die DDR oder die Oststaaten zu besuchen.«

Ein anderer teilte mit:

>»*Ich möchte an nichts mehr erinnert werden.* Bin 78 Jahre alt und möchte alles vergessen.«

Die Sprache, in der wiederum andere über ihre Haftzeit in Breitenau berichten, hat ihre eigene Form: sie erscheint uns dicht, manchmal knapp und karg, auch fragmentarisch, meist auf das Wesentliche beschränkt. Zorn, Trauer und Verletzung klingen in ihr nach. Die Namen der Peiniger werden fast immer genauestens mitgeteilt, auch anklagend aufgerufen. Zum Beispiel so:

>»Am Fuldaberg wurden ich und Finkelstein [Kurt Finkenstein], Halbjude aus Kassel, im Kreis herumgejagt bei 35 Grad Wärme, sodaß wir umfielen. Von dem SA-Mann Konrad H. [er nannte den vollständigen Nachnamen] aus Kassel, jetzt wohnhaft in Melsungen. Derselbe ist verheiratet mit einer geborenen D. [auch hier war der vollständige Nachname angegeben], beide in Melsungen wohnhaft.«[28]

---

26 Erhalten ist ein nicht datierbares Foto vom ›Ehrenmal‹ für die SS, das die Schutzhaftgefangenen im Herbst 1933 am Fuldaberg errichten mußten (Privatbesitz).
27 Vgl. besonders Kapitel 6 [Im Konzentrationslager].
28 Notiz über ein Gespräch mit Karl Kramm (Sohn von Georg Kramm) am 24.1.1983 (Ursula Deuker). Karl Kramm zeigte uns ein denkwürdiges Dokument: eine unmittelbar nach der Befreiung 1945 von seinem Vater aufgesetzte Erklärung, in der Georg Kramm Namen und Wohnsitz der an den Novemberpogromen in Guxhagen Beteiligten und seiner Peiniger in Breitenau nannte.

Jeder kann genau nachprüfen, was ich hier erkläre – bis zum Geburtsnamen der im Nachbarort Melsungen wohnenden Ehefrau des ehemaligen SA-Schleifers –, so könnte der Sinn dieser Mitteilung gewesen sein.

Die Interpretation dieser Zeugnisse der ›oral history‹ ist nicht einfach. Vertrauen kann den Wahrheitsbeweis nicht ersetzen. Wie können wir zum Beispiel mit Informationen umgehen, für die wir nur ein einzelnes Zeugnis aus weit späterer mündlicher Überlieferung haben? Hat sich ein bestimmtes Ereignis tatsächlich so abgespielt wie von einem Zeitzeugen berichtet, oder täuschte das – im allgemeinen ohnehin nicht sehr zuverlässige – Gedächtnis? Die quellenkritische Sichtung und Untersuchung stößt hier oft an Grenzen.

Hinzu kommt die weitere Schwierigkeit, daß die Mitglieder der ehemaligen Wachmannschaften Gespräch und Mitteilung verweigert haben. Trotz öffentlicher und informeller Versuche hat sich kein ehemaliger SA- oder SS-Mann bereit erklärt, mit uns über das KZ Breitenau zu sprechen.

Forschungsstand

Das Konzentrationslager Breitenau gehörte zu den sogenannten ›frühen‹ von einer regionalen staatlichen Behörde (in diesem Fall vom Kasseler Polizeipräsidenten) eingerichteten Konzentrationslagern in Preußen. Daß es eine Behörde der mittleren Ebene war, die Breitenau eingerichtet hat, ist wichtig; denn von Seiten des preußischen Innenministeriums in Berlin verfolgte man mit den Konzentrationslagern andere Strategien, was zu einem Dissens mit dem Polizeipräsidenten in Kassel führte, auf den später einzugehen sein wird. Die Bezeichnung ›frühes‹ Konzentrationslager verweist auf die Monate unmittelbar nach der Machtergreifung Hitlers in Deutschland, auf das Frühjahr und den Sommer 1933. Daß es staatliche Einrichtungen waren, unterschied sie von den sogenannten ›wilden‹ (d.h. von SA oder SS begründeten, z.B. in einer leer stehenden Fabrikhalle oder in einem Steinbruch eingerichteten) Lagern, die ebenfalls in die Frühzeit des NS-Staates fielen.

Im Deutschen Reich hat es im Jahre 1933 zahlreiche solcher frühen Konzentrationslager gegeben. Ihre genaue Zahl und Größe ist unseres Wissens niemals untersucht worden. Die bekanntesten waren Börgermoor, Dachau, Breslau-Dürrgoy, Esterwegen, Fuhlsbüttel, Heuberg (Baden), Kemna (Wuppertal-Barmen), Kislau (Baden), Lichtenburg, Moringen, Oranienburg, Osthofen, Sonnenburg und Ulm-Kuhberg.

Zu fast allen dieser Lager gibt es persönliche Aufzeichnungen und Berichte ehemaliger Schutzhaftgefangener. Die wissenschaftliche Bearbeitung der frühen Schutzhaft-Lager ist noch im Anfangsstadium. Drobisch/Wieland listen in ihrer informativen Monographie 155 solcher »berüchtigte[r] Folterstätten, Konzentrationslager und Schutzhaftabteilungen in Polizeigefängnissen und Justizvollzugs-anstalten« im Jahr 1933 auf[29], wobei einige ›wilde‹ Lager in die Liste, die ergän-zungsbedürftig bleiben wird, einbezogen sind.

Zum einen gibt es allgemeine Studien zum KZ-System, in denen sich Bezüge zu den frühen Lagern finden, zum Beispiel bei Drobisch/Wieland oder bei Falk Pingel[30]. Unerläßlich für den politisch-rechtlichen Rahmen der frühen Schutz-haft sind die Arbeiten von Christoph Graf[31] und von Johannes Tuchel[32]. Zum andern gibt es Einzelstudien zu den bekannteren frühen Konzentrationslagern. Die erste systematische Untersuchung eines solchen Lagers hat Lawrence D. Stokes über das Schutzhaftlager in Eutin im Jahre 1979 vorgelegt.[33] Als einige weitere sind zu nennen: Harald Jenner[34] über das KZ Kuhlen, Silvester Lechner[35] über das KZ auf dem Oberen Kuhberg und Hans-Günter Richardi über das KZ Dachau.[36] Zu den Emslandlagern (Börgermoor, Esterwegen, Neusustrum) gibt es Dokumentationen und Veröffentlichungen.[37] Günter Morsch hat eine Ge-schichte des frühen Konzentrationslagers Oranienburg herausgegeben.[38] Das KZ Columbia-Haus in Berlin ist mit zahlreichen biographischen Recherchen dokumentiert.[39] Die frühen KZ in Bremen und Bremerhaven sind erforscht.[40]

---

29 Klaus Drobisch / Günther Wieland: System der NS-Konzentrationslager 1933-1939. Berlin 1993 73-75 (Tab. 12) (im folgenden zitiert: Drobisch/Wieland).

30 Falk Pingel: Häftlinge unter SS-Herrschaft. Widerstand, Selbstbehauptung und Vernichtung in NS-Konzentrationslagern. Hamburg 1978.

31 Christoph Graf: Politische Polizei zwischen Demokratie und Diktatur. Die Entwicklung der preußischen Politischen Polizei vom Staatsschutzorgan der Weimarer Republik zum Geheimen Staatspolizeiamt des Dritten Reiches. Berlin 1983 (=Einzelveröffentlichungen der Historischen Kommission zu Berlin, Band 36) (im folgenden zitiert: Graf, Politische Polizei).

32 Johannes Tuchel: Konzentrationslager. Organisationsgeschichte und Funktion der »Inspektion der Konzentrationslager« 1934 – 1938. (im folgenden zitiert: Tuchel, Konzentrationslager).

33 Lawrence D. Stokes: Das Eutiner Schutzhaftlager. Zur Geschichte des ›wilden‹ Konzen-trationslagers Eutin. In: Vierteljahrshefte für Zeitgeschichte (VfZ) 27 (1979), 570-625 (im folgenden zitiert: Stokes, KZ Eutin).

34 Harald Jenner: Konzentrationslager Kuhlen 1933. Rickling 1988.

35 Silvester Lechner: Das KZ Oberer Kuhberg und die NS-Zeit in der Region Ulm/Neu-Ulm. Stuttgart 1988.

36 Hans-Günther Richardi: Schule der Gewalt. Die Anfänge des Konzentrationslagers Dachau 1933-1934. Ein dokumentarischer Bericht. München 1983.

37 Erich Kosthorst/Bernd Walter: Konzentrations- und Strafgefangenenlager im Dritten Reich. Beispiel Emsland. Band 1. Düsseldorf 1983 (im folgenden zitiert: Kosthorst/Walter). – Elke Suhr/ Werner Boldt: Lager im Emsland 1933-1945. Geschichte und Gedenken. Oldenburg 1985.

38 Günter Morsch (Hg.): Konzentrationslager Oranienburg (=Schriftenreihe der Stiftung Brandenburgische Gedenkstätten Nr. 3). Berlin 1994.

39 Kurt Schilde/Johannes Tuchel: Columbia-Haus. Berliner Konzentrationslager 1933-1936. Berlin 1990.

40 Lothar Wieland: Die Konzentrationslager Langlütjen II und Ochtumsand. Bremerhaven 1992. – Jörg Wollenberg: Vom Auswandererlager zum KZ. Zur Geschichte des Bremer Konzentrationslagers Missler. In: Zwangsarbeit, Rüstung, Widerstand 1931-1945. Beiträge zur Sozialgeschichte Bremens, Heft 5. Hgg. v. Wiltrud Drechsel, Heide Gerstenberger, Christian Marzahn. Bremen 1982, 85-150.

Zum Konzentrationslager Breitenau liegen bislang unsere Vorarbeiten vor, die einen ersten Überblick darstellen.[41]

Fragestellung

Mit den Arbeiten von Graf und Tuchel ist die Sicht- und Handlungsweise der Staatsregierungen in Preußen und Bayern gegenüber diesen frühen regional entstandenen Konzentrationslagern aufgehellt. Die Innenminister versuchten, die Sache selbst in die Hand zu nehmen und durch Zentralisierung und Normierung den regional entstandenen Terror zu kanalisieren sowie die Öffentlichkeit im In- und Ausland zu beruhigen.

Was jedoch bislang noch fehlt, ist der Blick hinter die Kulissen der regionalen politischen Instanzen, in Preußen also hinter die Politik der Regierungs- und Polizeipräsidenten. Das Konzentrationslager Breitenau wurde vom Kasseler Polizeipräsidenten eingerichtet und – wie zu zeigen sein wird – gegenüber dem preußischen Innenministerium in Berlin, das es lieber heute als morgen auflösen wollte, bis in den März 1934 behauptet. Der Rahmen der Verantwortlichkeit dieser regionalen Behörden wird am Beispiel des KZ Breitenau klar erkennbar.

Dassselbe gilt für die regionalen Behörden auf Kreisebene. Die Landräte und Oberbürgermeister der Städte spielten eine entscheidende Rolle bei der Einweisung von Gefangenen in das KZ Breitenau. Abwegig wäre für das Jahr 1933 die Annahme, daß ein zentral gesteuertes System von Berlin aus Städte und Gemeinden sich unterwirft und terrorisiert. Das System des Terrors und der Verfolgung wurde auch von ›unten‹ aufgebaut und gestützt, d.h. von den kommunalen Behörden und ihren Leitern.

Schließlich läßt sich, da Breitenau kein SA- oder SS-Lager, sondern ein vom Kasseler Polizeipräsidenten eingerichtetes staatliches KZ war, das Spannungsverhältnis zwischen den im Jahre 1933 zweifellos noch erhaltenen Resten rechtsstaatlicher Ordnung und dem Ausgreifen des entfesselten politischen Parteienstaates studieren.

---

41 Erinnern an Breitenau 1933-1945. Eine Ausstellung historischer Dokumente. Herausgegeben von der Gesamthochschule Kassel. Fachbereich Erziehungswissenschaft/ Humanwissenschaften. Projektgruppe Breitenau. U. Deuker, D. Krause-Vilmar, H. Mehner, R. Nolle, W. Prinz, G. Richter, W. Tiegel. Kassel 1982 – Richter, Breitenau, 50-95. – Dietfrid Krause-Vilmar, Das Konzentrationslager Breitenau in Guxhagen bei Kassel 1933/34. In: Werner Wolf/ Antonio Peter (Hg.): Als es mit der Freiheit zu Ende ging. Studien zur Machtergreifung der NSDAP in Hessen. Wiesbaden 1990, 211-233.

Die Einrichtung des Konzentrationslagers Breitenau

Das Konzentrationslager Breitenau wurde am 16. Juni 1933 durch eine Initiative des Polizeipräsidenten in Kassel, Fritz von Pfeffer, begründet und eingerichtet. Er war in der zweiten Aprilhälfte 1933 Polizeipräsident in Kassel geworden. Ihm wurde am 23. Juli 1933 vom Regierungspräsidenten in Kassel die Leitung der Staatspolizeistelle Kassel übertragen.[1]

Der im ersten Weltkrieg dekorierte und kriegsversehrte Hauptmann a.D. Friedrich Pfeffer von Salomon – so sein Name; ab 1933 nannte er sich Fritz von Pfeffer – war der Bruder des in höchsten NSDAP-Kreisen und mit Hitler persönlich verkehrenden Franz Felix Pfeffer von Salomon, der vor Ernst Röhm Oberster SA-Führer (1926-1930) gewesen war. Von Pfeffer hatte nach dem Abbruch des Studiums der Rechtswissenschaft eine Lehre in Obst- und Gemüsebau absolviert und war als Pächter eines Gutes tätig. 1928 trat er in die NSDAP und ein Jahr später in die SA ein, in der er im Schatten seines Bruders Karriere machte. Als Polizeipräsident und Gestapoleiter in Kassel wurde er zur »Schlüsselfigur der polizeilichen Aktivität im Regierungsbezirk einschließlich der politischen Berichterstattung«.[2]

In der preußischen Provinz Hessen-Nassau gab es bis zu diesem Zeitpunkt noch kein staatliches Konzentrationslager. Im Volksstaat Hessen hatte man am 15. April 1933 das Konzentrationslager Osthofen, in Rheinhessen nördlich von Worms (heute Rheinland-Pfalz) gelegen, eingerichtet.[3]

Die Einrichtung von Konzentrationslagern im Jahre 1933 in Preußen erfolgte nicht zentral von Berlin aus, sondern war oft das Ergebnis eines vielschichtigen politischen Entscheidungsprozesses, bei dem regionale Behörden – wie der Regierungspräsident oder der Polizeipräsident – eine entscheidende Rolle spielten. Johannes Tuchel hat dargelegt, wie widersprüchlich und schwerfällig, weil konzeptionell ›entscheidungsschwach‹ seitens des preußischen Innenministeriums die institutionelle Begründung und bürokratische Vereinheitlichung der Konzentrationslager abgelaufen ist. Sämtliche diesbezüglichen Planungen in Preußen bis zur Gestapo-Machtübernahme durch Heinrich Himmler und Rein-

---

1 Thomas Klein: Leitende Beamte der allgemeinen Verwaltung in der preußischen Provinz Hessen-Nassau und in Waldeck 1867-1945 (=Quellen und Forschungen zur hessischen Geschichte. Herausgegeben von der Historischen Kommission Darmstadt und der Historischen Kommission für Hessen, 70). Darmstadt und Marburg 1988 (im folgenden zitiert: Klein, Leitende Beamte), 187 (zur Person v. Pfeffers).
2 Klein, Lageberichte der Gestapo, 20f.
3 Eine Übersicht der frühen Konzentrationslager bei Gudrun Schwarz: Die nationalsozialistischen Lager. Überarb. Ausgabe. Frankfurt a.M. 1996, 167 f. Die Verfasserin zählt 59 frühe Konzentrationslager im Deutschen Reich.

hard Heydrich sind gescheitert.[4] Einzig der systematische Aufbau der Konzentrationslager in den Moorgebieten des Emslandes (die späteren Konzentrationslager Börgermoor, Esterwegen und Neusustrum) als zentrale preußische Konzentrationslager wurde seit Ende Mai 1933 vorangetrieben. Gleichwohl hat sich in der Zeit vom Frühjahr 1933 bis zum für die Schutzhaft entscheidenden Runderlaß vom 12./26. April 1934[5], in dem neue ›Anordnungen‹ die Zuständigkeit für die Schutzhaft den zentralen Staatsregierungen (in Preußen zuerst dem Geheimen Staatspolizeiamt) zuschrieben, eine Tendenz zur Vereinheitlichung durchgesetzt:

> »Insgesamt weisen die aufgeführten Schutzhafterlasse vor allem für Preußen eine immer stärkere Konzentration der Schutzhaftkompetenz nach, das heißt eine immer zentralere und entscheidendere Funktion der Gestapo in Schutzhaftangelegenheiten.«[6]

Der Staatssekretär im preußischen Innenministerium Ludwig Grauert schrieb am 16. Juni 1933 – gerade an dem Tage, als die ersten Schutzhaftgefangenen im KZ Breitenau eintrafen –, daß als KZ »nur solche Lager anzusehen [sind], die von hier ausdrücklich als solche bestätigt worden sind.«[7] Als Beispiele solcher staatlich anerkannter KZ nannte er Sonnenburg und Lichtenburg.

Christoph Graf hat dargelegt, daß bereits ein Runderlaß vom 14. Oktober 1933 vorsah, daß Schutzhaft nur in den – namentlich aufgeführten – staatlichen Konzentrationslagern zu vollstrecken sei.

> »Insgesamt bedeutete dieser wichtige Erlaß vom 14. Oktober 1933 zweifellos eine Eindämmung des ›wilden‹ Terrors vor allem der SA in deren ›privaten‹ Konzentrationslagern zugunsten einer Machtsteigerung der staatlichen Polizeibehörden und insbesondere des [...] Gestapa [Geheimes Staatspolizeiamt Berlin] und zugunsten einer geordneteren Schutzhaftpraxis.«[8]

Wir werden untersuchen, in welchem Grade sich diese von der preußischen Regierung ausgehende Tendenz zur Vereinheitlichung im Regierungsbezirk Kassel bemerkbar machte und ob sie sich durchsetzte.

Anlässe, Motive und Gründe, die den Kasseler Polizeipräsidenten zur Einrichtung eines ›eigenen‹ Konzentrationslagers geführt haben, sind zu klären. Dabei ist auf Terror und Verfolgung in und um Kassel im Frühjahr 1933 knapp einzugehen. Die Verhaftungswellen im März 1933 und der Terror von SA und SS hängen nämlich eng mit der Gründung des Lagers Breitenau zusammen.

---

4   Tuchel, Konzentrationslager, bes. 35-120 (Die Planungen für die Konzentrationslager in Preußen).
5   HStA Mbg 180. Wolfhagen 2329. Durchführung der Verordnung zum Schutz von Volk und Staat vom 28. 2. 1933 [...].
6   Graf, Politische Polizei, 269.
7   HStA Mbg 165/3982. Band 10. PrMdI an die RPen pp. am 16.6.1933 betr. Vollstreckung der Polizeihaft.
8   Graf, Politische Polizei, 265 f.

Terror und Schutzhaft im März 1933

Als das Konzentrationslager Breitenau am 16. Juni 1933 eingerichtet wurde, waren bereits elf Wochen lang, teils in Form von Massenverhaftungswellen, teils als Inhaftierung einzelner oder kleiner Gruppen, politische Gegner des Nationalsozialismus in Schutzhaft genommen worden.

Wichtigste Grundlage für diese seit dem 27. Februar 1933, dem Tag des Reichstagsbrands in Berlin, systematisch betriebenen polizeilichen Verhaftungen war die »Verordnung des Reichspräsidenten zum Schutz von Volk und Staat« vom 28. Februar 1933, mit der durch den Reichspräsidenten Paul von Hindenburg die Freiheitsrechte der demokratischen Weimarer Reichsverfassung außer Kraft gesetzt wurden.[9] Unter Mißbrauch des Notverordnungsrechts des Artikels 48 der Weimarer Verfassung hatten Reichsregierung und Reichspräsident die Fundamente des demokratischen Rechtsstaates – unter anderem das Recht auf freie Meinungsäußerung, die Pressefreiheit, die Vereins- und Versammlungsfreiheit und das Eigentumsrecht – mit einem Schlag beseitigt. »Beschränkungen der persönlichen Freiheit« waren nun »auch außerhalb der sonst hierfür bestimmten gesetzlichen Grenzen zulässig«.

Die Verordnung war ausdrücklich »zur Abwehr kommunistischer staatsgefährdender Gewaltakte« erlassen worden. In diesem Sinne wurde die Verordnung auch von der Verwaltung verstanden. Der Kasseler Polizeipräsident von Pfeffer sprach Anfang Juli 1933 davon, daß

> »die Schutzhaft doch im wesentlichen nur für solche Personen notwendig und aufrecht zu erhalten [ist], die als Funktionäre der marxistischen Parteien und Organisationen zu gelten haben, und bei denen die Gefahr besteht, daß sie sich weiterhin als solche betätigen [...]«.[10]

Während man vor dem 30. Januar 1933 überwiegend unter Schutzhaft die kurzfristige polizeiliche Verwahrung zum Schutze und im eigenen Interesse der Person verstand (z.B. vor einer öffentlichen Gefährdung durch Angriffe einer ›Volksmenge‹), wurde nun – in den Händen nationalsozialistischer Polizeipräsidenten – Schutzhaft zu einem Instrument der Ausschaltung politischer Gegner aus dem öffentlichen Leben, ihrer Diskriminierung und Erniedrigung, vielfach auch ihrer Mißhandlung. Schutzhaft als Maßnahme der Geheimen Staatspolizei entzog sich bald vollständig richterlicher Überprüfbarkeit.[11]

---

9   Reichsgesetzblatt (RGBl) I (1933), 83. – Vgl. Bracher/Sauer/Schulz: Die nationalsozialistische Machtergreifung. Band I (K.D. Bracher: Stufen der Machtergreifung) [zuerst 1960] Frankfurt-Berlin-Wien 1974, 128-137.

10 HStA Mbg 165/3982. Band 11. PP Kassel an die LR RegBez. Kassel am 7.7.1933.

11 Graf weist darauf hin, daß spätestens seit dem zweiten Gestapogesetz vom 30. November 1933, welches die Gestapo aus der ordentlichen Polizeiverwaltung herausgelöst habe, »ihre Verfügungen, insbesondere ihre Schutzhaftverfügungen auf Grund von Paragraph 1 der Verordnung vom 28. Februar 1933, als staatspolitische Maßnahmen der verwaltungsgerichtlichen Nachprüfung und

Für Kassel lassen sich die ersten Schutzhaftmaßnahmen bereits für den 27. und den 28. Februar 1933 nachweisen.[12] Diese gingen zunächst vom Kasseler Regierungspräsidenten von Monbart[13] aus, der damit Weisungen des Preußischen Innenministers umsetzte. Denn die ersten Schutzhaftmaßnahmen, die sich ganz überwiegend gegen kommunistische Funktionäre richteten, wurden vom preußischen Ministerpräsidenten Hermann Göring angeordnet.

Konrad von Monbart war seit dem 3. März 1933 Regierungspräsident in Kassel. Seit 1915 war er Landrat von Züllichau-Schwiebus im Regierungsbezirk Frankfurt/Oder gewesen. Er war deutsch-national, galt als versierter ›preußischer‹ Verwaltungsbeamter und Repräsentant der konservativen Beamtenschaft. Er besaß das Vertrauen der nationalsozialistischen Führung.[14]

Eine am 28. Februar 1933 von ihm ausgegebene Verfügung löste weitere Verhaftungen vor allem kommunistischer Funktionäre aus. Im Landkreis Eschwege wurden z.B. auf diese Verfügung hin fünfzehn kommunistische Funktionäre, darunter Karl Küllmer (II) aus Reichensachsen – er war für die KPD im März 1933 zum Abgeordneten im Reichstag gewählt worden, ohne das Mandat allerdings noch wahrnehmen zu können – verhaftet.[15]

Verhaftungswellen gingen auch von einer Verfügung von Monbarts vom 26. März 1933 aus; auf sie stützte sich z.B. die Verhaftung von 33 Gegnern des Nationalsozialismus im Landkreis Kassel.[16]

Erste Schutzhaftstationen und politisch genutzte Strafanstalten

Eine entscheidende Voraussetzung dafür, die die Behörden in der Frage der Einrichtung eines Sammellagers zum Handeln veranlaßt hatte, war die Tatsache, daß die Polizei- und Gerichtsgefängnisse im Regierungsbezirk Kassel durch die

---

überhaupt der Überprüfung durch Gerichte entzogen waren [...]». Graf, Politische Polizei, 268.

12 Ernst Fiege, ein Korbmacher aus Ermschwerd im Landkreis Witzenhausen, Paul Joerg , Ernst Schippel und Hans Schramm aus Witzenhausen waren bereits am 27. Februar in Schutzhaft genommen worden. (HStA Mbg 165/3878. Nachweisung über Haftkosten für die Monate März bis April 1933 von den in Schutzhaft genommenen Personen [LR Witzenhausen berichtet]). – Wilhelm Bauer aus Niederzwehren und Jakob Hildebrand aus Harleshausen gehörten zu den ersten politischen Gefangenen im Landkreis Kassel. Beide waren »auf Grund des Polizeirundfunks vom 27. Februar 1933 [Reichstagsbrandstiftung und erhöhte Aktivität der KPD]« bereits am 28. Februar gemeinsam mit drei weiteren »Funktionären« und acht »KPD-Mitgliedern« verhaftet worden. (HStA Mbg 165/3886. Band 1). Die hier genannten Schutzhaftgefangenen kamen über verschiedene ›Stationen‹ von Haftanstalten (in der Regel Gerichts- und Polizeigefängnisse) am 16. Juni 1933 in das Konzentrationslager Breitenau.

13 HStA Mbg 165/3886. Band 1. LR Eschwege an RP Kassel am 2.3.1933, worin die »Verf[ü]g[ung]. vom 28.2.33 – A II Nr. 7120/33 -« im Betreff genannt ist.

14 Klein, Lageberichte der Gestapo, 15-19; Klein, Leitende Beamte, 176.

15 HStA Mbg 165/3886. Band 1. LR Eschwege an RP Kassel am 2.3.1933.

16 HStA Mbg 165/3982. Band 10. Kommiss. LR Kassel an RP Kassel am 26.4.1933 nennt eine »dortige Verfügung vom 26. März«. Diese Verfügung konnte nicht ermittelt werden; sie stützte sich auf die »Verordnung des Rechspräsidenten zur Abwehr heimtückischer Angriffe gegen die Regierung der nationalen Erhebung, vom 21. März 1933«. In: Reichsgesetzblatt I (1933), 135.

plötzlich hinzugekommenen Einweisungen politischer Gefangener voll belegt bzw. überbelegt waren. Der ›normale Gang‹ des Strafvollzugs sollte daher so bald als möglich wiederhergestellt werden. Dieses Motiv fand seinen Ausdruck im Drängen der Justiz bzw. der ihr unterstehenden Strafanstalten auf eine baldige Lösung dieser Frage. So forderte der Präsident des Strafvollzugsamtes in Kassel, Dr. jur. Paul Steimer, am 6. Mai 1933 vom Kasseler Polizeipräsidenten:

»Das dauernde Steigen der Belegungsziffer in der Strafanstalt Wehlheiden erfordert die Freimachung der mit Schutzhäftlingen belegten Zellen. Ich bitte um gefällige Nachricht, wann mit dem Abtransport der Schutzhäftlinge gerechnet werden könnte, den ich möglichst zu beschleunigen bitte.«[17]

Der langjährige NSDAP-Funktionär Fritz Lengemann, über Nacht kommissarischer Landrat des Kreises Kassel geworden, brachte in seinem Schreiben an den Regierungspräsidenten vom 26.4.1933 ähnliches zum Ausdruck.[18] Er bezog sich dabei auf die Einrichtung einer Schutzhaftstation im Karlshospital in Kassel:

»Da in den Gemeinden keine geeignete Unterbringungsmöglichkeit bestand und das Gefängnis des Polizeipräsidiums in Kassel mit Schutzhäftlingen aus der Stadt Kassel überfüllt war, mußte das Karlshospital als Schutzhaftstelle in Anspruch genommen werden.«[19]

Das Karlshospital war in der Weimarer Zeit Fürsorgeheim für Gestrauchelte und Hilfsbedürftige geworden; geleitet wurde es von Wilhelm Kröning, der als ›Papa Kröning‹ nicht zuletzt deshalb bekannt wurde, weil er eine kostenlose Essensausgabe für Arbeitslose organisiert hatte. Wilhelm Kröning mahnte seinerseits die Behörden in mehreren Schreiben an, das Karlshospital wieder seiner ursprünglichen Bestimmung zu übergeben:

»Wir wären dankbar, wenn wir die anderen Häftlinge [fünf Schutzhaftgefangene] entweder einem Konzentrationslager möglichst bald zuführen könnten oder aber, wenn dies noch längere Zeit in Anspruch nimmt, sie der dafür vorgesehenen Abteilung in der Strafanstalt Wehlheiden überweisen würden. Der Charakter des Hospitals verträgt selbstverständlich auf die Dauer eine Haftstelle in dieser Form nicht, da die Aufgaben des Hospitals auf ganz anderem Gebiet liegen. [...] Es sei noch erwähnt, daß

---

17 HStA Mbg 165/3878. – Von Pfeffer reichte diesen Brief an von Monbart mit der Bemerkung weiter: »[...] eine Überführung der in Frage kommenden Häftlinge in ein Konzentrationslager ist auch m.E. dringend erforderlich.«
18 Fritz Lengemann gehörte zusammen mit dem späteren Präsidenten des Volksgerichtshofs Roland Freisler, dem Gauleiter im NSDAP-Gau Kurhessen Karl Weinrich und anderen zum Führungskreis der Kasseler NSDAP, der er seit 1923 angehörte. Er war erster Ortsgruppenleiter der Kasseler NSDAP gewesen und firmierte seit dem 30. März 1933 als Stadtverordnetenvorsteher des Kasseler Stadtparlaments. Bald wurde er Landrat des Landkreises Kassel. Klein, Leitende Beamte, 163.
19 HStA Mbg 165/3982. Band 10. – Stadtarchiv Kassel: A.5.55 Akten der Betreuungsstelle (im folgenden zitiert: StA Kassel: Betreuungsstelle). Justus Kragelius. Dem Bericht von J. K. zufolge soll es sich um sechzig Schutzhaftgefangene im Karlshospital gehandelt haben.

Schutzhaftanordnung des kommissarischen Landrats von Kassel, Dr. Martin, gegen Hans Minkler, der auf einer KPD-Liste für die Gemeindewahlen kandidiert hatte (Archiv Gedenkstätte Breitenau).

wir für große, gesundheitliche Aufgaben vorgesehen sind, so daß die Schutzhaftabteilung vollkommen aus dem Rahmen unseres sonstigen Arbeitsgebietes herausfällt und in betriebstechnischer Hinsicht manche Schwierigkeit mit sich bringt.«[20]

In einem weiteren Schreiben vom 7. Juni 1933 bat Kröning »nochmals dringend, uns die gesunden Schutzhäftlinge aus dem Hospital zu nehmen. Immer mehr haben wir die Betreuung kranker Schutzhäftlinge zu übernehmen [...].«[21]

Neben den Strafanstalten, den Untersuchungs- und Gerichtsgefängnissen[22] sowie dem Karlshospital wurden im März und April 1933 im Kasseler Regie-

---

20 HStA Mbg 165/3878. Schreiben W. Krönings an den RP Kassel vom 21. Mai 1933.
21 HStA Mbg 165/3878. Kröning sprach in diesem Schreiben von der »völligen Beengtheit der Räume und dem Übermaß der Belegung«. – Zu fragen ist, auf Grund welcher Ereignisse so viele Schutzhaftgefangene (überwiegend bekanntlich junge Männer) krank bzw. pflegebedürftig geworden waren.
22 Das bekannte große Kasseler Untersuchungsgefängnis in der Leipziger Straße 11 (daher im Volksmund ›die Elwe‹ [elf] genannt), diente auch zur Unterbringung von Schutzhaftgefangenen. Einer der dort vorübergehend Inhaftierten war Hans Minkler aus Altenritte, der uns von seiner Verhaftung berichtet hat: Er sei in diesen Monaten zweimal verhaftet worden. Anfang März 1933 habe man ihn auf das Polizeipräsidium Kassel gebracht. Da dort alles überfüllt gewesen sei, sei er ins Karlshospital überführt worden. Da auch dort kein Platz mehr zur Verfügung stand, sei er dann nach Breitenau gekommen. Er sei dann nach kurzer Zeit wieder frei gekommen, im Mai/Juni

30

rungsbezirk zahlreiche weitere Schutzhaftstellen eingerichtet, – teils amtlich, d.h. durch die Polizei, teils privat, d.h. von Seiten der NSDAP bzw. deren Kampf- und Terrorformationen SA und SS.

Die zeitgeschichtliche Forschung unterscheidet diese privaten, d.h. faktisch unter SA- oder SS-Regie stehenden von den staatlichen Schutzhaftstellen bzw. Konzentrationslagern. Von den privaten Schutzhaftstellen waren die Übergänge zu den Folterkellern und ›Tribunal‹-stätten, die SA- und SS-Gruppen zur Peinigung ihrer politischen Gegner provisorisch eingerichtet hatten, allerdings fließend.[23]

Einige solcher Folterstätten im Regierungsbezirk Kassel sind bekannt[24]: so die ›Bürgersäle‹ in der Oberen Karlstraße[25], das Adolf-Hitler-Haus in der Wilhelmshöher Allee[26], das Wassersporthaus am Fuldadamm[27] – alle in der Stadt Kassel –, die Walkemühle bei Melsungen[28], der Karlshof bei Wabern[29], das Amtsgerichtsge-

erneut verhaftet und wieder nach Breitenau gekommen. [...] Die Gründe für seine Verhaftung – er selbst war damals 23 Jahre alt – lagen darin, daß er auf einer Wahlliste der KPD für die Gemeindewahlen gestanden habe. Mit ihm seien sämtliche kommunistischen Gemeindevertreter seiner Gemeinde (Hermann Arend, Döbel [beide sind in den Unterlagen Breitenaus nicht nachweisbar]) verhaftet und nach Breitenau verbracht worden. Notiz über ein Gespräch mit Hans Minkler am 10.3.1980 in Altenritte; Teilnehmer: Jörg Kammler, D. Krause-Vilmar.

23 Christine Fischer-Defoy: Arbeiterwiderstand in der Provinz. Arbeiterbewegung und Faschismus in Kassel und Nordhessen 1933-1945. Eine Fallstudie. Berlin 1982 (im folgenden zitiert: Fischer-Defoy, Arbeiterwiderstand), 59-63.

24 Es hat vermutlich ab März 1933 weitere Stätten der Mißhandlung und Einschüchterung von Menschen gegeben, die wir nicht ermitteln konnten.

25 Über die Mißhandlungen der politischen Gegner im Frühjahr 1933 im Nazilokal ›Die Bürgersäle‹ liegen zahlreiche Berichte vor; z.B. der »Bericht des städtischen Angestellten K. über seine Mißhandlungen in den Bürgersälen am 24. März 1933«, in: Volksgemeinschaft und Volksfeinde. Kassel 1933-1945. Eine Dokumentation. Herausgegeben von Jörg Kammler und Dietfrid Krause-Vilmar. Band 1. Kassel 1984 (im folgenden zitiert: Volksgemeinschaft und Volksfeinde I), 29. Auch Willi Belz hat in seiner Autobiographie darüber berichtet: »Vater, ich und mein 16jähriger Bruder wurden auf einen Lastwagen getrieben und in die berüchtigten Bürgersäle, das Nazihauptquartier und Folterkeller, gefahren. Mein Vater erlitt bei den Schlägen eine Kopfverletzung mit Gehirnembolie als Folge, woran er am 7. April 1936 starb. Ich befand mich zu jener Zeit im Konzentrationslager Lichtenburg«. Willi Belz: Soldat gegen Hitler. Ein Antikriegsbuch. Köln 1987, 14. – Vgl. auch: Archiv der Gedenkstätte Breitenau. Willi Belz: Politische Lebensgeschichte. Persönliche Aufzeichnungen 1979/1980, 11 f. Mit Willi Belz wurde eine Scheinhinrichtung durchgeführt. Nach 1945 sind diese Mißhandlungen Gegenstand eines Strafverfahrens geworden. Vgl. Hessische Nachrichten (HN) vom 13.10.1948 (»März 1933 in den Bürgersälen«); HN vom 14.10.1948 (»Angeklagte leugnen weiter«); HN vom 15.10.1948 (»Willy Becker gesteht«); HN vom 16.10.1948 (»Urteil im Kasseler Bürgersäleprozeß«); HN vom 3.5.1949 (»Urteile im Prozeß ›Bürgersäle‹ zum Teil aufgehoben«). In dieser Strafsache »wegen Landfriedensbruch« kam es am 13.-15.2.1950 vor dem Strafkammer I des Landgerichts Kassel erneut zu einer Verhandlung, in der die Urteile der vorigen Instanzen abgeändert wurden.

26 Volksgemeinschaft und Volksfeinde I, 63.

27 Volksgemeinschaft und Volksfeinde I, 63. – Vgl. auch: Kammler, Jörg: Ich habe die Metzelei satt und laufe über ... Kasseler Soldaten zwischen Verweigerung und Widerstand (1939 – 1945). Eine Dokumentation. Kassel 2. verb. Aufl. 1985 (im folgenden zitiert: Kammler, Deserteure), 86 (zu Arno Schminke) und 194 (zu Georg Lörper).

28 Im Marburger Staatsarchiv befinden sich Akten zur Walkemühle im Jahre 1933, besonders zu den

fängnis in Oberkaufungen[30] und der Brauereikeller in Hofgeismar[31]. In Immenhausen, Sandershausen, Frommershausen, Niederzwehren, Crumbach, Ihringshausen, Niedervellmar[32], in Niederkaufungen, Wolfsanger und Heiligenrode wissen wir von ähnlichen Mißhandlungen[33] und von Terror. Überliefert wird ein Vorfall bei dem auch später bekannten Schulrat Heinrich Grupe in Hofgeismar:

»Andere Nöte bedrückten die Lehrer, gegen die die schulischen Sorgen weit zurücktraten, und der Schulrat war sofort bereit, hier helfend einzuspringen. Das hatte er schon am 26. März 1933 gezeigt. Ein von der SA zusammengeschlagener Lehrer hatte sich mit unsäglicher Mühe bis vor die Tür seines Schulrats schleppen können, dann war er bewußtlos zusammengebrochen. Er war auch in den nächsten Stunden nicht fähig, ein Wort zu sprechen. Etwa 200 Hiebe hatte er aushalten müssen. Von den Schultern bis zu den Kniekehlen war keine heile Stelle mehr, überall nur rohes Fleisch. Der Schulrat verband ihn mit Hilfe seines Sohnes, telefonierte nach einem Sanitätswagen oder einer Tragbahre, ließ sich auch von den Drohungen eines unmenschlichen SA-Mannes nicht bewegen, ›das Schwein‹ hinauszuwerfen, und gab sich erst zufrieden, als er seinen ›Nächsten‹ nach zwei Stunden in ärztlicher Obhut wußte.«[34]

Aus Obervellmar ist überliefert, daß das Haus des Bürgermeisters für Mißhandlungen benutzt wurde:

»Ich wohnte in Obervellmar seit meinem 6. Lebensjahr. Obervellmar ist ein Arbeiterdorf, durchsetzt mit Landwirten, großen Landwirten auch, und einer großen Mühlenfabrik, die hieß Landgrebe. Das Bemerkenswerte für mich heute ist, daß vor der Machtübernahme Hitlers mein Freund Christoph Börner und ich die beiden letzten *öffentlichen* Antifaschisten waren. Dadurch war ja auch sehr leicht abzusehen, daß sie uns eines Tages verhaften würden. Genauso ist es auch gekommen. Wir haben da eine Brücke, wo die Bahn Kassel – Paderborn drüberfährt. Dort sollten Waffen gefunden worden sein, und aufgrund dessen hat man uns verhaftet.[...] Wir wurden auf den

<hr>

Enteignungen dieser bemerkenswerten sozialistischen Bildungsstätte, die auf den Göttinger Philosophen Leonard Nelson und auf die Pädagogin Minna Specht zurückgeht (HStA Mbg 180 Melsungen 3729 Betr. Landerziehungsheim Walkenmühle [Walkemühle] 1932-1937).

29 100 Jahre Jugendheim Karlshof 1886-1986. Eine Chronik. Zusammengestellt von Ernst Bässe. Kassel 1986, 34ff.
30 Jörg Kammler: Widerstand und Verfolgung – illegale Arbeiterbewegung, sozialistische Solidargemeinschaft und das Verhältnis der Arbeiterschaft zum NS-Regime. (Im folgenden zitiert: Kammler, Widerstand und Verfolgung) In: Volksgemeinschaft und Volksfeinde. Kassel 1933-1945. Band 2. Studien. Kassel 1987, 332-338; dort wird der Terror gegen die politische Arbeiterbewegung im Frühjahr 1933 eingehend dargestellt.
31 Fischer-Defoy, Arbeiterwiderstand, 61/261, gibt einen »Bericht Hermann Trost, Kassel« wieder: »In Hofgeismar werden an Ostern 1933 alle politisch verdächtigen Personen verhaftet und im Brauereikeller vor ein ›Femegericht‹ gestellt, das sie zu jeweils 50 Stockschlägen verurteilt, die sofort vollstreckt werden.«
32 Hessische Nachrichten vom 14.10.1948.
33 Kammler, Widerstand und Verfolgung, 332-338; Krause-Vilmar, Dietfrid: Hitlers Machtergreifung in der Stadt Kassel, in: Volksgemeinschaft und Volksfeinde. Kassel 1933-1945. Band 2. Studien, 13-36 (im folgenden zitiert: Krause-Vilmar, Machtergreifung in Kassel), 24 ff.; Volksgemeinschaft und Volksfeinde I, 206 f. (Oberkaufungen).
34 Justus Schüler: Schulrat des Kreises Hofgeismar. In: Heinrich Grupe 80 Jahre. Ein Leben für die Schule. Hgg. v. der Volkshochschule des Kreises Hofgeismar e.V. u.a. Melsungen 1958, 64 ff.

Wagen verfrachtet und nach Heckershausen gebracht [...] in das Haus des Bürgermeisters Homburg. Man hat uns kaum etwas gefragt. Sie sagten: ›Ihr seid Kommunisten. Ihr seid Krebsgeschwüre am deutschen Volke. Wir müssen Euch irgendwie
dingfest machen.‹ Das wäre alles schön und gut gewesen, aber dann sollten wir etwas
über den Waffenfund aussagen, und wir konnten beim besten Willen nichts aussagen,
weil wir damit nichts zu tun hatten. Dann bekamen wir ganz fürchterliche Schläge von
den SS-Leuten. Man war ja ziemlich groggy, wenn man so durchgehauen wird. Ich war
23 Jahre alt, man ist ja noch nicht so ganz gefestigt. Während wir dann so schrien, und
der eine gegen den andern ausgespielt wurde, schrie die Frau des Bürgermeisters – eine
sicherlich sehr überzeugte Christin – ›das lasse ich mir in meinem Haus nicht bieten.
Hier wird keiner geschlagen!‹ Aber die haben da keine große Rücksicht drauf genommen, und der Ehemann rief: ›Marie, Du hast hier nichts zu sagen!‹ Das war eine der
einschneidendsten Empfindungen damals, daß es trotzdem noch Menschen gab, die
sich öffentlich gegen die SS aufbäumten. Das werde ich nie vergessen, wie sich diese
Frau für uns eingesetzt hat.«[35]

Der Terror in diesen privaten Haftstätten und frühen Schutzhaftstationen
stellte für viele den Anfang einer lange Zeit anhaltenden politischen Verfolgung
dar. Oft waren diese ›wilden‹ Haft- und Folterstätten von ausuferndem brutalen
Terror beherrscht, während in den staatlichen Konzentrationslagern wie z.B.
Breitenau zunächst noch retardierende Momente wirksam waren – allein auf
Grund der Tatsache, daß es sich um staatliche und um seit Jahrzehnten im
Umgang mit ›Insassen‹ eingespielte rechtsstaatlich verfaßte Einrichtungen mit
Ordnungen und Regeln handelte.

Der aufmerksamen Öffentlichkeit konnte dieser – teilweise vor aller Augen (wie
z.B. in Kaufungen, Hofgeismar und Kassel) sich ereignende – exzessive Terror nicht
verborgen geblieben sein. Die Selbstdarstellung des Nationalsozialismus als einer
Recht, Freiheit und Ordnung stiftenden politischen Bewegung kontrastierte mit der
Fortsetzung der ›Parteikämpfe‹ und besonders mit der ›Rache‹ an den politischen
Gegnern wie der praktizierten rohen Gewalt und dem Sadismus.

Beweggründe des Kasseler Polizeipräsidenten

Die Planungen des preußischen Innenministers Göring zur Einrichtung von
Konzentrationslagern waren bereits Ende April 1933 den nachgeordneten Behörden bekannt gegeben worden. Staatssekretär Ludwig Grauert hatte am 24. April
1933 den Regierungspräsidenten folgendes mitgeteilt:

»[...] wird davon auszugehen sein, daß grundsätzlich alle diejenigen Häftlinge auch
in Zukunft in Haft zu halten sein werden, bei denen im Hinblick auf ihre frühere
politische Tätigkeit mit Sicherheit zu erwarten steht, daß sie nach einer etwaigen
Freilassung sich erneut im staatsfeindlichen Sinne betätigen würden ... Ich bemerke
hierzu, daß ich die Einrichtung dreier großer Konzentrationslager mit einem
Fassungsvermögen von 2 bis 3000 Personen für die auch in Zukunft in Schutzhaft

---

35 Notiz über ein Gespräch mit Walter Leng und Frau Leng am 17. September 1981 in Kassel.
   Teilnehmer: Wolfgang Prinz, D. Krause-Vilmar.

zu haltenden Personen in die Wege geleitet habe, in die diese nach deren Fertigstellung verbracht werden sollen.«[36]

Tatsächlich waren jedoch bis Mitte Juni erst Sonnenburg bei Küstrin (im Regierungsbezirk Frankfurt/Oder) und Lichtenburg bei Prettin (im Regierungsbezirk Merseburg) ausdrücklich als Konzentrationslager bestätigt worden.[37] Diese ersten beiden von staatlicher Seite ausdrücklich anerkannten Konzentrationslager waren bald überbelegt, so daß der Plan zur Errichtung eines ›eigenen‹ Lagers im Regierungsbezirk Kassel auch vor diesem Hintergrund entstanden sein dürfte.[38]

In den Akten taucht der Plan eines Konzentrationslagers im Regierungsbezirk Kassel zum ersten Male in seinem Schreiben an den Regierungspräsidenten in Kassel vom 27. Mai 1933 auf. Breitenau schien zu diesem Zeitpunkt als Ort noch nicht festzustehen; zumindest wurde der Name nicht erwähnt. Von Pfeffers Argument für eine geschlossene Unterbringung war die Überlegung, die Schutzhaftgefangenen arbeiten zu lassen.

»Bis jetzt wurden die Schutzhäftlinge hier zur produktiven Arbeit nicht angehalten. Es erscheint jedoch angebracht, die Schutzhäftlinge geschlossen unterzubringen, damit die Möglichkeit der Beschäftigung gegeben ist. Da die Schutzhäftlinge hier [in Kassel, z.B. im Polizeipräsidium, im Zuchthaus Wehlheiden] nicht zur produktiven Arbeit herangezogen werden können, verbringen sie ihre Zeit damit, die zuständigen Dienststellen mit Gesuchen und Beschwerden[39] zu beschäftigen, die die zwar durchweg unbegründet sind, deren Bearbeitung aber vielfach einen nicht unerheblichen Aufwand an Zeit und Arbeitskraft erfordert. Auch aus diesem Grunde erscheint es angebracht, die Schutzhäftlinge geschlossen unterzubringen und zur Arbeit heranzuziehen.«

Der Brief von Pfeffers schließt:

»Sofern ein Konzentrationslager für die hiesigen Schutzhäftlinge nicht von dort [von Seiten des Innenministers] bestimmt wird, beabsichtige ich, selbst ein Lager anzulegen.«[40]

Regierungspräsident von Monbart schloß sich diesem Vorschlag an. Bereits zwei Tage später bat er in einem als dringend aufgegebenen Schnellbrief den preußischen Innenminister, die gemäß Runderlaß vom 24. April 1933 in Aussicht genommenen Konzentrationslager »möglichst umgehend einzurichten, damit die

---

36 Zitiert nach: Tuchel, Konzentrationslager, 67.
37 HStA Mbg 165/3982 Band 10. Der PrMdI an die Herren RP.en pp. v. 16. 6. 1933.
38 Später, ab dem November 1933, kam es übrigens zu ›Verlegungen‹ von Gefangenen aus dem KZ Breitenau nach Sonnenburg und nach Lichtenburg. HStA Mbg 165/3982. Band 12. PP Kassel an RP Kassel vom 3.11.1933 betr. Abtransport von Schutzhäftlingen in das Konzentrationslager Sonnenburg; PP Kassel an RP Kassel vom 7.11.1933 betr. Abtransport von Schutzhäftlingen.
39 Tatsächlich befinden sich in den Akten des Kasseler Regierungspräsidenten zahlreiche Gesuche von Schutzhaftgefangenen, die in der Regel ohne nähere Nachprüfung abschlägig beschieden wurden. – HStA Mbg 165/3982. Band 11 und Band 12; HStA Mbg 165/3886. Band 2.
40 HStA Mbg 165/3878. PP Kassel an RP Kassel vom 27.5.1933.

Möglichkeit gegeben ist, die Häftlinge in nutzbringender Weise zu beschäftigen«.[41] Andernfalls werde der Kasseler Polizeipräsident ein »Sammellager« einrichten. Im preußischen Innenministerium war man noch nicht so weit. Staatssekretär Grauert hatte am 16. Juni 1933 den Regierungspräsidenten nur mitteilen können, daß die »erforderlichen Vorarbeiten hierfür [...] im Gange sind. Nähere Anweisungen werden alsbald ergehen.«[42] Bis zum Eintreffen dieser näheren Anweisungen wollte von Pfeffer offensichtlich nicht warten. Als vordringlich erschien ihm das Problem aus drei Gründen:

- einmal waren sämtliche vorhandenen Polizei- und Untersuchungshaftanstalten restlos überbelegt;
- zweitens hatte man mit den politischen Gefangenen nur ›Ärger‹ (der zahlreichen Beschwerden wegen);
- drittens verursachten sie dem Staat Kosten.[43]

Alle drei Probleme könnte man nach Auffassung von Pfeffers mit der Gründung eines ›eigenen‹ Konzentrationslagers im Regierungsbezirk Kassel, in dem die Gefangenen produktiv arbeiten sollten, ›lösen‹.

Die Einrichtung des Lagers

Der Polizeipräsident und der Landeshauptmann in Hessen als Chef des Bezirkskommunalverbandes Kassel, dem die Landesarbeitsanstalt Breitenau unterstand, wurden sich in den Fragen der sofortigen Einrichtung des Konzentrationslagers

---

41 HStA Mbg 165/3878. Handschr. Entwurf eines Schreibens des RP an den H. Pr. MdI vom 29.5.1933, das den Vermerk »noch heute absenden!« trägt.
42 HStA Mbg 165/3982. Band 10. MdI an RP.en vom 16.6.1933.
43 »Haftkosten sind von den politischen Schutzhäftlingen nicht einzuziehen«, hieß es in Abs. (1) des Runderlasses des MdI vom 20.5.1933 und Abs. (3) bestimmte: »Die bei den staatlichen Pol.=Verwaltungen und in den Konzentrationslagern für Schutzhäftlinge entstehenden Kosten sind bei dem Fonds der staatlichen Pol. und Landj. zu verrechnen, zu denen sie ihrer Art nach gehören.« Ministerial-Blatt für die Preußische innere Verwaltung. Herausgegeben vom Preußischen Ministerium des Innern. Berlin. Teil I (Allgemeine Polizei-, Kommunal-, Wohlfahrts- usw. Angelegenheiten) 94 (1933) [im folgenden zitiert: MBliV I (1933)], 594. – Vor dieser Verordnung hatten der preußische und der sächsische Staat versucht, die Kosten für die Schutzhaft den Häftlingen oder ihren Angehörigen selbst aufzuerlegen; vgl.: Klaus Drobisch: Hinter der Torinschrift ›Arbeit macht frei‹. Häftlingsarbeit, wirtschaftliche Nutzung und Finanzierung der Konzentrationslager 1933 bis 1939, in: Hermann Kaienburg (Hg.): Konzentrationslager und deutsche Wirtschaft 1939-1945. Opladen 1996, 21. – »Ab April 1933 übernahm der preußische Staat die Schutzhaftkosten. [...] Da die anderen Länder auf eine zentrale Finanzierung drängten, willigte das Reichsinnenministerium im August 1933 auf Begleichung der Hälfte ein« (ebenda). – Auch aus der Südpfalz wird berichtet, daß noch im August 1933 ehemaligen jüdischen Schutzhaftgefangenen eine überzogene Rechnung (10 RM Verpflegungskosten pro Tag!) über ihre Haftkosten zugestellt wurde. Vgl. Rolf Übel: Das Landauer Schutzhaftlager (März bis Juli 1933). In: Heimat-Jahrbuch des Landkreises Südliche Weinstraße 11 (1989), 47-50 (hier: 49).

Landeshauptmann in Hessen

Fernruf: 1778 (Sammel-Nr. für Stadtverkehr)
1446 (Sammel-Nr. für Fernverkehr)

Kassel, den   15. Juni 1933.
Ständeplatz 8

Att.8.   **Br.I 29.**   An

den Herrn Polizeipräsidenten

K a s s e l .
=.=.=.=.=.=.=.=.=

 Die mündlich gestern mit Ihnen persönlich bezw.heute mit
Herrn Polizeirat Schubert meinerseits namens des Bezirksverbandes
des Regierungsbezirks Kassel getroffenen Vereinbarungen über die
Einrichtung eines Konzentrationslagers in der Anstalt Breitenau
bestätige ich hiermit wie folgt:

 Der Bezirksverband überläßt dem Polizeipräsidium in der
Anstalt Breitenau die Abteilung im Hauptgebäude (Kirchengebäude)
nebst Einrichtung und fertigen Betten (ausschließlich der vom Poli=
zeipräsidium vereinbarungsgemäß zu stellenden Bettlaken)als Konzen=
trationslager für Schutzhäftlinge und zur Unterbringung des erfor=
derlichen vom Polizeipräsidium zu stellenden Aufsichtspersonals.

 Die Anstalt Breitenau übernimmt in der sonst in der An=
stalt üblichen Art und Menge die Beköstigung für die Insassen des
Konzentrationslagers und des Aufsichtspersonals. Die Beköstigung
ist vom Aufsichtspersonal jeweils in der Küche in Empfang zu nehme=
Eßgeschirr und Bestecke für die Insassen werden von der Anstalt ge=
stellt,für das Aufsichtspersonal vom Polizeipräsidium.

 Die Anstalt übernimmt die laufende Instandhaltung der Beklei=
dung und Leibwäsche mit der Maßgabe,daß größere Instandsetzungsar=
beiten durch das Polizeipräsidium veranlaßt werden,fener die Reini=
gung der Leibwäsche in der in der Anstalt üblichen Weise. Die Be=
kleidung einschl.Leibwäsche an sich wird vom Polizeipräsidium ge=
stellt,

 Die Aufrechterhaltung der Ordnung innerhalb der überwiesenen
Abteilung

Die grundlegenden Vereinbarungen über die Einrichtung des Konzentrationslagers zwischen dem Polizeipräsidenten in Kassel und dem Landeshauptmann in Hessen vom 15. Juni 1933 werden der Anstalt Breitenau mitgeteilt (Archiv des LWV Hessen: KZ Breitenau).

36

Abteilung liegt dem Polizeikommando ob,die Reinigung und Instand=
haltung aller Räume,sowie die Reinigung der Eßgeschirre ist durch
dieses zu veranlassen.

Die Insassen des Konzentrationslagers werden zu den in der
Anstalt üblichen Arbeiten (in der Landwirtschaft,beim Urbarmachen
von Ödland,Wegebau und Instandsetzung,Gräbenreinigung,Schlammbe=
seitigung in der Fulda) unter Aufsicht des Polizeikommandos un=
entgeltlich zur Verfügung gestellt. Der Arbeitsplan wird unter
Mitwirkung des aufsichtsführenden Polizeibeamten vom Anstaltsvor=
steher aufgestellt. Es wird ausdrücklich zugesichert,daß nur zu=
sätzliche Arbeit geleistet wird und somit eine Beeinträchtigung
des freien Arbeitsmarktes nicht erfolgt.

Die Anstalt übernimmt keinerlei Haftung für Schäden,die
durch die Insassen des Lagers anderen Personen oder den einzelnen
Insassen zugefügt werden sollten,die Schadloshaltung ist lediglich
Sache des Polizeipräsidiums.

Hinsichtlich der laufenden ärztlichen Betreuung der Insassen
des Konzentrationslagers wird die Anstalt eine Vereinbarung mit dem
vertraglich verpflichteten Anstaltsarzt treffen; die hierdurch ver=
ursachte Erhöhung derPauschalvergütung des Arztes ist vom Polizei=
präsidium besonders zu vergüten. Schutzhäftlinge,die der Kranken=
hausbehandlung bedürfen,sind vom Polizeipräsidium in ein Krankenhaus
zu überführen.

Zur Abgeltung der seitens der Anstalt nach Vorstehendem zu
gewährenden Leistungen wird vom Polizeipräsidium für jeden Insas=
sen einschließlich der zu beköstigenden und unterzubringenden Auf=
sichtspersonen für jeden angefangenen Tag 1.- -eine- Reichsmark an
die Kasse der Anstalt,und zwar allmonatlich nachträglich,gezahlt.

Der

Der aufsichtsführende Polizeibeamte übergibt alsbald nach
Bezug der Abteilung dem Anstaltsleiter ein Verzeichnis aller zu
beköstigenden und unterzubringenden Personen und teilt ebenfalls
alle vorkommenden Veränderungen alsbald mit,er ist auch dafür ver=
antwortlich,daß durch die Insassen des Lagers nichts geschieht,
was die Aufrechterhaltung der allgemeinen Anstaltsordnung beein=
trächtigen könnte. Der aufsichtsführende Polizeibeamte wird sich
zur Vermeidung aller Unzuträglichkeiten in steter engster Fühlung
mit dem Anstaltsvorsteher halten,auch veranlassen,daß alle XXX=
Aufsichts-
XXXXXXXXXXXXXXX Personen sich unter Vorlage ihrer Ausweise bei
ihm melden.

Beauftragte des Polizeipräsidiums haben nach vorheriger
Benachrichtigung des Anstaltsleiters XXXXX jederzeit das Recht
zum Betreten der Anstalt zwecks Ausübung der Aufsicht.

Dies Abkommen gilt zunächst bis auf weiteres mit der Maßga=
be,daß,sofern das Konzentrationslager noch über den 1.Oktober
bestehen bleiben sollte,von diesem Zeitpunkt an eine weitere
Vereinbarung überdie Entschädigung für Heizung und Beleuchtung,
die einstweilen nicht in Berechnung gezogen ist,erfolgt. Eine
weitere Vereinbarung bleibt ferner vorbehalten für den Fall,daß
seitens des Polizeipräsidiums hinsichtlich der Art und Menge
der Beköstigung besondere Wünsche nachträglich geäußert werden
sollten,die eine Verteuerung der Beköstigung zur Folge haben.

Ich bitte mir Ihr Einverständnis mit den vorstehenden Ab=
machungen gefl.baldigst schriftlich zu erklären.

––––––––––

An

An

die Landespflegeanstalt

B r e i t e n a u .
=.=.=.=.=.=.=.=.=.=.=.=

Abschrift zur Kenntnisnahme und Beachtung.
Ich ersuche alsbald nach erfolgter Belegung des Lagers
um Bericht unter Mitteilung der Zahl der Insassen und
des Aufsichtspersonals. Sollten sich in der Durchfüh=
rung der Vereinbarung irgendwelche nicht sofort im Ein=
vernehmen mit dem aufsichtsführenden Polizeibeamten
zu beseitigende Schwierigkeiten ergeben, so ersuche
ich um sofortigen Anruf.

In Vertretung:

39

schnell einig.[44] Die Vereinbarung kam in ungewöhnlich kurzer Frist zustande, zumal wenn man sich den traditionellen Charakter beider Behörden bewußt macht. Es bestand offenbar auf beiden Seiten – bei der politischen Polizei wie beim Landeshauptmann – Interesse an einem schnellen Abschluß.

Landesrat von Hugo führte auf Seiten des Bezirkskommunalverbandes zwei Verhandlungen am 14. und am 15. Juni 1933 – die erste mit von Pfeffer selbst, die zweite mit Polizeirat Schubert – und hielt die getroffenen Vereinbarungen in einem Schreiben an den Polizeipräsidenten vom 15. Juni 1933 fest. Dieses Schreiben formulierte die Vereinbarung über die Einrichtung des Konzentrationslagers Breitenau und beschrieb die Bedingungen im einzelnen.[45]

Der Vereinbarung zufolge stellte »die Anstalt« – wie die Landesarbeitsanstalt abkürzend genannt wurde – »die Abteilung im Hauptgebäude (Kirchengebäude) nebst Einrichtung und fertigen Betten« zur Verfügung. Sie »übernimmt in der sonst in der Anstalt üblichen Art und Menge die Beköstigung« und stellt Eßgeschirre und Bestecke für die Insassen. Auch übernimmt sie »die laufende Instandhaltung der Bekleidung und Leibwäsche [...], ferner die Reinigung der Leibwäsche.« Sie leitet die unentgeltliche Arbeit der Insassen zu den in der Anstalt üblichen Arbeiten. Für diese in der Tat nicht geringen Leistungen war vom Polizeipräsidenten für jeden Insassen für jeden angefangenen Tag 1 RM zu entrichten.

Bereits am Tage nach dieser Vereinbarung wurden Schutzhaftgefangene aus dem Polizeigefängnis am Königstor nach Breitenau gebracht.[46] Woche um Woche kamen Gruppen von Gefangenen hinzu. Der Regierungspräsident teilte dem Innenministerium in Berlin[47] und am 27. Juni 1933 den Kreispolizeibehörden im

---

44 Die Aktenlage spricht eindeutig für den 16. Juni 1933. 1. In der Vereinbarung, die der Kasseler Polizeipräsident mit dem Landeshauptmann in Hessen am 15. Juni 1933 geschlossen hatte, beziehen sich sämtliche Regelungen auf die Zeit ab dem 15. Juni 1933. 2. Der Jahresbericht der Anstalt Breitenau spricht von der Einrichtung des KZ Breitenau am 16. Juni 1933. 3. Die ersten Nachweisungen der Schutzhaftgefangenen beginnen am 16. Juni 1933. 4. Keiner der ehemals in Breitenau Inhaftierten hat zu erkennen gegeben, daß er vor dem 16. Juni 1933 dort inhaftiert gewesen war (auch nicht in den Anträgen auf Wiedergutmachung und Entschädigung nach 1945). Die ebenfalls unbestrittene Tatsache, daß drei Schutzhaftgefangene im April dort einsaßen, und daß ein weiterer Schutzhaftgefangener Breitenaus nach eigenem Bekunden vor dem Juni dort eingesperrt war (Hans Minkler), kann daher unseres Erachtens nur bedeuten, daß die Anstalt Breitenau wie zahlreiche andere Gefängnisse und gefängnisähnliche Keller und provisorische Haftstätten vorübergehend als Schutzhaftstelle örtlicher Willkür gedient hat.
45 Die Vereinbarung ist einmal in einer *maschinenschriftlichen Durchschrift* des Landeshauptmanns überliefert, die sich bei den Anstaltsakten befand (Archiv des LWV-Hessen: KZ Breitenau) und zweitens als Abschrift, die im Polizeipräsidium für den RP gefertigt wurde (HStA Mbg 165/3878. Landeshauptmann in Hessen an den Herrn Polizeipräsidenten in Kassel, Kassel den 15. Juni 1933). Beide Fassungen stimmen überein; in unwesentlichen Details finden sich geringe Abweichungen. Der vollständige Text der Vereinbarung ist im Anhang wiedergegeben.
46 HStA Mbg 165/3878. PP Kassel an RP Kassel vom 17.6.1933.
47 HStA Mbg 165/3878. PrMdI an RP Kassel vom 24.7.1933. Der PrMdI erwähnt darin zwei Berichte des RP Kassel, in denen die Einrichtung des Lagers Breitenau mitgeteilt wurde: vom 22.6.1933 und vom 10.7.1933 (A II 2358a/33 und 7446/33). Beide Berichte ließen sich in den Akten

Bezirk die Einrichtung eines »Konzentrationslager[s] für politische Schutzhäftlinge« förmlich mit.

> »Durch den Herrn Polizeipräsidenten in Kassel ist kürzlich in der Landesarbeitsanstalt
> Breitenau, Krs. Melsungen, ein Konzentrationslager für politische Schutzhäftlinge
> eingerichtet worden. Dieses Lager steht allen Polizeibehörden des Regierungsbezirks
> Kassel für die Unterbringung von Schutzhäftlingen zur Verfügung. Die Häftlinge sind
> dem Lager jedoch nicht unmittelbar, sondern zunächst dem Polizeigefängnis in Kassel
> zuzuführen. Die Polizeibehörden haben sich vorher mit dem Polizeipräsidenten in
> Kassel in Verbindung zu setzen und ihm unter Überreichung der Akten des betreffen-
> den Schutzhäftlings die Gründe mitzuteilen, die zur Verhängung der Schutzhaft
> geführt haben. Der Herr Polizeipräsident veranlaßt sodann die Überführung der
> Häftlinge in das Lager. Für die Aufnahme in das Konzentrationslager kommen
> grundsätzlich nur solche Schutzhäftlinge in Betracht, die voraussichtlich längere Zeit
> – mindestens 4 Wochen – festgehalten werden müssen.«[48]

An dieser Bekanntgabe wird die dominante Rolle des Polizeipräsidenten und
die zuarbeitende Rolle des Regierungspräsidenten deutlich. Thomas Klein hat auf
den die allgemeine Entwicklung in Kassel vorwegnehmenden Prozeß der »Aus-
gliederung der Staatspolizei aus ihrem bisherigen organischen Zusammenhang
mit der Bezirksregierung und der staatlichen Polizeiverwaltung« hingewiesen[49],
der hier auch erkennbar ist.

Das Interesse der Arbeitsanstalt
In einem Schreiben an den Regierungspräsidenten hob der Kasseler Polizeipräsident die Tatsache hervor, daß Breitenau für die staatlichen Kassen als besonders
kostengünstig zu gelten habe:

> »[...] die Häftlinge kosten dort dem Staate pro Tag nicht nur 30 Pfg. weniger an
> Bargeld als im Polizeigefängnis, sondern sie leisten auch noch produktive Arbeit
> für die Provinz«.[50]

In der Tat hatte Breitenau mit 1,20 RM – verglichen mit anderen Schutzhaftstellen, nicht nur derjenigen im Kasseler Polizeipräsidium – einen günstigen
Tarif anzubieten.

Zunächst war – ab 16.6.1933 – sogar nur 1,- RM als Tagessatz vereinbart
worden; dann wurde ab dem 1.7.1933 der Satz auf 1,20 RM erhöht, da die Anstalt
einige zusätzliche Leistungen übernahm.[51] In der Strafanstalt Wehlheiden zum
Beispiel waren 1,50 RM zu entrichten[52], das Karlshospital in Kassel erhob gar 1,50

---

des preußischen Innenministeriums nicht auffinden; die handschriftlich bzw. maschinen-
schriftlich gefertigten Entwürfe des RP Kassel sind erhalten (HStA Mbg 165/3878).
48 HStA Mbg 165/3982. Band 11; HStA Mbg 180. Wolfhagen 2329.
49 Klein, Lageberichte der Gestapo, 14.
50 HStA Mbg 165/3878. PP Kassel an RP Kassel vom 3.8.1933.
51 Archiv des LWV Hessen: KZ Breitenau. Landeshauptmann an PP Kassel vom 13.7.1933.
52 JVA Kassel [Wehlheiden] Archiv (im folgenden zit.: JVA Kassel: Archiv): Akte

RM und einen »Betriebskostenanteil für Bewachung, Verwaltung und Arzt usw. pro Tag von Mk. 0,30«[53].

Wieso war Breitenau so billig? Zwei Umstände dürften die Anstalt zu diesem Entgegenkommen bewogen haben. Zum einen war die Anstalt im Sommer 1933 empfindlich unterbelegt, d.h. Rentabilitätsrechnungen erforderten – bei der in der Anstalt vorherrschenden Art des Denkens und Planens – dringend die Zulieferung neuer Insassen. Im Kaiserreich war die Anstalt mit Hunderten von Insassen belegt, in der Wirtschaftskrise 1932 nur mit 40 bis 50 Insassen.[54] Einige Aussagen deuten darauf hin, daß man in der Anstalt diesen Sachverhalt der Unterbelegung als Problem sah, wenn man z.B. davon sprach, daß das »bis dahin leerstehende Hauptgebäude« als KZ eingerichtet werden konnte.[55] Dieses Motiv, leerstehende Gebäude zu nutzen bzw. überhaupt wieder auf rentable Größenordnungen der Belegung zu kommen, erklärt jedoch noch nicht die ungewöhnliche Bereitschaft, die Kosten für die Schutzhaftgefangenen um 1/7 bzw. um 1/3 zu senken. Eine Überlegung könnte folgende gewesen sein: warum sollte man nicht einen günstigeren Tarif beim Tagessatz anbieten, wenn man durch die vertraglich gesicherte kostenlose Ausnutzung der überwiegend jungen Facharbeiter gewinnen könnte? Die Arbeit der Schutzhaftgefangenen diente nicht nur der vereinbarten Aufforstung des Ödlandes im Fuldaberg.[56] Zahlreiche Instandsetzungsarbeien und Unterhaltungsarbeiten der Anstalt selbst wurden von den Schutzhaftgefangenen durchgeführt. Die Anstalt hat nicht nur ›sächlichen‹ Nutzen aus der unbezahlten Arbeit[57] gezogen, die überwiegend sogar Facharbeit war, wie die Anstaltsleitung lobend hervorhob; sie vermerkte im Haushaltsjahr 1933 auch »eine

»Schutzhaftgefangene«. Vereinbarung zwischen dem Direktor der Strafanstalt Kassel-Wehlheiden und dem Vertreter des Polizeipräsidenten zu Kassel, Herrn Polizeihauptmann Traute, vom 29.März 1933.

53 HStA Mbg 165/3878. W. Kröning an LR in Ziegenhain vom 9.5.1933.
54 Ayaß, Arbeitshaus Breitenau, 78 (Schaubild Gesamtbelegung) und 259 ff. – Die Belegungszahlen gingen seit 1928 zurück und stagnierten ab 1929 auf niedrigem Niveau (ca. 27 000 Verpflegungstage im Jahr).
55 Bericht über die Ergebnisse der Verwaltung des Bezirksverbandes des Regierungsbezirks Kassel 1932-1936; hier: Bericht über das Jahr 1933 [im folgenden zitiert: Bericht über die Ergebnisse der Verwaltung 1933], 8.
56 Archiv des LWV Hessen. Nr. 9794. Breitenau I B 1. Jahresbericht der Landespflegeanstalt und des Altenheims zu Breitenau für das Rechnungsjahr 1933 (im folgenden zitiert: Archiv des LWV Hessen: Jahresbericht 1933), 10: »Auf dem Fuldaberg wurden die im Vorjahre durch den freiwilligen Arbeitsdienst begonnenen Rodungsarbeiten durch politische Schutzhäftlinge fortgesetzt und vollendet. Die gesamte Ödlandfläche wurde mit Mischwald aufgeforstet.«
57 So war es vertraglich vereinbart und so wurde es auch eingehalten, wie der Jahresbericht vermerkt hat. Archiv des LWV Hessen: Jahresbericht 1933, 4: »Die Arbeitsbelohnungen wurden je nach Fleiß bzw. der Güte der geleisteten Arbeiten 6 – 40 Pfennig für den Kopf und Arbeitstag gezahlt, jedoch nicht für Schutzhäftlinge [...]«

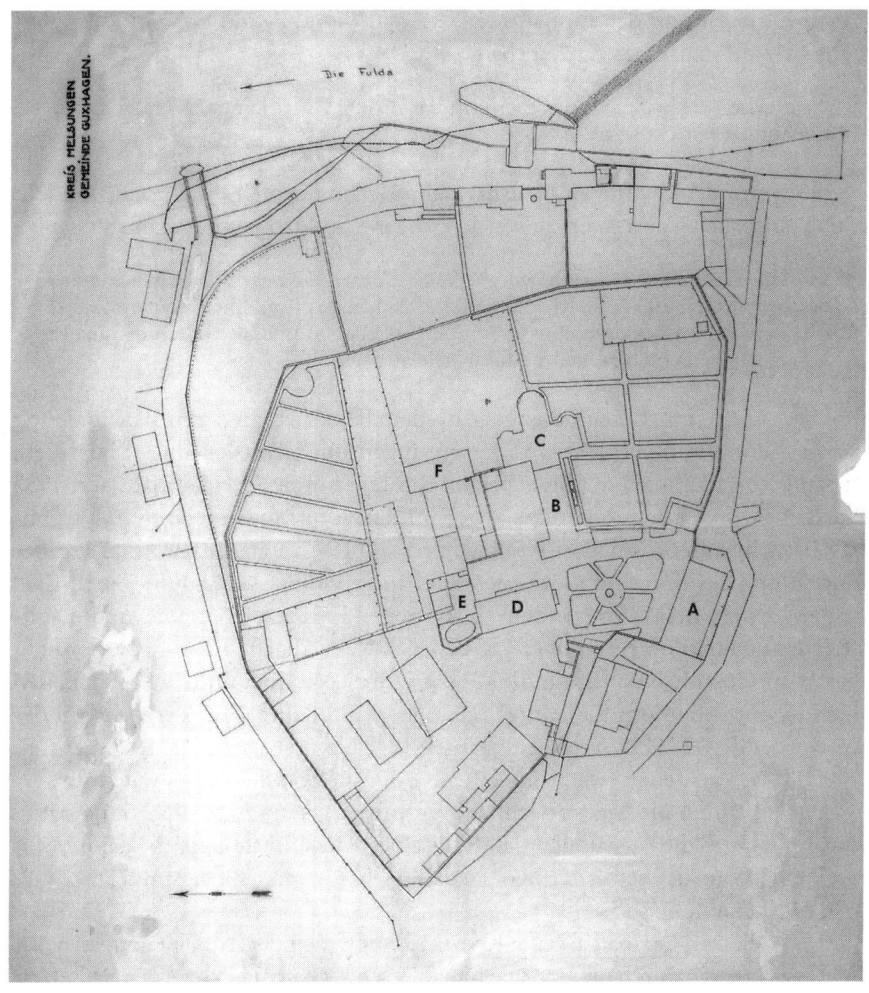

Lageplan der Landesarbeitsanstalt Breitenau aus dem Jahre 1928 (nach einer Vorlage aus dem Archiv des LWV Hessen).
Die Gefangenen des Konzentrationslagers wurden im I. und III. Obergeschoß des »Männerhauses« und später im »Landarmenhaus« untergebracht; die SA- und SS-Wachmannschaften belegten das II. Obergeschoß des »Männerhauses«.

A: Beamtenwohnhaus   *B: Männerhaus*
C: Kirche   *D: Landarmenhaus*
E: Zellengebäude   *F: Frauenhaus*

günstige Gestaltung der Einnahmen«.[58] Auch die folgende Formulierung bezieht sich auf denselben Sachverhalt:

»Sämtliche Mehrausgaben [immerhin über 30.000 RM!] konnten durch Mehreinnahmen gedeckt werden.«[59]

In diesem denkwürdigen Haushaltsjahr 1933 brauchten die Zuschüsse nicht voll in Anspruch genommen zu werden; sogar Schulden konnte man abtragen:

»Anstelle des mit 38.748,- RM vorgesehenen Unterhaltungszuschusses waren im Berichtsjahr nur 20.727,58 RM für laufende Aufgaben erforderlich. Weitere 18.000 RM des Unterhaltungszuschusses wurden abgehoben und als außerordentlicher Abtrag auf die Schuldenlast der Anstalt geleistet.«[60]

Diese Mehreinnahmen – dies geht aus dem Jahresbericht der Anstalt eindeutig hervor – entstammten nicht etwa Vergütungen für Arbeitsleistungen oder dem Verkauf von Fußmatten (diese beiden Posten waren im Haushaltsjahr 1933 rückläufig); sie entstammten den sogenannten Verpflegungsgebühren. Die Anstalt hatte hier Einnahmen in Höhe von 63.400 RM veranschlagt. Aufgrund der Einrichtung des Konzentrationslagers und aufgrund der leicht gestiegenen Zahl der eingewiesenen Korrigenden (überwiegend wegen »Bettelns und Landstreichens«) konnte sie nun über 130.073,90 RM verfügen.[61]

Da die Gesamtausgaben für die »Beköstigung« pro Kopf und Tag bei 0,53 RM lagen[62] – obendrein um 8 Pfennige niedriger als im Jahre 1932 –, verblieben der Anstalt bei den 27.080 Verpflegungstagen (der Schutzhaftgefangenen) mehr als 18.000 RM, von denen lediglich die Kosten für die Wäsche zu bestreiten war.[63]

Der erwähnte niedrige tatsächliche Verpflegungssatz (0,53 RM) hing damit zusammen, daß die Anstalt über landwirtschaftlich geführte Betriebe, eine Mühle, eine Bäckerei usf. selbst verfügte, so daß sie die Grundnahrungsmittel nicht auf dem Markt kaufen mußte.

Nach alledem hat man als eine Konstante auf Seiten der Anstalt ein finanzielles Interesse, bedingt durch die Vorgabe rentabler Wirtschaftsführung, vorauszusetzen.

---

58 Archiv des LWV Hessen: Jahresbericht 1933, 9.
59 Archiv des LWV Hessen: Jahresbericht 1933, 7.
60 Archiv des LWV Hessen: Jahresbericht 1933, 7.
61 Archiv des LWV Hessen: Jahresbericht 1933, 5: »Dem Voranschlag des Berichtsjahres war eine Durchschnittsbelegung von 75 Köpfen mit 27.375 Verpflegungstagen zu Grunde gelegt. In Wirklichkeit wurde indessen eine Durchschnittsbelegungsziffer einschließlich Konzentrationslager von 199,47 [!] Köpfen mit 72.810 Verpflegungstagen erreicht.[...] An Einnahmen für Verpflegungsgebühren waren voranschlagsmäßig 63.400 RM vorgesehen. Die tatsächliche Einnahme betrug 130.073,90 RM [...]«.
62 Archiv des LWV Hessen: Jahresbericht 1933, 4.
63 Archiv des LWV Hessen: Jahresbericht 1933, 5. – Die insgesamt im Jahre 1933 angefallenen 4.096 Verpflegungstage für »S.S. bzw. S.S. Wache des Konzentrationslagers« wurden in dieser Rechnung nicht berücksichtigt.

Daß die politische Verfolgung Andersdenkender und politischer Gegner den Hintergrund für die »günstige Gestaltung der Einnahmen« der Anstalt bildete, schien weder dem Bezirkskommunalverband, dem Landeshauptmann in Hessen noch der Anstaltsleitung in Breitenau ein Problem zu sein. Auch die Tatsache, daß dem Vorsteher der Anstalt Joseph Schrötter und dem Landeshauptmann von Hessen Rabe von Pappenheim[64] der Schutzhaftgefangene des KZ Breitenau Ludwig Pappenheim persönlich bekannt war (man hatte in denselben politischen Gremien getagt)[65], hat anscheinend wenig ausgelöst.

Zur Bezeichnung des Lagers

Das Lager Breitenau hat in der Zeit zwischen seiner Gründung am 16. Juni 1933 und seiner Auflösung am 17. März 1934 seinen amtlichen Namen geändert. Dies hing mit der in dieser Zeit sich herausbildenden und festigenden Struktur des Konzentrationslagersystems, das der Nationalsozialismus geschaffen hat, zusammen. Im Frühjahr 1933 stand nicht fest, in welcher Art und Weise und für wie lange Haftstätten für die politischen Gegner aufrecht zu erhalten sein würden. Gerichte und Sondergerichte verfolgten zur selben Zeit die Gegner des neuen Regimes und verurteilten sie zur Haft in den klassischen Strafanstalten. Strafurteil und Schutzhaft folgten oft einander; nicht selten wurde die Schutzhaft bis zum Strafurteil aufrechterhalten.

In dieser Situation wurde Breitenau als »Konzentrationslager für politische Häftlinge« gegründet und von den Kasseler Behörden noch bis Ende des Jahres 1933 auch so bezeichnet.[66] In den Akten der Landesarbeitsanstalt wurde es unter diesem Namen geführt[67]; unter dieser Bezeichnung wurde es der Öffentlichkeit vorgestellt[68]. Der Regierungspräsident in Kassel teilte dem preußischen Ministerpräsidenten die Einrichtung des »Konzentrationslagers Breitenau« mit.[69] Auch gegenüber den Landräten sprach v. Monbart am 27. Juni 1933 von der Einrichtung des »Konzentrationslagers Breitenau«[70].

In diese regionale Gründung des Lagers als KZ Breitenau schob sich von Seiten des preußischen Innenministeriums in Berlin aus das Bemühen, die Verwaltung der Konzentrationslager unter eigene Kontrolle zu nehmen und zu zentralisieren.

Ab August 1933 wurde das Lager Breitenau unterschiedlich bezeichnet. Während der Kasseler Polizeipräsident bis Anfang September 1933 am Namen »Kon-

---

64 Klein, Leitende Beamte, 191. Gottfried Rabe von Pappenheim (1874-1955), Mitglied der DNVP, war Landeshauptmann für den Bezirksverband Kassel von 1930 bis 1936.
65 Vgl. Kapitel 9 (Zu Ludwig Pappenheim).
66 PP Fritz v. Pfeffer sprach am 6.9.1933 und am 2.10.1933 vom »Konzentrationslager Breitenau«. Klein, Lageberichte der Gestapo, 69 u. 618.
67 Bericht über die Ergebnisse der Verwaltung 1933, 8.
68 Vgl. Kapitel 5 (Das Konzentrationslager Breitenau in der zeitgenössischen Presse)
69 HStA Mbg 165/3878. PrMdI an RP Kassel vom 24.7.1933.
70 HStA Mbg 165/3878. PP Kassel an RP Kassel vom 27.5.1933.

zentrationslager« festhielt[71], sprach nun das Innenministerium von Breitenau als einem »vorübergehend eingerichteten Lager« oder davon,

> »daß die behelfsmäßige Unterbringung der Schutzhäftlinge in der Landesarbeits-
> anstalt Breitenau nur eine vorübergehende ist; die Einrichtung eines dauernden
> Konzentrations- bzw. Durchgangslagers in Breitenau kommt jedenfalls nicht in
> Frage, da die Schutzhäftlinge aus den westlichen Industriebezirken voraussichtlich
> schon in die im Aufbau befindlichen Moorlager im Regierungsbezirk Osnabrück
> abtransportiert werden.«[72]

Im Februar 1934, kurz vor der Auflösung des Lagers, scheint sich die Regelung des Innenministers durchgesetzt zu haben: nun sprach auch der Kasseler Polizei-präsident von einem »dem Polizeigefängnis angeschlossenen Lager Breitenau« oder von dem »Polizeigefängnis Kassel, Abteilung Breitenau«[73] oder, um aus allen Verlegenheiten herauszukommen, einfach von »Breitenau«.[74] Beim Landeshaupt-mann und bei der Landesarbeitsanstalt Breitenau selbst wurde weiterhin bis Mitte 1934 die Bezeichnung »Konzentrationslager Breitenau« verwandt.[75] Bei den Kasseler Gerichten tauchte diese Bezeichnung (»Konzentrationslager Breitenau«) noch im Jahre 1937 auf.[76]

---

71 Klein, Lageberichte der Gestapo , 618 (v. Pfeffer am 6.9.1933).
72 HStA Mbg 165/3878. PrMdI an RP Kassel vom 24.7.1933. – von Monbart sprach nun von der »Unterbringung politischer Schutzhäftlinge in der Landesarbeitsanstalt Breitenau« bzw. vom »Lager in Breitenau«. HStA Mbg 165/3878. RP Kassel an PrMdI v. 26.9.1933.
73 HStA Mbg 165/3982. Band 12. PP Kassel an Gestapo Berlin v. 22.2.1934.
74 HStA Mbg 180. Wolfhagen 2329. PP Kassel an Landräte RegBez. Kassel vom 14.3.1934.
75 Archiv des LWV-Hessen: Jahresbericht 1933. (Erstellt am 24. Juli 1934).
76 Universität Kassel GHK: Informationsstelle Nationalsozialismus in Nordhessen. Sammlung Georg Merle. Urteil des Strafsenats des Oberlandesgerichts in Kassel gegen Hermann Himmelreich, Wilhelm Loose u.a. vom 20.Juli 1937: »Im Jahre 1933 war er [Friedrich Loose] 7 Wochen in Schutzhaft und im Konzentrationslager Breitenau.«

Die Einweisung in das Lager Breitenau

Schutzhaft für politische Gegner

Das KZ Breitenau wurde zunächst für *politische* Gegner des Nationalsozialismus eingerichtet. Der für die Gründung des Lagers verantwortliche Kasseler Polizeipräsident von Pfeffer hatte dies mehrfach betont und den Polizeibehörden des Regierungsbezirks klar eingeschärft:

> »Es geht keinesfalls an, daß, wie es vorgekommen ist, völlig kranke, auf Krücken gehende Leute hier eingeliefert werden. Weiterhin ist die Schutzhaft doch im wesentlichen nur für solche Personen notwendig und aufrecht zu erhalten, die als Funktionäre der marxistischen Parteien und Organisationen zu gelten haben, und bei denen die Gefahr besteht, daß sie sich weiterhin als solche betätigen. [...] Im Hinblick auf die große Anzahl der Schutzhäftlinge, die in letzter Zeit hier zugeführt worden sind, muß ich als Verantwortlicher für das Polizeigefängnis und das Konzentrationslager in Breitenau darüber wachen, daß nicht Leute hierher abgeschoben werden, deren Inhaftierung nicht gerechtfertigt ist.«[1]

Ähnlich hatte sich der kommissarische Regierungspräsident von Monbart geäußert, als er den Kreispolizeibehörden des Bezirks die Einrichtung des Konzentrationslagers Breitenau mitgeteilt hat. Einmal nahm er den amtlichen Begriff »Konzentrationslager für *politische* Schutzhäftlinge« auf, zum andern sprach er davon, daß für die Aufnahme im Konzentrationslager Breitenau »grundsätzlich nur solche Schutzhäftlinge in Betracht (kommen), die voraussichtlich längere Zeit – mindestens 4 Wochen – festgehalten werden müssen.«[2]

Dieser Zielsetzung entsprach in den ersten Wochen die Zusammensetzung der Schutzhaftgefangenen im Lager. Die »Kasseler Post« berichtete eine Woche nach der Einrichtung des Lagers:

> »Etwa 40 Funktionäre der SPD und KPD (30 aus Kassel und 10 aus den Landgemeinden) wurden hier untergebracht.«[3]

Diese Pressenotiz stimmt mit den zeitgenössischen Eintragungen in dem Aufnahmebuch und in den ›Nachweisungen‹ überein.[4] An der Zusammensetzung der Gefangenen hat sich offenbar auch drei Monate später wenig geändert. Göring hatte – in seiner Eigenschaft als preußischer Innenminister – im September 1933 von den Regierungspräsidenten Übersichten über die Schutzhaftgefangenen eingefordert, die auch die parteipolitische Zuordnung einschloß.[5] In den

---

1   HStA Mbg 165/3982. Band 11. PP Kassel an die LR RegBez. Kassel am 7.7.1933.
2   HStA Mbg 180. Wolfhagen 2329. Der kom. RP an die LR Reg.bez. Kassel am 27.6.1933.
3   Kasseler Post vom 23.6.1933.
4   Aufnahmebuch und Nachweisungen belegen (bis zum 22. Juni 1933) 39 Schutzhaftgefangene, von denen nur einer (Adolf Levy aus Karlshafen) nicht aus politischen, sondern aus rassischen Motiven verhaftet worden ist.
5   HStA Mbg 165/3982. Band 11. Schnellbrief Görings vom 19.9.1933 betr. Nachprüfung der gem.

r komm.Regierungspräsident.   Kassel, den 27.Juni 1933.

A.II.7465.

112

       Durch den Herrn Polizeipräsidenten in Kassel ist kürz-
lich in der Landesarbeitsanstalt Breitenau, Krs.Melsungen,
ein Konzentrationslager für politische Schutzhäftlinge eingerichtet worden. Dieses Lager steht allen Polizeibehörden des
Regierungsbezirks Kassel für die Unterbringung von Schutzhäftlingen zur Verfügung. Die Häftlinge sind dem Lager jedoch
nicht unmittelbar, sondern zunächst dem Polizeigefängnis in
Kassel zuzuführen. Die Polizeibehörden haben sich vorher mit
dem Polizeipräsidenten in Kassel in Verbindung zu setzen und
ihm unter Überreichung der Akten des betreffenden Schutzhäftlings die Gründe mitzuteilen, die zur Verhängung der
Schutzhaft geführt haben. Der Herr Polizeipräsident veranlaßt
sodann die Überführung der Häftlinge in das Lager.

       Für die Aufnahme in das Konzentrationslager kommen grund-
sätzlich nur solche Schutzhäftlinge in Betracht, die voraussichtlich längere Zeit -mindestens 4 Wochen- festgehalten
werden müssen.

                         gez.von Monbart.
                         Beglaubigt:

       (Siegel)

                         Kanzlist.

An

Herrn staatl.Polizeidirektor in Hanau
Herren Landräte des Bezirks
Oberbürgermeister als Ortspolizei-
behörden in Fulda und Marburg/L.

Der kommissarische Regierungspräsident in Kassel, von Monbart, teilt den Landräten und
Polizeibehörden im Bezirk die Einrichtung des Konzentrationslagers Breitenau förmlich mit
(HStA Mbg 180 Wolfhagen 2329).

Akten des Kasseler Regierungspräsidenten findet sich ein im eigenen Hause erstellter Sammelbogen, der in einem Überblick auf einer Seite die aus den Landkreisen eingegangenen Rückmeldungen auf die Anfrage festgehalten hat.[6] Die Kriterien (waagerechte Leiste) lauteten »Entlassungen«, »Schutzhäftlinge«, »K.P.D.«, »S.P.D.«, »Sonstige«, »Funktionäre«, »Rückfällige« und »Schutzhaft nach 21.III.33«. Senkrecht sind dann sämtliche 25 Kreispolizeibehörden aufgeführt, so daß sich ein differenzierter Überblick ergibt. Von den 170 Schutzhaftgefangenen in Breitenau sollten nach polizeilicher Auskunft 126 der KPD und 9 der SPD angehört haben. Diesem Sammelbogen zufolge waren knapp 80% der politischen Gefangenen (103 von 135) auf Grund der Polizei-Kategorie »Funktionäre der marxistischen Parteien und Organisationen« in Schutzhaft genommen worden.

Es gab im KZ Breitenau eine ansteigende Zahl Schutzhaftgefangener, die nicht aus Gründen der politischen Gegnerschaft dort eingesperrt worden waren, darunter Juden und andere aus antisemitischen Motiven verfolgte Menschen, worüber im nächsten Kapitel berichtet wird.

Die ersten Schutzhaftgefangenen

Am 16. Juni 1933 trafen die ersten Schutzhaftgefangenen im Konzentrationslager Breitenau ein. Es handelte sich um achtundzwanzig als Gegner des Nationalsozialismus öffentlich in Erscheinung getretene politisch aktive Kommunisten und Sozialdemokraten.

Karl-August Quer und Karl Herrmann waren Sozialdemokraten, die anderen sechsundzwanzig Gefangenen gehörten der Kommunistischen Partei an. Unter ihnen befanden sich Ernst Lohagen, Friedrich und Walter Eisenacher, Kurt Finkenstein und Andreas Ruhl aus der Stadt Kassel, Wilhelm Bauer, der sich wie manch anderer bereits seit dem 28. Februar 1933 in Schutzhaft befand, aus Niederzwehren, Jakob Hildebrand und Johannes Hauptreif aus Harleshausen, Fritz Loose und August Hornschu aus Niederelsungen und Gustav Werkmeister aus Bad Sooden-Allendorf.

Wie waren sie ins Konzentrationslager gekommen?

Karl Herrmann war Bezirkssekretär der Sozialdemokratischen Partei Deutschlands im Bezirk Hessen-Kassel. Er hatte sich in einem Schreiben am 23. März 1933 an den Regierungspräsidenten von Monbart gewandt, diesem Zeugnisse über Mißhandlungen von Gegnern des Nationalsozialismus vorgelegt und den Regierungspräsidenten ersucht, »dafür zu sorgen, daß allen Bürgern der notwendige Schutz gewährt wird«.[7] Ein vom Landrat in Rotenburg abgefangener

---

§1 der Notverordnung v. 28.2.1933 erlassenen Schutzhaftanordnungen.
6 HStA Mbg 165/3982. Band 11. Sammelbogen [Ende September 1933].
7 HStA Mbg 165/3982. Band 10. Sozialdemokratische Partei Bezirksverband Hessen-Kassel am 23.3.1933 an den Regierungspräsidenten v. Monbart.

weiterer Brief Herrmanns, in dem er eine Abschrift der »Erklärung des sozialde-
mokratischen Reichstagsabgeordneten Wilhelm Sollmann über seine Mißhandlung durch SA und SS« [im März 1933 in Köln-Rath] an den Arbeiter Karl
Braunholz in Rockensüß (vermutlich ein Sozialdemokrat) versandte, löste eine
Durchsuchung des SPD-Bezirkssekretariats durch die Kasseler Polizei aus. Karl
Herrmann und Rudolf Freidhof, der Geschäftsführer des SPD-Bezirks, wurden
am 18. April 1933 in Schutzhaft genommen; zunächst wurden sie in das
Polizeipräsidium am Königstor, später nach Breitenau gebracht.[8] Gleichzeitig
leitete der Kasseler Polizeipräsident ein Strafverfahren gegen beide beim
Sondergericht wegen Vergehen gegen § 3 der Verordnung des Reichspräsidenten
vom 21. März 1933 ein.[9] Karl Herrmann hatte in Georg-August Zinn, der sich für
seine Freilassung einsetzte, einen guten Rechtsanwalt.[10]

Karl-August Quer, seit 1922 Lehrer in der Stadt Kassel, war den Nazis ein
Dorn im Auge, weil er als Gauführer des Reichsbanners Schwarz-Rot-Gold mit
ihnen seit langem in unmittelbarer, nicht selten auch handgreiflicher Auseinandersetzung stand. Quer befand sich seit dem 12. Mai 1933 in Schutzhaft, wahrscheinlich im Polizeipräsidium Kassel; am 16. Juni 1933 kam er nach Breitenau[11],
wo er bis zum 29. Juni 1933 bleiben mußte.

8   HStA Mbg 165/3982. Band 10. PP Kassel an Landeskriminalpolizeiamt I Berlin am 19.4.1933.- JVA
     Kassel: Archiv. Tagesbericht des Polizeigefängnisses [Wehlheiden] vom 30.3. bis 16.6.1933. Das Rap-
     portbuch der Strafanstalt Wehlheiden verzeichnet den 2. April 1933, 13.30 Uhr, als Einliefe-
     rungszeitpunkt. Er vermerkt Herrmanns Verlegung am 20.5.1933 in das Kasseler Gerichtsgefängnis.
9   Dieser § 3 ist einer der Willkür Tür und Tor öffnenden ›Rechts‹-bestimmungen des Hitler-Staates
     gewesen und bis zum Ende 1945 in Kraft geblieben und angewandt worden. Er lautet: »Wer
     vorsätzlich eine unwahre oder gröblich entstellte Behauptung tatsächlicher Art aufstellt oder
     verbreitet, die geeignet ist, das Wohl des Reichs oder eines Landes oder das Ansehen der
     Reichsregierung oder einer Landesregierung oder der hinter diesen Regierungen stehenden
     Parteien oder Verbände schwer zu schädigen, wird [...] mit Gefängnis bis zu zwei Jahren [...]
     bestraft.« Verordnung des Reichspräsidenten zur Abwehr heimtückischer Angriffe gegen die
     Regierung der nationalen Erhebung. Vom 21. März 1933. RGBl I (1933), 135.
10   HStA Mbg 165/3982. Band 10. RA G.-A. Zinn an PP Kassel am 22.6.1933. Zinn konnte drei
     gegen K. Herrmann angestrengte Ermittlungsverfahren bzw. Strafverfahren durch Einstellungen
     oder durch Freispruch abwenden. Später hat er mitgeteilt, wie ihm dies gelungen ist: »Termin zur
     Hauptverhandlung vor dem Sondergericht war [...] am 26. oder 27.5.1933 anberaumt worden. Ich
     habe dann durch Benennung von Zeugen und Vorlage fotografischer Aufnahmen zahlreicher
     Mißhandelter den Wahrheitsbeweis für die Herrmann zur Last gelegten angeblichen Greuel-
     berichte angeboten. Daraufhin wurde der Haftbefehl und der Termin zur Hauptverhandlung vor
     dem Sondergericht aufgehoben. Herrmann wurde wenige Tage vor dem ursprünglich ange-
     setzten Termin zur Hauptverhandlung aus der Untersuchungshaft entlassen, blieb jedoch
     zunächst weiter in Schutzhaft, bis er etwa Mitte Juni 1933 in das KZ Breitenau überführt wurde«
     (StA Kassel: Betreuungsstelle. Herrmann, Karl). Daß G.-A. Zinn übrigens selbst in Breitenau als
     Schutzhaftgefangener eingesperrt war, ist Legende. Zinn wurde eine Zeitlang von der Kasseler
     Gestapo im Polizeigefängnis Kassel gefangen gehalten.
11   Archiv des LWV Hessen: KZ Breitenau; hier: Direktor Landesarbeitsanstalt Breitenau an den
     Landeshauptmann in Hessen zu Kassel am 19. Juni 1933: Verzeichnis über die am 16. ds. Mts. in
     die hiesige Anstalt eingelieferten politischen Schutzhäftlinge und über die zur Überwachung
     derselben hier eingetroffenen Polizeibeamten. Zf .24.

Ernst Lohagen war seit dem 15. Mai 1933 in Schutzhaft[12]; auch er wurde zunächst im Polizeigefängnis Kassel untergebracht.[13] Lohagen war in der Zeit von 1924/25 bis etwa 1931 der führende Kopf der Kommunistischen Partei im Bezirk Hessen-Waldeck. Er gehörte für die KPD auch dem Kommunallandtag (in diesem Parlament saßen zur gleichen Zeit auch der spätere Präsident des Volksgerichtshofs, Roland Freisler [NSDAP], der Kasseler Regierungspräsident August Haas [SPD] und der Schmalkaldener Redakteur Ludwig Pappenheim [SPD]) an, war von 1930 – 1932 Reichstagsabgeordneter; für die folgenden Wahlen ist er von der KPD nicht mehr aufgestellt worden. Mitte 1931 war er als Funktionär in Kassel abgesetzt worden, »ohne daß die anderen Funktionäre den Grund erfuhren«.[14]

Nachfolger für ihn aus Kassel im Reichstag wurde Karl Barthel, der nach 1945 so eindringlich über seine Haftzeit in Buchenwald geschrieben hat.[15]

---

12 HStA Mbg 165/3982. Band 13. PP Kassel an RP Kassel. Nachweisung der am 13.3.1934 in Haft befindlich gewesenen Personen ...(unter Ziffer 25). H. Weber gibt als Zeitpunkt der Inhaftierung April 1933 (ohne Beleg) an. Hermann Weber, Die Wandlung des deutschen Kommunismus, Band 2. Frankfurt 1969, 210 (im folgenden zitiert: Weber, Wandlung des deutschen Kommunismus).

13 Er wurde nicht – wie die meisten anderen politischen Gefangenen – ins Zuchthaus Wehlheiden »weitergeschoben«. Vgl.: JVA Kassel: Archiv. Tagesbericht 1933; dort findet sich sein Name nicht. Gab es für die Polizei besondere Gründe dafür, ihn im Polizeigefängnis festzuhalten? Besondere Vernehmungen?

14 Weber, Wandlung des deutschen Kommunismus, Band 2, 210. Vgl. auch: M.d.R. Die Reichstagsabgeordneten der Weimarer Republik in der Zeit des Nationalsozialismus. Politische Verfolgung, Emigration und Ausbürgerung 1933-1945. Eine biographische Dokumentation. Bearbeitet von Katharina Lübbe und Martin Schumacher. Düsseldorf 1991 (im folgenden zitiert: Lübbe/Schumacher), 374f. Ernst Lohagen (25.5.1897 geboren; 1971 in der DDR gestorben) gehörte zu der herausgehobenen Gruppe vom Hitler-Staat unerbittlich verfolgter Kommunisten. In Breitenau wurde er in die »Stufe I« eingruppiert; er zählte mithin zu »den besonders radikalen Elemente[n]« (»Im Konzentrationslager Breitenau«, in: Hersfelder Zeitung vom 24. Juni 1933). Er hatte in Breitenau bis zum 16.10.1933 zu bleiben; von dort wurde er unmittelbar in das KZ Papenburg gebracht. Im März 1934 wurde er zu denen gerechnet, »für die auf Grund des Erlasses des Herrn Ministerpräsidenten – Geheime Staatspolizei – vom 16.3.34 – Insp. 1946/11.3.34. II. – und der Verfügung des Herrn Regierungspräsidenten Kassel vom 20.3.34 – A II No 8745a/34 – über den 31. März 1934 hinaus Schutzhaft verlängert wird.« (HStA Mbg 165/3982. Staatspolizeistelle f.d. Reg.Bez. Kassel: Nachweisung der Schutzhäftlinge, für die [...] über den 31. März 1934 hinaus Schutzhaft verlängert wird.) Im Laufe des Jahres 1934 scheint er freigelassen worden zu sein, um jedoch am 23. Juli 1935 erneut verhaftet zu werden, weil er im Verdacht stand, »führend an dem Neuaufbau der K.P.D. beteiligt zu sein« (Klein, Lageberichte der Gestapo, 291 u. 830). Nach dem Krieg war Lohagen zunächst in hoher Funktion in der SBZ/DDR tätig (1946 bis 1952 Mitglied des Parteivorstandes bzw. des Zentralkomitees der SED; Abgeordneter der Volkskammer u.a.); 1952 wurde er wegen »Unterdrückung der Kritik, parteischädigendem Verhalten« aus dem ZK ausgeschlossen und »Arbeitsveteran« (Wer war Wer in der DDR? Ein biographisches Handbuch. Herausgegeben von Bernd-Rainer Barth u.a.. Frankfurt a.M. 1995, Sp. 464 f.). Es gibt Erzählungen von einem einzigen legendären Auftritt Lohagens nach dem Krieg in Kassel, und zwar anläßlich des Bürgersäle-Prozesses, bei dem er gegen seine ehemaligen SA-Peiniger ausgesagt hat. Seine Frau Paula Lohagen, Kommunistin und in gleicher Weise politisch wie er gegen den Nationalsozialismus im Untergrund tätig, wurde ebenso hart verfolgt. Im Sommer 1935 wurde sie gemeinsam mit ihm verhaftet. Sie kam 1944 im KZ Auschwitz ums Leben.

15 Karl Barthel, Die Welt ohne Erbarmen. Bilder und Skizzen aus dem K.Z. Greiffenverlag: Rudolstadt 1946.

Friedrich Eisenacher aus Kassel war neunzehn Jahre alt, von Beruf Gärtner, als er am 25. März 1933 in Schutzhaft genommen wurde.[16] In einer Liste findet sich der Hinweis auf eine Mitgliedschaft in der KPD.[17] Er wurde am 24. Juli 1933 entlassen.

Walter Eisenacher, ein dreiundzwanzigjähriger Maurer aus Kassel, wurde am 22. März 1933 in Schutzhaft genommen.[18] Er gehörte vermutlich seit längerem der KPD an; sein Name war der Polizei bei einer Hausdurchsuchung im Dezember 1931 in die Hände gefallen.[19] War dies der Anlaß für die Verhängung von Schutzhaft gewesen? Die Politische Abteilung im Kasseler Polizeipräsidium führte bekanntlich Listen, die bei der Verhaftung herangezogen wurden. Walter Eisenacher wurde am 12. Juli 1933 aus Breitenau entlassen. Er war weiterhin im Widerstand tätig und wurde im Jahre 1939 mit einer dreieinhalbjährigen Zuchthausstrafe belegt, an die sich unmittelbar eine KZ-Haft von März 1943 bis zum Kriegsende in den Konzentrationslagern Flossenbürg und Sachsenhausen anschloß.[20]

Kurt Finkenstein wurde am 26. April 1933 in Schutzhaft genommen.[21] Offenbar ist er, wie Ernst Lohagen, bis zum 16. Juni 1933 im Polizeipräsidium am Königstor festgehalten, mithin nicht – wie die meisten anderen Schutzhaftgefangenen – nach Wehlheiden überführt worden. Kurt Finkenstein war als Dentist bzw. Zahntechniker in Kassel beruflich tätig; seine vielseitigen geistigen und künstlerischen Interessen hatten ihn eine literarisch-politische Gesellschaft in Kassel gründen lassen. Mit der erneuten Inhaftierung im Zuchthaus Wehlheiden und der Verurteilung wegen Hochverrats im Juli 1935 begann für ihn ein Martyrium. Die meisten seiner Briefe und Gedichte aus dem Zuchthaus sind erhalten. Die Freiheit hat er von 1935 an bis zu seinem Tod in Auschwitz 1944 nicht mehr gesehen.[22]

Andreas Ruhl, ein 25-jähriger Schlosser aus Kassel, war im Dezember 1932 für fünf Tage wegen »Zersetzung der Reichswehr« im Polizeipräsidium inhaftiert gewesen.[23] War es dieser Umstand oder seine Mitgliedschaft in der Kommunistischen Partei, die zur Verhängung von Schutzhaft gegen ihn am 29. März 1933 geführt hatte?[24] Aus der Polizeiabteilung der Wehlheider Strafanstalt kam er am 16. Juni nach Breitenau. Von dort wurde er am 14. August entlassen. Ruhl wurde für seine kommunistische Gesinnung mit nahezu zehn Jahren Haft bestraft:

---

16 JVA Kassel: Archiv. Tagesbericht 1933, Zf. 13.
17 Archiv des LWV Hessen: KZ Breitenau. Nachweisung vom 16.6.1933, Zf. 14.
18 JVA Kassel: Archiv. Tagesbericht 1933, Zf. 12.
19 HStA Mbg 165/6985, Bl. 21. Darin: ein aus zehn Gruppen und zahlreichen Namen bestehendes ›Mitgliederverzeichnis‹ [allem Anschein nach] des Rotfrontkämpferbundes.
20 StA Kassel: Betreuungsstelle. Wiedergutmachungsantrag Walter Eisenacher vom 25. März 1950.
21 Archiv des LWV Hessen: KZ Breitenau. Nachweisung vom 16.6.1933, Zf. 21.
22 Ellen Gruska/ Monika Nentwig: Kurt Finkenstein. Ein Leben für die Befreiung der Menschheit (1893-1944). Staatsexamensarbeit Gesamthochschule Kassel. 1984. Die nachgelassenen Briefe Kurt Finkensteins befinden sich im Archiv der Gedenkstätte Breitenau. Eine Edition ausgewählter Briefe Kurt Finkensteins ist in Vorbereitung und soll 1998 veröffentlicht werden.
23 StA Kassel: Betreuungsstelle. Fragebogen für politische Häftlinge. 1945. Ruhl, Andreas.
24 JVA Kassel: Archiv. Tagesbericht 1933, Zf. 10.

Breitenau war erst der Anfang seines Leidensweges[25], der über Untersuchungshaft (1936) und Zuchthaus (1937-1941) ins Konzentrationslager Sachsenhausen führte, wo er von 1941 bis zum Kriegsende bleiben mußte.

Wilhelm Bauer, ein 29-jähriger Elektromonteur aus Niederzwehren – diese Gemeinde wurde erst am 1. Juni 1936 nach Kassel eingemeindet[26] – war bereits am späten Vormittag des 28. Februar in Schutzhaft genommen worden.[27] Bauer gehörte schon früh dem »Kampfbund gegen den Faschismus« an[28] und wurde ausdrücklich als »KPD-Funktionär« verhaftet.[29] Im November 1934 erhob der Generalstaatsanwalt in Kassel gegen ihn Anklage wegen Vorbereitung zum Hochverrat; sein weiterer Weg ist nicht bekannt.[30]

Jakob Hildebrand, ein dreißigjähriger Schlosser aus Harleshausen, wurde wie Wilhelm Bauer bereits am 28. Februar 1933 als KPD-Funktionär verhaftet. Wie Bauer kam auch er zunächst in die Strafanstalt Wehlheiden und von dort am 16. Juni 1933 nach Breitenau. Hildebrand war auch in der »Internationalen Arbeiterhilfe« (IAH) und bei der »Roten Hilfe« tätig.[31] Aus dem Lager Breitenau wurde er am 19. Juli 1933 entlassen. Offenbar wurde er anschließend einige Zeit im Polizeipräsidium in Haft gehalten.[32]

---

25 Ruhl nahm nach der Entlassung aus Breitenau an der illegalen Tätigkeit der KPD teil. Gegen ihn und andere wurde ein Verfahren wegen Vorbereitung zum Hochverrat eingeleitet. Die ihm dort zur Last gelegten Vergehen waren geringfügig: mehr als die Verteilung von kommunistischen Druckschriften und die Kassierung von Mitgliedsbeiträgen und Erlösen aus den Druckschriften konnte der Strafsenat des Oberlandesgerichts Kassel ihm nicht nachweisen. Es erklärte ihn »der Vorbereitung eines hochverräterischen Unternehmens schuldig« und verurteilte ihn zu fünf Jahren Zuchthaus. Urteil des OLG Kassel gegen Andreas Ruhl vom 8.1.1937 (Universität GHK Kassel. Informationsstelle Nationalsozialismus in Nordhessen. Sammlung Georg Merle. O Js 228/36).

26 Wieden/Feldner weisen zu Recht darauf hin, daß die Eingemeindung Niederzwehrens auch vom höheren Polizeistandpunkt aus ›interessant‹ war. Sie zitieren ein Schreiben des Polizeipräsidenten in Kassel aus dem Jahre 1935, in dem es u.a. hieß: »In staatspolitischer und polizeilicher Hinsicht wird die Erweiterung des Ortspolizeibezirks endlich die erforderliche Grundlage schaffen für eine schlagkräftige Bekämpfung staatsfeindlicher Umtriebe und verbrecherischer Elemente [...] In allen für die Eingemeindung vorgesehenen Vororten bestand [...] bisher eine ausgesprochen marxistische Mehrheit. Auch heute noch beherbergen die Vororte eine beachtliche Zahl marxistischer und dem nationalsozialistischen Staat feindlich gegenüberstehende Elemente [...]«. Peter Wieden/Claus Feldner: Niederzwehren wie es früher war. Ein Bilder- und Lesebuch. Gudensberg-Gleichen 1986, 100. – Zum gleichen Zeitpunkt wurden die Gemeinden Oberzwehren, Nordshausen, Harleshausen, Waldau und Wolfsanger der Stadt Kassel einverleibt. Vgl. Thomas Klein: Zur Geschichte der Kasseler Eingemeindungen. In: Hess. Jahrb. f. Landesgeschichte 36 (1986), 317-349, hier 332 ff.

27 JVA Kassel: Archiv. Tagesbericht 1933, Zf. 3.

28 HStA Mbg 165/3886. Band 1. PP Kassel an RP Kassel vom 16.11.1931 betr.: Kommunistische Terrorgruppen.

29 HStA Mbg 165/3886. Band 1. PP Kassel an RP Kassel vom 28.2.1933.

30 Willi Belz: Die Standhaften. Über den antifaschistischen Widerstand in Kassel und im Bezirk Hessen-Waldeck 1933-1945. 2. ergänzte und verbesserte Auflage Kassel 1978 [zuerst unter verändertem Untertitel Ludwigsburg 1960], 214 (Anklage OJs 157/34 vom 10.11.1934)(im folgenden zitiert: Belz, Die Standhaften).

31 HStA Mbg 165/3886. Band 1. Landeskriminalpolizeistelle an OP v. 9.10.1931. Betr.: Führerschulung der I[nternationalen] A[rbeiter] H[ilfe] in Hann. Münden.

32 StA Kassel: Betreuungsstelle: Hildebrand, Jakob. Darin heißt es u.a. in einem von ihm

Johannes [Hans] Hauptreif, von Beruf Zimmermann und aus Harleshausen stammend, wurde am 19. März 1933 in Schutzhaft genommen. Er ist mitten in der Nacht verhaftet worden, denn im Polizeipräsidium wurde er um 1.30 Uhr »aufgenommen«.[33] Vor seiner Verhaftung hatte Hauptreif der Bezirksleitung der KPD angehört, berichten Zeitzeugen.[34] Hauptreif wurde aus Breitenau am 9. August 1933 entlassen. Wegen Vorbereitung zum Hochverrat wurde er im Jahre 1934 zu elf Monaten Gefängnis [in Hameln] verurteilt.[35]

Friedrich [Fritz] Loose, ein 24-jähriger Schneider aus Niederelsungen/Kr. Wolfhagen, war seit 1928 Mitglied der KPD. In der Niederelsunger Parteiorganisation hatte er eine untergeordnete Funktion inne: er war Kassierer gewesen. Seine Verhaftung führte er auf eine Denunziation zurück. »Die Spatzen haben's nicht nach Kassel getragen«.[36] Eine solche Denunziation erscheint auch deshalb als wahrscheinlich, weil F. Loose – die bloße Mitgliedschaft in der KPD und die untergeordnete Funktion eines dörflichen Kassierers reichten in der Regel in diesen Monaten noch nicht aus – den damaligen Kriterien für die Verhängung von Schutzhaft nicht entsprochen hatte. Örtliche Racheakte nun zu Macht und Ehren aufgestiegener politischer Gegner dürften den Ausschlag zur Verhaftung gegeben haben, vermutet F. Loose. »Am 1. Pfingsttag 1933 wurde ich geholt, im offenen LKW nach Kassel ins Polizeipräsidium.« Dort blieb er zwölf Tage, um dann mit der ›Minna‹ nach Breitenau transportiert zu werden. »Wir waren die ersten ›Politischen‹, die da im Juni ankamen«. Aus dem KZ Breitenau wurde er am 19. Juli 1933 entlassen. Auch F. Loose geriet später in die Mühlen des Verfolgungsapparates, als dieser sich nämlich anschickte, selbst die letzten Reste kommunistischen Zusammenhalts – der in den Dörfern von den persönlichen Beziehungen oft nicht zu trennen war – zu zerstören. Durch einen Spitzel der Gestapo wurde seine Gruppe aufgerollt, und F. Loose wurde im Jahre 1937 vom Kasseler Oberlandesgericht »wegen Vorbereitung eines hochverräterischen Unternehmens« zu einer Gefängnisstrafe von einem Jahr und neun Monaten verurteilt. Auch seine beiden Brüder Wilhelm Loose und Heinrich Loose wurden gerichtlich mit ähnlicher Härte verurteilt. Diese Verurteilungen erfolgten, weil die drei Brüder den »Moskausender gehört und hinterher über das Gehörte gesprochen« haben. Außerdem habe er »von dem Juden Goldschmidt in Oberel-

---

eingereichten Antrag: »Ich war vom 28. 2. 1933 bis Anfang September 1933 in Schutzhaft genommen und verbrachte diese Zeit im Polizeipräsidium Kassel, Zuchthaus Kassel-Wehlheiden, Konzentrationslager Breitenau und am Schluß bis zu meiner Freilassung wiederum im Polizeipräsidium Kassel.«

33 JVA Kassel: Archiv Tagesbericht 1933, Zf. 23.
34 Belz, Die Standhaften, 36 f.
35 StA Kassel: Betreuungsstelle: Hauptreif, Johannes. – Anklageschrift 64/34 vom 22.6.1934.
36 Notiz über ein Gespräch mit Friedrich Loose (1984).

sungen« eine Schrift erhalten, die sich kritisch mit dem Erbgesundheitsgesetz auseinandersetzte.[37]

August Hornschu kam wie Friedrich Loose aus Niederelsungen. Er wurde gemeinsam mit ihm, am 4. Juni 1933, verhaftet. A. Hornschu war von Beruf Schwellenhauer. Unter den Breitenauer Schutzhaftgefangenen zählte er mit seinen 36 Jahren bereits zu den Älteren. Hornschu wurde von der Politischen Polizei in der Weimarer Zeit als politischer Führer der etwa zehnköpfigen kommunistischen Parteigruppe in Niederelsungen angesehen.[38] Aus Breitenau wurde er, wieder gemeinsam mit Friedrich Loose, am 19. Juli 1933 entlassen.

Gustav Werkmeister, ein 27-jähriger Arbeiter aus Bad Sooden-Allendorf, wurde bereits am 3. März 1933 in Schutzhaft genommen.[39] Über das Polizeigefängnis in Wehlheiden kam er am 16. Juni nach Breitenau, wo er bis zum 8. Januar 1934 blieb – eine ungewöhnlich lange Zeit! Über ihn ist nicht mehr bekannt als die Tatsache, daß er nach Polizeiauffassung der KPD angehört haben soll.[40]

NSDAP und SA

Das Konzentrationslager Breitenau war einerseits eine staatliche Einrichtung, die von einer staatlichen Behörde, dem Kasseler Polizeipräsidenten, auf dem Wege einer vertraglichen Vereinbarung mit dem Landeshauptmann in Hessen (das Wort von der ›Amtshilfe‹ liegt nahe) begründet worden war. Auch die Finanzierung des Lagers erfolgte aus staatlichen Mitteln; so war es in den meisten frühen Schutzhaftlagern in Preußen gewesen.[41] Auch die Hilfspolizei, die das Bewachungskommando in Breitenau stellte, fungierte als staatliche Einrichtung, und ihre Angehörigen wurden für den ›Dienst‹ in Breitenau aus der Staatskasse vergütet.

Und doch entstände ein falsches Bild, wenn man das KZ Breitenau ausschließlich unter dem Gesichtspunkt einer vom preußischen Staat begründeten und verantworteten Haftstätte ansehen würde. Denn die Aushöhlung staatlicher Ämter durch die Aktivisten von NSDAP, SA und SS hatte bereits im Juni 1933 erfolgreich um sich gegriffen. Göring hatte in Berlin vorexerziert, wie ein die Demokratie verachtender Parteifunktionär das Amt des preußischen Innenministers und dasjenige des preußischen Ministerpräsidenten zur rücksichtslosen Par-

---

37 Urteil des Oberlandesgerichts Kassel vom 20. Juli 1937 in der Strafsache gegen H. Himmelreich, W. Loose u.a. wegen Vorbereitung eines hochverräterischen Unternehmens (Universität GHK Kassel. Informationsstelle Nationalsozialismus in Nordhessen. Sammlung Georg Merle. OJs 117/37).
38 Notiz über ein Gespräch mit Friedrich Loose (1984).
39 JVA Kassel: Archiv. Tagesbericht 1933, Zf. 17.
40 Archiv des LWV Hessen: KZ Breitenau , Nachweis vom 16.6.1933, Zf. 19.
41 MBliV I (1933), 594. RdErl.d.MdI. v. 20.5.1933. »Kosten für politische Schutzhäftlinge«.

teiherrschaft instrumentalisieren – und beide Ämter zugleich ruinieren konnte. Ähnliches sollte sich auf den unteren Ebenen staatlichen Handelns wiederholen.

So hatten die Schutzhaftgefangenen – wenn sie an Recht und Gesetz vor Behörden appellierten – bald schmerzhaft zur Kenntnis zu nehmen, daß der staatliche Charakter des KZ Breitenau keinen Wert im Sinne gültiger rechtsstaatlicher Normen besaß.

Dies galt für von Pfeffer, den Kasseler Polizeipräsidenten, nicht minder jedoch auch für die Landräte, denen bei der Einweisung und Entlassung der Schutzhaftgefangenen die Schlüsselrolle zukam; sie verstanden in der Regel ihr Amt nicht ›altpreußisch‹. So waren z.B. Friedrich Löser als Hanauer Landrat, Fritz Lengemann als Landrat von Kassel oder Ludwig Hamann als Landrat in Schmalkalden persönlich der NSDAP oder einer ihrer Gliederungen bzw. Kampfformationen so eng verbunden, daß schon von ihrem politischem Selbstverständnis her der Gedanke der Trennung von Staat und Partei nahezu ausgeschlossen schien. Die NSDAP regierte auch durch die Hilfspolizisten, die im Lager die Schutzhaftgefangenen kommandierten: zunächst waren es SA-Männer, ab August 1933 gehörte die Wachmannschaft in Breitenau der SS an.

Die treibende und ausschlaggebende Rolle der NSDAP bei der Einweisung eines Gefangenen nach Breitenau wird am Beispiel der Inhaftierung des ehemaligen Landrats und Mitgliedes der SPD Heinrich Treibert aus Fritzlar besonders deutlich.[42] H. Treibert war im Sommer 1932 als Landrat von Fritzlar durch die Zusammenlegung dieses Landkreises mit dem Homberger abgelöst worden. Der »Abtransport des Landrats a[uf] W[artegeld] Treibert durch die SA«[43] ist deshalb bemerkenswert, weil er am amtlich vorgeschriebenen Weg der Verhängung von Schutzhaft vollkommen vorbei gelaufen ist.

Der (neue) Fritzlarer Landrat Frhr. von Funck erfuhr von der Inhaftierung seines Amtsvorgängers erst, als der Kasseler Polizeipräsident ihn um Aufklärung der Tatsache ersuchte, wieso sich Heinrich Treibert im Kasseler Polizeipräsidium befinde, ohne daß ein entsprechender Vorgang dort bekannt sei. Der stellvertretende Landrat des Kreises Fritzlar-Homberg, [Kreisoberinspektor Oskar] Hartenbach, berichtete am 1. Juli 1933, daß ihm am 29. Juni mitgeteilt worden sei, daß Landrat Treibert von der SA verhaftet und »abtransportiert« worden sei.[44]

Hartenbach billigte nachträglich den Willkürakt der örtlichen SA, da er dem Polizeipräsidenten in Kassel folgendes mitteilte:

»Ich kann mich der Tragweite der von der Kreisleitung der S.A. vorgebrachten Gründe nicht verschließen und halte es für notwendig, bis zur Klärung der dem

---

42 Klein, Leitende Beamte, 224; Kapitel 9 (Zu Heinrich Treibert).
43 HStA Mbg 165/3982. Band 10. LR des Kreises Fritzlar/Homberg an PP Kassel betr.: Transport des Landrats a.W. Treibert durch die S. A. vom 1.7.1933.
44 Ebenda.

Landrat a.W. Treibert gemachten Vorwürfe die Schutzhaft gegen Landrat a.W. Treibert im Interesse der Staatssicherheit anzuordnen.«[45]

Diese scheinbare Legalisierung stattgehabter Willkürakte seitens der SA und der SS durch die neuen Landräte ließe sich in jenen Monaten auch in anderen Entscheidungen nachweisen.

Ein Beispiel war die Enteignung des von der Kasseler »Freien Deutschen Jugend« in Eigenarbeit errichteten Blockhauses im Reinhardswald bei Wilhelmshausen durch die SA Hann. Münden. Am 9. April 1933 stürmten Angehörige eines SA – Sturms aus Hann. Münden das Blockhaus und besetzten es. Auf verschiedene Eingaben hin erklärte der ›Alte Kämpfer‹ und neue Landrat Fritz Lengemann folgendes: »Die Besitzer des Hauses sind Kommunisten, die sich an jedem Sonnabend und Sonntag darin aufhielten und dort ohne Trennung der Geschlechter in einem Raum schlafen. Da auch der dringende Verdacht bestand, daß das Haus kommunistischen Umtrieben diente, hatte ich der SA in Hann. Münden auf ihr Ansuchen gestattet, das Haus zu beschlagnahmen u. darin das Hausrecht auszuüben. Da zu befürchten ist, daß das Haus bei Freigabe wieder staatsfeindlichen Zwecken dienstbar gemacht wird, hat es nunmehr die Ortspolizeibehörde Wilhelmshausen in Obhut genommen, welche es in Verbindung mit der SA in Kassel bewachen läßt«.[46] Mehrere Berichte liegen darüber vor, – auch von einem Breitenau-Gefangenen – daß Schutzhaftgefangene aus dem Kasseler Polizeigefängnis »[...] der SS, welche uns in das frühere Arbeiterwassersportbad und Bootshaus mit einem PKW brachte [übergeben wurden], um aus uns in bestialischer Weise Geständnisse zu erpressen.«[47] Anschließend wurden die Gefangenen wieder zum Polizeipräsidium zurückgebracht. Diese Tatsache, daß von Staatsseite aus Schutzhaftgefangene den Folterern und Schlägern der SS schutzlos überlassen – vielleicht sogar einverständig zum Zweck der Mißhandlung ausgeliefert – worden sind, dokumentiert deutlich genug, wie weit der Staat bereits zurückgewichen und zum Kumpan seiner kompromißlosen Feinde geworden war.

Seitens des Preußischen Innenministeriums wurde eine solche Praxis ausdrücklich nahegelegt; dieses hatte dem Regierungspräsidenten in Kassel im Mai 1933 mitgeteilt: »Die Erfahrung hat gezeigt, daß die Vernehmung wegen Verdachts politischer Straftaten oder staatsfeindlicher Umtriebe festgenommener Personen durch Beamte der ordentlichen Polizei in vielen Fällen nicht den Erfolg gehabt hat, der bei der Vernehmung derselben Personen durch SA und SS erzielt werden konnte. In Anbetracht der besonderen Umstände erscheint es daher angezeigt, vorübergehend die Polizeibehörden zu ermächtigen, in geeigneten

---

45 HStA Mbg 165/3982. Band 10. Vermerk des LR Fritzlar/Homberg (i.V. Hartenbach) vom 30.6.1933.
46 HStA Mbg 165/3982. Band 11.
47 StA Kassel: Betreuungsstelle: Bericht Arno Schminke.

Fällen im Polizeigewahrsam befindliche Häftlinge aus eigner Entschließung oder auf Anfordern zu diesem Zwecke von den nationalen Verbänden zu benennenden, mit Hilfspolizeibeamten zu besetzenden Dienststellen zur verantwortlichen Vernehmung [...] zu belassen oder zu überstellen.«[48]

Zahlreiche Fälle sind überliefert, in denen die NSDAP – Kreisleitung über die Einweisung oder Entlassung eines Schutzhaftgefangenen in Breitenau entschied – und nicht der Landrat oder der Polizeipräsident in Kassel.

»Vor Aufhebung der Schutzhaft ist die Kreisleitung der NSDAP anzuhören«,

notierte der Regierungspräsident zum Bericht des Landrats aus Arolsen, der die Freilassung von Schutzhaftgefangenen nahegelegt hatte.[49]

»Gegen die Haftentlassung des Adolf Freund, Wernswig, aus der Landespflegeanstalt Breitenau habe ich nach der von Freund abgegebenen Erklärung und mit Rücksicht auf die wirtschaftlichen Verhältnisse nunmehr nichts einzuwenden«,

bescheinigte der Kreisleiter der NSDAP Homberg am 19. April 1933[50]; am 20. April wurde A. Freund entlassen.[51]

Oder andernorts der gleiche Vorgang, wenn auch mit anderem Ergebnis:

»In Übereinstimmung mit dem Kreisleiter der NSDAP spreche ich mich gegen die Entlassung des Meyer aus, weil dieser als großer Hetzer gegen die NSDAP bekannt ist und große Unruhe in der Bevölkerung bei seinem Erscheinen in Corbach verursachen würde,«[52]

teilte der Korbacher Landrat dem Regierungspräsidenten in Kassel mit. Auch der stellvertretende Leiter der Gestapostelle Kassel, Dr. Walter Adolf Wilhelm Lindenborn[53], bezog ausdrücklich die Stellungnahme des NSDAP-Kreisleiters in seine Entscheidung ein. Er schrieb an den Regierungspräsidenten:

»Da sowohl der Landrat wie auch der Kreisleiter der NSDAP in Corbach sich gegen die Haftentlassung des Lehrers Meyer aussprechen, vermag ich seine Entlassung aus der Schutzhaft nicht zu befürworten.«[54]

Meyer durfte das KZ Breitenau erst am 28. September 1933 verlassen. Weitere Beispiele dieser Art ließen sich anfügen.

---

48 HStA Mbg 180 Hersfeld 9408. MdI an die RP und den PP Berlin den 29. 5. 1933 betr. Vernehmung in polizeilichem Gewahrsam befindlicher Personen durch Angehörige der SA und SS.
49 HStA Mbg 165/3886. Band 2. Schreiben des LR d. Kr. d. Twiste an RP Kassel vom 4. April 1933 [betr. Fritz Brandt aus Rhoden u.a.].
50 Archiv des LWV Hessen: Nr. 9741, Bd. 2.
51 Archiv des LWV Hessen: Aufnahmebuch.
52 HStA Mbg 165/3982. Band 11. Schreiben vom 7. September 1933.
53 Zur Person: Klein, Lageberichte der Gestapo, 22.
54 HStA Mbg 165/3982. Band 11. Schreiben vom 7. September 1933.

Der Preußische Minister
    des Innern.
II 1272/29.4.33.

Berlin, den 29.Mai 1933
NW 7 Unter den Linden 72-74.

Betr.:   Vernehmung in polizeilichem Gewahrsam,
        befindlicher Personen durch Angehörige
        der SA. und SS.

Die Erfahrung hat gezeigt, daß die Vernehmung wegen Verdachts politischer Straftaten oder staatsfeindlicher Umtriebe festgenommener Personen durch Beamte der ordentlichen Polizei in vielen Fällen nicht den Erfolg gehabt hat, der bei der Vernehmung derselben Personen durch Angehörige der SA und SS erzielt werden konnte. In Anbetracht der besonderen Umstände erscheint es daher angezeigt, vorübergehend die Polizeibehörden zu ermächtigen, in geeigneten Fällen in polizeilichem Gewahrsam befindliche Häftlinge aus eigener Entschließung oder auf Anfordern zu diesem Zwecke von den nationalen Verbänden zu benennenden, mit Hilfspolizeibeamten zu besetzenden Dienststellen zur verantwortlichen Vernehmung auch unter Gegenüberstellung mit anderen Beschuldigten oder Zeugen diesen kurzfristig zu belassen oder zu überstellen. Gegen eine derartige Übung werden Bedenken insbesondere dann nicht zu erheben sein, wenn die betreffenden Personen durch Polizeibeamte überbracht und nach ihrer Vernehmung wieder abgeholt werden.

Ich ersuche, die nachgeordneten Behörden alsbald mit entsprechender Weisung zu versehen. Über den Erfolg der zu treffenden Maßnahme ist mir binnen einem Monat unter gleichzeitiger Äußerung, ob die weitere Beibehaltung angezeigt erscheint, Bericht zu erstatten.

In Vertretung
gez.Unterschrift.

An die Herren Regierungspräsidenten und den Herrn Polizeipräsidenten
in Berlin.

Der komm.Regierungspräsident.   Kassel, den 7.Juni 1933.
  A.II.7385.

Abschrift übersende ich zur Beachtung.

Im Sinne des Schlußabsatzes vorstehenden Erlasses
ersuche ich mir bis zum 25.d.Mts. zu berichten.

Im Auftrage
gez.Dr.Elze.
Begl.

(Siegel)

Kanzlist.

An
den Herrn Polizeipräsidenten, hier.
den Herrn staatl.Polizeidirektor in Hanau.
die Herren Landräte des Bezirks und
die Herren Oberbürgermeister als Ortspolizeibehörden
in Fulda und Marburg/L.

Das Preußische Innenministerium ermächtigte Regierungs- und Polizeibehörden ausdrücklich dazu, polizeilich Festgenommene der SA oder SS zu »Vernehmungen [...] kurzfristig zu überlassen oder zu überstellen.« (HStA Mbg 180 Hersfeld 9408).

Die Landräte und Bürgermeister

Der sich langsam etablierende ›normale‹ Weg der Einweisung in das KZ verlief auf den durch behördliche Verfügungen und Anordnungen vorgeschriebenen Bahnen. Zunächst fragte der Landrat oder der Oberbürgermeister (die Kreispolizeibehörde) beim Polizeipräsidenten unter Darlegung der Gründe an, ob Schutzhaft verhängt werden könne; er stellte damit einen ›Antrag‹ auf Verhängung von Schutzhaft. Wurde diesem seitens der Kasseler Polizei entsprochen, kam der Beschuldigte nach Breitenau ins Konzentrationslager.

Im September 1933 gab es entsprechende Formulare für dieses Antragsverfahren. So wandte sich z.B. der Landrat Richard Bienert[55] in Hersfeld am 8. September 1933 mit einem solchen Formular an Kassel, um Georg Thomas aus Petersberg in ein KZ zu bringen[56]. Thomas sei Kommunist, »der übelste Hetzer gegen die NSDAP« und er habe einen SS-Mann tätlich angegriffen. Er gehöre mindestens für drei Monate in Schutzhaft. Die Kasseler Antwort ist nicht erhalten; sie muß jedoch zustimmend gewesen sein, denn Georg Thomas wurde am 23. September 1933 in das KZ Breitenau eingeliefert, wo er erst nach drei Monaten, am 22. Dezember 1933, wieder entlassen wurde. Nicht anders erging es Johannes Georg Möller aus Hersfeld, den der Landrat ebenfalls für drei Monate nach Breitenau bringen ließ. Aus Möllers »Worten« gehe »einwandfrei seine staatsfeindliche Einstellung hervor«[57]. Außerdem sei er Kommunist. Auch J.G. Möller wurde vom 23. September bis zum 22. Dezember 1933 im KZ Breitenau inhaftiert.

Die bedeutende Rolle, die die Landräte als Kreispolizeibehörden im Jahre 1933 (dies sollte sich bald ändern) bei der Einweisung in ein Konzentrationslager bzw. bei der Verhängung von Schutzhaft spielten, wird an den genannten beiden Verhaftungen deutlich. Beide Beschuldigten bestritten in Briefen an Landrat Bienert energisch, jemals der Kommunistischen Partei oder einer ihrer Organisationen angehört zu haben. »Auf die Anzeige des Domänen-Pächters Eschstruth, der mir im Privatleben schon immer feindlich gesinnt war, bin ich in Schutzhaft überführt worden«, schrieb Georg Thomas im November 1933. Und Johannes [Hans] Möller schrieb am 11. November 1933 an Bienert, daß er mit der Sache Eschstruth-Thomas rein gar nichts zu tun hätte und selbst »*noch nie* einer Kommunistischen Partei oder irgendetwas angehört habe«. Bienert glaubte den beiden anscheinend, denn er leitete ihre Gesuche um Entlassung aus der Schutzhaft nach Kassel weiter, und zwar an den Regierungspräsidenten. Als dieser den Polizeipräsidenten um Stellungnahme bat, reagierte jener gereizt und antwortete, der Landrat müsse doch wissen, da er selbst Schutzhaft beantragt habe, daß die

---

55   Klein, Leitende Beamte, 97.
56   HStA Mbg 165/3982. Band 12. Der stellv. LR an PP Staatspolizeistelle Kassel am 8.9.1933.
57   HStA Mbg 165/3982. Band 12. Der stellv. LR an PP Staatspolizeistelle Kassel am 21.9.1933.

Hersfeld, den 21. September 1933

<u>A n t r a g</u>

<u>auf Aufnahme des Schutzhaftgefangenen in's Konzentrationslager.</u>

Name: M ö l l e r   Vornamen: Johannes, Georg
geboren zu Hersfeld, am 3o. März 1895
Wohnort: H e r s f e l d, Wehnebergerstrasse 28,(Gickelsburg)
Kreis: H e r s f e l d
Beruf (genaue Angabe über Beschäftigungsart, ob arbeitslos usw)
       A r b e i t e r (Rohrleger)

Familienverhältnisse: (verheiratet, Zahl der Kinder, Krankheit
                      usw.)
                 geschieden.

<u>Begründung der Schutzhaft:</u> (Stellung in der Partei oder Organi-
sation, Art der politischen Betätigung, besonders gegen die
NSDAP. Tätliche Angriffe gegen die NSDAP.Mitglieder, SA., SS.
usw.)

M ö l l e r ist Kommunist und nach dem Schreiben des Herrn
Polizeipräsidenten in Kassel vom 18.9.1933, W.3.42 ol erscheint
es notwendig, ihn festzunehmen und in das Polizeipräsidium
Kassel einliefern zu lassen. Aus dessen Worten dem Schutzhaft-
gefangenen Thomas gegenüber geht einwandfrei seine staatsfeind-
liche Einstellung hervor. Da die SS. und SA. den besonderen
Schutz des Staates geniesst, wird Möller ohne weiteres einem
Konzentrationslager zugewiesen werden können.
Wie lange ist Schutzhaft voraussibhtlich notwendig ? _____ _
            mindestens drei Monate
Schutzhaft vom _23.9.33_____ bis _____ in _Breitenau_
           vom _____ bis _____ in_____
           vom _____ bis _____ in_____
           vom _____ bis _____ in_____
Entlassen: _____
Auflagen: _____

          _____

*Der Hersfelder [zu dieser Zeit noch: stellvertretende] Landrat Bienert beantragt die
Einweisung eines Schutzhaftgefangenen in das Konzentrationslager Breitenau (HStA
Mbg 165/3982, Band 12).*

61

Entlassung zu Weihnachten vorgesehen sei. Der Landrat solle sich an ihn unmittelbar wenden. Von Pfeffer schrieb:

>»Es ist mir unverständlich, warum der Landrat in Hersfeld die an ihn gerichteten
Schreiben betr. Entlassung von Schutzhäftlingen nicht mit einer Stellungnahme an
mich einsendet. Dem Landrat steht es doch frei, die Haftentlassung durch seine
Stellungnahme bei mir ohne weiteres zu erwirken, da ich Inschutzhaftmaßnah-
men, von wenigen Ausnahmen abgesehen, nur auf Antrag der Landräte durch-
führe.«[58]

Auch die Entlassung aus der Schutzhaft erfolgte in der Regel erst bei Zustim-
mung der Kreispolizeibehörde.[59]

Denunziationen

Stets hat man sich bei diesen Vorgängen zu vergegenwärtigen, daß eine oft
unerläßliche Bedingung auch für diesen staatlich ›geordneten‹ Weg der Einweisung in ein KZ die Denunziation von Mitbürgern, Kollegen und ›Geschäfts-
freunden‹ gewesen ist. Die Studien von Martin Broszat und Robert Gellately u.a.
belegen anschaulich, daß die Gestapo ein erhebliches Maß von freiwillig übermit-
telten Informationen aus der Bevölkerung erhielt und »offenbar weniger eine
aktive als eine reaktive Organisation« war.[60]

Wir geben ein Beispiel von dieser Art Denunziation, hier durch Ar-
beitskollegen im Betrieb, die ausdrücklich als *Zeugen* aufgerufen wurden:

Der Ortsgruppenleiter von Eiterhagen/Kreis Kassel schrieb an die Kreisleitung
der NSDAP Kassel-Land, daß

>»der Arbeiter K.S. aus Quentel [...] heute [30.6.1933] unseren Führer und
Reichskanzler in solch gemeiner Weise (beschimpfte), daß ich mich gezwungen
sehe, gegen ihn Strafantrag zu stellen. Er sagte im Beisein mehrerer Arbeiter
folgendes: ›Hitler, dieser Lump, dieser Schuft blockiert die Grenzen, damit wir
überhaupt nichts mehr zu fressen kriegen‹. Hierfür habe ich drei einwandfreie
Zeugen, und zwar den Arbeiter G.H., den Arbeiter K.D. und den Arbeiter J.H. ...«.

Viele ehemalige Schutzhaftgefangene führten ihre Verhaftung ausdrücklich
auf eine Denunziation zurück. »Die Spatzen haben's nicht nach Kassel getragen«
– so drückte Friedrich Loose dies aus.[61]

---

58 HStA Mbg 165/3982. Band 12. PP – Staatspolizeistelle – an RP Kassel vom 27.11.1933.
59 Der LR des Kreises Kassel teilte z.B. Herrn Martin Hofmann am 13. 9. 1933 folgendes mit: »Mit
    Rücksicht auf das Ableben Ihrer Ehefrau habe ich Ihrer Entlassung aus der Schutzhaft zugestimmt
    [...]«. StA Kassel: Betreuungsstelle. Hofmann, Martin. Begl. Abschr. (1948).
60 Robert Gellately: Gestapo und Terror. Perspektiven auf die Sozialgeschichte des national-
    sozialistischen Herrschaftssystems. In: ›Sicherheit‹ und ›Wohlfahrt‹. Polizei, Gesellschaft und
    Herrschaft im 19. und 20. Jahrhundert. Herausgeg. von Alf Lüdtke. Frankfurt a.M. 1992, 371-392,
    hier: 383. – Martin Broszat: Politische Denunziationen in der NS-Zeit: Aus Forschungs-
    erfahrungen im Staatsarchiv München. In: Archivalische Zeitschrift 73 (1977), 221-238.
61 Notiz über ein Gespräch mit Friedrich Loose (1984).

Wie anders als durch heimliches Anschwärzen sollten die neuen Machthaber erfahren haben, daß einer sich »wiederholt in den Wirtschaften abfällig über die Regierung der nationalen Erhebung, insbesondere über den Herrn Reichskanzler« geäußert[62], daß ein anderer »Stichelreden geführt und verächtlich über ein vor einigen Wochen stattgefundenes Kavallerie-Fest gesprochen habe«[63]? Beide Anzeigen waren Anlaß für eine Inhaftierung im KZ Breitenau gewesen.

Zur Herkunft der Schutzhaftgefangenen

Im KZ Breitenau waren 470 Männer zwischen dem 16. Juni 1933 und dem 17. März 1934 inhaftiert. Eingeschlossen in diese Gesamtzahl waren die 13 SA-Angehörigen, die als Schutzhaftgefangene im Herbst 1933 in Breitenau einsaßen.

Die meisten Gefangenen kamen aus Kassel, Hanau und den dazugehörigen Landkreisen. Dies erklärt sich dadurch, daß die kommunistische und bzw. oder die sozialdemokratische Partei in diesen Städten und Landkreisen organisatorisch gut vertreten waren und bei den Wahlen beträchtliche Stimmen auf sich vereinen konnten.[64] Die Schutzhaftgefangenen in Breitenau kamen aus:

Stadt Kassel	115	(24,5 %)
Kreis Kassel	49	(10,4%)
Stadt Hanau	66	(14,0%)
Kreis Hanau	44	(9,4%)
Kreis Hofgeismar	20	(4,3%)
Kreis Witzenhausen	21	(4,5%)
Kreis Gelnhausen	16	(3.4%)
Kreis Fritzlar-Homberg	15	(3,2%)
Kreis Wolfhagen	12	(2,6%)
Stadt Fulda	10	(2,1%)
Kreis Fulda	10	(2,1%)
Kreis der Eder	9	(1.9%)
Kreis Melsungen	9	(1,9%)
Andere Kreise im RegBez.	49[65]	(10,4%)
Andere Orte (außerhalb des RegBez. Kassel)	25	(5,3%)

62 HStA Mbg 165/3982. Band 10. LR Kassel an RP Kassel vom 1.7.1933.
63 HStA Mbg 165/3982. Band 11. Magistrat Schmalkalden an RP Kassel vom 16.9.1996.
64 Bei den Reichstagswahlen am 6. 11. 1932, den letzten freien Reichstagswahlen, erhielten in der Stadt Kassel die SPD 25,3% und die KPD 14,4%, im Landkreis Kassel die SPD 35,3% und die KPD 20,2%, in der Stadt Hanau die SPD 15,6% und die KPD 31,8%, im Landkreis Hanau die SPD 22,8% und die KPD 32,3% der Stimmen. Solche Ergebnisse erreichten SPD und KPD nur noch im Kreis Herrschaft Schmalkalden: SPD 21,8% und KPD 22,6%. Klein, Berichte des RP, 845 ff.
65 Kreis Frankenberg 7; Kreis des Eisenbergs 6; Kreis Schlüchtern 6; Kreis Hersfeld 6; Kreis Herrschaft Schmalkalden 6; Kreis Eschwege 5; Stadt Marburg 4; Kreis der Twiste 3; Kreis Ziegenhain 3; Kreis Hünfeld 2; Kreis Marburg 1.

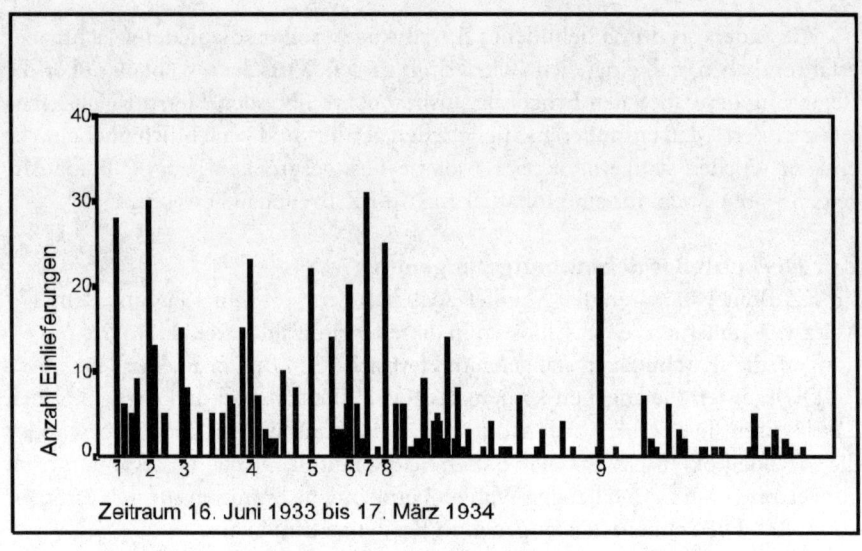

Herausragende ›Schübe‹ von Einlieferungen in das KZ Breitenau

1 16.6.1933   28 überwiegend kommunistische Schutzhaftgefangene aus Kassel (Stadt und Kreis Kassel: 25; die anderen aus den Kreisen Hofgeismar, Witzenhausen und Wolfhagen).

2 29.6.1933   30 überwiegend sozialdemokratische Schutzhaftgefangene aus Nordhessen (Stadt und Kreis Kassel: 15; die anderen aus den Kreisen Frankenberg, Fulda, Melsungen und Witzenhausen).

3 12.7.1933   15 überwiegend kommunistische Schutzhaftgefangene aus Nordhessen (Stadt und Kreis Kassel: 8; die anderen aus den Kreisen Melsungen und Wolfhagen, einer aus Berlin).

4 8.8.1933   23 Schutzhaftgefangene aus Nordhessen (Stadt und Kreis Kassel: 11; Kreis Gelnhausen: 8; die anderen aus den Kreisen Witzenhausen, Fritzlar-Homberg und dem Kreis des Eisenbergs).

5 1.9.1933   22 Schutzhaftgefangene, überwiegend aus Nordhessen (Stadt und Kreis Kassel: 13; Stadt und Kreis Hanau: 3; die anderen aus den Kreisen der Eder, Witzenhausen, Eschwege und aus Breslau.

6 16.9.1933   19 Schutzhaftgefangene, überwiegend aus Hanau (Stadt und Kreis Hanau: 16; je einer aus Hofgeismar, aus Ludwigshafen und Bergen bei Frankfurt/Main).

7 23.9.1933   30 Schutzhaftgefangene aus Hanau (Stadt und Kreis Hanau: 28; zwei aus Kreis Hersfeld).

8 30.9.1933   25 Schutzhaftgefangene aus Hanau (Stadt und Kreis Hanau: 23;
                    zwei aus Kreis Hersfeld)
9 23.12.1933   22 Schutzhaftgefangene aus Stadt und Kreis Hanau.

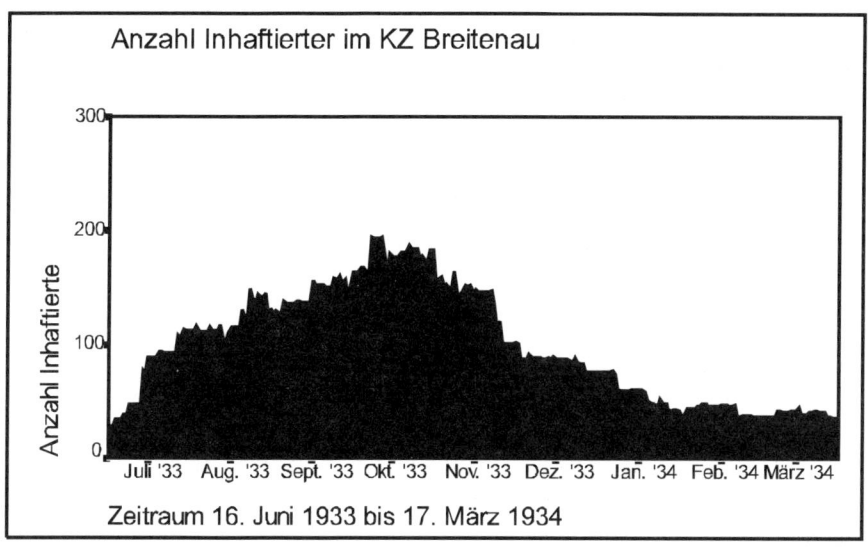

Anzahl Inhaftierter im KZ Breitenau

Zeitraum 16. Juni 1933 bis 17. März 1934

Wenn man die Berufe der Inhaftierten kategorial untersucht, fällt der hohe Anteil der handarbeitenden Berufe auf: bei einer Gesamtzahl von 457 Gefangenen (die 13 SA-Gefangenen außer acht lassend) sind 142 als Handwerker (darunter 40 Schlosser, 17 Maurer, 15 Schreiner und 9 Schmiede), 90 als Facharbeiter (z.B. Dreher, Monteure, Klempner, Spengler, Schweißer, Autoschlosser) und 131 als ungelernte Arbeiter (darunter Lagerarbeiter, Hilfsarbeiter, Packer, Fahrburschen, Bahnarbeiter) einzustufen; 363 (79,4%) sind mithin den ›handarbeitenden‹ Berufen zuzuordnen. 20 (4,3%) sind als Angestellte (darunter Kassenrechner, Bürogehilfe, Obersekretär, Parteiangestellter, Bürovorsteher), 40 (8,7%) als Kaufleute (Händler, Handlungsgehilfe, Reisender) und 24 (5,2%) als ›Bürger‹ (Fabrikant, Rechtsanwalt, Lehrer, Geschäftsinhaber, Gastwirt, Landwirt) einzustufen.

Haftgründe

Politische Gegner

Das KZ Breitenau hat in den Monaten unmittelbar nach der Machtergreifung Hitlers in erster Linie – wie die vielen anderen frühen Konzentrationslager und Schutzhaftstellen in Preußen und im Deutschen Reich – der Internierung der *politischen* Gegner des Nationalsozialismus gedient, vor allem der Aktivisten in KPD, SPD und in den anderen ›marxistischen‹, d.h. sozialistischen oder anarchistischen Gruppen und Organisationen. Allerdings hat der Nationalsozialismus auch die politischen Gegner und Kritiker, die aus bürgerlichen Traditionen handelten, in die Konzentrationslager eingesperrt. Auch im KZ Breitenau befand sich zum Beispiel ein Mitglied des Tannenbergbundes, einer »Arbeitsgemeinschaft völkischer Frontkrieger und Jugendverbände«, die 1925 von Oberst a.D. Constantin Hierl und General a.D. Erich Ludendorff gegründet und im Juni 1933 verboten worden war.[1]

Führende Funktionäre

Die Schutzhaftpraxis in Preußen wurde von Zeit zu Zeit vom Innnenministerium überprüft und auf ihre ›Wirksamkeit‹ hin untersucht. Bei diesen Überprüfungen schälte sich deutlich heraus, daß es den Machthabern darum ging, den ›harten Kern‹ der politischen Gegner zu ermitteln: jene, die politisch in ihrer Widerstandskraft nicht stillzustellen waren, sollten ausfindig gemacht werden, damit man sie weiter in Haft halten und terrorisieren konnte. Entgegen allen öffentlichen Verlautbarungen, die Konzentrationslager seien eine vorübergehende Erscheinung, war für diese Gegner von Anfang an die ›dauernde Schutzhaft‹ vorgesehen. Der Schnellbrief des preußischen Innenministers vom 19.9.1933 sah für bestimmte Gruppen von Gefangenen Schutzhaft als eine längerfristige, keinesfalls vorübergehende Maßnahme vor: für »Funktionäre«, »Rückfällige« und solche, die sich »nach dem 21. März 1933 aktiv im staatsfeindlichen Sinne« betätigt hatten.[2] »Untergeordnete Mitläufer der KPD und SPD« wollte man nicht länger

---

1   Es handelte sich um den Fabrikanten Karl Grebestein aus Eschwege, der gemeinsam mit seinem Bruder Gustav Grebestein im September 1933 in Schutzhaft genommen und im KZ Breitenau inhaftiert worden war. Zum Tannenbergbund vgl.: Dieter Fricke u.a. (Hg.): Die bürgerlichen Parteien in Deutschland. Handbuch der Geschichte der bürgerlichen Parteien und anderer bürgerlicher Interessenorganisationen. Vom Vormärz bis zum Jahre 1945. Band II Leipzig 1968, 671.

2   HStA Mbg 165/3982. Band 11. Schnellbrief Görings vom 19.9.1933 betr. Nachprüfung der gem. § 1 der Notverordnung v. 28.2.1933 erlassenen Schutzhaftanordnungen: »Der 21. März 1933 ist als Stichtag gewählt worden, weil spätestens von diesem Tage ab die Regierung der nationalsozialistischen Revolution die überwältigende Mehrheit des Deutschen Volkes hinter sich hat«. Am 21. März zelebrierte die nat.-soz. Führung die Eröffnung des Reichstags als »Tag von Potsdam«, um sich in der Tradition Bismarcks und des ›Reiches‹ als seriöse Staats- macht zu präsentieren.

inhaftieren; auch nicht Gefangene, die »wegen Beleidigung von Mitgliedern der Reichs- und Staatsregierung, der SA und SS« usw. im KZ eingesperrt waren. Ihnen gegenüber gab man sich großzügig und äußerte »erzieherische Absichten«.

»Die Staatsanwaltschaften sind von dem Herrn Preußischen Justizminister ausdrücklich angewiesen, in geeigneten Fällen die Beschuldigten lediglich zu verwarnen und ihnen hierbei zu eröffnen, daß sie der großzügigen Haltung der Mitglieder der nationalsozialistischen Regierung die Einstellung des Verfahrens verdanken«.[3]

Ganz anders verfuhr man mit den führenden Funktionären der politischen Linken. Sie blieben in Haft und erhielten fast ausnahmslos Gerichtsverfahren und hohe Strafurteile, in denen Hoch- und/oder Landesverrat unterstellt wurde. Für sie blieb nur unklar, *welche* Haftanstalt und damit welche Haftbedingungen sie erwarteten: mußten sie ins KZ, ins Zuchthaus oder ›nur‹ ins Gefängnis (später im Krieg kam noch hinzu: in ein Strafbataillon)?

Die Inhaftierung führender Parteifunktionäre zielte auf die Zerschlagung der gegnerischen Parteiorganisationen. SPD und KPD sollten nicht nur auf der Ebene des Verwaltungsrechts verboten, sondern als organisierter Ausdruck eines bestimmten politischen Willens vernichtet werden.

So fanden sich die Denker, Lenker und Aktiven von KPD, SPD und aus anderen sozialistischen, kommunistischen und anarchistischen Gruppen, politisch erfahrene ›Parteioffiziere‹ auf der einen sowie Repräsentanten und Mandatsträger (bis hin zu Landtags- und Reichstagsabgeordneten) auf der anderen Seite bald nach der Machtergreifung in Schutzhaft und wenig später in Breitenau. Neben vielen anderen waren von der Kommunistischen Partei im KZ Breitenau inhaftiert:

Heinrich Eckhardt (Hanau), Heinrich Heeb (Hann. Münden), Wilhelm Hens (Hanau), Friedrich Herbordt (Kassel), Emil Hohmann (Fulda), Karl Hörle (Hanau), Paul Joerg (Witzenhausen), Karl Küllmer (Reichensachsen), Ernst Lohagen (Kassel), Heinrich Merle (Kassel), Max Mohaupt (Korbach), Adolf Rügheimer (Kassel), Ernst Schädler (Frielendorf/Kr. Ziegenhain), Siegfried Schild (Korbach), Ernst Schippel (Witzenhausen), Hans Schramm (Witzenhausen), August Schülbe (Kassel), Otto Stolze (Hofgeismar), August Thöne (Kassel) und Willi Walberg (Kassel).

Neben anderen wurden folgende Sozialdemokraten im KZ Breitenau eingesperrt:

Joseph Arend (Bad Wildungen), Georg Brandt (Helsa-Wickenrode), Rudolf Freidhof (Kassel), Adolf Freund (Dickershausen/Kr. Fritzlar-Homberg), Karl Herrmann (Kassel), Carl Kraft (Nieste), Wilhelm Kreitz (Kassel), Louis Meyer (Korbach), Ludwig Pappenheim (Schmalkalden), Heinrich Parthesius (Grüsen/Kr. Frankenberg), Wilhelm Pfannkuch (Heiligenrode), Karl-August Quer (Kassel), Karl Ritter (Harleshausen/Kr. Kassel) und Adam Selbert (Kassel).

Von Otto Gebe (er war Sekretär des ADGB in Fulda), Heinrich Siebert (Betriebsrat in einer Kasseler Schuhfabrik) und Konrad Reis (Gewerkschaftssekretär aus

---

3   Ebenda.

Eiterhagen und Bezirksleiter des Zentralverbandes der Steinarbeiter) ist bekannt, daß sie als Funktionäre des »Allgemeinen Deutschen Gewerkschaftsbundes« (ADGB) und als Sozialdemokraten im KZ Breitenau inhaftiert worden sind.

Ernst Pehlke aus Steinau/ Kr. Schlüchtern war als Funktionär des »Internationalen Sozialistischen Kampfbundes« (ISK)[4] und als »Mitarbeiter von Dr. Lehmann«, dem Geschäftsführer der Dreiturm-Seifenfabrik in Steinau, nach Breitenau gebracht worden.

Mandatsträger

Erstaunlich viele Träger eines politischen Mandats oder eines politischen Amtes – überwiegend Sozialdemokraten – und Bewerber um Mandat oder Amt (aus den Kandidatenlisten) wurden als Schutzhaftgefangene in Breitenau eingesperrt. Da die Parlamente und kommunalen Körperschaften im Juni 1933 bereits politisch an die Peripherie gedrängt bzw. ausgeschaltet waren[5], entfiel zu diesem Zeitpunkt wohl das Motiv der unmittelbaren Entfernung eines Amtsinhabers oder Mandatsträgers durch dessen Verhaftung und Einsperrung in Breitenau. Dieses Motiv war hingegen für die frühen Schutzhaftmaßnahmen im März maßgebend gewesen, worauf ein in Schutzhaft eingesperrter Abgeordneter zur selben Zeit hingewiesen hat. Ludwig Pappenheim schrieb aus dem Gefängnis Schmalkalden an den Oberpräsidenten in Kassel:

> »Unter uns befinden sich zwei Stadtverordnete, die man hindert am Mittwoch in der Sitzung zu erscheinen und an der Konstituierung des Magistrats und der Kommissionen mitzuwirken. Vielleicht ist das der Zweck der Übung«.[6]

Die Frage bleibt, aus welchem Anlaß oder Grund so viele Mandatsträger noch im Juni und im Juli 1933 nach Breitenau gebracht worden sind. Wir vermuten, daß bei den neuen Machthabern niedrige Rachegefühle und aggressives Peinigungsbegehren vorherrschten. Häufig ist von nationalsozialistischen Politikern vor 1933 die Machtübernahme als ›Tag der Abrechnung‹, der ›Vergeltung‹ oder ›Bestrafung‹, als ›Jüngstes Gericht‹ o. ä. angekündigt worden (besonders aggressiv z.B. von Roland Freisler in und außerhalb des

---

4   HStA Mbg 165/3982. Band 12. LR Schlüchtern an RP vom 23.11.1933: »Pehlke gehörte zu den Mitarbeitern des Dr. Lehmann früher in Steinau, jetzt in Frankreich. Dr. Lehmann war Hauptträger des Iskgedankens (Internationaler sozialistischer Kampfbund – Nelsonbund), der sich insbesondere das Ziel gesetzt hatte, die beiden marxistischen Parteien zur Erzielung besserer Stoßkraft zusammenzuschließen. Ein von Pehlke eingerichteter Mittagstisch diente als Sammelort für Iskanhänger (...)«.

5   In der Stadt Kassel war das Stadtparlament bereits Ende März entmachtet und ›gleichgeschaltet‹. Die feierliche Neueröffnung unter nationalsozialistischen Vorzeichen wurde im Stil einer Parteiveranstaltung am 30.3.1933 inszeniert. Vgl. Kasseler Post vom 1.4.1933; Krause-Vilmar, Machtergreifung in Kassel, 29f. – Zur übergreifenden Lage: Matzerath, Horst: Nationalsozialismus und kommunale Selbstverwaltung. Stuttgart 1970, 61 – 81.

6   HStA Mbg 165/3982. Band 10. Ludwig Pappenheim an OP vom 27. März 1933.

Kasseler Stadtparlaments).[7] Diesen martialischen Drohungen folgten über Nacht aufgestellte ›Revolutionsgerichte‹, die Scheinverhandlungen und Scheinurteile verkündeten.[8]

Neben diesem primitiven Racheverlangen war die Absicht beobachtbar, den bereits entmachteten politischen Gegner persönlich und politisch in den Augen der Öffentlichkeit herabzusetzen. Kommunalpolitisch hervorgetretene sozialdemokratische Mandatsträger wurden häufig als ›rote Bonzen‹ diffamiert[9]:

> »*Ab nach Breitenau.*
> In letzter Zeit mußten auf Veranlassung des Landrats Pg. Lengemann wieder verschiedene Marxisten in Schutzhaft genommen werden. Es handelt sich um die unseren Lesern wohlbekannten Herren [Carl] Kraft-Nieste, [Wilhelm] Pfannkuch-Heiligenrode, [Martin] Hoffmann-Crumbach [Hofmann], [Heinrich] Pierson-Oberzwehren, [Adam] Selbert-Niederzwehren, [Georg] Fink-Breitenbach, [Karl] Ritter und [Wilhelm] Schreiber-Harleshausen, sowie – last not least – Herr [Wilhelm] Lucan [Lukan] aus Harleshausen. Sie werden nun in Breitenau in produktiver Arbeit – vielleicht zum ersten Male in ihrem Leben – etwas Gutes für ihr Volk tun.«[10]

Die Schutzhaft »mußte« verhängt werden (sozusagen als bittere Notwendigkeit) gegen die »wohlbekannten« (d.h. ›berüchtigten‹) – und das folgende Wort ist hier eindeutig pejorativ – »Herren« bzw. gegen »Herrn Lucan« (d.h. keine Menschen aus dem Volk, sondern solche, die sich als etwas Besseres dünken). Im übrigen wurden sie als arbeitsscheu und unproduktiv diffamiert.

Zurück zu den politischen Gefangenen selbst. Welche Abgeordnete und welche Kandidaten (Bewerber um ein Mandat) kamen nach Breitenau? Vorauszuschicken ist, daß die meisten Abgeordneten des Reichstags und des Landtags bereits Ende März verhaftet und in das KZ Columbiahaus (Berlin) überführt worden waren: sie

---

7 Freislers Auftreten vor 1933 war von endzeitlichen, apokalyptischen Visionen gekennzeichnet. Die Politik drehe sich um den »Tag der Abrechnung«, um den Zusammentritt der Deutschen zu einem »heiligen Volksgericht«. Die »Kasseler Post« gab Passagen einer Rede Freislers, die er im Februar 1933 in der Kasseler Stadthalle unter dem Titel »Abrechnung am 5. März [dem Tag der Reichstags- und preuß. Landtagswahlen] gehalten hatte, wie folgt wieder: »Wer ein gutes Gewissen habe, werde sich auf den Tag der Abrechnung freuen. Es gebe aber auch andere, die den Tag hinausschieben wollen. Dann darf man den Rückschluß ziehen, daß der Betreffende ein schlechtes Gewissen hat und man ihn daher genau betrachten müsse. Die bisherigen Machthaber hätten alle erlaubten und auch zweifelhaften Mittel herangezogen, um die Abrechnung hinauszuschieben [...] Heute endlich verstehe das deutsche Volk keinen Spaß mehr, heute sage das Volk: es ist genug!« (Kasseler Post vom 20.2.1933). Vgl. auch Helmut Ortner: Roland Freisler – Mörder im Dienst Hitlers. Göttingen 1995. – Krause-Vilmar, Machtergreifung in Kassel, 17-20 (Roland Freisler, Hitlers Trommler in Kassel). – Meier, Sigrun: Roland Freisler – Materialien zu einer politischen Biographie. Staatsexamensarbeit Gesamthochschule Kassel 1976.
8 Krause-Vilmar, Machtergreifung in Kassel, 27.
9 In klassenkämpferischer Sprache wurde die Armut der Volksmassen dem Reichtum ›ausbeutender‹ Parteifunktionäre gegenübergestellt, z.B. folgendermaßen: »Ungeheuerlich ist es, wie die ausgehungerten Kasseler Proleten von ihren Funktionären in der übelsten Weise ausgebeutet wurden. Die angeblichen ›Arbeiterführer‹ haben ganz enorme Gehälter und außerdem noch alle möglichen Liquidationen bezogen.« Hessische Volkswacht Nr. 99 vom 28.4.1933.
10 Hessische Volkswacht Nr. 159 vom 10.7.1933.

waren als erste Gruppe der bereits im März Verfolgten[11] an Breitenau vorbei-
gegangen – was nicht den Schluß zuläßt, daß sie im Columbiahaus bessere Bedingungen vorgefunden hätten; das Gegenteil war der Fall.

Richard Tölle aus Kassel (KPD), Friedrich Wörner aus Langendiebach/Kr.Ha-
nau (KPD) und Adolf Müller aus Hanau selbst (KPD) waren zu Abgeordneten
des 65. Kommunallandtags im Regierungsbezirk Kassel[12] gewählt worden.[13] Keiner von ihnen konnte an dessen konstituierender Sitzung am 5. April 1933
teilnehmen; alle drei kamen später in das KZ Breitenau. Vom kommunistischen
Wahlvorschlag für die Kommunallandtagswahl kamen Wilhelm Schäfer aus
Langenselbold, Friedrich Henning aus Schlüchtern, Gustav Rennert aus Gelnhausen und Hugo Conrad aus Großauheim in das KZ Breitenau.[14]

Für eine kommunistisch inspirierte Liste »Kampfgemeinschaft der Arbeiter
und Bauern« kandidierten für die Kommunallandtagswahl Wilhelm Elm aus
Flieden, Albert Becker, Hugo Herber, Fritz Kramer, Philipp Knögel und Georg
Neumann (alle aus Kassel)[15]; sie kamen sämtlich nach Breitenau.

Von der SPD kamen drei Mandatsträger des Kommunallandtags nach Breitenau: Fritz Precht, Ludwig Pappenheim und Heinrich Treibert. Von der Liste
der Kandidaten kamen Wilhelm Pfannkuch aus Heiligenrode, Georg Füller aus
Hettenhausen/Kr. Fulda und Adolf Freund aus Wernswig nach Breitenau.[16]

Bei den Reichstagswahlen am 5. März 1933 war Karl Küllmer, ein Schlosser
aus Reichensachsen, für die KPD in den Reichstag gewählt worden[17]; auch er kam
später nach Breitenau.

Bei den Wahlen zum Preußischen Landtag am 24. April 1932 war Carl Kraft
(SPD) im Wahlkreis 19 (Hessen-Nassau) in den Preußischen Landtag gewählt
worden[18]; er war der einzige vom Wahlvorschlag der SPD, der später in Breitenau

---

11 HStA Mbg 165/3886. Band 1. PP Kassel an PP Berlin LKPA vom 18.3.1933 betr. Festnahme und
    Abschub kommunistischer Reichs- und Landtagsabgeordneter.
12 Die für den Regierungsbezirk Kassel seit 1867 geltenden preußischen Gemeindeordnungen
    führten in der Provinz Hessen-Nassau zur Einrichtung zweier für bestimmte Gebiete (vor allem
    Wohlfahrt) zuständiger Kommunalverbände in Kassel und Wiesbaden. Organe waren die
    Kommunallandtage der Bezirksverbände Kassel und Wiesbaden und ein bedeutungsmäßig
    zurücktretender (gemeinsamer) Provinziallandtag. An der Spitze des Kommunalverbandes stand
    ein Landeshauptmann. Näheres hierzu bei Klein, Berichte des RP, XIX.
13 Verhandlungen des Kommunallandtags für den Regierungsbezirk Kassel am 5. April 1933.
14 Amtsblatt der Regierung zu Kassel (im folgenden zitiert: Amtsblatt Kassel). Beilage.
    Kommunallandtagswahl für den Regierungsbezirk Kassel. Vom 2. März 1933, 3 »Kennwort:
    Kommunistische Partei Deutschlands«.
15 Amtsblatt Kassel 1933, 4.
16 Amtsblatt Kassel 1933, 4 ff.
17 Amtsblatt Kassel 1933, Nr. 10 a vom 14.3.1933, Bekanntmachung betr. Reichstagswahl ..., 89.
18 Handbuch für den Preußischen Landtag. Ausgabe für die 4. Wahlperiode (von 1932 an). [im
    folgenden zitiert: Handbuch Preußischer Landtag 1932] Berlin (Juni) 1932, 335 und 455
    (geschrieben: Carl Kraft).

inhaftiert war. Vom Wahlvorschlag der Kommunistischen Partei wurden später Konrad Belz, Gustav Rennert und Ernst Schädler[19] nach Breitenau verbracht.

Bei den Wahlen zum Preußischen Landtag am 5. März 1933 wurde Carl Kraft (SPD) erneut als Abgeordneter gewählt.[20] Von den Kandidaten zum Preußischen Landtag (März 1933) kam Richard Tölle (KPD)[21] nach Breitenau.

Joseph Arend aus Bad Wildungen war Mitglied des Waldeckischen Landtags (1925-1929) gewesen.

Der Terror gegen die überwiegend sozialdemokratischen Amtsinhaber und lokalen Machtträger läßt sich in einigen Fällen rekonstruieren.

Über die Schutzhaft gegen den anläßlich der Zusammenlegung der Landkreise Fritzlar und Homberg in den einstweiligen Ruhestand versetzten[22] Landrat Heinrich Treibert aus Fritzlar ist berichtet worden. Der für ihn vom Regierungspräsidenten berufene ›Ersatzmann‹ Adolf Freund wurde bereits am 10. April 1933 in Breitenau (also noch vor der offiziellen Gründung des Konzentrationslagers) eingesperrt; er war einer der ersten Schutzhaftgefangenen des Lagers Breitenau und dürfte aus diesem Grund sein Amt niemals angetreten haben.[23]

Adam Selbert war als Beamter bei der Gemeindeverwaltung in Niederzwehren tätig; 1920 war er Mitglied des Provinzial-Landtags. Lange Jahre war er Beigeordneter und Kreistagsmitglied im Landkreis Kassel gewesen.

»Sofort nach der Machtübernahme durch die Nazis«, berichtete er im Jahre 1946, »wurde in meinem Büro eine Haussuchung durch die Polizei durchgeführt und ich aus den Diensträumen verwiesen«.[24]

Wilhelm Lukan war fünf Jahre (1928-1933) Bürgermeister in Harleshausen (der Ort war bis zur Eingemeindung nach Kassel im Jahre 1936 selbständig) gewesen.[25] Er wurde am 25. Juni 1933 im Rahmen der Verhaftung zahlreicher sozialdemokratischer Funktionäre im Reich in Schutzhaft genommen und kam am 29. Juni 1933 in das KZ Breitenau, wo er bis zum 3. Oktober 1933 blieb. Landrat Lengemann (Kreis Kassel) hatte sich Mitte Juli 1933 in einem Schreiben an den Regierungspräsidenten für eine Aufrechterhaltung der Schutzhaft von Wilhelm Lukan ausgesprochen, obgleich der Sohn des Schutzhaftgefangenen auf die Notsituation der Familie hingewiesen hatte.

19 Handbuch Preußischer Landtag 1932, 340.
20 Handbuch Preußischer Landtag. Ausgabe für die 5. Wahlperiode 1933, 180.
21 Handbuch Preußischer Landtag 1933, 181.
22 Klein, Berichte des RP, 856.
23 Amtsblatt Kassel 1933, Nr. 33 vom 19.8.1933; Archiv des LWV Hessen: Aufnahmebuch, Zf.3.
24 StA Kassel: Betreuungsstelle. Selbert, Adam.
25 Claus Feldner und Peter Wieden: Harleshausen wie es früher war. Photographien und Geschichten. Gudensberg-Gleichen 1984, 42 f. wird über die Absetzung von Wilhelm Lucan [so dort geschrieben; m.E. falsch] berichtet.

Lengemann führte im einzelnen aus:

»Das Amt eines Bürgermeisters hat er in übelster Weise zu parteipolitischen Zwecken mißbraucht, indem er Parteigenossen offensichtlich bevorzugte, Andersdenkende dagegen in gehässigster Weise drangsalierte. In der Öffentlichkeit war man sich einig darüber, daß Lukan das Bürgermeisteramt zu einem ›roten Parteibüro‹ herabgewürdigt hatte. [...] Außerdem erscheint es nicht ausgeschlossen, daß Lukan seine früheren Parteigenossen auch weiterhin in staatsfeindlichem Sinne beeinflussen könnte.«[26]

Fritz Precht aus Ihringshausen war Kreisdeputierter, Leiter des Kreisrechnungsamtes, Provinzial-Landtagsabgeordneter und einer der einflußreichen Sozialdemokraten im Landkreis Kassel. Er wurde – anscheinend im März 1933 – aus dem Dienst beim Landrat in Kassel fristlos entlassen und in Schutzhaft genommen. Nach drei Wochen wurde er mit der Auflage entlassen, »vorübergehend den Regierungsbezirk Kassel zu meiden«.[27] Am 29. Juni 1933 wurde er erneut in Schutzhaft genommen; er gelangte am 5. Juli 1933 über das Kasseler Polizeipräsidium in das KZ Breitenau. Fritz Precht bot an, die Region zu verlassen, und der Regierungspräsident nahm an:

»Wenn Sie Ihre endgültige Wohnsitzverlegung aus dem Landkreise Kassel glaubhaft machen, wird der Herr Landrat in Kassel die gegen Sie angeordnete Schutzhaft aufheben. Dagegen kann es in Anbetracht der Erregung, die in den Kreisen der national gesonnenen Bevölkerung wegen Ihrer bisherigen marxistischen Betätigung gegen Sie besteht, im Interesse der öffentlichen Sicherheit nicht verantwortet werden, Ihnen einen längeren freien Aufenthalt im Landkreis Kassel zu gewähren.«[28]

Fritz Precht wurde am 28. Juli 1933 aus dem KZ Breitenau entlassen; in der Tat hat er seinen Wohnsitz nach Lindau am Bodensee verlegt.

Über das Schicksal Ludwig Pappenheims, des ehemaligen stellvertretenden Landrats in Schmalkalden, Stadtverordneten und Abgeordneten des Kommunal- und des Provinziallandtags (sowie Mitglied des Landesausschusses) wird an späterer Stelle zu berichten sein, da er, obgleich Mandatsträger in hohen Ämtern, gleichwohl nicht in erster Linie dieser Ämter und ihres Einflusses wegen verfolgt und nach Breitenau verbracht worden ist.

Wilhelm Pfannkuch war Bürgermeister in Heiligenrode. Er war Sozialdemokrat und wurde vom 29. Juni 1933 bis zum 3. Oktober 1933 in Breitenau eingesperrt.

Carl Kraft aus Nieste, ebenfalls Bürgermeister, hat über seine willkürliche Amtsenthebung später folgendes berichtet:

26 HStA Mbg 165/3982. Band 10. LR Kassel an RP Kassel vom 14.7.1933. Der Regierungspräsident übernahm in seinem Schreiben an den Sohn des Inhaftierten die exzessiven Anschuldigungen des Landrats Fritz Lengemann nicht.
27 HStA Mbg 165/3982. Band 10. Schreiben von Fritz Precht, »z.Zt. Schutzhaft Polizeipräsidium«, vom 4. Juli 1933 an den Herrn PP.
28 HStA Mbg 165/3982. Band 10. RP Kassel an Fritz Precht vom 20. Juli 1933.

»Am 26. März 1933 wurden mir unter Führung des Bürgermeisters Heinrich Gerwig sämtliches Mobiliar, Material und Utensilien, die zum Bürgermeisteramte gehörten, aus meinem Hause geholt und in das Haus Nr. 92 verbracht, dessen Besitzer August Gerwig man zum Bürgermeister ernannt hatte. Am 27. März 1933 erhielt ich ein Schreiben, datiert vom 25.3.1933, durch den Herrn Landrat in Kassel, daß ich meines Amtes als Bürgermeister der Gemeinde Nieste enthoben sei, weil ich Mitglied der Sozialdemokratischen Partei und deren Funktionär sei.«[29]

Wenige Tage zuvor hatten SA-Leute den Bürgermeister in das Kasseler SA-Sturmlokal ›Bürgersäle‹ gebracht.

»Dort spielten sich böse Dinge ab, politische Gegner der Nationalsozialisten wurden verhört, verprügelt und verschleppt. Carl Kraft wurde aufgefordert, freiwillig als Bürgermeister zurückzutreten. Er antwortete, er wäre von seiner Aufsichtsbehörde, dem Herrn Landrat, als Bürgermeister vereidigt und bestätigt und diesem daher auch nur verantwortlich. Er bliebe so lange auf seinem Posten, bis ihn seine vorgesetzte Dienstbehörde abberufe. Diese Aberufung kam am 25.3., zwei Tage später«.[30]

Carl Kraft hatte in Nieste das Bürgermeisteramt seit 1919 inne und war seit 1925 Abgeordneter im Preußischen Landtag; er hatte auch dem Kreistag Kassel als Mitglied angehört. In der Zeit vom 29. Juni bis zum 28. Juli 1933 wurde er in Breitenau festgehalten. Im Jahre 1944 wurde er erneut in Schutzhaft genommen und für zwei Monate in das KZ Sachsenhausen-Oranienburg verbracht.[31]

Georg Brandt war Bürgermeister der SPD-Hochburg Helsa-Wickenrode. Er wurde am 9. April 1933 in Schutzhaft genommen und bis zum 27. April im Gefängnis in Witzenhausen eingesperrt. Am 24. Juni wurde er erneut verhaftet und über das Polizeigefängnis in Kassel nach Breitenau gebracht. Dort wurde er am 25. August 1933 entlassen; er wurde jedoch noch bis zum 29. September in Schutzhaft festgehalten, vermutlich im KZ Dachau.[32]

Gegen Wortführer anderer Welt- und Lebensauffassungen

»Der Haftbefehl gegen mich wurde aufrecht erhalten«, schrieb Ludwig Pappenheim am 31. März 1933 an den Kasseler Regierungspräsidenten, »weil meine Person geschützt werden müsse. Über diese Sorge um mich bin ich gerührt und erkläre: Ich verzichte auf den Schutz, mich bedroht kein anständiger Mensch [...]«.[33]

29 StA Kassel: Betreuungsstelle. Kraft, Karl (hier unterzeichnete er mit Karl Kraft).
30 Chronik der Gemeinde Nieste. Herausgegeben zum 1. Dorf- und Heimatfest 1972. Nachdruck der handgeschriebenen »Chronik der Gemeinde Nieste«. Kassel 1972.
31 Beier, Gerhard: Arbeiterbewegung in Hessen. Zur Geschichte der hessischen Arbeiterbewegung durch einhundertfünfzig Jahre (1834 – 1984). Frankfurt 1984, 472; dort ist ein knapper Lebenslauf von Carl Kraft aufgenommen.(im folgenden zitiert: Beier, Arbeiterbewegung)
32 Schriftliche Mitteilung von Herrn Heinz Brandt, Stadtarchivar in Frankenberg, vom 2.9.1995. – »In dem hier vorliegenden alphabetischen Namensverzeichnis der Häftlinge des Konzentrationslagers Dachau liegen keine Angaben über Georg Brandt vor« (Schriftliche Auskunft von Barbara Distel, Leiterin der KZ-Gedenkstätte Dachau, vom 27.9.1993).
33 HStA Mbg 165/3982. Band 10. Ludwig Pappenheim aus dem Gerichtsgefängnis Schmalkalden an den RP Kassel am 31.3.1933.

Wer so schrieb und dachte, begab sich in Lebensgefahr, obgleich er damit nichts Verwerfliches oder auch nur Strafwürdiges tat. Bewies er nicht eher moralische Standfestigkeit, indem er dem System des aufziehenden Unrechts Wahrhaftigkeit und Redlichkeit, Recht und Moral entgegenhielt? Derart souveräne und gefestigte Haltungen gerieten sofort in das Visier ängstlich-aggressiver staatlicher Observanz. Breitenau war der Ort, an dem die Demütigung und Peinigung solcher unabhängiger, innerlich gefestigter Menschen geschehen sollte.

Zu diesen, die aus geistiger und moralischer Haltung heraus gegen den Nationalsozialismus standen, gehörten auch Karl-August Quer aus Witzenhausen, Kurt Finkenstein und Friedrich Herbordt aus Kassel. Die Tatsache, daß sie hervorgehoben werden, bedeutet nicht, daß es die einzigen waren.

Karl-August Quer war Gauführer im Reichsbanner Schwarz-Rot-Gold gewesen. Er hatte im ersten Weltkrieg den hohen Orden »Pour le mérite« erhalten; diesen preußischen Orden (als Kriegsorden für Offiziere für Verdienste vor dem Feind geschaffen) legte er als Schutzhaftgefangener im KZ Breitenau beim Steinehauen an.[34] Mein Leben setzte ich noch gestern für den Staat ein, und so behandelt er mich heute! – so könnte diese demonstrative Geste gemeint gewesen sein.

Von Kurt Finkenstein wird berichtet, daß er bei der Gerichtsverhandlung auf die Vorhaltung, er habe den Staat stürzen wollen, geantwortet habe:

»Ich den Staat stürzen? Der stürzt von selbst!«[35]

Der in Kassel damals nicht unbekannte Maler, Graphiker und Journalist Friedrich Herbordt war ein unabhängiger und freiheitsliebender Intellektueller; diese Haltung hatte ihn zum kommunistischen Widerstand geführt. Etwas von diesem unangepaßten Geist findet sich in einem von ihm ausgefüllten Fragebogen der amerikanischen Militärregierung 1946: Bei der Frage nach »Reisen und Wohnsitze[n] außerhalb Deutschlands (Feldzüge inbegriffen)« führte er »Frankreich 1918/19« auf. »Haben Sie die Reise auf eigene Kosten übernommen?« – »Nein.« –»Falls nein, auf welche Kosten?« – »Staatskosten«.[36] Auch Ernst Schädler aus Frielendorf gehörte zu diesen Aufrechten. Es dürfte heute wahrscheinlich kaum zu ermessen sein, was es bedeutete, wenn über ihn – im Unterschied zu dem, was über manch andere verhaftete politische Gefangene berichtet wird, die aus verständlichen und humanen (dem Menschen eigenen) Motiven heraus (z.B. Todesangst, Sorge um die Angehörigen, Folter) jede Nähe zu nun verbotenen Parteien leugneten oder ihre eigene Rolle im nachhinein abzuschwächen versuchten – folgendes überliefert ist:

---

34 Notiz über ein Gespräch mit Hans Minkler (1980).
35 Notiz über ein Gespräch mit Frau Käte Funkenstein am 1. Februar 1982 (Teilnehmer: Dr. W. Wienbeck, D. Krause-Vilmar).
36 Von Frau M. Herbordt zur Einsicht zur Verfügung gestellt.

»Nachdem ihm eröffnet wurde, daß er laut Verfügung des Herrn Landrats von Ziegenhain vom 27. März 1933 in Schutzhaft genommen sei, erklärte er: ›Ich gebe zu, Mitglied der K.P.D. zu sein und auch als Funktionär gearbeitet zu haben. Es ist richtig, daß ich den Wahlvorschlag der K.P.D. unterschrieben und auch für die K.P.D. – Liste für den Kreistag und für die Gemeindevertretung Frielendorf kandidiert habe. Sonstige Angaben habe ich nicht zu machen.‹«[37]

Schädler versuchte auch, einen seiner politischen Mitstreiter vom Verdacht des aktiven Kommunisten zu befreien:

»Ruzika war im Jahre 1932 Mitglied der K.P.D. Soviel ich weiß, hat er aber im Jahre 1933 noch keine Beiträge bezahlt; dadurch schaltet seine Mitgliedschaft automatisch aus. Als Funktionär ist Ruzika bei der Partei nicht in Erscheinung getreten. Sein Verhältnis zwischen mir und ihm ist mehr persönlicher freundschaftlicher Natur. Ruzika und mein Bruder sind Schulkollegen. Daß er viel bei mir ein- und ausgegangen ist, ist wohl mehr auch darauf zurückzuführen, daß wir eifrige Schachspieler sind.«[38]

Wohl gesetzt waren auch seine letzten Aussagen in diesem Verhör:

»Die K.P.D. besteht zur Zeit in Frielendorf noch; wer die Führung übernimmt, darüber verweigere ich die Aussage.«[39]

Schädlers Braut Marta Norwig aus Frielendorf wurde die tägliche Meldung bei der Ortspolizeibehörde auferlegt, wogegen sie vergebens beim Regierungspräsidenten in Kassel Einspruch erhob.[40]
Den blanken Haß des Schmalkaldener Landrats Ludwig Hamann[41] hatte Ludwig Pappenheim auszuhalten. Er verkörperte für nationalsozialistisches Denken offenbar das Feindbild schlechthin: Pappenheim entstammte einer jüdischen

---

37 HStA Mbg 165/3886. Band 2. LR Ziegenhain an RP Kassel am 29.3.1933 betr.: Festnahme kommunistischer Führer. Anlage: Vernehmungsniederschrift des Oberlandjägers [Kramer?] vom 28.3.1933.
38 HStA Mbg 165/3886. Band 2. LR Ziegenhain an RP Kassel am 29.3.1933 betr.: Festnahme kommunistischer Führer.
39 HStA Mbg 165/3886. Band 2. LR Ziegenhain an RP Kassel am 29.3.1933 betr.: Festnahme kommunistischer Führer. – Zum Vergleich Aussagen anderer zur gleichen Zeit wie Schädler Verhafteter und Vernommener (Ebenda): »Ich protestiere gegen meine Festnahme. Ich bin kein Funktionär der KPD und gehöre auch dieser Partei seit etwa Ende Februar dieses Jahres nicht mehr an. [...] Auf einer Unterbezirkskonferenz der KPD [...] bin ich, weil ich mich nicht genügend aktiv betätigt hatte, abgewählt worden.« – »In Wirklichkeit bin ich eigentlich schon seit nach Weihnachten kein offizielles Parteimitglied mehr, d.h. bis zur Zeit vor Weihnachten habe ich noch Mitgliedermarken geklebt. [...] Die Partei hat eigentlich im Kreis Ziegenhain immer mit Schwierigkeiten zu kämpfen gehabt; es fehlen uns die geistigen Führer. [...] Ich sollte Beiträge kassieren, sollte aber auch die literarischen Arbeiten, d.h. Literaturvertrieb [machen]. Ich habe dann kurzerhand die ganze Geschichte liegen gelassen.« Oder: »Ich war wohl Mitglied der KPD vom Januar 1931 bis zum Reichstagsbrand. Am Tage des Brandes habe ich mich mit verschiedenen Mitgliedern der NSDAP über den Reichstagsbrand unterhalten und ihnen erklärt, wenn das wahr ist, daß die Kommunisten solche Dinger machen, da sind sie für mich erledigt [...]« (aus: HStA Mbg 165/3982. Band 11).
40 HStA Mbg 165/3982. Band 11. M. Norwig an RP Kassel vom 17. Juli 1933.
41 Klein, Leitende Beamte, 136.

Familie, er war gebildet und intelligent, auch wort- und redegewandt, Freidenker, Kriegsgegner und für die Arbeiterrevolution.

Ludwig Pappenheim wurde am 25. März 1933 in Schmalkalden unter der Beschuldigung des »Verbergen[s] eines Waffenlagers« – für ihn als überzeugten Pazifisten gewiß ein bitterer Zynismus, der allerdings nicht unbeabsichtigt gewesen sein dürfte, wie aus dem Folgenden hervorgeht – durch eine Verfügung des genannten Landrats Ludwig Hamann verhaftet.[42]

Pappenheim nannte diese Anschuldigung »fadenscheinig«. Das Amtsgericht Schmalkalden hielt den Haftbefehl nicht aufrecht – vermutlich, weil der genannte Vorwurf auch ihm nicht begründet erschien. Dies führte jedoch keineswegs zur Entlassung Pappenheims aus der Haft. Er wurde vielmehr fortgesetzt – nun »unter dem Vorwand des Schutzes meiner Sicherheit« – in Schutzhaft in Schmalkalden festgehalten.

> »Ich erhebe bei Ihnen«, schrieb Pappenheim an den Oberpräsidenten in Kassel, »als vorgesetzte Behörde Einspruch. Ist dieser Staat so schwach, daß er, wenn jemand bedroht wird, diesen und nicht den Drohenden festsetzt?«[43]

An den Kasseler Regierungspräsidenten schrieb er:

> »Scheinbar handelt der Landrat unter dem Einfluß einiger Leute, die durch Drohungen selbst die öffentliche Ruhe stören wollen. Statt diese evtl. zur Rechenschaft zu ziehen, wie es in einem geordneten Staat geschehen müßte, sperrt er den Bedrohten ein. Dagegen wende ich mich.
> Ich habe durch jahrelange selbstlose Arbeit im Landesausschuß, Magistrat und Kreisausschuß es nicht verdient so behandelt zu werden, indem man vor radaulustigen Elementen zurückweicht, die durch ihr Vorleben alles andere verdient haben.«[44]

Eine solche widersprechende, bestimmte und politisch wie rechtlich standfeste Haltung findet sich nur selten in den erhaltenen Akten, in denen Anträge und Gesuche auf Entlassung aus der Schutzhaft zahlreich erhalten sind. Im Vordergrund stand in der Regel das Bestreben, die persönlichen Verbindungen zu Marxismus und Kommunismus rundweg zu bestreiten und künftig Loyalität zu versprechen. Pappenheim hat in diesen frühen Schutzhaftmaßnahmen nicht nur die Aufkündigung des demokratischen Rechtsstaates und die skrupellose politische Entmachtung der Parlamente, ja die groteske Verkehrung allen Rechts und jeder Moral erkannt; er hat auch die Stirn gehabt, diese Wahrheit öffentlich zu machen, sie in Briefen an Behörden zu äußern.

---

42 HStA Mbg 165/3982. Band 10. Brief L. Pappenheims an den OP Kassel vom 27.3.1933 und Brief L. Pappenheims an den RP Kassel vom 27.3.1933.
43 HStA Mbg 165/3982. Band 10. L. Pappenheims an den OP in Kassel am 27.3.1933.
44 HStA Mbg 165/3982. Band 10. Brief L.Pappenheims an RP Kassel vom 27.3.1933.

Gegen kritische Reden und unbefangene politische Meinungsbildung

Die Unterdrückung und Bestrafung des offenen Wortes kennzeichnete bekanntlich den Nationalsozialismus vom ersten bis zum letzten Tage seiner Herrschaft. Die öffentlich bekannt gemachte Drohung mit der Einsperrung in einem Konzentrationslager bewirkte jenes Erstarren unbefangener öffentlicher Meinungsäußerung, wie es für Polizeiregimes so charakteristisch war und ist.

Reinhold Stehl aus Niederzwehren z.B. wurde in Schutzhaft genommen und nach Breitenau gebracht, weil er sich, wie Landrat Lengemann mitteilte,

»nach Aussage mehrerer Zeugen wiederholt in den Wirtschaften abfällig über die Regierung der nationalen Erhebung, insbesondere über den Herrn Reichskanzler geäußert habe«[45]

Gleichzeitig wurde gegen R. Stehl ein Verfahren wegen »Heimtücke« vor dem Kasseler Sondergericht eingeleitet.[46] Stehl kam am 11. August 1933 in das KZ Breitenau. Er wurde vom Sondergericht zu zwei Jahren Haft verurteilt, die er im Gefängnis in Hameln durchzustehen hatte.

Der Sozialdemokrat Hermann Völker aus Schmalkalden sollte nach Auffassung des (neuen, nationalsozialistischen) Magistrats in Schmalkalden im KZ ›erzogen‹ werden. Die von Amts wegen geäußerten Anwürfe sind hier aufschlußreich. In dem Schreiben des Schmalkalder Magistrats heißt es nämlich unter anderem, daß Völker

»Stichelreden geführt und verächtlich über ein vor einigen Wochen stattgefundenes Kavallerie-Fest gesprochen habe. In Versammlungen nationaler Parteien benahm sich Völker immer rüpelhaft und ausfällig gegen den betreffenden Redner. Eine längere Unterbringung in ein Konzentrationslager hat Völker unbedingt verdient, und kann diese zu seiner Erziehung nur beitragen.«[47]

H. Völker kam am 9. September 1933 nach Breitenau; gegen ihn wurde ein Strafverfahren bei der Staatsanwaltschaft Meiningen eingeleitet.

Heinrich Krebs, der auch einige Tage in Breitenau gefangen war, hatte den Terror der SA unmittelbar erfahren müssen. Er hatte sich Mitte Juli 1933 anläßlich des Besuchs von Ernst Röhm in Kassel am Ständeplatz befunden und mit Blick auf das dort versammelte große SA-Aufgebot geäußert:

»Na, der Röhm muß ja viel Angst haben, daß er sich so viel SA-Männer zum Schutz aufstellen läßt.«

Auf diese Worte hin wurden ihm von SA-Männern drei Zähne ausgeschlagen; er wurde in den ›Bürgersälen‹ mißhandelt und kam nach Breitenau.[48]

---

45 HStA Mbg 165/3982. Band 10. LR Kassel an RP Kassel vom 1.7.1933.
46 HHStA Wbdn: Dokumentation.
47 HStA Mbg 165/3982. Band 11. Magistrat Schmalkalden an RP Kassel vom 16.9.1933.
48 StA Kassel: Betreuungsstelle. Krebs, Heinrich.

Das sogenannte Männerhaus, in dem die Gefangenen 1933 eingesperrt waren (Foto: Stadt-bildstelle Kassel). – Die gefängnisähnliche Vergitterung der Fenster wurde bei der Begründung des Arbeitshauses Breitenau (1874) im Rahmen der umfangreichen Bauarbeiten an der Klosterkirche (die die romanische Basilika vollends ruinierten) angebracht.

August Reuter aus Guxhagen wurde wegen Beleidigung des ›Führers‹ drei Monate im KZ Breitenau gefangen gehalten:

»Angeblich soll ich Hitler beleidigt haben, indem ich gesagt habe: Hitler macht sich auch seine Taschen voll.«[49]

Arthur Glänzer aus Netze/Kreis der Eder wurde nach Breitenau »wegen Beschimpfung der SA und SS«[50] geschafft; er gehörte zu jenen, die bei der ›Überprüfung‹ Ende September 1933 entlassen wurden.

Fritz Borges aus Kassel hatte durch Rot-Front-Rufe angeblich »öffentliches Ärgernis« erregt und kam deshalb nach Breitenau.[51]

Johannes Koch aus Langenselbold war wegen »beschimpfender Äußerungen der Reichsregierung« in Schutzhaft genommen, nach Breitenau eingewiesen und beim Sondergericht Kassel angeklagt worden; dort wurde das Verfahren dann wegen Geringfügigkeit eingestellt.[52]

Auch einfache Rückfragen in kritischer Absicht konnten zur Verhängung von Schutzhaft und zur Inhaftierung in Breitenau führen.

So erging es August Schreiber, Johann Hofmann und Gustav Schlereth, die im Herbst 1933 in Unterbernhards offenbar im Rahmen von Notstandsarbeiten tätig waren. Einem Brief von der Eltern von Schreiber ist zu entnehmen, daß der Sohn mit den beiden anderen

»im Auftrage der übrigen Kollegen zum Herrn Bürgermeister ging[en] und um Auskunft bat[en], wie es komme, daß bei den Notstandsarbeiten in Habel der Stundenlohn höher sei als bei ihnen; daraufhin wurde er mit den beiden anderen Genannten abgeführt und dem Konzentrationslager in Breitenau bei Kassel über- wiesen.«[53]

Während Gustav Schlereth anscheinend am 19. November 1933, mithin nach fünf Wochen, entlassen wurde, konnte August Schreiber Breitenau erst am 22. Dezember 1933 verlassen. Die Entlassung Johann Hofmanns erfolgte wahr- scheinlich auch erst kurz vor Weihnachten.[54]

---

49 StA Kassel: Betreuungsstelle. Reuter, August.
50 HStA Mbg 165/3982. Band 11. LR Kreis der Eder an RP Kassel vom 27.9.1933.
51 HStA Mbg 165/3982. Band 13. Nachweisung der am 13.3.1934 in Haft befindlichen Personen [...]. Dieses Dokument befindet sich im Anhang.
52 Melsunger Tageblatt Nr. 260 vom 6.11.1933.
53 HStA Mbg 165/3982. Band 12. [Frau/Herr] Schreiber an RP Kassel vom 19.12.1933.
54 Im Entlassungsgesuch der Eltern Schreiber vom 19.12.1933 ist zwar die Rede davon, daß Schlereth und Hofmann »schon seit Wochen« entlassen worden seien; es findet sich jedoch in der gleichen Akte ein Entlassungsgesuch der Mutter Hofmann, das erst kurz vor Weihnachten abgefaßt sein dürfte, denn darin heißt es: »[...] geben Sie mir meinen Sohn zu Weihnachten wieder. Die Weihnachtsfreude ›Friede auf Erden‹ lassen Sie mir auch bitte durch die Entlassung meines Sohnes zuteil werden [...]«. – HStA Mbg 165/3982. Band 12. Anna Hofmann an RP Kassel (Datum nicht erkennbar).

An diesen Haftgründen fällt der Erziehungsanspruch auf, den man nicht ganz erfaßt, wenn man ihn als Zynismus oder Propaganda – beides war dem national-sozialistischen Regime zweifellos eigen – bezeichnet. Hinter diesem Erziehungs-begriff stand vor allem ein totalitärer Anspruch, der die Herrschaftsunter-worfenen von innen zu erobern suchte. Kein Regime der Welt, das Anspruch auf Dauer erhebt, wird ausschließlich mittels Zwang und Strafe herrschen wollen. Auch von terroristischen Diktaturen wurden und werden Zwangsmaßnahmen stets als vorübergehend unvermeidlich oder als Ausnahmen dargestellt. Als bes-serer Weg gilt der Versuch, die ›innere‹ Überzeugung der Herrschaftsunterwor-fenen zu erreichen, ihre ›Herzen zu gewinnen‹. Und dieser Weg kommt ohne totalitäre psychische Manipulation (solche meinte man wohl, wenn man fälsch-lich von ›Erziehung‹ sprach) – diese ganz funktional als Steuerung innerer Hal-tungen aufgefaßt – kaum aus. Wir vermuten also hinter diesen grotesk anmutenden Bestrafungen unabhängigen oder einfach nur ›quer‹ laufenden Den-kens und Redens einen manipulativen Anspruch, dem jede innere und äußere Toleranz gegenüber anderen Lebens- und Weltauffassungen fehlte.

Antisemitische Motive
Auch für das KZ Breitenau gilt, was allgemein für die frühen Lager festgestellt worden ist: die meisten Gefangenen waren Kommunisten, Sozialdemokraten oder gehörten einer sozialistischen oder anarchistischen Gruppe an; ganz über-wiegend gehörten sie den arbeitenden Klassen an. Und doch war von Anbeginn der nat.-soz. Herrschaft an das antisemitische Motiv stark ausgeprägt; bei der Inhaftierung der folgenden zweiundzwanzig Breitenau-Gefangenen, – nicht alle waren jüdischen Glaubens bzw. stammten aus einer jüdischen Familie – spielte das antisemitische Motiv eine, wenn nicht *die* entscheidende, Rolle:

> Alfred Abramowicz, Bernhard Boczkowski, Georg Boczkowski, Georg Bolte, Er-win Cohn, Julius Dalberg, Kurt Engelbert, Kurt Finkenstein, Abraham Katz, Phi-lipp Kohn, Adolf Levy, Dr. Michael Lewinsohn, Otto Lilienfeld, Benjamin Loewenberg, Louis Meyer, Julius Oppenheim, Ludwig Pappenheim, Siegfried Schild, Max Spier, Willi Stern, Sally Stern, Norbert Weil.

Es fällt auf, daß die Intelligenzberufe und die Kaufleute hier stärker vertreten waren: ein Rechtsanwalt, der historische Studien zum Kasseler Judentum veröffentlicht hatte, ein Dentist, der als Schriftsteller und Gründer einer Literarischen Gesellschaft hervorgetreten war, ein promovierter Chemiker, ein Lehrer und ein Redakteur und Zeitungsverleger fanden sich unter diesen.

Die Bezeichnung ›aus politischen Gründen‹ oder ›aus antisemitischem Motiv‹ für einen Haftgrund ist eine problematische Konstruktion, da oft mehrere Motive für eine Inhaftierung einer Person zusammentrafen, von denen kaum eines als das bestimmende ermittelt werden kann.

Ludwig Pappenheim, über den berichtet wurde, war Marxist, Kriegsgegner und galt in den Augen der nationalsozialistischen Machthaber als ›Jude‹; er galt auch als Freidenker und Intellektueller. Fast dasselbe läßt sich von Kurt Finkenstein sagen.

Bei Norbert Weil aus Schenklengsfeld kamen ebenfalls zwei Motive – ein politisches und ein rassistisches – zusammen. Er war als Sozialdemokrat den Nazis ein Dorn im Auge.[55]

Bei Erwin Cohn aus Oberkaufungen war vermutlich die Tatsache, daß er weiterhin illegal für den »Kommunistischen Jugendverband« tätig war, für seine Verhaftung und spätere Verurteilung[56] ausschlaggebender als seine Herkunft aus einer jüdischen Familie.

Auch bei Benjamin Loewenberg aus Wächtersbach/ Kr. Gelnhausen, der sich ›Benno‹ nannte, jedoch in den Akten der Staatspolizei Kassel wieder mit dem Vornamen ›Benjamin‹ geführt wurde[57], war der Vorwurf, er sei »Haupträdelsführer der KPD bzw. des Reichsbanners«[58], vermutlich für Haft und Urteil ausschlaggebend gewesen.[59]

Unter der Überschrift »Schwere Strafen für Kasseler Kommunisten« hieß es in der NSDAP-Zeitung »Hessische Volkswacht«: »Es kennzeichnet die Gefährlichkeit einer gewissen Rasse, daß sich unter den insgesamt sieben Verhafteten der Kasseler Gruppe nicht weniger als drei Juden befanden, nämlich [...] August Cohn. [...] Julius Loeb [...] sowie der Ingenieur Paul Oppenheim [..]«.[60]

Über den Chemiker Dr. Michael Lewinsohn aus Steinau/ Kreis Schlüchtern ließ sich nichts in Erfahrung bringen[61]. War er vielleicht in der Dreiturmseifen-

---

55 Der Landrat des Kreises Hersfeld vermerkte im Dezember 1933 in einer Liste »Emigranten aus dem Kreise Hersfeld«: »Weil hat in den Jahren 1929/1930 für die SPD Propaganda getrieben, für das Zustandekommen und die Herbeischaffung von Rednern gesorgt. [...] Weil war drei Monate im Konzentrationslager Breitenau.« Vgl.: Honikel, Karl: Verfolgung, Verteibung und Vernichtung 1933-1945. Der Untergang der jüdischen Gemeinde Schenklengsfeld, in: Geschichte der Jüdischen Gemeinde Schenklengsfeld. Schenklengsfeld 1988, 201-250, hier: 221-223 (Der Fall Norbert Weil).
56 Belz, Die Standhaften, 213: Urteil des II. Strafsenats beim OLG Kassel vom 23.3.1934 (181/33).
57 HStA Mbg 165/3982. Band 13. Stapo Kassel. Nachweisung der Schutzhäftlinge, für die [...] über den 31. 3. 1934 hinaus Schutzhaft verlängert wird.
58 HStA Mbg 165/3982. Band 13. Der komm. LR Gelnhausen an RP Kassel vom 23.3.1934 betr.: Nachweisung über Schutzhäftlinge.
59 Prinz, Wolfgang: Die Judenverfolgung in Kassel, in: Volksgemeinschaft und Volksfeinde II, a.a.O.,169 (im folgenden zitiert: Prinz, Judenverfolgung in Kassel). Dort die These, daß in den ersten Jahren des Regimes bei den »Politischen« wie Kurt Engelbert, Adolf Hohenstein, August Cohn, Erwin Cohn, Julius Loeb, Julius Oppenheim (KPD) [...] die jüdische Herkunft keine besondere Rolle gespielt habe. Man sollte diesen Sachverhalt anderseits nicht so ausschließlich formulieren, daß die von Anbeginn an vorhandene antisemitische Komponente bei der nat.soz. Verfolgung auch der politischen Gegner unterbelichtet wird.
60 Hessische Volkswacht Nr. 179 vom 2.8.1933.
61 In den Archiven und Datenbanken der Gesellschaft Deutscher Chemiker e.V. ließ sich über ihn nichts ermitteln (Schreiben von Frau Dr. Renate Hoer, GDCh Frankfurt a.M., vom 3.6.1997).

fabrik (Inh. Max Wolf) in Steinau tätig, über deren Enteignung im Juli 1934 der Kasseler Regierungspräsident berichtete:

>Im Kreise Schlüchtern und den Nachbargebieten ist durch die endgültige Enteignung der Seifenfabrik des Juden Wolf eine wesentliche Entspannung in der Judenfrage eingetreten«.[62]

Als am 21. November 1933 der Agitpropleiter des KPD-Bezirks Kurhessen-Waldeck von der Gestapo festgenommen wurde, fand man es »bezeichnend«, daß ihm »Hilfeleistung durch den Sohn des jüdischen Kaufmanns Engelbert, der in guten Verhältnissen lebt, gewährt wurde, und dieser auch am Treff selbst zugegen war«.[63] Kurt Engelbert wurde eine Woche später in das KZ Breitenau eingesperrt, wo er bis zum 22.12.1933 bleiben mußte.

Max Spier aus Zwesten sei, wie der Landrat von Fritzlar-Homberg vermerkte, »dabei beteiligt gewesen, einem Tier (Kuh) ohne vorherige Betäubung durch Schächtschnitt das Blut entzogen zu haben«. Gegen den Strafbefehl des Gerichts habe Spier Einspruch eingelegt. »Ich halte eine weitere Inschutzhaftnahme bis zum Abschluß des Strafverfahrens für erforderlich«, bemerkte der Landrat.[64]

Die Verhängung von Schutzhaft gegen Sally Stern, einen 55jährigen Metzger aus Niederurff, und gegen Willi Stern, einen Metzger aus Zimmersrode – beide Orte lagen auch im Landkreis Fritzlar-Homberg – stand in einem ähnlichen Zusammenhang wie diejenige gegen Max Spier.[65]

Auch Vorläufer der ›Rassenschande‹-Verfahren lassen sich bereits im Sommer 1933 nachweisen.

Der Viehhändler Adolf Levy aus Karlshafen wurde unmittelbar vor der Eheschließung mit der Tochter eines pensionierten ›arischen‹ Leutnants verhaftet,

»weil die deutschdenkende Bevölkerung es nicht zulassen wollte, daß [sie] einen Volljuden heiratete«.[66]

Im August 1933 häuften sich solche Beschuldigungen, die nun in niedrige Anprangerungen, Verhöhnungen und Beleidigungen übergingen. Anders als bei den Boykottmaßnahmen gegen jüdische Geschäftsleute im April 1933 trat nun die

---

62 Klein, Berichte des RP, 72.
63 Belz, Die Standhaften, 109. Belz gibt hier ein Dokument aus den Akten des Hessischen Staatsarchivs Marburg wieder.
64 HStA Mbg 165/3982. Band 13. Verzeichnis der am 13. März 1934 aus dem Kreise Fritzlar-Homberg in Schutzhaft befindlichen Personen.
65 Dr. med. F. Achler (Neuental-Zimmersrode), Vf. einer Dorfchronik von Zimmersrode, teilte im Februar 1989 mit, daß Willi Stern in seinem Schlachthaus noch eine Schächtung durch den Schächter Felix Rosenblatt hatte vornehmen lassen und aus diesem Grunde ›abgeholt‹ worden sei. Über den Haftgrund von Sally Stern habe er erfahren, daß im Dorf die Rede ging, er habe geschächtet.
66 HStA Mbg 165/3982. Band 10. Der komm. RP an Bürgermeister Carlshafen vom 23.6.1933. – Näheres hierzu s. im Abschnitt »›Erziehung‹ zur arischen Volksgemeinschaft« in diesem Kapitel!

Anprangerung der Beziehungen zwischen ›Juden‹ und ›deutschen‹ Frauen in den Vordergrund. Ausschnüffeln von Person und Privatheit sowie Denunziation stand von nun an staatlicherseits auf der Tagesordnung.

»Rosenstein, Rosenstein/ laß mir solche Sachen sein!/ Geh mit Jüdinnen spazieren/ sonst wird man Dich konzentrieren. Jedenfalls und außerdem/ wird's für Dich nicht angenehm./ Und Du Maid aus Wettesingen,/ merke Dir vor allen Dingen:/ Wer mit einem Jud verkehrt,/ ist als deutsche Frau entehrt«,

so höhnte ein »Cavillator« (seinen wahren Namen verschwieg er) in der NSDAP-Zeitung »Hessische Volkswacht« am 12. Juli 1933.[67]

Am 21. August 1933 wurden zwei Juden durch Kassel geführt, wobei sie ein Schild mit der Aufschrift »Wir haben Christenmädchen mißbraucht« tragen mußten.[68] Anscheinend war dies nicht der einzige Vorfall dieser Art in Kassel, denn die dortige Gestapo hat nach Berlin berichtet, daß »hier in den letzten Tagen mehrfach Juden eingeliefert worden [seien], die nachweislich mit deutschen Mädchen Geschlechtsverkehr gehabt haben«.[69]

In der »Hessischen Volkswacht« wurde der Haß auf Juden und auf solche Menschen, die mit Juden weiterhin in Beziehung standen, systematisch geschürt. Ein Beispiel für viele:

»Am Pranger
Der Jude Walter Lieberg, Lessingstraße 18, der Sohn eines der Mitarbeiter der Metallwerke Lieberg & Co., Bettenhausen, hat ein Verhältnis mit einem Christenmädel Jandy aus der Uhlandstraße. Die Mutter des Mädchens unternimmt nichts gegen das Verhältnis, sondern duldet es. Das ›Christen‹-Mädchen stellt sich auf den Standpunkt, daß auch die Regierung ihnen das Verhältnis nicht verbieten könne. Um der Bevölkerung diese sauberen Leutchen zu zeigen und ihnen das Verwerfliche ihrer Gesinnung klar zu machen, führten SS-Pioniere den Juden, sein Verhältnis und die Mutter durch die Straßen Kassels.«[70]

Im Bericht der Stapo Kassel über die politische Lage ist über diese Vorfälle der Hinweis erhalten, daß »unter Mitwirkung der SS« von der Bevölkerung Juden in das Polizeipräsidium gebracht worden seien, »die mit deutschen Mädchen in intimen Beziehungen gestanden hatten«.[71]

Die antisemitische Schnüffelei ging in einem anderen Fall so weit, daß bei Kurgästen im Waldeckschen nach der jüdische Herkunft spioniert wurde. Alfred Abramowicz, inzwischen in Berlin lebend, vorher in Rußland als Sohn eines

---

67 Hessische Volkswacht vom 12.7.1933. – Verantwortlicher Redakteur für diese Seite der Zeitung »Judentum unter der Lupe. Wöchentliche Beilage der ›Hessischen Volkswacht‹« war Eugen Beinhauer, Kassel.
68 Hessische Volkswacht vom 23.8.1933.
69 HStA Mbg 165/3982. Band 11. Gestapo Kassel an Gestapa vom 26.8.1933.
70 Hessische Volkswacht vom 30.8.1933.
71 HStA Mbg 165/3982. Band 11. Bericht der Staatspolizeistelle Kassel an das Gestapa Berlin vom 29.8.1933.

Bankiers groß geworden, der vor den Bolschewisten fliehen mußte, hielt sich in Bad Reinhardsquelle bei Wildungen zur verordneten Kur auf. Dort, so wurde behauptet, habe er »Anfang August d. Js. ein deutsches Mädchen verführt, mit ihm in einem Hotel zu übernachten. [...] Abramowicz mußte zu seiner eigenen Sicherheit in Schutzhaft genommen werden«.[72]

Ein ähnliches Schicksal hatten zwei Fuldaer Juden zu erleiden. Der Kaufmann Philipp Kohn (Inhaber des Kaufhauses M. Becker & Co., Friedrichsmarkt 6) wurde am 22. August 1933 in Schutzhaft genommen,

>»weil er in seinem Konfektionsgeschäft in Fulda eine Kundin in aufdringlicher Weise unter Stellung unsittlicher Anträge tätlich beleidigt hat und infolgedessen Angriffe auf seine Person zu befürchten waren.«[73]

Abraham Katz, ebenfalls ein Geschäftsmann aus Fulda, war »in eine ähnliche Untersuchung verwickelt«.[74] Beide wurden, wie es in beschönigender und rechtfertigender Weise das Kasseler Regierungspräsidium nach Berlin meldete, »im Einvernehmen mit der Staatspolizeistelle durch SS-Leute mittels Kraftwagen« nach Kassel gebracht. »Die SS-Leute haben unterwegs dem Katz ein Schild mit entsprechender Beschriftung in die Hand gegeben.«[75] Sonn berichtet, was darauf stand:

>»So wurde der Inhaber des Geschäftshauses Becker & Co., Philipp Cohn [hier so geschrieben], durch die Straßen geschleppt mit einem Schild auf Brust und Rücken: ›Ich bin ein Verräter am deutschen Volke!‹.«[76]

Es ging hier weder um moralische Verfehlungen noch um den Schutz des Betroffenen vor einer empörten Volksmenge; vielmehr handelte es sich um die Fortsetzung der Boykottaktionen vom April 1933. Am 7. September 1933 erschien in den »Fuldaer Nachrichten« (NSDAP) ein ganzseitiger Artikel unter der Überschrift »Meidet jüdische Geschäfte!«, in dem 115 jüdischen Geschäfte Fuldas, nach Branchen geordnet, namentlich aufgeführt wurden.[77] Anprangerungen von Käufern schlossen sich an.[78]

---

72 HStA Mbg 165/3982. Band 11. PP Kassel an RP Kassel vom 20.9.1933.
73 HStA Mbg 165/3982. Band 12. –RP Kassel an PrMdI vom 11.12.1933; letzterer hatte Bericht eingefordert, da Ph. Kohn tschechoslowakischer Staatsangehöriger war und die Botschaft protestiert hatte.
74 HStA Mbg 165/3982. Band 12. – RP Kassel an PrMdI vom 11.12.1933.
75 HStA Mbg 165/3982. Band 12. – RP Kassel an PrMdI vom 11.12.1933.
76 Naftali Herbert Sonn: Geschichtliche Wahrheit und Verantwortung – Schicksale der Juden in der Epoche der nationalsozialistischen Herrschaft, besonders in der Stadt Fulda. In: Fuldaer Geschichtsblätter 54 (1978), Nr. 5, 135.
77 Naftali Herbert Sonn und Otto Berge: Schicksalswege der Juden in Fulda und Umgebung. Fulda 1984, 161. (Im folgenden zitiert: Sonn/Berge)
78 Sonn/Berge, 164 f. – Vgl. hierzu auch: »... werden in Kürze anderweit untergebracht ....« Das Schicksal der Fuldaer Juden im Nationalsozialismus. Eine Dokumentation. Herausgegeben von Gerhard Renner, Joachim Schulz und Rudolf Zibuschka. Fulda 1990, 13 und 69.

Philipp Kohn konnte vor Gericht seine Unschuld beweisen.[79] Er und Abraham Katz waren bis zum 10. Oktober 1933 im KZ Breitenau. Philipp Kohn kam im Januar 1944 im KZ Theresienstadt ums Leben.[80]

Rechtsanwalt Julius Dalberg, Gemeindeältester und prominentes Mitglied der Kasseler Jüdischen Gemeinde, – er hatte wissenschaftlich zur Gemeindegeschichte gearbeitet[81] – wurde wie sein Berufskollege Dr. Max Plaut Ende März 1933 von SA-Leuten in den Kasseler ›Bürgersälen‹ schwer mißhandelt. Nach seiner Inhaftierung im KZ Breitenau verließen er und seine Frau Deutschland und gingen in die Niederlande. Im Juni 1943 wurden sie dort verhaftet und über das Lager Westerbork in das Vernichtungslager Sobibor deportiert. Seitdem gelten beide als verschollen.[82]

Im übrigen hat es zur Zeit des Bestehens des Konzentrationslagers Breitenau zahlreiche Schutzhaftmaßnahmen antisemitischen Ursprungs gegeben, ohne daß die Verhafteten in das KZ Breitenau kamen[83]; man hat sie vermutlich in nahe gelegenen Gerichts- oder Polizeigefängnissen untergebracht.

Unklar, ob antisemitische, politische oder andere Motive vorlagen bzw. eine Rolle spielten, besteht bei folgenden Schutzhaftgefangenen Breitenaus, bei denen der Name eine solche Assoziation nahelegen kann: Wilhelm Herz und Peter Saalfeld. Bei Siegfried Schild aus Korbach tauchte das vermutlich mitspielende, wenn nicht gar ausschlaggebende antisemitische Motiv seiner Verhaftung überhaupt nicht auf, denn Schutzhaft und Überführung in das KZ Breitenau wurden wegen »Überfall und Bedrohung eines SS-Mannes«[84] gegen ihn angeordnet.

---

79 Sonn/Berge, 184.
80 Gedenkbuch. Opfer der Verfolgung der Juden unter der nationalsozialistischen Gewaltherrschaft in Deutschland. 1933-1945. Herausgegeben vom Bundesarchiv Koblenz und dem ISD Arolsen. Koblenz 1986, Band 1, S. 767.
81 Geschichte der Jüdischen Gemeinde Kassel – unter Berücksichtigung der Hessen-Kasseler Gesamtjudenheit. Hrsg. von der Israelitischen Gemeinde Kassel. Band I. Kassel 1931 [Verfasser: R. Hallo und J. Dalberg].
82 Namen und Schicksale der Juden Kassels 1933 – 1945. Ein Gedenkbuch. Herausgegeben vom Magistrat der Stadt Kassel. Bearbeit. von Wolfgang Prinz und Beate Kleinert. Kassel 1986, 93 f. (im folgenden zitiert: Namen und Schicksale)
83 Z.B. einen jüdischen Viehhändler L. Goldschmidt aus Ziegenhain, der unter dem Verdacht, »bei einem Viehverkauf unlautere Handlungen« begangen zu haben, »in Schutzhaft genommen« wurde (Hessische Volkswacht vom 26.7.1933). Ebenfalls wurde ein A. Selig aus Gersfeld aus antisemitischen Motiven in Schutzhaft genommen; er war nicht im KZ Breitenau (Hessische Volkswacht vom 27.7.1933).
84 HStA Mbg 165/3982. Band 13. LR Corbach an RP Kassel vom 13.3.1934. – Arbeitsgemeinschaft Spurensicherung des Kommunalen Jugendbildungswerkes der Kreisstadt Korbach: Judenverfolgung in Korbach. Eine Dokumentation. Korbach 1989, [zu Siegfried Schild] 93. – Die Geschichte der jüdischen Gemeinde Korbach. Herausgegeben von der Kreisstadt Korbach – Stadtarchiv -. Korbach 1993, [zu Siegfried Schild] 242 f.

Gnadenlose Abrechnungen

An atavistische Formen gnadenloser Heimzahlung erlittener oder eingebildeter Niederlagen oder ›Schmach‹ erinnern die ›Abrechnungen‹, die die neuen Machthaber an ihren politischen Gegnern von einst nun vornahmen. Bei der Darstellung der Verfolgung Ludwig Pappenheims haben wir betont, daß kalte und brutale Machtausübung, unverhüllte Bosheit und Gemeinheit sichtbar wurde.

Dieser Terror tobte sich im März 1933 vor allem in den überall schnell eingerichteten ›wilden‹ Haft- und Folterstätten – wie den ›Bürgersälen‹ und dem ›Wassersporthaus‹ in Kassel – aus. Ziel war die Verbreitung von Angst und Schrecken. Solche Art von ›Abrechnungen‹ führte auch einige in das KZ Breitenau.

Am 15. Juli 1933 wurde von der Kasseler Gestapo »in Verbindung mit der hiesigen SS-Standarte 35 im hiesigen Ortspolizeibezirk eine größere Aktion gegen die ehemaligen Freunde Philipp Scheidemanns durchgeführt«[85], wobei Hans Sautter, Karl Wittrock, Christian Wittrock, Georg-August Zinn, Heinrich Bechmann, August Manns und Fritz Bechmann in Schutzhaft genommen und zunächst im Polizeigefängnis festgehalten worden sind, wo man ihnen Briefe abverlangt hat, in denen Scheidemann und der Exil-Vorstand der SPD aufgefordert wurden, sich jeder Stellungnahme zu den Verhältnissen in Deutschland zu enthalten. Von den Genannten war Fritz Bechmann im KZ Breitenau. Es ist bemerkenswert, daß diese Personen als »Freundes- und Bekanntenkreis Scheidemann« verhaftet worden sind. Zinn hat genau diesen Vorgang in einem Brief an Scheidemann festgehalten, daß er nämlich »deshalb von der Geheimen Staatspolizei in der Annahme, daß ich zu Ihrem Freundes- und Bekanntenkreise gehöre, in Schutzhaft genommen worden«[86] bin.

Rechtsanwalt Julius Dalberg, der bereits erwähnt wurde[87], kam in das KZ Breitenau, – so kann man vermuten – weil er einem der Spitzenleute unter den neuen Machthabern, gemeint ist Dr. Roland Freisler, aus der Zeit der Republik in ›unangenehmer‹ Erinnerung war.

> »Bemerkenswert ist, daß Dalberg kurze Zeit vorher einen Streit vor Gericht mit dem damaligen Rechtsanwalt, jetzigen Ministerialdirektor Dr. Freisler, gehabt hat-

---

85 HStA Mbg 165/3982. Band 10. PP – Staatspolizeistelle Kassel an Gestapa Berlin vom 22.7.1933. – Vgl. auch: »SS greift ein. Haussuchungen bei Scheidemann – Freunden« (Hessische Volkswacht vom 17.7.1933). Von Belang ist in unserem Zusammenhang die Formulierung, daß die SS – zu diesem Zeitpunkt eine private bewaffnete Terrorgruppe – die Hausdurchsuchung vorgenommen hatte: »Die Hausuntersuchung, die seitens der SS vorgenommen wurde, hatte insbesondere bei dem berüchtigten Rechtsanwalt Zinn ein überraschendes Resultat. [...]« (Hessische Volkswacht vom 17.7.1933).
86 HStA Mbg 165/3982. Band 11. Aus Akten der Gestapo Kassel. Abschrift G.-A. Zinn an Ph. Scheidemann. Kassel, den 17.7.1933. Polizeigefängnis.
87 Vgl. S.186f. (Biographische Notiz zu Julius Dalberg).

te, und daß ihm dies auch während der Mißhandlung [in den ›Bürgersälen‹ in Kassel Ende März 1933] vorgehalten wurde.«[88]

Als die Hanauer Polizei am 19. Mai 1933 den Kommunisten Heinrich Eckhardt, der sich versteckt gehalten hatte, verhaftete, bezog man sich dabei ausdrücklich auf die politische Tätigkeit Eckhardts in der Zeit der Weimarer Republik, um seine Einweisung in ein Konzentrationslager zu ›begründen‹:

> »Er gilt als einer der radikalsten Kommunisten und gab in fast allen Fällen, in denen er hier als Redner auftrat, den überwachenden Polizeibeamten Veranlassung, die Versammlungen aufzulösen, so daß Redeverbot gegen ihn erwogen wurde. Auch trat er in den Jahren 1929/30, als die NSDAP in Hanau festen Fuß faßte und zur Gründung einer Ortsgruppe schritt, in deren Versammlungen und öffentlichen Sprechabenden stets als Diskussionsredner auf und rief durch seine radikalen Reden die schwersten Konflikte hervor [..]«[89]

Anton Schaeffer aus Kassel war von März bis Dezember 1928 Mitglied der NSDAP gewesen. Da er »in Wort und Schrift gegen die Parteiführer Stellung genommen« habe, wurde er auf Grund dieser Kritik als »Parteischädling«[90] im Dezember 1928 ausgeschlossen. Nach der Machtübernahme der Nazis wurde er in Schutzhaft genommen; vom 5. Juli bis zum 27. September 1933 war er im KZ Breitenau. Nach seiner Entlassung wurde er mehrfach verhaftet und andauernd von der Kasseler Gestapo überwacht.[91]

Franz Schmidt wurde als »Leiter des früheren [sic] Freidenkerverbandes« festgenommen.[92]

Breitenau als Ort angemaßter Justizgewalt

Da aus Nazisicht die ›bürgerlichen‹ Gerichte zu ›lasch‹ und ›abwägend‹ mit dem politischen Gegner verfuhren, begannen SA und SS im Frühjahr 1933 damit, sich selbst Justizgewalt anzumaßen. Hierbei spielten die terroristischen nationalsozialistischen Schlägerbanden eine ebenso zentrale Rolle wie das Instrument der Schutzhaft, das nun von der nationalsozialistisch unterwanderten oder zumindest infiltrierten Polizei ergänzend oder korrigierend eingesetzt werden konnte – und somit den bis zum 8. Mai 1945 bestehenden Polizeistaat einführte. Bereits in den ersten Monaten des neuen ›Reiches‹ bildete sich diese Unrechtspraxis klar heraus.

---

88 Braunbuch über Reichstagsbrand und Hitlerterror. Faksimile-Nachdruck der Originalausgabe von 1933. Frankfurt a.M 1978 (im folgenden zitiert: Braunbuch), 231.
89 HStA Mbg 165/3878. Der stellv. Polizeidirektor Hanau an RP Kassel vom 20.5.1933.
90 StA Kassel: Betreuungsstelle. Schaeffer, Anton.
91 StA Kassel: Betreuungsstelle. Schaeffer, Anton. Beschluß der Spruchkammer Kassel-Stadt vom 10.1.1947.
92 HStA Mbg 165/3982. Band 13. PP Kassel an RP Kassel: Nachweisung der am 13.3.1934 in Haft befindlichen Personen, [...].

Als nämlich im August und September 1933 der Strafsenat des Oberlandesgerichts Kassel von den zwölf wegen »Vorbereitung zum Hochverrat« Angeklagten fünf und einige von den elf wegen »Verteilung illegaler Flugblätter« Verurteilten freisprach, kamen diese vom Gericht Freigesprochenen nicht in die Freiheit – sondern in das KZ Breitenau.

> »Soweit die in diesem Verfahren angeklagten Personen wegen Mangels an Beweisen nicht verurteilt wurden, sich aber der Förderung kommunistischer Bestrebungen verdächtig gemacht hatten, wurden sie in polizeiliche Schutzhaft genommen und größtenteils dem Konzentrationslager Breitenau zugeführt.«[93]

Zu diesen Breitenau »Zugeführten« gehörten offenbar Heinrich Zell, Hermann Cramer und Karl Preiss, vielleicht auch August Heeg.[94]

Geiselnahme

Die Brüder Georg und Bernhard Boczkowski aus Kassel wurden ausschließlich deshalb in das KZ Breitenau überführt, weil die Gestapo ihren Bruder Leon, der als Kommunist aktiv im Widerstand arbeitete, nicht auffinden und verhaften konnte.

> »Die Gestapo ist gekommen, – da waren damals SA und SS dabei – und haben uns [die genannten Brüder] als Geisel mitgenommen. Sie sagten: ›Wenn wir Ihren Bruder erwischen, kommen Sie wieder frei!‹«[95]

Wilhelm Stoner aus Neumorschen wurde deshalb für mehr als ein halbes Jahr nach Breitenau geschafft, weil er als ehemaliger KPD-Funktionär – von Berlin kommend – nach Neumorschen umgezogen war; dort war sein Bruder früher kommunistisch tätig gewesen. So teilte es der Landrat in Melsungen dem Regierungspräsident in Kassel mit:

> »Durch seinen Zuzug aus Berlin bestand die Gefahr, daß die frühere Ortsgruppe in Neumorschen wieder neu errichtet wurde, da sein Bruder Eduard früher Vorsitz[ender] der Ortsgruppe war«.[96]

›Erziehung‹ zur arischen Volksgemeinschaft

Wir haben darauf hingewiesen, daß in Breitenau politische Gegner des Nationalsozialismus nach Möglichkeit ›umerzogen‹ werden sollten. Hier fand die Fortsetzung der Folter und der Schläge – wie sie in Kassel in den ›Bürgersälen‹ oder im

---

93 HStA Mbg 165/3886. Band 2. PP/Staatspolizeistelle Kassel an Gestapa Berlin vom 2.10.1933.
94 So begann es 1933. Naziterror und erster Widerstand in Hanau Stadt und Land. (=Hanauer Hefte, 2). Hrg. VVN – Kreis Main-Kinzig o.O. o.J., 69.
95 Notiz über ein Gespräch mit Bernhard Boczkowski (Teilnehmer: Wolfgang Prinz, D. Krause-Vilmar) 1981.
96 HStA Mbg 165/3982. Band 13. LR Melsungen an RP Kassel. Liste über die am 13. März 1934 in Haft befindlichen Personen.

›Wassersporthaus‹ praktiziert waren – mit anderen Mitteln statt. Auf diese Weise könnten vielleicht die meisten für das sich etablierende neue Denk- und Wertesystem des ›nationalen‹ Deutschland gewonnen werden.

Nicht zufällig, sondern folgerichtig war daher die sofort nach Eröffnung des Lagers eingeführte Unterscheidung in zwei Stufen bzw. in zwei Gruppen,

> »um die Radikalen von denen zu trennen, die sich Mühe geben, die Idee, die zu dem Umschwung in unserem Vaterland geführt hat, zu verstehen.«[97]

Die Gefangenen sollten durch Arbeit von ihrem Agitatoren-Standpunkt weggeführt werden,

> »um sich durch das Zusammenleben mit den SA-Leuten und durch Vorträge und Diskussionen in die Idee des Nationalsozialismus einleben [...] zu können.«[98]

Man ging noch weiter. Einen 21 Jahre alten Schweinehändler aus Grüsselbach/Kreis Hünfeld sperrte die Gestapo Kassel zwei Monate im KZ Breitenau wegen »leichtsinnigen Lebenswandels« ein. Josef Hahn soll durch schlechte Zahlungsmoral den Bauern gegenüber »den Aufbau des Landstandes sabotiert« haben. So vermeldete es eine Lokalzeitung.[99]

Als der Schutzhaftgefangene Heinrich Lipphardt am 17. 7. 1933 um eine kurze Beurlaubung nachsuchte, da seine Frau lebensgefährlich erkrankt war, wurde dies abgelehnt. Die Begründung hierfür seitens des Bürgermeisters von Niederkaufungen lautete, daß Frau Lipphardt gar nicht ernsthaft erkrankt sein könne, »denn dieselbe holt selbst ihre Wohlfahrtsunterstützung, besorgt ihre Einkäufe in Kassel und sieht noch genauso verlebt aus wie vorher«. Auch Landrat Lengemann maßte sich ein Urteil über den Gesundheitszustand der Frau an:

> »Bei ihrer zweimaligen Anwesenheit im Landratsamt vor etwa 4 Wochen und Ende Juli ds. Js. hat der sie abfertigende Kreisinspektor nicht den Eindruck gehabt, daß die Frau ernsthaft krank sei.«[100]

Dem ehemaligen Bürgermeister von Harleshausen, Wilhelm Lukan, der im KZ Breitenau vier Monate lang eingesperrt war, warf der neue NSDAP-Landrat, Lengemann, vor, das Bürgermeisteramt zu einem roten Parteibüro herabgewürdigt zu haben.

> »Hinzu kommt noch«, – so Lengemann an den Regierungspräsidenten in Kassel – »daß Lukan sich in sittlicher Hinsicht keinerlei Schranken auferlegte. U.a. habe er

---

97 Kasseler Post vom 23.6.1933.
98 Kasseler Post vom 23.6.1933.
99 Melsunger Tageblatt Nr. 212 vom 11.9.1933.
100 HStA Mbg 165/3982. Band 11. H. Lipphardt an RP Kassel vom 17.7./ 31.7.1933. – Bgmstr. Niederkaufungen an LR Kassel vom 29.7.1933. – LR Kassel an RP Kassel vom 7.8.1933.

mit der Ehefrau des [...] A.[101] in Harleshausen Ehebruch getrieben und sich auch sonst sittlichen Ausschweifungen hingegeben, die öffentlichen Anstoß erregten.«[102]

Den Tiefpunkt in dieser Richtung erreichte jener Beamte im Regierungspräsidium, der mit scheinbar ›sanftem‹ Druck, tatsächlich jedoch mit der geballten Amts- und Staatsmacht eine Eheschließung zwischen einem deutschen Juden und der Tochter eines ›arischen‹ Leutnants zu verhindern wußte. Kurz vor der geplanten Hochzeit war Adolf Levy, Viehhändler in Karlshafen, »inhaftiert worden«.[103] Am 19. Juni 1933 kam er in das KZ Breitenau. Mitte Juni erschien seine Verlobte Lina G. persönlich im Kasseler Regierungspräsidium »und bat um Freilassung ihres Bräutigams«. »Die Angelegenheit«, stellte der Regierungspräsident knapp fest, »dürfte zur Zeit als erledigt anzusehen sein«.

Die Verlobte erschien auf der Behörde, bat um Freilassung ihres Bräutigams, und der Regierungspräsident erklärt die Angelegenheit als erledigt – wie war dies möglich?

> »Frl. Lina G. erklärte, daß sie sich nach schweren Gewissensbedenken nunmehr dazu entschlossen habe, die Heirat aufzugeben, weil sie einsehe, daß die Bevölkerung mit Recht eine solche eheliche Verbindung mißbillige. Sie habe die Heirat auch nur aus wirtschaftlichen Gesichtspunkten beabsichtigt, weil sie mittellos sei und durch die Heirat eine Unterkunft zu finden hoffe. Ihre Eltern lebten von einer ganz geringen Pension, die kaum mehr als 100 Reichsmark im Monat ausmache: ihre Mutter sei im übrigen schwindsüchtig«[104].

Schließlich ist die Neigung des Regierungspräsidenten zu erkennen, nach Prüfung (»ob gegen sie irgendwelche Bedenken, namentlich auf politischem Gebiet, bestehen und ob die Antragstellerin einer solchen Unterstützung würdig wäre«), ein entsprechendes Unterstützungsgesuch positiv zu bescheiden.[105] Adolf Levy verließ das KZ Breitenau am 29. Juni 1933. Über sein weiteres Schicksal ist uns nichts bekannt.[106]

Am 7. Oktober 1933 wurde Johann Bettinghausen aus Wenigenhasungen/ Kreis Wolfhagen festgenommen.

> »B. hatte z. Zt. seiner Verhaftung keinen festen Wohnsitz u. zog bettelnd und vagabundierend im Land herum«,

---

101 Im Schreiben wird der volle Name der Frau des Mannes genannt!

102 HStA Mbg 165/3982. Band 10. LR Kassel an RP Kassel vom 14.7.1933.

103 HStA Mbg 165/3982. Band 10. RP Kassel an Bürgermeister Carlshafen vom 23.6.1933. – Der genaue Zeitpunkt der Inhaftierung Levys ist nicht klar. Er gehörte zu den ersten Schutzhaftgefangenen Breitenaus, die ab dem 16. Juni 1933 dort eingeliefert worden waren. Die meisten von ihnen waren bereits vorher in einer anderen Haftstätte eingesperrt gewesen.

104 HStA Mbg 165/3982. Band 10. RP Kassel an Bürgermeister Carlshafen vom 23.6.1933.

105 HStA Mbg 165/3982. Band 10. RP Kassel an Bürgermeister Carlshafen vom 23.6.1933.

106 Fremde im eigenen Land. Beiträge zur Kultur- und Sozialgeschichte der Juden in den Kreisen Hofgeismar, Kassel, Wolfhagen und in der Stadt Kassel. Herausgegeben von Helmut Burmeister und Michael Dorhs. Hofgeismar 1985, S. 96 (Jüdische Bürger aus Karlshafen 1933 und ihr Schicksal); dort kein Hinweis auf Adolf Levy.

vermerkte der Landrat von Fritzlar-Homberg im März 1934, der ihn dann in das KZ Papenburg schaffen ließ.[107] Da Johann Bettinghausen der KPD angehört haben soll, bestünde

> »der nicht unberechtigte Verdacht, daß er zersetzend im kommunistischen Sinne wirken würde.«[108]

Schutzhaft gegen Frauen

Im KZ Breitenau wurden nur Männer inhaftiert. Dies bedeutet jedoch nicht, daß Frauen von der politischen Verfolgung ausgenommen waren.

Am 12.10.1933 teilte der Preußische Innenminister an das Gestapa und die Oberpräsidenten mit, daß das KZ Moringen (nicht weit von Göttingen gelegen) für weibliche Schutzhaftgefangene vorgesehen sei.[109] Das Provinzialwerkhaus Moringen war zu jener Zeit ein preußisches Arbeitshaus wie Breitenau auch gewesen. Ab April 1933 waren auch dort männliche Schutzhaftgefangene eingesperrt worden; ab Juni 1933 kamen die ersten Frauen als *weibliche Schutzhaftgefangene* hinzu. Gleichzeitig mit der Auflösung des Männerlagers verließ die SS Moringen. Die Frauen unterstanden von nun an dem Direktor des Werkhauses, Hugo Krack, einem Mann »humaner Gesinnung aus der Tradition Friedrich Naumanns«[110]. Zunehmend wurden Mitglieder der NS-Frauenschaft zur Aufsicht herangezogen. Zwischen 30 und 70 Frauen waren dort zur selben Zeit inhaftiert.

Am 20. Oktober 1933 wurde eine Schutzhaftgefangene aus dem Landkreis Hanau, und am 25. Oktober 1933 eine Schutzhaftgefangene aus Kassel in das KZ Moringen überführt. Für Kassel hatte der Polizeipräsident mitgeteilt, daß Frauen bislang nur kurze Zeit im Polizeigefängnis untergebracht waren. In diesem einen Fall jedoch käme »eine längere Haft in Betracht«[111]. Wer diese Frau war, ist aus den Akten nicht ersichtlich.[112]

---

107 HStA Mbg 165/3982. Band 13. Verzeichnis der am 13.3.1934 aus dem Kreis Fritzlar-Homberg in Schutzhaft befindlichen Personen.
108 Ebenda.
109 HStA Mbg 165/3982. Band 12. Abschr. Der Pr. MdI v. 12.10.1933 an Gestapa und OP.
110 KZ Moringen. Männerlager, Frauenlager, Jugendschutzlager. Eine Dokumentation. Herausgegeben von der Gesellschaft für jüdisch-christliche Zusammenarbeit Göttingen e.V. und dem Evangel.-lutherischen Pfarramt Göttingen o.J. [vermutlich 1983], 15-25.
111 HStA Mbg 165/3982. Band 12. PP Kassel an RP vom 24.10.1933. – LR Hanau an RP vom 24.10.1933.
112 Die Unterlagen in der KZ-Gedenkstätte Moringen sind für das Jahr 1933 unvollständig, so daß dort nichts über eine aus Kassel kommende Schutzhaftgefangene überliefert ist (Tel. Auskunft von Hans Hesse, Oktober 1996). Es könnte sein, daß es sich um Ella Baer aus Wrexen gehandelt hat. HStA Mbg 165/3878. LR des Kreises der Twiste an RP Kassel betr. Kosten für Schutzhäftlinge vom 9.10.1933: »Bei der Kostenberechnung sind die Haftkosten für Peter Höchst aus Lütersheim, Fritz Brandt aus Rhoden und Ella Baer aus Wrexen im Konzentrationslager Breitenau und Polizeigefängnis Kassel nicht berücksichtigt worden.«

Das Konzentrationslager Breitenau
in der zeitgenössischen Presse

Die Berichterstattung in der zeitgenössischen Tagespresse über die frühen Konzentrationslager ist zwar bekannt[1], jedoch noch nicht Gegenstand näherer Untersuchung geworden.[2] Über fast alle frühen Konzentrationslager ist öffentlich berichtet worden.[3] Die Monographien zu den frühen Konzentrationslagern gehen auf die Darstellung in der zeitgenössischen Presse in der Regel nur am Rande ein. Eine Ausnahme bilden Drobisch/Wieland und Sösemann/Schulz, die auf dieses Thema näher eingehen.[4] Diese Zurückhaltung ist deshalb erstaunlich, weil sich mit Hilfe der Analyse der Tageszeitungen wichtige Fragen der öffentlichen Darstellung und Wahrnehmung der Konzentrationslager klären lassen.

Zuerst stellt sich die Frage nach dem Informationsgehalt der Meldungen: wurde über die Einrichtung des Lagers, die Arbeit der Gefangenen, die Haftgründe und über Ereignisse im Lager berichtet? Lassen sich Motive und Absichten der Berichterstattung feststellen? Schwierig zu klären ist, ob bereits im Sommer 1933 in der ›bürgerlichen‹ Presse – diejenige der politischen Linken ist bereits verboten und enteignet – eine parteilich-staatliche Steuerung der Berichterstat-

1 Z.B. Drobisch/Wieland, 88-94. – Kosthorst/Walter, 249-271. – Hans-Günther Richardi, Schule der Gewalt. Die Anfänge des Konzentrationslagers Dachau 1933-1934. Ein dokumentarischer Bericht. München 1983, 37, 44 ff., 59 ff. u.a.m.
2 Als erste Untersuchung: Klaus Drobisch: Zeitgenössische Berichte über Nazikonzentrationslager 1933-1939. In: Jahrbuch für Geschichte 26 (1982), 103-133.
3 Für das andere hessische frühe Konzentrationslager Osthofen scheint charakteristisch gewesen zu sein, daß neben einem größeren Bericht vor allem bei der Einlieferung prominenter Schutzhaftgefangener in der Presse berichtet wurde. Paul Grünewald, Das KZ Osthofen, in: Eike Hennig (Hg.), Hessen unterm Hakenkreuz. Studien zur Durchsetzung der NSDAP in Hessen. Frankfurt 1983, 503 ff.; Paul Grünewald, KZ Osthofen. Material zur Geschichte eines fast vergessenen Konzentrationslagers. Frankfurt a.M. 1979, 54-69. – Zur Einrichtung des KZ Dachau gab es eine Presseerklärung des Münchner Polizeipräsidenten Heinrich Himmler, die derjenige von Pfeffers (s.u.) ziemlich nahe kam. Die ›Notwendigkeit‹ und das Temporäre dieser Lager wurden herausgestellt (Münchner Neueste Nachrichten vom 21.3.1933. Zitiert nach dem Katalog: Konzentrationslager Dachau 1933-1945. 6. Auflage 1978, 44.). Ähnlich dicht bleibt die Presseberichterstattung über das KZ Dachau. Vgl.: Konzentrationslager Dachau, a.a.O., 43 ff. u. 80; sowie Richardi, Das Konzentrationslager Dachau, a.a.O., 37, 44 ff., 59 ff. u.a.m. – Ähnlich auch die Presseerklärung anläßlich der Gründung der Emslandlager (Kosthorst/Walter, a.a.O., 67). Auch hier erschienen die größeren Berichte unmittelbar bei der Gründung des Lagers. Elke Suhr berichtet über eine dichte Presseinformation zu den Emslandlagern im Juni, Juli und August 1933, die viele Parallelen (Zynismus, Drohung, Abschreckung) mit der Berichterstattung über Breitenau aufweist. Elke Suhr/Werner Boldt, Lager im Emsland 1933-1945. Geschichte und Gedenken. Oldenburg 1985, 13 f. Die Beispiele ließen sich fortsetzen.
4 Drobisch/Wieland, 88-94 (»NS-Veröffentlichungen«). – Bernd Sösemann/Michael Schulz: Nationalsozialismus und Propaganda. Das Konzentrationslager Oranienburg in der Anfangsphase totalitärer Herrschaft. In: Günter Morsch (Hg.): Konzentrationslager Oranienburg. Berlin 1994, 78-94.

tung nachweisbar ist.[5] Zur redaktionellen Darstellung in den Zeitungen ist zu fragen, ob die Nachricht wie andere Meldungen auch, sozusagen ›alltäglich‹, mitgeteilt wurde, oder ob es Spuren von Distanz, Nicht-Einverständnis, Erschrecken oder gar von Widerspruch gab. Hat man sich in den Redaktionen auf die Wiedergabe amtlicher Presseverlautbarungen beschränkt oder hat man selbst begonnen, gar vor Ort, zu recherchieren? Und schließlich: Was konnten die Zeitgenossen – auf der Grundlage der öffentlichen Berichterstattung in den Zeitungen – über die frühen Konzentrationslager wissen?[6]

Die Berichterstattung über Breitenau wurde hauptsächlich von drei regionalen Tageszeitungen getragen, von denen zwei in Kassel und eine in der damaligen Kreisstadt Melsungen erschienen.[7] Zu bestimmten Ereignissen wurden die ebenfalls in Kassel erschienenen»Kasseler Neuesten Nachrichten« herangezogen. Als deutlich wurde, daß sich die Berichterstattung im wesentlichen auf den Zeitraum der Einrichtung des Lagers (Mitte Juni 1933) erstreckte und in den folgenden Monaten nur noch gelegentlich kleine Meldungen auftauchten, wurden alle erreichbaren Tageszeitungen, die im Jahre 1933 im Regierungsbezirk Kassel erschienen sind, einbezogen.[8]

5   Im allgemeinen wird das Schriftleitergesetz vom 4. Oktober 1933 als erste greifbare Zäsur angenommen. Vgl. Karl-Dietrich Abel, Presselenkung im NS-Staat. Eine Studie zur Geschichte der Publizistik in der nationalsozialistischen Zeit. Berlin 1968, 29ff. Die Aktivitäten des neu geschaffenen Reichspropagandaministeriums (vor allem die Anweisungen der Reichspressekonferenz) und der ihm unterstellten Gaupropagandaämter setzten allerdings bereits im März 1933 ein; vgl. Jürgen Hagemann, Die Presselenkung im Dritten Reich. Bonn 1970, 25 ff. Die Presseberichterstattung über die Annahme des sog. Ermächtigungsgesetzes (Ende März 1933) war bereits von einer – im Vergleich mit der Berichterstattung zum Reichstagsbrand knapp vier Wochen zuvor – erheblich gesunkenen Meinungsvariabilität gekennzeichnet; vgl. Karl-Ludwig Günsche, Phasen der Gleichschaltung. Stichtags-Analysen deutscher Zeitungen 1933-1938. Osnabrück 1970, 38.

6   Früh ist darauf hingewiesen worden, daß sogar Leser regionaler Zeitungen (hier: in Eutin) »über die Existenz anderer Konzentrationslager und – wenn auch verschönernd – das Regiment in ihnen (z.B. in Dachau, Oranienburg, Sonnenburg) [...] regelmäßig informiert« wurden. Stokes, KZ Eutin, 584.

7   Es handelt sich um die »Melsunger Tageblatt« 5 (1933) sowie um die beiden in Kassel erschienenen Tageszeitungen »Kasseler Post« 51 (1933); 52 (1934) [Auflage im J. 1931: 36.000] und »Hessische Volkswacht« 4 (1933); 5 (1934) [NSDAP-Organ] (ab 1.9.1933 unter dem Namen »Kurhessische Landeszeitung«). – Die drei Zeitungen wurden über die Zeit des Bestehens des Lagers hinaus (vom 1.5.1933 bis zum 31.3.1934) durchgesehen. Von der Kurhessischen Landeszeitung 5 (1934) standen mir folgende Ausgaben nicht zur Verfügung: Nr. 15 – 22 (15. – 22. 1. 1934); Nr. 28 – 46 (28. 1. – 15. 2. 1934); Nr. 48 – 67 (17 .2. – 12. 3. 1934) und Nr. 69 – 94 (14. 3. – 15. 4. 1934).

8   Die folgenden Zeitungen wurden in der Zeit vom 15. Juni 1933 bis 15. Juli 1933 durchgesehen und auch außerhalb dieses Zeitrahmens zu bestimmten Ereignissen (Weihnachtsamnestie, Auflösung des Lagers) herangezogen: Bebraer Nachrichten. Mittagszeitung. Täglicher Anzeiger (1933) – Bebraer Tageblatt. Bebraer Tageszeitung 28 (1933) [Auflage im J. 1931: 3.125] – Borkener Zeitung 8 (1933) – Carlshafener Zeitung (1933) – Eschweger Tageblatt. Eschweger Kreisblatt 85 (1933) [Auflage im J. 1931: 9.134] – Eschweger Zeitung 52 (1933) – Frankenberger Zeitung 64 (1933) – Fritzlarer Kreis-Anzeiger 71 (1933) [Auflage im J. 1931: 1.550] – Fuldaer Zeitung 60 (1933) [Auflage im J. 1931: 14.000] – Fulda-Werra-Zeitung (Eschwege) (1933) – Gelnhäuser Anzeiger [NSDAP-Organ] (1933) – Gelnhäuser Tageblatt (1933) – Tageszeitung für

Zur Berichterstattung über die Planung des KZ Breitenau

Die Berichterstattung in der zeitgenössischen Presse über das Konzentrationslager Breitenau zwischen dem 15. Juni und dem 15. Juli 1933 umfaßte 49 Meldungen, Berichte oder Artikel. Sie reichte von kleinen Nachrichten über Zweispalter bis hin zu großen dreispaltigen Berichten; sie durchzog die gesamte nordhessische Presselandschaft. Der Schwerpunkt lag dabei auf dem Raum Kassel und zeitlich in der Gründungsphase des Lagers, den Tagen zwischen dem 15. und 25. Juni 1933.

Bereits einen Tag *vor* der Einrichtung des Konzentrationslagers Breitenau, am 15. Juni 1933, erschienen die ersten Meldungen über die Planung des Lagers. Sie wurden gleichzeitig in vier Tageszeitungen veröffentlicht: in der »Kasseler Post«, in der »Hessischen Volkswacht« (NSDAP), im »Melsunger Tageblatt« und in der in Zierenberg, einer Gemeinde im Kreis Wolfhagen bei Kassel, erschienenen »Niederhessischen Zeitung«.

Bevor wir uns der Darstellung Breitenaus in der Presse zuwenden, sollen die beiden erwähnten Kasseler Tageszeitungen knapp charakterisiert werden.[9] Die deutsch-nationale »Kasseler Post« hatte mit der ›nationalen Revolution‹ Hitlers sympathisiert und dieser in Kassel die Wege geebnet. In ihrem Kampf

---

den Kreis Gelnhausen (1933) – Gudensberger Zeitung 28 (1933) [Auflage im J. 1931: 980] – Hanauer Anzeiger. General-Anzeiger für Hanau Stadt und Land 208 (1933) [Auflage im J. 1931: 15.500] – Hanauer Rundschau (Langenselbold) (1933) – Hersfelder Tageblatt. Hersfelder Kreisblatt 83 (1933) – Hessische Rundschau. Kirchhainer Zeitung (1933) [Auflage im J. 1931: 2.200] – Hessischer Kurier. Tageszeitung für Niederhessen, Oberhessen und Waldeck. Kassel (1933) – Hofgeismarer Zeitung 67 (1933) [Auflage im J. 1931: 2.800] – Homberger Zeitung 6 (1933) – Homberger Kreisblatt 65 (1933) [Auflage im J. 1931: 2.120] – Kasseler Neueste Nachrichten . Hessische Abendzeitung 23 (1933) [Auflage im J. 1931: 35.000] – Neustädter Zeitung 5 (1933) – Niederhessische Zeitung (Zierenberg) 22 (1933) [Auflage im J. 1931: 1.340] – Oberhessische Zeitung. (Marburg) 68 (1933) – Rotenburger Tageblatt 77 (1933) [Auflage im J. 1931: 1.500] – Schlüchterner Zeitung (1933) – Schwalm-Bote. (Treysa) 36 (1933) – Tageblatt für Kurhessen und das angrenzende Thüringen und Sachsen. (Eschwege) (1933) – Thüringer Hausfreund. (Schmalkalden) (1933) – Waldeckische Landeszeitung 47 (1933) -[Auflage im J. 1931: 7.500] – Waldeckischer Anzeiger. Arolser Tagblatt, Corbacher Post 6 (1933) – Werra-Bote (Bad Sooden-Allendorf) (1933) [Auflage im J. 1931: 2.250] – Witzenhäuser Kreisblatt und Tageblatt 65 (1933) [Auflage im J. 1931: 2.500] – Wolfhager Kreisblatt (1933) – Ziegenhainer Zeitung (1933) [Auflage im J. 1931: 1.500]. – Die Spangenberger Zeitung [Auflage im J. 1931: 1.100], die Wildunger Zeitung, das Hünfelder Kreisblatt [Auflage im J. 1931: 2.350], das Gersfelder Kreisblatt, die Waldecksche Zeitung (Bad Wildungen) und der Fulda-Eder-Bote. (Körle) (1933) standen uns wegen fehlender Originale bei der Verfilmung nicht, die Hersfelder Zeitung nur teilweise zur Verfügung. – Zur Auflagenhöhe der zeitgenössssischen Zeitungen vgl. die Selbstangaben bei: Sperlings Zeitschriften- und Zeitungs-Adreßbuch. Handbuch der deutschen Presse. Die wichtigsten deutschen Zeitschriften und politischen Zeitungen Deutschlands, Österreichs und des Auslands. 57. Ausgabe. Leipzig 1931 und 59. Ausgabe. Leipzig 1935. – Vgl. auch: Kurhessische und waldeckische Zeitungen bis 1945 in Mikroform. Verfilmte Zeitungsbestände in der Universitätsbibliothek Marburg, der Gesamthochschulbibliothek Kassel und der Landesbibliothek Fulda. Ein Katalog (=Schriften der Universitätsbibliothek Marburg, Bd. 60; Hessische Forschungen zur geschichtlichen Landes- und Volkskunde, Bd. 24). Marburg und Kassel 1992.

9 Lothar Döhn, Presse und Nationalsozialismus in Kassel, in: Volksgemeinschaft und Volksfeinde II, 58-95, (im folgenden zitiert: Döhn, Presse und Nationalsozialismus).

gegen den demokratischen Weimarer Rechtsstaat[10] und in dem kampagnenähnlichen Anfeinden des Kasseler pazifistischen Studienrats Hein Herbers[11] hatte diese Haltung beispielhaft ihren Ausdruck gefunden. Gleichwohl blieb sie in der Sicht des Nationalsozialismus eine ›bürgerliche‹ Zeitung. Die seit 1930 erscheinende »Hessische Volkswacht« war eine ausgesprochene Parteizeitung, die Gauzeitung der NSDAP im Gau Kurhessen, die den politischen Kampf mit publizistischen Mitteln fortsetzte. Diese waren antisemitische Hetze, Verächtlichmachen des politischen Gegners und triumphale Berichte über den fortschreitenden Sieg der eigenen ›Bewegung‹. Journalistisch war die Zeitung, die überwiegend als Agitationsmittel dienen sollte (ein Teil der Auflage wurde kostenlos verteilt), bis zum Jahre 1932 schlecht gemacht. Dann wurde sie bei der Fa. Pillardy (Kassel) hergestellt, was drucktechnisch zur Verbesserung führte. Seit Mitte 1933, spätestens seit der Umbenennung in »Kurhessische Landeszeitung« (1.9.1933) war sie »nach rein äußerlichen Merkmalen als vollwertige Tageszeitung anzusehen«.[12]

Die »Kasseler Post« meldete am 15. Juni 1933 unter der Überschrift »Breitenau wird Konzentrationslager«:

> »Wie wir von unterrichteter Seite erfahren, soll der Plan, der Erziehungsanstalt Breitenau (Bezirk Kassel) ein *Konzentrationslager* anzuschließen, demnächst zur Durchführung gelangen. Und zwar soll eines der beiden Anstaltsgebäude zur Aufnahme von Schutzhäftlingen benutzt werden, um das Kasseler Polizeigefängnis zu entlasten. Wir kommen demnächst auf diese Angelegenheit noch zurück.«[13]

Diese erste Meldung ist in verschiedener Hinsicht bemerkenswert. Zum einen verweist sie indirekt auf den Begründer des Lagers, den Polizeipräsidenten Fritz von Pfeffer. Da er die Einrichtung des Lagers initiiert hatte, kann mit der »unterrichtete[n] Seite« niemand anders als er oder seine Behörde gemeint sein. Er muß die Presse informiert haben, da nichts in der Meldung dafür spricht, daß es sich um eine recherchierte Eigenleistung der Zeitung gehandelt hat. Die Voranstellung »Wie wir … erfahren« verstärkt den Eindruck, daß die Zeitung eine

---

10 Die »Kasseler Post« verfaßte z.B. unmittelbar nach dem Staatsstreich v. Papens, die die Absetzung der demokratischen Spitzenbeamten auch in Kassel zur Folge hatte – der Oberpräsident der Provinz Hessen-Nassau August Haas und der Polizeipräsident in Kassel Dr. Adolf Hohenstein wurden sofort entlassen – einen hämischen Bericht unter der bezeichnenden Überschrift: »Haas und Hohenstein im Ruhestand. Das ›System‹ hat in Kassel und Hessen-Nassau endlich ausgewirkt«. Kasseler Post Nr. 200 vom 22.7.1933 – Döhn erinnert an die unter dem Titel »Philippopel« in der »Kasseler Post« veröffentlichten Herabsetzungen Philipp Scheidemanns, die mit sachlicher Kritik nichts gemeinsam hatten.
11 Volksgemeinschaft und Volksfeinde I, 38 – 45.
12 Döhn, Presse und Nationalsozialismus, 65.
13 Kasseler Post Nr. 163 vom 15.6.1933. – Der Begriff ›Konzentrationslager‹ ist im Original gesperrt gedruckt.

Nachricht, die sie zu dem Zweck der Veröffentlichung erhalten hat, wiedergegeben hat.

Zum andern handelte es sich um die *Ankündigung* der Errichtung eines Lagers, die bereits am Tage der Unterzeichnung der Vereinbarung zwischen dem Polizeipräsidenten und dem Grundstückseigner, dem Landeshauptmann in Hessen, veröffentlicht wurde. Die ersten Schutzhaftgefangenen trafen in Breitenau erst am folgenden Tag ein. Von Pfeffer hatte es mit der Presseverlautbarung eilig.

Schließlich erscheint der Begriff der ›Erziehung‹ hier bemerkenswert. Er taucht bei vielen frühen Konzentrationslagern auf, zumeist durchsichtig demagogisch oder zynisch. Die Bezeichnung *Erziehungsanstalt* für die *Landesarbeitsanstalt* war zwar vertretbar, gleichwohl für den zeitgenössischen Sprachgebrauch dem Arbeitshaus gegenüber ungewöhnlich. Kam es von Pfeffer dabei darauf an, eine erzieherische Seite im Unterschied etwa zur ›Straf‹-seite, zu Willkür und Gesinnungsjustiz, wie sie für das Instrument der Schutzhaft charakteristisch waren, öffentlich besonders hervorzuheben? Einer solchen Tendenz entspräche auch die Ausdrucksweise, das KZ würde der Erziehungsanstalt ›angeschlossen‹ – gleichsam als erweiterte Erziehungsabteilung in ein unumstrittenes regionales Institut integriert: selbst eines der beiden Anstaltsgebäude könne benutzt werden. Schließlich fügte die Meldung noch ein rationales Motiv an, das eine reale Grundlage hatte: das Polizeigefängnis sei überfüllt und müsse entlastet werden.

Alles in allem also doch keine beiläufige Meldung, sondern eine um Verständnis werbende, rational argumentierende und zugleich verharmlosende Nachricht, die wohl kalkuliert erscheint.

In der Tat gab es im Juni 1933 für die Polizeiführung in Kassel Anlässe genug für Strategien der Verharmlosung, Rechtfertigung und Beruhigung. Zum einen war der von äußerster Brutalität gekennzeichnete Märzterror von SA und SS – besonders die Mißhandlungen politischer Gegner in den ›Bürgersälen‹ und im ›Wassersporthaus‹ und der Tod des bekannten von Roland Freisler persönlich verfolgten Rechtsanwalts Dr. Max Plaut – in Kassel nicht geheim geblieben.[14] Bereits die ersten größeren Berichte in Kasseler Tageszeitungen über Schutzhaftmaßnahmen im April 1933 waren von dem Bemühen um Rechtfertigung und Erklärung gekennzeichnet. Nach dem Wüten des Märzterrors waren die neuen Regierungs- und Amtsinhaber daran gegangen, eine ›Schadensbegrenzung‹ vorzunehmen. Die Kasseler SA-Standarte 83 und die NSDAP-Kreisleitung hatten eine Baracke als Schutzhaftstelle eingerichtet und deren Aufgabe so dargestellt, als wäre es darum gegangen, »im amtlichen

---

14 Krause-Vilmar, Machtergreifung in Kassel, 13-36, hier 24-30 (»Der Sturmlauf zu den Hebeln der Macht im März 1933«).

Auftrag den Schutz aus[zu]üben, der jedem Deutschen und jedem in Deutschland Lebenden gewährt wird.«[15]

Zum andern hat es Gegenwehr der Schutzhaftgefangenen und solidarische Aktionen gegeben. Der »Hessischen Volkswacht« war zu entnehmen, daß in Kassel von Seiten der Kommunisten Handzettel verteilt worden waren, – also eine öffentliche Aktivität! – in denen gegen die Behandlung der politischen Schutzhaftgefangenen protestiert worden war und daß es Aktivitäten und Gegenwehr kommunistischer Schutzhaftgefangener gegeben habe.[16]

Bereits im März war es von Pfeffer– damals war er noch nicht Polizeipräsident, sondern SA-Gruppenführer und Stabsführer der Generalinspektion der SA und SS – darum gegangen, eine Einschränkung ›unmotivierter‹ SA- und SS-Terrormaßnahmen zu erreichen. Der Kommissar für Hessen und Hessen-Nassau, von Ulrich, hatte sich scharf gegen Ausschreitungen, willkürliche Verhaftungen und Mißhandlungen durch SA-Männer gewandt. Sein Stellvertreter von Pfeffer hatte einen Sturmbannführer und zwei Adjutanten eingesetzt, um permanent die Ordnung in den SA-Heimen und -Wachen zu überprüfen. Erst nach diesem disziplinarischen Eingreifen beruhigte sich die Situation in Kassel etwas.[17] Diese Vorgänge vom März 1933 werfen ein Licht auf das Motiv für die Einrichtung des Konzentrationslagers Breitenau: durch ein ›geordnetes‹ Lager nämlich den ›wilden‹ Terror von SA und SS einzuschränken.

Nahezu wortgleich mit der Meldung der »Kasseler Post« berichteten am selben Tage das »Melsunger Tageblatt«[18], die »Niederhessische Zeitung«[19] und die »Hessische Volkswacht«[20] über den Plan der Einrichtung eines Konzentrationslagers in Guxhagen.

Es fällt auf, daß der Bericht in der »Hessischen Volkswacht«, die ebenfalls am 15. Juni die Einrichtung des Lagers ankündigte, sich durch einen polemisch-gehässigen Ton erheblich von den bislang erwähnten Meldungen unterschied. Die Überschrift »Marxistische Schutzhäftlinge werden konzentriert« war von politischem Feinddenken bestimmt. Nur in dieser Zeitung findet sich der zynische Hinweis zu den Schutzhaftgefangenen, daß in Breitenau ihre

»bisher größtenteils brachliegende Arbeitskraft nutzbringender Beschäftigung zugeführt werden wird.«[21]

---

15 Kasseler Neueste Nachrichten Nr. 82 vom 5.4.1933 (»Eine Schutzhaftstelle«).
16 Hessische Volkswacht Nr. 136 vom 13.6.1933.
17 Wilhelm Frenz, Der Aufstieg des Nationalsozialismus in Kassel 1922 bis 1933, in: Werner Wolf/Antonio Peter (Hg.): Als es mit der Freiheit zu Ende ging. Studien zur Machtergreifung der NSDAP in Hessen. Wiesbaden 1990, 21-64 (hier: 56 ff.).
18 Melsunger Tageblatt Nr. 137 vom 15.6.1933.
19 Niederhessische Zeitung Nr. 71 vom 15.6.1933 unter der Überschrift »Breitenau wird Konzentrationslager«.
20 Hessische Volkswacht Nr. 138 vom 15.6.1933.
21 Ebenda.

Es überrascht nicht, daß sich der Hinweis auf eine ›Erziehungsanstalt‹, der mit dem Konzentrationslager eine weitere Abteilung ›angeschlossen‹ werde, in der »Hessischen Volkswacht« nicht findet.

Die »Hessische Volkswacht« verfügte offenbar über weitere Informationsquellen. Denn sie teilte als erste etwas über die Schutzhaftgefangenen in Breitenau mit. Es handele sich bei ihnen »um insgesamt etwa 40 Schutzhäftlinge aus dem Kasseler Stadtgebiet«, die bislang im Polizeipräsidium und »in Wehlheiden«[22] [Strafanstalt in Kassel] untergebracht waren.

Innerhalb der nächsten drei Tage berichteten weitere zwölf Tageszeitungen aus Nordhessen, überwiegend aus der Umgebung von Kassel, in ähnlicher Weise wie die »Kasseler Post« über den Plan der Gründung eines KZ Breitenau. Drei von ihnen bezogen sich ausdrücklich auf sie als Quelle[23]; bei den anderen neun ist anzunehmen, daß sie sich ebenfalls auf sie bezogen haben, da die Meldungen im Wortlaut nahezu identisch sind.[24] Wieder tauchte die ›Erziehungsanstalt‹ auf, der das Lager ›angeschlossen‹ werde; eines der Anstaltsgebäude werde genutzt und das Kasseler Polizeipräsidium werde ›entlastet‹. Als weiteres Indiz für die Annahme, die »Kasseler Post« sei der Informant gewesen, mag man die Tatsache ansehen, daß sich in keiner dieser Meldungen auch nur eine der für den Bericht in der »Hessischen Volkswacht« charakteristischen Informationen und Meinungen (daß es sich um marxistische Gefangene gehandelt habe; daß einige von ihnen aus der Strafanstalt Wehlheiden kamen; der Hinweis auf die vermeintlich ›brachliegende‹ Arbeitskraft) findet.

Zusammenfassend: Über den Plan der Gründung des Konzentrationslagers Breitenau berichteten 16 Tageszeitungen aus dem Regierungsbezirk Kassel in einer knappen Notiz. Sie gaben fast alle den Wortlaut der ›unterrichteten Seite‹ wieder. Die Meldungen wurden fast überwiegend in die Spalte ›Aus der Heimat‹ eingerückt – neben anderen Neuigkeiten von allgemeinem Interesse, auch (wenngleich keineswegs nur) zwischen trivialen oder ephemeren Neuigkeiten.[25]

---

22 Ebenda.
23 Frankenberger Zeitung Nr. 138 vom 16.6.1933 (»Wie die ›Kasseler Post‹ zu berichten weiß ...«); Fuldaer Zeitung Nr. 138 vom 18.6.1933 (»Wie die ›Kasseler Post‹ erfährt ...«); Gelnhäuser Tageblatt Nr. 138 vom 16.6.1933 (»Wie die ›Kasseler Post‹ erfährt,...«).
24 Bebraer Nachrichten Nr. 139 vom 16.6.1933; – Bebraer Tageblatt Nr. 140 vom 17.6.1933; – Eschweger Tageblatt Nr. 138 vom 16.6.1933; – Fritzlarer Kreis-Anzeiger Nr. 72 vom 17.6.1933; – Gudensberger Zeitung Nr. 48 vom 17.6.1933; – Homberger Kreisblatt Nr. 138 vom 16.6.1933; – Rotenburger Tageblatt Nr. 139 vom 17.6.1933; – Tageblatt für Kurhessen und das angrenzende Thüringen und Sachsen Nr. 138 vom 17.6.1933; – Waldeckische Landeszeitung vom 16.6.1933.
25 In der »Gudensberger Zeitung« z.B. ist die Meldung über den Plan der Gründung eines KZ in Guxhagen zwischen der Nachricht über einen Ministererlaß zum Thema »Unberechtigtes Tragen von Kriegsauszeichnungen und Ehrenzeichen« und der Nachricht von der Verschiebung des nationalsozialistischen Flugtags »Bomben auf Kassel« wiedergegeben. Auch die beiden sich anschließenden Meldungen verdeutlichen, daß es sich in dieser Rubrik um Neuigkeiten »quer durch die Heimat« – und nicht nur um Alltägliches oder Untergeordnetes – gehandelt hat: die Selbsttötung einer Frau aus Kassel wird gemeldet; dann wird auf die Weihe des »Messer-

Unter diesen 16 Zeitungen waren neben Kassel, dem Sitz des Regierungspräsidenten, die damaligen Kreisstädte Bebra, Eschwege, Frankenberg, Fritzlar, Fulda, Homberg, Melsungen und Rotenburg vertreten, darüberhinaus noch Zeitungen aus den größeren Gemeinden Gudensberg und Zierenberg. Sämtliche 16 Berichte sprechen unmißverständlich – z.T. sogar mit Hervorhebung im Druck – vom ›Konzentrationslager‹. Kassel und die nähere Umgebung – Berichte in den Zeitungen aus Hofgeismar, Treysa, Witzenhausen und Wolfhagen haben sich nicht gefunden (Meldungen aus Hofgeismar und Witzenhausen sollten eine Woche später folgen) – hatten die Information aufgegriffen und veröffentlicht.

Presseerklärung und Führung in Breitenau

Nach dieser ersten Information in der Presse folgte eine knappe Woche nach Gründung des Lagers, am Donnerstag, den 22. Juni 1933, eine ausführliche Presseverlautbarung des Kasseler Polizeipräsidenten. Diese Presseerklärung war mit einem Besuch des Lagers durch Journalisten verbunden.

>»Auf Einladung des Polizeipräsidenten zu Kassel besichtigten gestern Vertreter der Kasseler Presse das Konzentrationslager.«[26]

17 Tageszeitungen im Regierungsbezirk Kassel – darunter auch einige ›Amtliche Anzeiger‹ – griffen diese Presseerklärung auf und arbeiteten sie teils im Wortlaut, entweder in verkürzter Form oder in einem größeren Bericht eines Redakteurs vor Ort, der bei der Presseführung in Breitenau anwesend war, ein.[27] Sogar eine der größten und angesehensten überregionalen Tageszeitungen, die »Vossische Zeitung«, vermerkte in der Rubrik »Heute neu« die Gründung eines »Konzentrationslagers bei Kassel«.

Von den 16 Zeitungen, die eine Woche zuvor über den Plan der Gründung von Breitenau berichtet hatten, sind sechs nun nicht mehr vertreten. Die »Niederhessische Zeitung«, die »Bebraer Nachrichten«, das »Rotenburger Ta-

---

schmidt-Hauses«, bei der Gauleiter Weinrich eine Rede halten wird, hingewiesen. – Gudensberger Zeitung Nr. 48 vom 17.6.1933.

26 Kasseler Post Nr. 171 vom 23.6.1933.

27 Bebraer Tageblatt Nr. 146 vom 24.6.1933 – Eschweger Tageblatt Nr. 144 vom 23.6.1933 – Eschweger Zeitung Nr. 145 vom 24.6.1933 – Frankenberger Zeitung Nr. 145 vom 24.6.1933 – Fritzlarer Kreis-Anzeiger Nr. 75 vom 24.6.1933 – Gudensberger Zeitung Nr. 50 vom 24.6.1933 – »Das Konzentrationslager Breitenau«, in: Hanauer Rundschau Nr. 145 vom 24.6.1933 – »Im Konzentrationslager Breitenau. Kasseler Schutzhäftlinge – Zwei Gruppen – Verpflegung und Beschäftigung«, in: Hersfelder Zeitung vom 24.6.1933 – Homberger Kreisblatt Nr. 144 vom 23.6.1933 – Hofgeismarer Zeitung Nr. 146 vom 26.6.1933 – Homberger Kreisblatt Nr. 146 vom 26.6.1933 – »Das Konzentrationslager Breitenau – Sie können sich nicht beklagen. Besuch im Konzentrationslager«, in: Kasseler Neueste Nachrichten Nr. 144 vom 23.6.1933. – »Eine Stunde unter Schutzhäftlingen. Besuch im Konzentrationslager Breitenau«, in: Kasseler Post Nr. 171 vom 23.6.1933 – »Das Konzentrationslager Breitenau«, in: Melsunger Tageblatt Nr. 145 vom 24.6.1933 – Waldeckische Landeszeitung Nr. 145 vom 23.6.1933 – Werra-Bote Nr. 145 vom 23.6.1933 – Witzenhäuser Kreisblatt Nr. 146 vom 25.6.1933.

Vossische Zeitung (Morgenausgabe), Berlin, vom 22. Juni 1933.

geblatt«, die »Fuldaer Zeitung«, das »Tageblatt für Kurhessen und das angrenzende Thüringen und Sachsen« und die »Hessische Volkswacht« setzten mithin ihre Berichterstattung zunächst nicht fort. Hierfür muß – bis auf die zuletzt Genannte – keineswegs ein besonderer Anlaß oder Grund vorgelegen haben. In Bebra hatte die zweite Tageszeitung nunmehr zum ersten Male ausführlich berichtet.[28] Ähnlich war es in Eschwege, wo statt des »Tageblatts für Kurhessen« nunmehr die »Eschweger Zeitung« einsprang.[29] Überraschend ist, daß die »Fuldaer Zeitung« nicht berichtete – stand doch das katholische Fulda in einer kritischen Haltung zum sich etablierenden nationalsozialistischen Staat; zudem hatte sich die »Fuldaer Zeitung« die erste Information über Breitenau aus der »Kasseler Post« geholt, woraus zu schließen ist, daß der Kasseler Polizeipräsident Fulda nicht informiert hatte, die Zeitung jedoch den Vorgang für so bedeutend hielt, daß sie tätig wurde. Bemerkenswert erscheint weiterhin, daß die »Hessische Volkswacht« über diese Presseerklärung des Kasseler Polizeipräsidenten mit keinem Wort berichtet hat. Es ist denkbar, daß von Pfeffer die Richtung der Kasseler Parteipresse nicht ins Konzept der staatlich-polizeilichen Beruhigungspolitik gepaßt hat. Auch der Artikel in der »Hessischen Volkswacht«, in der von Pfeffers Maßnahmen gegenüber Schutzhaftgefangenen öffentlich bekannt gemacht worden waren[30], dürfte kaum in seinem Sinne gewesen sein.

Während sechs Zeitungen nach der polizeilichen Presseerklärung ihre Berichterstattung nicht fortsetzten, meldeten sich sieben andere aus dem Regierungsbezirk Kassel zum ersten Male zum Thema Breitenau zu Wort: es waren dies die »Eschweger Zeitung«, die »Hanauer Rundschau«, die »Hersfelder Zeitung«, die »Hofgeisma-

---

28 Bebraer Tageblatt Nr. 146 vom 24.6.1933.
29 Eschweger Zeitung Nr. 145 vom 24.6.1933.
30 Es hieß dort: »Nun hat ja freilich der Polizeipräsident auf Grund einwandfreier Feststellungen, die ergeben haben, daß verschiedene kommunistische Wühlereien der letzten Zeit auf die Initiative der kommunistischen Schutzhäftlinge zurückzuführen sind, diesen den Verkehr mit der Außenwelt untersagt; [...]« In: Hessische Volkswacht Nr. 136 vom 13.6.1933 (»Latrinengerüchte der Kommunisten«).

rer Zeitung«, die »Kasseler Neuesten Nachrichten«, der »Werra-Bote« und das »Witzenhäuser Kreisblatt«. Von den 25 Landkreisen bzw. Städten des Regierungs-bezirks Kassel waren von den Kassel näher gelegenen Kreisen Wolfhagen und Ziegenhain und von den weiter entfernten Gelnhausen, Marburg (Stadt und Land), Schmalkalden und Schlüchtern nicht vertreten. Von den dort erschienenen Ta-geszeitungen ist über Breitenau im Juni 1933 nicht berichtet worden. Eine Erklä-rung hierfür können wir nicht geben. Für die Beurteilung der Frage, inwieweit in diesen Städten und Kreisen die Zeitgenossen etwas wissen konnten, ist allerdings zu berücksichtigen, daß die »Hessische Volkswacht«, deren Berichterstattung über Breitenau dargelegt wurde, auch in einigen dieser Kreise (z.t. sogar mit eigenem Lokalteil, z.B. in Marburg) erschienen ist. In geringerem Umfang wurde vermutlich in den Kreisen Wolfhagen und Ziegenhain gelegentlich auch eine der großen Kasseler Tageszeitungen abonniert. Im übrigen dürfte – z.B. bei Lehrern, Ärzten, Rechtsanwälten oder besonders politisch Interessierten aller sozialen Schichten – eine der überregionalen Zeitungen (wie die »Frankfurter Zeitung« oder die »Vossi-sche Zeitung«) in Nordhessen gelesen worden sein. In den anderen 18 Kreisen bzw. Städten (Kassel, Hanau und Fulda) wurde, – z.T. ausführlich, z.T. mehrfach und z.T. in Zeitungen aus Altkreisen (wie z.B. Bebra, Homberg) – über das Konzentra-tionslager Breitenau berichtet. Die Berichte selbst, die nun der Presseerklärung von Pfeffers folgten, waren der Form nach keineswegs einheitlich. Inhaltlich allerdings lassen sich – wenn man von Kürzungen absieht – nur wenig Abweichungen entdecken. Aufgrund der dichten Berichterstattung läßt sich sogar der Wortlaut der polizeilichen Presseerklärung mühelos rekonstruieren. So findet sich folgender Text in der »Frankenberger Zeitung«, in der »Hersfelder Zeitung« und in der »Waldeckischen Landeszeitung«:

»Im Interesse der öffentlichen Ruhe und Ordnung, aber auch zum Schutz ihrer eigenen persönlichen Sicherheit sind bekanntlich nach der Machtergreifung durch Adolf Hitler auch in Kassel eine ganze Reihe ehemaliger KPD- und SPD-Führer in Schutzhaft genommen worden. Diese Schutzhäftlinge, insgesamt etwa 40 Personen, waren bisher teils im Polizeiprä-sidium, zum anderen Teil in der Strafanstalt Wehlheiden untergebracht. Seit Ende vergangener Woche hat man sie nun in ein geschlossenes Lager nach Breitenau übergeführt, das zu besichtigen heute der Kasseler Presse Gelegenheit gegeben war.*
Das aus dem 12. Jahrhundert stammende Benediktinerkloster, gegenüber dem Dorf Guxhagen, am Ufer der Fulda gelegen, untersteht als Korrektions- und Landespflegeanstalt der Landesverwaltung. In einem schon lange für ähnliche Zwecke benutzten Flügel der alten Wallfahrtskirche bot sich genügend Raum, bis zu 100 Schutzhäftlinge unterzubringen, so daß durch die jetzige Belegung mit 40 Personen die zur Verfügung stehenden Räume bei weitem nicht voll belegt sind, und die Häftlinge reichlich Bewegungsmöglichkeit haben.*
Die Schutzhaftgefangenen sind in zwei Gruppen eingeteilt. Auf diese Weise hat man die besonders radikalen Elemente von den übrigen getrennt. Im ersten Stock des Hauses steht jeder Gruppe je ein geräumiger Tagesraum zur Verfügung, im zweiten Geschoß liegen die Unterkunftsräume für die Wachmannschaft, die aus 15 SA-Hilfspolizi-sten unter Führung eines Polizeihauptwachtmeisters besteht, der dritte Stock

enthält zwei große luftige Schlafräume und die Waschräume. Im Erdgeschoß gegenüber dem Wachzimmer liegen die Bade- und Brauseräume, die den Häftlingen in ausgedehntem Maße zur Verfügung stehen. Ein Blick in die Küche und eine Kostprobe aus den großen Kesseln überzeugen von der Qualität und Schmackhaftigkeit des Anstaltsessens, das für die Schutzhäftlinge und die Wachmannschaft wie auch für alle übrigen Insassen des Hauses das gleiche ist. Die Gefangenen entwickeln einen recht gesunden Appetit, der freilich durch ihre Beschäftigung in frischer Luft verständlich ist. *Die Arbeit der Leute wickelt sich zum größten Teil auf den ausgedehnten Äckern und Wiesen der Anstalt ab, wo sie mit Heumachen, Rübenhacken usw. beschäftigt werden. Darüber hinaus werden sie zu Wegebauten, Aufforstung, Fruchtbarmachung von Ödland usw. herangezogen, wobei aber besonders bemerkt werden muß, daß es sich stets um Arbeiten handelt, die in keiner Weise dem freien Arbeitsmarkt entzogen werden.*
Im ganzen gesehen, führen die Schutzhäftlinge in Breitenau ein recht erträgliches Dasein, das zum Teil über dem Niveau dessen liegt, was sie in früheren Zeiten gewohnt waren.«[31]

Die kursiv wiedergegebenen Passagen stellen eine von den Redaktionen gekürzte Fassung dar; sie findet sich auch im »Eschweger Tageblatt«, im »Witzenhäuser Kreisblatt«, im »Bebraer Tageblatt«, in der »Gudensberger Zeitung«, in der »Hanauer Rundschau« (sie gehörten vermutlich alle demselben Maternversand an, wie man dem Druckbild entnehmen muß), im »Melsunger Tageblatt«, im »Homberger Kreisblatt« (mit einer unbedeutenden Abweichung zweier Worte; auch diese beiden Zeitungen waren einem Maternversand angeschlossen) und in der »Hofgeismarer Zeitung«. Wie wäre diese Übereinstimmung auf Punkt und Komma anders zu erklären als durch eine gemeinsame Textvorlage? Und wer anders als der Kasseler Polizeipräsident – oder einer seiner Untergebenen – könnte nach der Gründungsgeschichte des Konzentrationslagers diese ausgearbeitet haben? Er hatte Breitenau eingerichtet und Pressevertreter dorthin eingeladen; er wird die Presseerklärung auch an nicht eingeladene Redaktionen mit der Bitte um Abdruck versandt haben.

Von dieser Presseerklärung unterschieden sich sprachlich und inhaltlich die Berichte der beiden Journalisten, die auf der Grundlage eigener Anschauung verfaßt worden waren – sie waren bei der Führung in Breitenau seitens der Kasseler Polizei persönlich zugegen gewesen.

Zunächst jedoch zum Inhalt der Presseerklärung selbst. Es handelte sich nicht um eine sachliche Information der Öffentlichkeit durch eine Behörde über bestimmte interessierende Vorgänge. Die Presseerklärung war politisch, weil sie auf eine Wirkung in der öffentlichen Meinungsbildung zielte. Atmosphärisch wurde ein bestimmtes Bild des Lagers gezeichnet; Argumente und Kommentare wurden in rechtfertigender Absicht aufgenommen. In landschaftlich herrlicher Lage (»am Ufer der Fulda gelegen«) hat man in einem »ehema-

---

31 Waldeckische Landeszeitung Nr. 145 vom 23.6.1933; Frankenberger Zeitung Nr. 145 vom 24.6.1933; Hersfelder Zeitung vom 24.6.1933.

ligen Benediktinerkloster« Räume vorgefunden, wo man die ehemaligen KPD-
und SPD-Führer sauber und ordentlich bei guter Verpflegung in einem »geschlossenen Lager« untergebracht hat. Diese Menschen selbst finden dort ein
besseres Lebensniveau vor als sie – während der Zeit ihrer Arbeitslosigkeit? –
gehabt hatten. Sie verrichten nützliche Arbeiten, ohne jemand anderem die
Arbeit wegzunehmen. Das Essen ist für alle das gleiche; also auch hier ›Gerechtigkeit‹ und keine Privilegienwirtschaft. Wieder tauchte der Erziehungs-
gedanke auf, wenn es hieß, daß die Unterbringung der Gefangenen »in einem
schon lange für ähnliche Zwecke benutzten Flügel der alten Wallfahrtskirche
[!]« erfolgt ist. Das Bild, das hier entworfen wird, rankt sich um Worte wie
»reichlich Bewegungsmöglichkeit«, »geräumig«, »luftig«, »Wasch-, Bade- und
Brauseräume« (von denen in ausgedehntem Maße Gebrauch gemacht werde),
»gesunder Appetit«, »frische Luft« usw. Da das Lager am 22. Juni noch nicht voll
belegt war, gab es sicher Bewegungsmöglichkeit und Platz. Und luftig war es
im Hauptgebäude der Anstalt damals gewiß. Die Tatsache, daß diese Schutzhaftgefangenen nur auf Grund einer anderen politischen Auffassung, also unschuldig eingesperrt worden waren, war freilich in der Presseerklärung kein
Thema. Der vage Hinweis auf das »Interesse der öffentlichen Ruhe und Ordnung« wie auf »ihre eigene persönliche Sicherheit« sollte ausreichen. Auch
Fragen des Umgangs mit den Gefangenen, Praktiken ihrer ›Bestrafung‹, ob z.B.
in Breitenau, wie man es von anderen Lagern wußte oder gehört hatte – und
wie man es gerade noch in den Straßen der eigenen Stadt erlebt hatte – , die
politischen Gegner verhöhnt und verspottet, erniedrigt oder gedemütigt wurden, ob es zu Quälereien und Mißhandlungen kam, wurden nicht thematisiert.
Auch ist zu berücksichtigen, daß das Konzentrationslager zum Zeitpunkt des
Pressebesuchs noch keine Woche bestanden hatte. Unter Gesichtspunkten
redlicher Berichterstattung wäre deshalb eine Darstellung der Einrichtung und
der Anfänge möglich gewesen; keinesfalls aber lag genug Erfahrung vor, um in
derart abschließend positiver Art und Weise die Öffentlichkeit zu informieren.

Nun zu den Berichten der beiden in Breitenau anwesenden Journalisten. Sie
finden sich einen Tag nach dem Besuch vor Ort in der »Kasseler Post« und in den
»Kasseler Neuesten Nachrichten«. Wahrscheinlich waren keine weiteren Journalisten eingeladen worden.[32]

Der Bericht in den »Kasseler Neuesten Nachrichten« ist mit »gl« unterzeichnet. Er enthält Argumentationen der Rechtfertigung, von denen anzunehmen ist, daß die Auffassung des begleitenden führenden Polizeibeamten den

---

32 Ganz ausschließen kann man dies auch bei der »Frankenberger Zeitung« und bei der »Waldeckischen Landeszeitung« nicht. Beide haben den Passus über den Pressebesuch (»das zu besichtigen
heute der Presse Gelegenheit war«) aufgenommen; Beide melden ausdrücklich von »Kassel, 22.
Juni«. Und der Bericht in der Frankenberger Zeitung ist mit »W.B.« gekennzeichnet.

Sie können sich nicht beklagen

Besuch im Konzentrationslager

Gefangen zu sein, ist gewiß für niemand schön. Wer kämpft, muß damit rechnen, wenn er Pech hat, gefangen zu werden. Wären — ganz objektiv gesehen — die Leute, die heute im Konzentrationslager sitzen, an die Macht gekommen, so wären die Insassen ihrer Konzentrationslager heute wahrscheinlich weit zahlreicher. Jede Revolution wird die Führer ihrer Gegner irgendwie ausschalten. Die folgende Methode ist die humane. Die Geschichte kennt auch weniger humane.

Das vorausgeschickt, möchten wir unsere Eindrücke schildern, die wir heute mittag bei einem Besuch im

Konzentrationslager Breitenau

gewannen. Der Sinn der Inhafthaltung ist in erster Linie natürlich, während des Aufbaues der neuen Volksgemeinschaft solche Leute fernzuhalten, von denen der Nationalsozialismus eine erneute Vergiftung der Atmosphäre erwartet. Er will jedoch die davon Betroffenen nicht in irgendwelchen dunklen Zellen brüten lassen, wo sie erst recht verbittern, sondern man läßt sie in den Lagern in Gemeinschaftsräumen untergebracht und läßt sie, wenn es das Wetter gestattet, draußen im Freien arbeiten. Also „Arbeitstherapie". Man will auch so manchen, der seit Jahren Arbeit nicht mehr gekannt hat, und so sein Geltungsbedürfnis in der politischen Agitation austobte, wieder an die Arbeit gewöhnen und der Natur näherbringen. Das ist auf dem Zwangswege natürlich nicht 100prozentig zu erringen. Im übrigen können sich die Schutzhäftlinge mit den Hilfspolizisten ungestört unterhalten. Da man die Bewachungsmannschaften nicht lediglich nach dem Grundsatz der Schneidigkeit, sondern nach der Eignung für den gewiß nicht leichten Umgang mit politisch extrem Andersdenkenden ausgesucht hat, wird auch hierbei vielleicht manches Samenkorn späteren besseren Verstehens des heutigen Staates gesät werden können.

Die Insassen sind in zwei Gruppen eingeteilt, nicht der Behandlung nach, sondern lediglich danach, ob der Fanatismus jede Einwirkung ausgeschlossen erscheinen und ihren Umgang mit den anderen unerwünscht erscheinen läßt. Besuche kommen des Sonntags, wobei selbstverständlich darauf geachtet wird, daß kein Mißbrauch zu Propagandazwecken geschieht. Die Einlieferung darf nur über das Polizeipräsidium, nicht etwa durch einzelne Landratsämter erfolgen, zumal der Polizeiarzt erst untersuchen muß, ob der Häftling überhaupt zur Arbeit fähig ist. Diese wird niemand zugemutet, der nicht dazu imstande ist. Im übrigen kommen nur diejenigen ins Lager, die wenigstens 4 Wochen hier bleiben sollen, und bei denen man glaubt, sie durch Lösung von der Agitationssphäre auf andere Wege bringen zu können. Sobald diese Voraussetzung erfüllt scheint, — natürlich wird das genau geprüft —, steht der Entlassung nichts im Wege.

*

Erst vor Jahresfrist schilderten wir die Anstalt Breitenau unseren Lesern, die seit Jahren der Landesverwaltung zur Unterbringung hilfsbedürftiger alter Leute, aber auch von „Korrigierenden", also Arbeitshäuslern dient. Wir können uns also kurz fassen. In denselben Räumen der Benediktinerkirche aus dem 12. Jahrhundert sind in sauberen Zimmern auf selbstmäßigen Betten und mit Gemeinschaftsräumen die Leute untergebracht. Kleine Schränkchen enthalten das nötigste Eigentum. Mit Anstaltskleidung und Wäsche hat die Anstalt ausgeholfen. Wenn das Wetter es gestattet, wird draußen gearbeitet und zwar nicht Arbeit, die den freien Arbeitern weggenommen wird, sondern entweder Landarbeit, die die Anstalt stets schon mit eigenen Insassen bewältigt, oder Wegebau und Forstarbeit für die Gemeinde, die der Freiwillige Arbeitsdienst seinerzeit begonnen hat.

Wir trafen die 40 Insassen — 30 davon stammen aus Kassel, 10 aus den Landkreisen — bei der Mittagspause. Das Essen ist kräftig und jeder kann soviel bekommen, wie er Hunger hat; soweit Klagen im einzelnen laut werden, werden sie abgestellt. Es wird natürlich kein Diner geliefert, aber jeder soll, wenn er arbeiten muß, auch entsprechend ernährt werden. Es sei betont, daß die Wachmannschaften dasselbe Essen bekommen haben.

Wiedersehen mit Herrn Quer. Ein eigen Ding. Aber er sagt, daß die Behandlung nicht schlecht sei und daß, nachdem er Schachpartner gefunden habe, auch die Langeweile sich überwinden lasse. Zeitungen aller Art werden dem Lager abgegeben, aber sie sind natürlich nicht mehr ganz frisch, bis sie durch sind. In Zukunft sollen auch Bücher ausgegeben und vielleicht auch Vorträge gehalten werden.

Man sieht Gesichter, die sich abgefunden haben und solche, auf die der politische Kampf seinen Stempel geprägt hat. Das kann auch nicht anders sein. Auch für die politische Polizei ist das Lager eine an sich unerwünschte Notwendigkeit und der Staat wird zufrieden sein, wenn er das letzte Konzentrationslager wird auflösen können.
gl.

Kasseler Neueste Nachrichten Nr. 144 vom 23. Juni 1933.

Journalisten gegenüber in den Bericht eingeflossen ist. Zunächst wurde dargelegt, daß das Unterliegen im politischen Kampf bedeuten könne (man habe dann sozusagen ›Pech‹ gehabt), in Gefangenschaft zu geraten. Hätten z.B. die Kommunisten gewonnen, »so wären die Insassen ihrer Konzentrationslager heute wahrscheinlich weit zahlreicher«[33]. Die in der nationalsozialistischen »Revolution« angewandte Methode der Konzentrationslager sei letztlich die »humane«.

> »Jede Revolution wird die Führer ihrer Gegner irgendwie ausschalten. Die folgende Methode ist die humane.«

Unter »irgendwie ausschalten« war folgendes gemeint:

> »Der Sinn der Inhafthaltung ist in erster Linie natürlich, während des Aufbaues der neuen Volksgemeinschaft solche Leute fernzuhalten, von denen der Nationalsozialismus eine erneute Vergiftung der Atmosphäre erwartet.«

Soweit zu dem unvermeidlich Unangenehmen (»Gefangen zu sein, ist gewiß für niemand schön« – so lautete der erste Satz des Artikels). Nun aber zum ›Positiven‹. Und dies schien Sinn und Zweck des ganzen Berichts zu sein. Man wolle, so wurde dargelegt, die Leute nicht einfach »in irgendwelchen dunklen Zellen brüten lassen«, sondern sie mit Hilfe einer »Arbeitstherapie« wieder auf den rechten Weg bringen.

> »Man will auch so manchen, der seit Jahren Arbeit nicht mehr gekannt hat, und so sein Geltungsbedürfnis in der politischen Agitation austobte, wieder an die Arbeit gewöhnen und der Natur näherbringen.«

Unter diesem Gesichtspunkt seien auch die Hilfspolizisten »für den gewiß nicht leichten Umgang mit politisch extrem Andersdenkenden ausgesucht« worden. Das ungestörte Gespräch der Gefangenen mit den Hilfspolizisten sei möglich. Zeitungen (wenn auch nicht die neuesten) stünden zur Verfügung.[34] »In Zukunft sollen auch Bücher ausgegeben und Vorträge gehalten werden.« Von daher ist auch die Überschrift des Artikels folgerichtig: »Sie können sich nicht beklagen.« Der Tenor dieser Darstellung war etwa folgender: vorübergehend seien solche Einrichtungen unvermeidlich, man wolle sie aber lieber heute als morgen wieder schließen. Auch die Entlassung Gefangener (»sie [i.e. die

---

33 Die folgenden Zitate aus: Kasseler Neueste Nachrichten Nr. 144 vom 23.6.1933.

34 Belegen läßt sich, daß ein Gefangener die »Hessische Volkswacht« zu Gesicht bekam. Man hatte von NSDAP-Seite sich sein Blockhaus im Setzebachtal angeeignet, eine Tatsache, die er als Schutzhaftgefangener in Breitenau über die Zeitung erfuhr. Er schrieb von Breitenau aus einen Brief an die Ortspolizei in Oberkaufungen: »In der Sonntagsausgabe der ›Hessischen Volkswacht‹ lese ich, daß mein in der dortigen Gemarkung liegendes Wochenendhaus im Setzebachtal polizeilich beschlagnahmt ist ...« (Gemeindearchiv Oberkaufungen XVIII,1/1,17). Besagter Artikel fand sich tatsächlich an angegebener Stelle unter der Überschrift »Ein Kommunistennest ausgehoben« (Hessische Volkswacht Nr. 182 vom 5./6.8.1933 [Sonnabend/Sonntag]).

Schutzhaftgefangenen] durch Lösung von der Agitationssphäre auf andere Wege bringen zu können«) wird als selbstverständlich hingestellt.

> »Auch für die politische Polizei ist das Lager eine an sich unerwünschte Notwendigkeit, und der Staat wird zufrieden sein, wenn er das letzte Konzentrationslager wird auflösen können.«

Ungeklärt allerdings bleibt in diesem Bericht, was mit denjenigen geschehen soll, die sich nicht nationalsozialistisch erziehen lassen wollen. War doch in Breitenau eine von zwei Gruppen ausdrücklich nach dem Kriterium gebildet, »ob der Fanatismus jede Einwirkung ausgeschlossen erscheinen und ihren Umgang mit den anderen unerwünscht erscheinen läßt.« Was sollte mit ihnen geschehen? Vielleicht wurde diese Frage der Polizei in Breitenau nicht gestellt. Der Redakteur der »Kasseler Neuesten Nachrichten« hielt zwei bemerkenswerte persönliche Eindrücke fest; zum einen traf er den ihm offenbar bekannten Kasseler Reichsbannerführer Karl-August Quer; der Berichterstatter schien hier – vielleicht irritiert – für einen Moment seine distanzierte Sprachebene zu verlassen:

> »Wiedersehen mit Herrn Quer. Ein eigen Ding. Aber er sagt, daß die Behandlung nicht schlecht sei und daß, nachdem er Schachpartner gefunden habe, auch die Langeweile sich überwinden lasse.«

Der Redakteur hat auch in Gesichter in Breitenau geblickt,

> »die sich abgefunden haben«; auch in »solche, auf die der politische Kampf seinen Stempel geprägt hat.«

Sowohl in der ganz knapp notierten Begegnung mit Karl-August Quer als auch beim Anblick von Gefangenen, die sich »abgefunden« haben (konnte dies anderes bedeuten als: die resigniert hatten?), schien etwas von der trostlosen Lagerwirklichkeit Breitenaus im Juni 1933 auf.

Der zweite größere Bericht über Breitenau war in der »Kasseler Post« und mit Mtzl. (Metzler?) unterzeichnet. Überschrieben war er »Eine Stunde unter Schutzhäftlingen«, womit wahrscheinlich realistisch der zeitliche Rahmen des Pressebesuchs in Breitenau festgehalten war. Sprachlicher Ausdruck und Inhalt hatten einen ganz anderen Charakter als der Artikel in den »Kasseler Neuesten Nachrichten«. Der aus der Zeit der Weimarer Republik bekannte völkisch-nationalistische Kampagnen-Stil der »Kasseler Post« wurde hier noch gesteigert. Die »Schamröte« steige einem ins Gesicht beim Gedanken an Weimar, wo man sich von Menschen, denen »deutsches Denken fremd geworden war«, verhöhnen und verspotten lassen mußte usw. usw.[35] Und doch war auch hier, selbst in diesen dreisten Phrasen[36], die polizeiliche Presseführung noch zu erkennen, wenngleich

---

35 Die folgenden Zitate aus: Kasseler Post Nr. 171 vom 23.6.1933.
36 Die Kasseler Post vertrat die bizarre These, daß die Schutzhaft dazu diene, die Sozialdemokraten und Kommunisten »vor ihren eigenen Genossen zu schützen, die den Verrat und den Betrug, die

Eine Stunde unter Schutzhäftlingen

Besuch im Konzentrationslager Breitenau

Kasseler Post Nr. 171 vom 23. Juni 1933

diese durch ein Übermaß an nationalsozialistischen Bekenntnissen konterkariert und von daher in der Wirkung eingeschränkt wurde. Die polizeiliche Presseführung erkennt man in folgenden Aussagen wieder: Die Häftlinge, so wird auch graphisch hervorgehoben, »haben es gut«. Grundsatz in der Behandlung sei nicht Drill, vielmehr »gegenseitiges Verstehen«. Jeder Beschwerde werde genauestens nachgegangen und, so sie berechtigt sei, werde Abhilfe geschaffen. Eine Entlassung sei vorgesehen, wenn der Gefangene künftig auf staatsfeindliche Tätigkeit verzichte. Ebenfalls findet sich in der »Kasseler Post« der Satz, daß Konzentrationslager nicht auf Dauer eingerichtet werden sollen. Die Verpflegung sei reichlich und gut. Zeitungen stünden den Häftlingen zur Verfügung.

---

an ihnen verübt wurden, erkannt hatten«! – Kasseler Post Nr. 171 vom 23.6.1933.

107

»Besondere Veranstaltungen im Rundfunk werden durch Lautsprecher im Aufenthaltsraum übertragen. Es ist geplant, durch Vorträge mit anschließender Diskussion die Inhaftierten mit dem Wesen des Nationalsozialismus genau bekannt zu machen.«[37]

Zusammenfassend können wir festhalten: Auch dieser Bericht läßt trotz des Widerspruchs zwischen amtlicher, auf Beruhigung zielender Redeweise und völkisch-nationalistischer Agitation die Absicht des Kasseler Polizeipräsidenten gegenüber der Öffentlichkeit noch erkennen.

Es ist bemerkenswert und bedarf einer Erklärung, daß nach dieser Presseführung am 22. Juni 1933 nicht mehr in größerem Umfange über das Konzentrationslager Breitenau in der Presse berichtet worden ist.

Weitere Meldungen

Was nun noch bis zum Dezember 1933 folgte, waren kleine Meldungen und Nachrichten, zumeist im Zusammenhang mit Inhaftierungen einzelner Gefangener. Deutlich tritt jetzt das Ziel der abschreckenden Wirkung als Motiv klar hervor; z.B. bei folgender Nachricht:

> »Eschwege. In Schutzhaft genommen wurden wegen ungebührlicher Mißhandlung von Lehrlingen die Gebrüder Karl und Gustav G. von hier. Es ist beantragt, die beiden Verhafteten in ein Konzentrationslager zu überführen.«[38]

Beide waren Fabrikanten, mithin nicht unbekannt in Eschwege; der hier mitgeteilte Haftgrund war nur vorgetäuscht; tatsächlich waren sie aus politischen Gesinnungsgründen verhaftet worden; sie waren Anhänger der Tannenbergbewegung. Sie kamen ins Konzentrationslager Breitenau.

Besonders zynisch war die Berichterstattung bei der Mobilisierung antisemitischer Vorurteile. So wurde in Fulda über die Inhaftierung zweier Geschäftsleute unter der Überschrift »Wir trauern ihnen nicht nach« folgendes gemeldet:

> »Ergänzend können wir mitteilen, daß die beiden jüdischen Schutzhäftlinge Katz und Cohn Freitag vor ihrer Überführung nach Kassel noch eine letzte ›Ehrenrunde‹ durch Fulda, dem Ort ihres ›erfolgreichen Wirkens‹, gaben. Unter treuer Obhut von SS-Männern ging es durch die liebgewordenen Straßen; Manch ›schöne Erinnerung‹ wird wohl nochmals bei ihnen erwacht sein. Sie hatten sich den Abschied von Fulda sicherlich ganz anders vorgestellt! Auf einem großen Schild, das der Jude Katz trug, wurde den zahlreichen Zuschauern das Vergehen dieser wertvollen ›deutschen Staatsbürger‹ mitgeteilt [...]«[39]

---

37 Hier griff man eine Praxis aus der Reformära des Arbeitshauses Anfang der 20er Jahre auf, die auch im Arbeitshaus Breitenau eingeführt worden war: die Vorträge. Während man damals aber auf ›Erörterungen‹ eher verzichten wollte, waren nun Diskussionen zur Vertiefung der nat.-soz. Ideologie angezeigt. Vgl. Ayaß, Arbeitshaus Breitenau, 256f.

38 Homberger Kreisblatt Nr. 198 vom 25.8.1933. (Abkürzung des Nachnamens im Original).

39 Fuldaer Nachrichten vom 2.9.1933, zitiert nach »... werden in Kürze anderweit untergebracht ...«. Das Schicksal der Fuldaer Juden im Nationalsozialismus. Eine Dokumentation. Hg. v. Gerhard

Die abschreckende Wirkung dürfte auch bei folgendem Artikel mit der bezeichnenden Überschrift »Sie wandern ins Zuchthaus« im Vordergrund gestanden haben:

> »Es gibt immer noch dumme Menschen, die glauben, heimlich gegen die Regierung arbeiten zu können. Bei Haussuchungen in Heckershausen [...] führten auch Fäden nach Obervellmar, wo vier Personen, die im kommunistischen Sinne weiter Propaganda betrieben haben, durch den Oberlandjäger G. verhaftet wurden. [...] Die früheren Kommunisten Walter Leng und Christoph Boerner blieben in Haft. [...]«[40]

Die Drohung mit ›Breitenau‹ wurde nicht nur gegenüber dem politischen Gegner aus der Zeit der Weimarer Republik aufrechterhalten; sie diente auch dazu, der propagierten ›sozialen Gerechtigkeit‹ Nachdruck zu verleihen. So wurde ein Händler, der den Bauern gegenüber mit Zahlungen im Rückstand gewesen sein soll, kurzerhand nach Breitenau eingewiesen. Die öffentliche Darstellung dieses Vorgangs sollte diesen an den Pranger stellen, um andere abzuschrecken.

> »Grüsselbach (Kr. Hünfeld). Der 21 Jahre alte Schweinehändler J.H. II von hier hatte in den letzten Monaten einen Schweinehandel angefangen, der einen vielversprechenden Anfang nahm. Das leicht verdiente Geld verleitete ihn aber zu einem leichtsinnigen Lebenswandel und die Bauern bekamen das ihnen zustehende Geld nur nach langem Warten oder überhaupt nicht. Da er damit den Aufbau des Landstandes sabotiert hat, wurde er zunächst in Schutzhaft genommen und jetzt auf Anordnung der Geheimen Staatspolizei in Kassel in das *Konzentrationslager Breitenau* überwiesen.«[41]

Im übrigen läßt sich die aufgezeigte Differenz zwischen der Argumentationslinie der Polizeiführung und derjenigen der »Hessischen Volkswacht« auch nach dem Juni 1933 beobachten. Während die Polizei in amtlichem Tonfall Meldungen ausstreut, setzt die »Hessische Volkswacht« ihre zynische Bekämpfung des politischen Gegners fort.[42]

Renner, Joachim Schulz und Rudolf Zibuschka. Fulda 1990, 69. – Ein anderer Artikel zu den beiden in Schutzhaft genommenen Fuldaer Bürgern in derselben Ausgabe dieser Zeitung trug den Titel »Endlich im Konzentrationslager«.

40 Kurhessische Landeszeitung Nr. 245 vom 18.10.1933. – Die Genannten kamen in das KZ Breitenau.

41 Melsunger Tageblatt Nr. 212 vom 11.9.1933. Die Worte »Konzentrationslager Breitenau« sind im Original durch Fettdruck hervorgehoben.

42 So heißt es dort z.B., daß die Mitte Juli inhaftierten Sozialdemokraten »nun in Breitenau in produktiver Arbeit – vielleicht zum ersten Male in ihrem Leben – etwas Gutes für ihr Volk tun.« Hessische Volkswacht Nr. 159 vom 10.7.1933. Unter den so Gescholtenen befanden sich z.B. der ehemalige preußische Landtagsabgeordnete und langjährige Bürgermeister von Nieste Carl Kraft, Bürgermeister Pfannkuch aus Heiligenrode und andere Mandatsträger. Ganz ähnlich auch die beiden Artikel gegen den ehemaligen sozialdemokratischen Bezirkssekretär Karl Herrmann, der auch namentlich ›vorgeführt‹ werden sollte, unter der Überschrift »›Kameradschaft‹ in der Bonzokratie. Ein Stücklein aus Breitenau.« (Kurhessische Landeszeitung Nr. 235 vom 6.10.1933) und »›Kameradschaft‹ in der Bonzokratie. Im ›Volksblatt‹ wie in Breitenau.« (Kurhessische Landeszeitung Nr. 245 vom 18.10.1933).

Zwei Meldungen waren es noch im Jahre 1933, von denen die eine unzweideutig, die andere vielleicht vom Kasseler Polizeipräsidenten stammte. Die eine gab die »Bestimmung« Breitenaus zum »Provinzial-Konzentrationslager« bekannt[43] – eine an sich ganz unübliche Bezeichnung! Für diese Bezeichnung scheint sich von Pfeffer besonders eingesetzt zu haben; die Meldung liest sich so, als melde er hier einen Erfolg, den er gegenüber Berlin durchgesetzt hat. In der Tat wird an dieser kleinen Meldung der ganze Horizont eines regional eingerichteten und gegenüber Berlin behaupteten Konzentrationslagers deutlich. Anders als z.B. die Emslandlager, die auf die Initiative des preußischen Innenministeriums zurückgingen, war Breitenau eine regionale Initiative. Von daher überrascht die Assoziation »Provinz« nicht: im eigentlichen Sinne war Breitenau kein preußisches Provinzial-Arbeitshaus, da in der Provinz Hessen-Nassau die beiden Bezirks-Kommunalverbände Kassel und Wiesbaden bestanden.[44] Zum andern galt es aus der Sicht von Pfeffers gegenüber der Zentrale Berlin, die Notwendigkeit des Lagers unter regionalen Gesichtspunkten zu begründen.

Die andere Meldung berichtet von Dr. Stern, einem Arzt aus New York, der Ende August 1933 Breitenau besucht und allseits Gesundheit angetroffen habe – wahrscheinlich einer solcher Besuche, die aus propagandistischen Motiven veranstaltet wurden. Merkwürdigerweise findet sich der Bericht über diesen Besuch nur an untergeordneter Stelle – das »Melsunger Tageblatt«, das mit ihm verbundene »Homberger Kreisblatt« und das »Witzenhäuser Kreisblatt« berichteten darüber. Das »Witzenhäuser Kreisblatt« teilte mit, daß »Herr Pfarrer Breuer von hier [Ermschwerd] mit einem amerikanischen Arzte, Dr. med. Stern/New York, das Lager Breitenau (besuchte)«.[45] Es bleibt unklar, warum diese Meldung nicht von der Kasseler Presse aufgegriffen wurde. Einige Auszüge aus dieser – übrigens in beiden Zeitungen identischen – Meldung mögen verdeutlichen, daß die Formulierung aus der Feder eines Mitarbeiters im Kasseler Polizeipräsidium hat stammen können:

»[...] Dem Amerikaner war Gelegenheit gegeben, mit den Lagerinsassen vertraulich über ihre Lage zu sprechen. Alle waren mit der Behandlung sowie mit der Verpfle-

---

43 Kurhessische Landeszeitung Nr. 248 vom 21./22.10.1933: »Provinzial-Konzentrationslager Breitenau. Wie amtlich bekannt gegeben wird, ist das Konzentrationslager in Breitenau zum Provinzial-Konzentrationslager bestimmt worden. Die Leitung des Lagers bleibt in Händen des Polizeipräsidenten von Pfeffer, Kassel.«
44 Ayaß, Arbeitshaus Breitenau, 69 f.
45 Witzenhäuser Kreisblatt Nr. 197 vom 24. August 1933. – Pfarrer Johannes Claus Breuer (1898 – 1970) war von 1932 bis 1936 Pfarrer in Ermschwerd (Schriftliche Mitteilung des Landeskirchlichen Archivs der Evangelischen Kirche von Kurhessen-Waldeck vom 16.3.1997). Im Landeskirchlichen Archiv und in den Ermschwerder Kirchenakten findet sich kein Hinweis auf diesen Besuch in Breitenau. Gleichwohl besagt diese Nachricht, daß der Besuch mit Dr. med. Stern stattgefunden hat.

gung zufrieden. Das Aussehen der einzelnen war ausgezeichnet. Das Lager macht den Eindruck besonderer Sauberkeit und Ordnung. Die stramme militärische Zucht, die nie Unmenschliches fordert, aber das Beste im Menschen wachruft, hat offensichtlich ihre Wirkung nicht verfehlt. [...]«[46]

Die letzten Pressemitteilungen stammen aus dem Dezember 1933. Kurz vor Weihnachten wurde mitgeteilt, daß eine große Zahl Schutzhaftgefangener »aus Anlaß des Weihnachtsfestes« entlassen werde – und zwar »in der Erwartung, daß sie nunmehr nützliche Glieder der Volksgemeinschaft werden.«[47]

Die letzte Meldung, die wir über Breitenau in der zeitgenössischen Presse gefunden haben, stammt vom Jahresende 1933; darin heißt es:

»Auch dem Konzentrationslager Breitenau stattete der Anstaltsleiter des Karlshospitals, Papa Kröning, mit seiner Laienspielgruppe einen Besuch ab. Zusammen mit der Breitenauer und Guxhagener Bevölkerung und der NS-Frauenschaft versammelten sich die Insassen des Konzentrationslagers zu einer Weihnachtsfeierstunde. Papa Kröning sprach von der Erlösung des Einzelmenschen aus dem Alleinsein durch den Kampf und den Einsatz für die Gemeinschaft. Besonders berührte er das nationalsozialistische Wollen zum Christentum durch den Kampf um die innere Freiheit unseres Volkes. Es folgte sodann das Weihnachtskrippenspiel ›Deutsche Weihnachten‹, dem alle aufmerksam folgten.«[48]

Falls diese Nachricht zutraf, weist sie auf eine Berührung zwischen der Bevölkerung im Ort und den politischen Schutzhaftgefangenen hin. Zugleich zeigt sie eine bislang zu wenig beachtete Wahrnehmung dieser frühen Konzentrationslager im Ort und in der Region. Die Vorstellung, Stacheldraht und Wachtürme hätten das KZ Breitenau im Jahre 1933 hermetisch von der Gesellschaft abgeschlossen, ist unzutreffend.

Ergebnisse

Die große Anzahl der Meldungen und Berichte über das Konzentrationslager Breitenau war zunächst überraschend. Der Vergleich mit der Berichterstattung über andere frühe Konzentrationslager zeigt jedoch, daß dies keine Besonderheit Breitenaus war. Die Berichterstattung über die Konzentrationslager in Deutschland war im Sommer 1933 allgemein dicht und vielfältig. Insofern trifft nicht zu, was Karl August Wittfogel – der selbst im KZ Esterwegen 1933 als Schutzhaftgefangener eingesperrt war – als typisch für die zeitgenössische Presse ansah, daß

---

46 Melsunger Tageblatt Nr. 198 vom 25.8.1933; Homberger Kreisblatt Nr. 199 vom 26.8.1933. Über diesen Dr. Stern ließ sich nichts Näheres ermitteln, und Presseberichte im Ausland von ihm oder mit ihm sind nicht bekannt.
47 Melsunger Tageblatt Nr. 299 vom 22.12.1933; Kurhessische Landeszeitung Nr. 304 vom 22.12.1933 (beide Artikel wortgleich).
48 Kurhessische Landeszeitung Nr. 308 vom 29.12.1933.

sich nämlich über die Konzentrationslager nur »ein paar ungenaue, verschwommene Zeilen«[49] finden lassen.

Meldungen, die eher beiläufig daher kommen, gab es auch über Breitenau. Die Meinungsbildung der Leser dürfte jedoch von den größeren Berichten und Reportagen bestimmt worden sein. Dies ging auf die Initiative des Kasseler Polizeipräsidenten von Pfeffer zurück. Spuren von Nicht-Einverständnis oder gar von Kritik und Widerspruch von Seiten der Presse finden sich auf den ersten Blick hin nicht. Allerdings sind Form und Inhalt zwischen den Berichten in der »Kasseler Post« und in den »Kasseler Neuesten Nachrichten« so grundverschieden gewesen, daß man hier zwischen einem ›Geschieht den Bonzen Recht‹-Tenor und einem vorgeblich um Sachlichkeit bemühten, zugleich jedoch schönenden und verharmlosenden Bericht unterscheiden kann.

Erstaunlich war, daß die meisten Zeitungen sich darauf beschränkten, den amtlichen Bericht bzw. die Presseerklärung wiederzugeben. Es sind keine Recherchen vor Ort unternommen und auch keine Fotos wiedergegeben worden. Hier trifft die Beobachtung K. A. Wittfogels zu: Die Zeitungen meldeten dies, wie sie andere Nachrichten auch meldeten. Keine Nachfragen, keine Recherchen, keine Kritik.

Diese Art der Berichterstattung dürfte sich aus dem zunehmenden politischen Druck von Seiten des Goebbels'schen Propagandaministeriums auf die ›bürgerliche‹ Presse seit März 1933 erklären. Viele Redakteure hatten Deutschland bereits verlassen, andere hatten sich angesichts der massiven Drohungen und des sich einengenden Gestaltungsraums auf eine scheinbar distanziert-neutrale Berichterstattung zurückgezogen.[50] Es ist anzunehmen, daß eine ausdrückliche Presseanweisung, wie über Konzentrationslager zu berichten wäre, nicht erforderlich war.[51] Auszuschließen ist freilich nicht, daß über die in Kassel tätige Gaupropagandaleitung und deren Verbindungen ins Goebbels'sche Ministerium »Empfehlungen« an die regionale Presse ergangen sein könnten.[52]

Die Berichterstattung über die Einrichtung des Konzentrationslagers Breitenau enthielt wichtige Grundinformationen: Über die Gründung selbst, die Inhaftierung politischer Gefangener, die vorgesehenen Arbeiten im Lager, die

---

49 Karl August Wittfogel: Staatliches Konzentrationslager VII. Eine Erziehungsanstalt im Dritten Reich. Roman. Bremen 1991, 43.
50 Vgl. Oron J. Hale: Presse in der Zwangsjacke 1933-1945. Düsseldorf 1965, bes. 83-100; Ernest K. Bramsted: Goebbels und die nationalsozialistische Propaganda. Frankfurt a.M. 1971, 101-147; Norbert Frei/ Johannes Schmitz: Journalismus im Dritten Reich, München 1989, 20-38.
51 Auf die Konzentrationslager bezogene Presseanweisungen sind für das Jahr 1933, von einer peripheren Ausnahme abgesehen, nicht nachweisbar. Vgl.: NS-Presseanweisungen der Vorkriegszeit. Edition und Dokumentation. Band 1: 1933. München, New York, London, Paris 1984, 217f.
52 Nachweisen läßt sich dies nicht. Immerhin war die Gau-Propagandaleitung im Gau Kurhessen im Jahre 1933 ausgeweitet und personell ausgebaut worden. Sie bestand aus dem Gau-Propagandaleiter Karl Gerland (dem späteren Gauleiter) und sechs ›Abteilungsleitern‹, unter anderem für »Presse-Propaganda« und »Lügenabwehr«. Vgl. Handbuch für den Gau Kurhessen der N.S.D.A.P. Im Auftrag der Gauleitung Kurhessen bearbeitet vom Gaupresseamt [Kassel. April 1934].

Wachmannschaft u.a. wurde berichtet. Bemerkenswert ist, daß die Bericht-erstattung nach der Gründungsphase abgebrochen wurde. Die Wirklichkeit des Lagers selbst taucht in der zeitgenössischen Presse nicht mehr auf. Zum einen spricht dies dafür, daß es von Pfeffer bei seiner Presseführung im Juni 1933 um eine gezielte Wirkung in der Öffentlichkeit gegangen war. Zum andern bedeu-tet es, daß eine solche Wirkung später entweder als nicht mehr notwendig oder als nicht aussichtsreich beurteilt wurde. Beides erscheint denkbar. Die Motive der Berichterstattung liegen auf der Hand: es handelte sich um die amtliche ›Steuerung‹ durch die Kasseler Polizeiführung, bei der die Presse sich zur Verfügung stellte. Einwandfrei geht aus der Untersuchung hervor, daß der Begriff ›Konzentrationslager‹ verwandt wurde. Mit diesem Begriff war übrigens von Naziseite im Frühjahr 1933 in Kassel, wie ein anderer Vorgang belegt, demonstrativ umgegangen worden.[53]

Die Frage bleibt, was die Zeitgenossen über das Konzentrationslager auf der Grundlage der Presseberichterstattung wissen konnten. Jeder Kasseler Bürger, soweit er lesen wollte, konnte den Tageszeitungen (auch bei beschönigender und verharmlosender Berichterstattung) doch so viel entnehmen, daß zahlreiche politische Gegner des Hitler-Staates gefangengenommen und zu Umerziehungs-zwecken in ein Konzentrationslager eingesperrt worden waren. Die Geheimhal-tung der Konzentrationslager gilt für die frühen Lager nicht.[54] Einer der politischen Schutzhaftgefangenen Breitenaus hatte in dokumentarischer Absicht bis in unsere Tage den großen Artikel über Breitenau in der »Kasseler Post« als originalen Zeitungsausschnitt verwahrt!

Schließlich hat uns die Untersuchung der Presseberichte über unsere ein-gangs formulierten Fragen hinausgeführt und in zweierlei Hinsicht die Konturen Breitenaus deutlicher hervortreten lassen. Erstens ist die Rolle der Kasseler Polizeiführung, möglicherweise damit auch diejenige von Pfeffers für Breitenau erkennbar geworden. Breitenau war seine Gründung – sowohl gegenüber dem preußischen Innenministerium in Berlin als auch in Abgrenzung zu der regiona-

---

53 Am 1. April 1933, als die jüdischen Geschäfte auch in Kassel boykottiert wurden, hatten SA-Leute mitten in der Stadt ein symbolisches KZ aufgestellt. In der NS-Zeitung hieß es hierzu: »*Das ›Konzentrationslager‹ am Opernplatz.* Damit bei allem Ernst, der dem Boykott zugrunde lag und mit dem er durchgeführt wurde, der Scherz nicht fehlte, hatten SA-Männer auf dem Opernplatz einen viereckigen Raum durch Stacheldraht abgeteilt und durch Anbringung eines Plakates den Sinn dieser kriegerischen Maßnahme erläutert: *Konzentrationslager für widerspenstige Staatsbürger, die ihre Einkäufe bei Juden tätigen,* stand auf diesem Plakat zu lesen.« (Hessische Volkswacht Nr. 80 vom 4.4.1933).

54 Der Satz: »Das Verfahren der sogenannten Schutzhaft, die Existenz der sogenannten Konzentrationslager, ihre ›Aufgaben‹, die Zustände in ihnen, die Zahl ihrer Insassen wird strengstens geheimgehalten, jedes Eingehen darauf verboten« (Jürgen Hagemann, Die Presselenkung im Dritten Reich. Bonn 1970, 180) gilt für die frühen Konzentrationslager nicht. Auch für spätere Zeiten ist diese Annahme nicht zutreffend, da z.B. in Meyers Lexikon im Jahre 1939 und in anderen Lexika bis in die Kriegszeit hinein der Begriff »Konzentrationslager« als Stichwort aufgenommen und eingehend erläutert wurde. Meyers Lexikon. 8. Aufl. Leipzig 1939, Band 6, 1416 f.

len Naziführung (aus der er übrigens weder politisch noch regional stammte) um den Gauleiter in Kurhessen Karl Weinrich, um Roland Freisler und den Kasseler NSDAP-Kreisleiter Rudolf Sempf. Bei diesen handelte es sich um einen anderen Typus von Naziführer, um Anhänger eines extrem antisemitisch und gewalttätig eingestellten irrationalen Terror- und Rachesystems.

Damit hängt ein zweiter Gesichtspunkt zusammen. Da Breitenau tatsächlich als Gründung von Pfeffers anzusehen ist, die mit den preußischen Regierungsin-stanzen zwar abgesprochen, ihnen gegenüber jedoch ständig gerechtfertigt bzw. verteidigt und gehalten werden mußte, verfolgte von Pfeffer dabei das Ziel, mit Hilfe des Konzentrationslagers Breitenau die durch den Märzterror der SA und SS beunruhigte Öffentlichkeit in der Region wieder zu beruhigen. Er beabsich-tigte nicht, den Terror weiter zu treiben oder ihn systematisch zu verschärfen, sondern ihn durch Verwaltungshandeln zu ersetzen und ihn dadurch zu normalisieren. Zugleich band er damit das System der politischen Unter-drückung an – freilich nationalsozialistisch entstellte -.Vorstellungen von ›Staat‹, ›Ordnung‹ und ›Erziehung‹. Auch in späteren Jahren hat der überzeugte Natio-nalsozialist Fritz von Pfeffer, immerhin Träger des goldenen NSDAP-Partei-abzeichens, Dissonanzen und Konflikte mit der NSDAP nicht gescheut, wenn von dort in seine staatlichen Kompetenzen – als Regierungspräsident in Wiesba-den – hinein zu regieren versucht wurde.[55]

---

55 Im Jahre 1942 wies er in scharfem Ton den Frankfurter Gauleiter Sprenger zurück, obgleich es nur um ein Rundschreiben betr. Kohlenversorgung ging: »Ich bin keine dem Gauleiter nachgeordnete Dienststelle. Ich darf daher eine ›Anordnung‹ oder ›Anweisung‹ von Ihnen nicht entgegenehmen. Weisungen von unbefugten Dienststellen an staatliche oder kommunale Behörden können nur Unsicherheit und Verwirrung bei den einzelnen Beamten und in den betroffenen Bevölkerungskreisen hervorrufen. [...] Die dadurch hervorgerufene Rechtsunsicher-heit muß aber m. E. gerade im Kriege vermieden werden.« Er wandte sich an Hitler persönlich, da Sprenger aufgrund des oben im Auszug zitierten Schreibens seine Ablösung als Regie-rungspräsident gefordert und schließlich auch ereicht hat. Näheres bei Karlheinz Müller: Preußischer Adler und Hessischer Löwe. Hundert Jahre Wiesbadener Regierung 1866-1966. Dokumente der Zeit aus den Akten. Wiesbaden 1966, 279 f., 313-317.

Im Konzentrationslager

Unterbringung, Kleidung, Verpflegung und Versorgung

Die Quellen über die Unterbringung sind spärlich. Die meisten Gefangenen waren in großen Sälen im Hauptgebäude untergebracht. Bei diesem damals und heute so bezeichneten Hauptgebäude handelte es sich um das Mittelschiff der ehemaligen Kirche, das zuletzt bei der Einrichtung des Arbeitshauses Breitenau in den 70er Jahren des 19. Jahrhunderts zur Unterbringung von männlichen Insassen – deshalb wurde es auch als ›Männerhaus‹ bezeichnet – umgebaut worden war. Die Fenster waren wie in einem Gefängnis vergittert. Das Treppenhaus war ebenso von Etage zu Etage durch Gitter abgetrennt. Die Presseerklärung des Kasseler Polizeipräsidenten beschrieb die Unterbringung der Gefangenen in beschönigender und doch – hinsichtlich der Nutzung der Säle und Etagen – genauer Art und Weise:

> »In einem schon lange für ähnliche Zwecke benutzten Flügel[1] der alten Wallfahrtskirche[2] bot sich genügend Raum, bis zu 100 Schutzhäftlinge unterzubringen, so daß durch die jetzige Belegung mit 40 Personen die zur Verfügung stehenden Räume bei weitem nicht voll belegt sind [...]
> Im ersten Stock des Hauses steht jeder Gruppe je ein geräumiger Tagesraum zur Verfügung, im zweiten Geschoß liegen die Unterkunftsräume für die Wachmannschaften, [...] der dritte Stock enthält zwei große luftige Schlafräume und die Waschräume. Im Erdgeschoß gegenüber dem Wachzimmer liegen die Bade- und Brauseräume, die den Häftlingen in ausgedehntem Maße zur Verfügung stehen [...]«.[3]

Der ehemalige Schutzhaftgefangene in Breitenau Rudolf Freidhof erinnert sich:

> »Die Unterbringung erfolgte in einem großen Saal unterm Dach. Die Schlafstellen bestanden aus Stroh. Alle seien zusammen[4] im großen Saal untergebracht gewesen «.[5]

Die Unterbringung bei höherer Belegung hat man sich in Breitenau im Juli 1933 (90 Gefangene) so vorgestellt:

> »Bei Ausnutzung aller Belegungsmöglichkeiten lassen sich außer den bereits hier untergebrachten Personen noch r[un]d 110 Häftlinge nebst den dazu erforderlichen Bewachungsmannschaften unterbringen, und zwar: im Hauptgebäude noch 30 Mann, in den beiden Sälen im Dachgeschoß des Landesfürsorgeheims

---

1. Genau genommen handelte es sich nicht um einen Kirchenflügel, sondern um den Mittelbau bzw. das Mittelschiff der Kirche.
2. Ob die Klosterkirche tatsächlich als Wallfahrtsort gedient hat, erscheint fraglich. Sie beherbergte Reliquien; ein Hinweis auf Wallfahrten ließ sich nicht finden.
3. Hersfelder Zeitung vom 24. Juni 1933.
4. Das »alle zusammen« kann sich nur auf die *eine* der beiden Häftlingsgruppen beziehen. Denn in der Presseerklärung vom Juni 1933 war die Rede von zwei Schlafräumen und davon, daß die Schutzhaftgefangenen in zwei Gruppen eingeteilt wurden.
5. Notiz über ein Gespräch mit Rudolf Freidhof (1980).

zus[ammen] 50 Mann und im ehem[aligen] Schlafsaal der Korrigendinnen im Frauenhaus 30 Mann.«[6]

Das Landesfürsorgeheim muß im Gebäude des Landarmenhauses untergebracht worden sein; letzteres befand sich schräg gegenüber dem Hauptgebäude-Eingang (ehemaliges Kirchenportal) und dem Frauenhaus.[7]

Einem Schreiben des Landesrats [Kurt] von Hugo, Leiter der Abteilung I beim Landeshauptmann[8], vom 4. Januar 1934 an den Kasseler Polizeipräsidenten, in dem es um die Zukunft des Konzentrationslagers ging, ist zu entnehmen, daß die Schutzhaftgefangenen bis in den Januar 1934 hinein im Hauptgebäude untergebracht worden sind. Im Auftrag des Landeshauptmanns schrieb von Hugo:

»Sollte mit einer höheren Zahl von politischen Häftlingen wie 50 bis höchstens 60 für absehbare Zeit nicht zu rechnen sein, so würde ich Wert darauf legen müssen, diese in Zukunft *nicht mehr im sogen[annten] Hauptgebäude unterzubringen*, sondern nur noch in dem zeitweilig mitbenutzt gewesenen Landarmenhaus. [...]«[9]

Diese hier angesprochene Änderung trat am 20. Januar 1934 ein; an diesem Tage wurden die Gefangenen – deren Zahl sich tatsächlich erheblich reduziert hatte – in das Landarmenhaus ›umquartiert‹.[10]

Wenn die Erinnerung von Georg Kramm zutrifft, hat es im Jahr 1933 für bestimmte Gefangene ›Einzelhaft‹ gegeben.

»Georg Kramm war die ganze Zeit seiner Inhaftierung in einer Einzelzelle untergebracht. Er schlief auf einer Holzpritsche mit einer kurzen Decke. Die Verpflegung bestand aus Wasser und Brot. Er hatte nach 3 Monaten Haft 25 kg Untergewicht. Nachts wurden die Zellen von Bewachern mit Karabinern bewacht; morgens gab es vor der Zehntscheune oftmals Knüppelschläge auf den freien Oberkörper, ohne daß ein Grund ersichtlich war bzw. genannt wurde. Die Kleidung bestand aus einer grauen Leinenjacke und dazugehöriger Hose; Unterwäsche gab es nicht.«[11]

»Wir tragen hier Anstaltswäsche und Kleidung bei der Arbeit und nur am Sonntag werfen wir uns in Civil und eigene Wäsche.«[12]

---

6   Archiv des LWV Hessen: KZ Breitenau. Aus einem handschriftlichen Briefentwurf der Anstaltsleitung für das Antwortschreiben des Landeshauptmanns an PP Kassel vom 4. Juli 1933.
7   Vgl. den Grundriß der Landesarbeitsanstalt Breitenau aus dem Jahre 1928
8   Die Abteilung I (Landeskrankenhäuser, -heilanstalten, Landeshebammenstellen und Pressestelle) war für die Landesarbeitsanstalt Breitenau zuständig. Kurt von Hugo (1877-1947), der die Vereinbarung mit dem Polzeipräsidenten über die Einrichtung des KZ Breitenau unterzeichnet hatte, unterstand auch die Öffentlichkeitsarbeit.
9   Archiv des LWV Hessen: KZ Breitenau. Landeshauptmann an PP Kassel vom 4.1.1934.
10 Archiv des LWV Hessen: KZ Breitenau. Landeshauptmann in Hessen an PP Kassel vom 13.1. 1934/ Klimmer [Anstaltsvorsteher Breitenau] an Landeshauptmann vom 22.1.1934.
11 Notiz über ein Gespräch mit Kurt Kramm (Sohn von Georg Kramm).
12 Privatsammlung Kurt Pappenheim (Schmalkalden): Nachlaß Ludwig Pappenheim (im folgenden zitiert: Nachlaß L. Pappenheim). Brief von Pappenheim an seine Frau vom 7. September 1933.- Dagegen berichtet Christian Wicke: »Häftlingskleidung gab es nicht in Breitenau. Alle trugen ihre Zivilkleidung. So weit war es noch nicht.« Bericht von Christian Wicke über seine Haftzeit in Breitenau. In: Ulrich Schneider: Hessen vor 50 Jahren. Frankfurt a.M. 1983, 74 (im folgenden

Hinsichtlich der Kleidung der Gefangenen sind die beiden letzten Zeugnisse von Bedeutung. Sie bestätigen aus ihrer Erinnerung, daß die Pläne der Anstaltsleitung, die Bekleidung für die Gefangenen in eigene Regie zu nehmen, nachdem nämlich der Kasseler Polizeipräsident seinen diesbezüglich vereinbarten Verpflichtungen nicht nachgekommen war, allem Anschein nach realisiert werden konnten.

»Nach den wiederholten Angaben des Sachbearbeiters des H. Polizeipräsidenten, des H. Polizeiobersekretärs Faust, ist es trotz der größten Bemühungen bis jetzt nur gelungen, etwa 40 Paar Schuhe zur Bekleidung der Schutzhäftlinge zu erhalten. Z. Zt. befinden sich rd. 90 Schutzhäftlinge in der hies. Anstalt. An Bekleidungsstücken konnte das Polizeipräsidium bis heute nur 50 Bettlaken liefern. Ich habe H. Faust wiederholt dringend gebeten, für die umgehende Anlieferung der notwendigen Bekleidungsstücke bemüht zu sein. Als mir H. Faust auf mein Befragen am Sonnabend versicherte, daß es dem Polizeipräsidium nicht möglich sei, außer den zugesicherten 40 Paar Schuhen, die aber noch nicht eingetroffen sind, noch weitere Bekleidungsstücke anzuschaffen, machte ich ihm den Vorschlag, die für die Häftlinge zu zahlenden Verpflegungskosten pp. so zu erhöhen, daß die Anstalt die Ausrüstung der Häftlinge mit Bekleidung p. übernehmen könne. H. Faust schien dieser Weg gangbar und bat um entsprechenden Vorschlag.«[13]

Aus der beigelegten Aufstellung ist ersichtlich, was man aus der Sicht der Anstalt für die Bekleidung von 110 weiteren Schutzhaftgefangenen noch zu beschaffen hatte:

»220 Unterhosen, 220 Hemden, 220 P. Strümpfe, 110 P. Schuhe, 300 Bettlaken, 110 Strohsäcke, 110 Strohkissen, 160 Schlafdecken, 220 Handtücher, 110 Eßnäpfe, 110 Messer, Gabeln und Löffel.«[14]

Diese Vorgänge verdeutlichen, daß in der Anstalt Breitenau hinsichtlich der Grundbedürfnisse der Insassen ein Ordnungs- und Betreuungsdenken vorhanden war, das nicht nur gegenüber den Korrigenden, sondern auch gegenüber den KZ-Gefangenen zur Geltung kam. Man kümmerte sich darum, daß die Gefangenen Kleidung und Schuhe hatten, wie es von Polizeiseite zugesagt worden war. Diese Sorge lag in der Tradition des Arbeitshauses begründet, dem durch das KZ eine weitere Kategorie von Insassen zugeordnet worden war.

Dieser Tradition entsprach es auch, daß der bisherige Anstaltsarzt, Dr. med. Franz Stroop, der als praktischer Arzt in Guxhagen tätig war, die ärztliche Betreu-

---

zitiert: Bericht von Christian Wicke). Mit »Zivilkleidung« konnte auch die von der Anstalt gestellte Kleidung im Unterschied zur KZ-Häftlingskleidung gemeint gewesen sein.

13 Archiv des LWV Hessen: KZ Breitenau. Briefentwurf der Anstaltsleitung (abgesandt am 4. Juli 1933) an den Landeshauptmann. – So ist es dann auch geschehen. Der Landeshauptmann bestätigte am 13. Juli 1933 dem PP in Kassel die neue Vereinbarung, derzufolge die Anstalt die Bekleidung der Gefangenen übernahm. Archiv des LWV Hessen: KZ Breitenau. Landeshauptmann an PP Kassel vom 13.7.1933.

14 Archiv des LWV Hessen: KZ Breitenau. Briefentwurf der Anstaltsleitung (abgesandt am 4. Juli 1933) an den Landeshauptmann.

ung der Schutzhaftgefangenen übernahm, zunächst gegen eine Pauschalgebühr von 25 RM monatlich, später auf seinen Antrag hin entsprechend der Zahl der Inhaftierten, für den ihm pro Kopf ein bestimmter Betrag überwiesen wurde.[15] Ab Januar 1934 übernahm Dr. med. Friedrich Ostwald die Aufgaben des Anstaltsarztes und die ärztliche Versorgung der Schutzhaftgefangenen[16]; Gründe für diesen Wechsel waren nicht zu ermitteln.

Nicht zuletzt gehörte auch die erwähnte Weihnachtsfeier in diese Anstaltstradition:

>»Zusammen mit der Breitenauer und Guxhagener Bevölkerung und der NS-Frauenschaft versammelten sich die Insassen des Konzentrationslagers zu einer Weihnachtsfeierstunde.«[17]

Der bisherige Anstaltsgeistliche, Kreispfarrer Hans Hollstein, übernahm die seelsorgerische Betreuung der Schutzhaftgefangenen.

Über die Verpflegung sind uns aus den Gesprächen mit den ehemaligen Gefangenen – vom gezielten Essensentzug aus übergeordneten politischen Gründen einmalig abgesehen – keine gravierenden Klagen bekannt geworden. Rudolf Freidhof berichtet, daß die Verpflegung mittelmäßig gewesen sei.[18] In der Pressemitteilung des Polizeipräsidenten wurde ausdrücklich mitgeteilt, daß das Essen »für die Schutzhäftlinge und die Wachmannschaft wie auch für alle übrigen Insassen des Hauses das gleiche ist«.[19] Hier sind allerdings Zweifel angebracht, weil der Verpflegungssatz für die Wachmannschaft nach wenigen Tagen erhöht wurde.[20]

Ein Redakteur bei der Presseführung hierzu:

>»Das Essen ist kräftig und jeder kann soviel bekommen, wie er Hunger hat; soweit Klagen im einzelnen laut werden, werden sie abgestellt. Es wird natürlich kein Diner geliefert, aber jeder soll, wenn er arbeiten muß, auch entsprechend ernährt werden«.[21]

---

15 Archiv des LWV Hessen: KZ Breitenau. Der Anstaltvorsteher Kl[immer] am 5.1.1934 an die Anstaltskasse: »Der Anstaltsarzt Dr. Stroop erhält seit dem 1. August 1933 für die ärztliche Betreuung der politischen Schutzhäftlinge für den Kopf der jeweiligen monatlichen Belegung 60 Pfennig.«

16 Archiv des LWV Hessen: KZ Breitenau. Der Anstaltvorsteher Kl[immer] am 22. März 1934 an die Anstaltskasse. Darin wurden Dr. Ostwald die Beträge für die Monate Januar bis März 1934 berechnet und zur Zahlung angewiesen.

17 Hessische Volkswacht vom 19.12.1933.

18 Notiz über ein Gespräch mit Rudolf Freidhof (1980).

19 Hersfelder Zeitung vom 24.6.1933.

20 Für die Gefangenen hatte der Staat täglich zunächst 1 RM, für die Angehörigen der Wachmannschaft 1,20 RM zu entrichten. Archiv des LWV Hessen: KZ Breitenau. Notiz des Anstaltsvorstehers vom 22.6.1933; darin heißt es: »Der Herr Polizeipräsident in Kassel hat den Verpflegungssatz für die Wachmannschaften ab 22.6.33 auf 1,20 RM täglich erhöht.« – Ein im August 1933 im KZ tätiger SS-Mann schrieb auf einer Postkarte an seine Verwandten u.a.: »Es gefällt mir hier in Breitenau großartig, prima Essen, wie Beamten I. Klasse« (Achiv Gedenkstätte Breitenau: Postkarte von Christian L. vom 14. 8.1933).

21 Kasseler Neueste Nachrichten Nr. 144 vom 23. Juni 1933.

In den Akten befindet sich eine »Aufstellung der vom 17.6. bis 30. Juni 1933 verausgabten Naturalien«. Die verausgabten Naturalien schließen den Verzehr durch die Korrigenden, die Wachmannschaften und die Schutzhaftgefangenen ausdrücklich ein. Freilich weiß man nicht, zu welchen Anteilen z.b. das Fleisch und der Fisch aufgeteilt wurde. Wenn man von einer gleichen Aufteilung aus rechnet, so ergeben sich auch für einen Schutzhaftgefangenen im KZ Breitenau im Juni 1933 neben anderen kleineren Anteilen (Gries, Mehl, Salz, Reis, Nudeln u.a.) folgende Wochenrationen (7 Tage), wobei die ungleiche Behandlung von Gefangenen und Wachmannschaften hier nicht einbezogen ist:

3,5 Kilogramm Brot, 5,4 Kilogramm Kartoffeln, 137 Gramm Zucker;
195 Gramm Butter, 136 Gramm Wurst, 1 Handkäse;
1,46 Liter Milch;
161 Gramm Rindfleisch, 202 Gramm Schweinefleisch, 148 Gramm Fett;
191 Gramm Fisch, 1 Hering;
163 Gramm Kaffee;
157 Gramm Linsen; 124 Gramm Bohnen; 706 Gramm Zwiebeln; 720 Gramm Mangold; 461 Gramm Salat.[22]

Diese Ernährungslage der Gefangenen zu beurteilen ist heute schwierig; auf Grund der beschriebenen Quellenlage sind nur Aussagen über die Ernährung während der ersten 14 Tage des Bestehens des Lagers möglich. Für diese ersten 14 Tage läßt sich mit gewissen Vorbehalten die Ernährungslage berechnen:

»Die Fettzufuhr ist etwas geringer, dafür werden mehr Kohlenhydrate verzehrt. Proteine sind ganz sicher bestimmt genügend vorhanden. Auch die Zufuhr von Vitaminen/Mineralstoffen entspricht überwiegend dem Bedarf. Erstaunlicherweise zeigen die Hauptnährstoffe Eiweiß, Fett, Kohlenhydrate das heute gewünschte Zahlenverhältnis. Die Ernährung wäre somit im Rahmen des Bedarfs angesiedelt. Von einer Unterversorgung oder einer Mangelernährung könnte man genauso wenig sprechen wie von einer übermäßigen Ernährung. Natürlich stellt sich die Lage anders dar, wenn evtl. die aufgeführten Nahrungsmittel noch für andere Personengruppen abgezweigt wurden und die Arbeitsschwere und Arbeitszeit extrem hoch angesetzt wird (bei meinen Berechnungen: 9 St.). Dann dürfte der Energiebedarf auf Grund des geringen Fettanteils in der Nahrung nicht mehr gedeckt worden sein«.[23]

In anderen frühen Konzentrationslagern sah es zum Teil erheblich schlechter aus.[24]

---

22 Archiv des LWV Hessen: KZ Breitenau. Aufstellung der vom 17.6. bis 30. Juni verausgabten Naturalien. – Die Berechnung wurde wie folgt vorgenommen: Die Aufstellung erhält die Summen (und auch die Preise) der für diese 14 Tage verausgabten Naturalien (z.B. 1033 kg. Brot). Aufgrund der Zahl der Korrigenden, Pfleglinge und Bediensteten, der Schutzhaftgefangenen und Wachmann- schaften sind in diesen 14 Tagen 2061 Verpflegungstage entstanden. Die Summe wurde also durch 2061 geteilt und mit 7 multipliziert (1033:2061 x 7 = 3,50..).

23 Stellungnahme von Frau OStR Brigitte Boesch, Diplom-Ökotrophologin (Knipping-Schule Kassel), vom 27. 11. 1996. Frau Boesch hat mit Hilfe von Nährwertberechnungsprogrammen diese Ergebnisse berechnet; die entsprechenden Tabellen liegen (Archiv der Gedenkstätte) vor.

24 Zum Vergleich ein Bericht über die Ernährung im KZ Esterwegen im August 1933: »In

Aufstellung

der vom 17.6. bis 30. Juni 1933 verausgabten Naturalien

Bezeichnung	Anzahl kg.	Betrag		Gesamtbetrag	
Brot	1033,-	-	27	278	91
Weißbrot	236,-	-	32	75	52
Fische	56,5	-	40	22	60
Weizengrieß	28,3	-	32	9	06
Milch	431 Ltr	-	15	64	65
Rindfleisch	47,45	1	40	66	43
Schweinefleisch	59,55	1	60	95	98
Speck	9,5	1	40	13	30
Fett	43,74	1	60	69	98
Butter	57,5	1	60	92	-
Kaffee	48,1	-	24	11	54
Weizenmehl	34,6	-	28	9	69
Salz	75,9	-	20	15	18
Reis	38,3	-	20	7	66
Eier	38 Stk	-	09	3	42
Graupen	17,5	-	36	6	30
Kakao	2,79	1	10	3	07
Erbsen	36,4	-	40	14	56
Linsen	46,4	-	45	20	88
Bohnen	40,3	-	28	11	28
Gewürz-Riebeln	8,05	1	-	8	05
Kartoffeln	1591,-	-	05	79	55
Nudeln	30,2	-	54	16	31
Handkäse	328 Stk	-	04	13	12
Zwiebeln	208,-	-	30	62	40
Heringe	329 Stk	-	05	16	45
Zucker	41,55	-	71	29	50
Wurst	40,20	1	80	72	36
Marmelade	36,3	-	60	21	78
Zimmt	7,1	1	50	-	15
Öl	0,333	7	50	2	50
	Übertrag:			1313	52

Bezeichnung	Anzahl Kg.	Betrag im einzelnen Rm ₰	Gesamt-betrag Rm ₰	
Übertrag			1213	52	
Salatöl	13 Liter	1	–	13	–	
Mangold	212,–	–	20	42	40	
Salat	136,–	–	20	27	20	
w. Käse	15,1	–	60	9	06	
Honig	48	–	08	3	84	
Magermilch	25,6	–	04	1	03	
Puddingpulver	0,5	–	80	–	40	
Kochwurst	2,–	1	50	3	–	
			1313	45	
			20	–	
			1333	45	bei 2061 Verpflegungstag
			–	65	
				5	
			–	70	

Aufstellung der vom 17.6. bis 30.6.1933 verausgabten Naturalien (Archiv des LWV Hessen: KZ Breitenau).
Sie diente der Berechnung der gesamten Verpflegungskosten. Zugrundegelegt waren für die Korrigenden (die ›klassischen‹ Arbeitshausinsassen), die SA-Wachmannschaft und die Schutzhaftgefangenen in diesem Zeitraum insgesamt 2061 Verpflegungstage (vgl. die rechte Spalte). Die Rechnung ergab »mithin für Kopf und Tag« an Kosten 70 Pfg (65 Pfg für Essen und 5 Pfg »Heizung für Küche etc.«).

Arbeiten

In der Vereinbarung zwischen dem Polizeipräsidenten und dem Landeshauptmann war die Arbeit der Gefangenen geregelt: »Die Insassen des Konzentrationslagers werden zu den in der Anstalt üblichen Arbeiten (in der Landwirtschaft, beim Urbarmachen von Ödland, Wegebau und Instandsetzung, Gräbenreinigung, Schlammbeseitigung in der Fulda und dgl.) unter Aufsicht des Polizeikommandos unentgeltlich zur Verfügung gestellt.«[25]

Der Jahresbericht der Anstalt im Jahre 1934 berichtete über die von den Schutzhaftgefangenen geleisteten Arbeiten im Jahr 1933.

> »Auf dem Fuldaberg wurden die im Vorjahre durch den freiwilligen Arbeitsdienst begonnenen Rodungsarbeiten durch politische Schutzhäftlinge fortgesetzt und vollendet. Die gesamte Ödlandfläche wurde mit Mischwald aufgeforstet.«[26]

Die Arbeit der Gefangenen bewirkte darüberhinaus zahlreiche Instandsetzungsmaßnahmen und Einbauten für die Anstalt selbst, die der Bericht festgehalten hat:

> »1. Der Einbau einer Warmwasserheizungsanlage im Hauptgebäude und im Frauenhaus,
> 2. Instandsetzungsarbeiten (Neudeckung) am Dach des Hauptgebäudes,
> 3. Der Bau eines Bürgersteiges von der Fuldabrücke zum Mühlenhof der Anstalt [...],
> 4. Der Einbau zweier Heizkörper im Dachgeschoß des Landesfürsorgeheims,
> 5. Erneuerung des Badekessels im Hauptgebäude mit Einbau einer elektrischen Druckpumpe [...]

> Ferner wurden noch folgende laufende Unterhaltungsarbeiten ausgeführt:
> 1. Anstrich der Türen, Fenster und des Gebälks von Anstaltsgebäuden,
> 2. Instandsetzung des Melkschuppens auf der Viehweide,
> 3. Teeren des Daches über der Düngerstätte, sowie des Daches des Baumschulgebäudes,
> 4. durchgehende Instandsetzung der Fenster, des Flures und des Treppenaufgangs im Wirtschaftsgebäude,

---

Esterwegen bekamen die Gefangenen in der Woche sieben Pfund Brot in drei Rationen ausgeliefert, ein ganz kleines Stück Margarine, ein ganz kleines Stück Wurst und Käse, etwas Marmelade. Damit sollten wir für alle Nebenmahlzeiten einer Woche auskommen. Wenn wir wirklich einmal hätten ausreichend essen wollen, hätten wir das an einem Tag aufbrauchen können, so brauchten wir mal Margarine, mal Marmelade, mal Käse oder Wurst und kamen zwei Tage damit aus. Weil wir sehr hart körperlich arbeiten mußten, brauchten wir eine bessere Ernährung und haben später erreicht, daß wir morgens noch eine Suppe bekamen.« (Konzentrationslager. Ein Appell an das Gewissen der Welt. Ein Buch der Greuel. Die Opfer klagen an. Dachau – Brandenburg – Papenburg – Königstein – Lichtenburg – Colditz – Sachsenburg – Moringen – Hohnstein – Reichenbach – Sonnenburg. Karlsbad 1934, 170 f.).

25 Archiv des LWV Hessen: KZ Breitenau. Landeshauptmann in Hessen an den Polizeipräsidenten Kassel am 15. Juni 1933. Abschrift der Vereinbarung zwischen beiden betr. Einrichtung des Konzentrationslagers Breitenau.
26 Archiv des LWV Hessen: KZ Breitenau. Jahresbericht 1933, 10.

5. Instandsetzungsarbeiten am Mühlenwehr und an den Holzteilen im Mühlengerinne,
6. Erneuerung der Trockenmauern an den Anstaltsgrundstücken im Mühlengarten«[27]

Und dann schließt der Bericht, diese beiden Aufstellungen einbeziehend, folgendermaßen:

»Ein großer Teil der Arbeiten wurde mit Hilfe der hier untergebracht gewesenen politischen Schutzhäftlinge ausgeführt, unter denen sich viele brauchbare Facharbeiter befanden.«[28]

Die Arbeit der Gefangenen hat auch in der Landwirtschaft – besonders während der Erntezeit – innerhalb und außerhalb der Anstalt stattgefunden:

Morgens um sieben Uhr wurde in einzelnen Arbeitskommandos zur Arbeit ausmarschiert, mittags wieder eingerückt, um 14 Uhr wieder ausmarschiert. [...] Er selbst habe auch mal vier bis fünf Tage im nahe gelegenen Bauernhof gearbeitet, wo er in einer überdachten Miste Jauche schippen mußte. Er hatte den Eindruck, daß gerade diese Arbeit ihn und seine Genossen demoralisieren sollte, berichtete Otto Haferburg.[29]

Zu den Arbeits- und Lebensbedingungen berichtete Rudolf Freidhof, daß er größtenteils auf den Feldern (Rüben hacken) in und um Guxhagen gearbeitet habe. In Breitenau seien etwa 50 – 60 Leute in der Zeit, als er dort war, gewesen. [...] Neben der Feldarbeit habe man auch an der Befestigung des Fulda-Ufers gearbeitet.[30]

»Morgens früh ging's raus und dann mußte gesungen werden, ganz militärisch. Sie konnten natürlich nicht irgendwelche Reichsbannerlieder oder Rotfrontlieder singen. Aber wir haben immer gesungen ›Uns geht die Sonne nicht unter!‹[31] Da haben sie manchmal gerufen: Aus! Schluß!«[32]

»[...] und da mußten wir auf dem Heimweg ›Ich hatt' einen Kameraden‹ singen. Und ich war doch gegen alles, was die ›Kameraden‹ nannten. Da sagte der [Ernst] Lohagen zu mir: ›Sing doch das, Hermann, wir denken dabei an *unsere* Kameraden‹.«[33]

---

27 Archiv des LWV Hessen: KZ Breitenau. Jahresbericht 1933, 9f.
28 Archiv des LWV Hessen: KZ Breitenau. Jahresbericht 1933, 10.
29 Notiz über ein Gespräch mit Otto Haferburg (1981).
30 Notiz über ein Gespräch mit Rudolf Freidhof am 11.12.1980 in Kassel.
31 Gemeint ist das Lied »Wilde Gesellen vom Sturmwind verweht,/ Fürsten in Lumpen und Loden,/ Ziehn wir dahin, bis das Herze uns steht/ Ehrlos bis unter den Boden/ Fiedel, Gewand in farbiger Pracht/ Trefft keinen Zeisig Ihr bunter/ Ob uns auch Speier und Spötter verlacht/ Uns geht die Sonne nicht unter!« – Die Herkunft des Liedes ist unklar, vermutlich war Fritz Sotke Vf. Das Lied ist vor 1933 in ›rechten‹ bündischen Kreisen viel gesungen worden; möglicherweise kommt es auch aus den Nachkriegs-Freikorps. Nach 1933 taucht es in allen HJ-Liederbüchern auf. »Uns geht die Sonne nicht unter!« hieß das in zahlreichen Auflagen verbreitete Liederbuch der Hitler-Jugend (Auskunft von Barbara Jones, Deutsches Volksliedarchiv Freiburg). Guido Fackler (Denzlingen), der eine Monographie über »Musik in den Konzentrationslagern« verfaßt, hat nachgewiesen, daß »Wilde Gesellen ...« in zahlreichen Konzentrationslagern gesungen worden ist.
32 Notiz über ein Gespräch mit Ernst Ehmer (1982) in Kassel.
33 Notiz über ein Gespräch mit Hermann Weymann (1981) in Kassel.

»In Breitenau mußten wir unter Karabinerbewachung im Marschtritt mit Gesang zum Fuldaberg marschieren und dann roden.«[34]

Gemeinsam ist diesen Mitteilungen, daß das vom Militär bekannte Antreten, Abzählen, die Befehlsausgabe und das Marschieren – es herrschte auch in der Anstalt Breitenau seit Jahrzehnten vor[35] – unter Karabinerbewachung den Arbeitsalltag begleitet hat.

Ernst Ehmer berichtet:

»Denn ich weiß, wir mußten uns dann aufstellen, da war Abzählen usw. Dann gingen sie die Reihe ab und fragten *Wie heißt Du?* [...] Den Justus Hochrath hatte er gefragt: *Wie heißt Du?* Hochrath. *Ach was, Hochverrat heißt Du!*«[36]

Gesinnungsterror

Im KZ Breitenau sollten politische Gegner des Nationalsozialismus nach Möglichkeit zur Akzeptanz der nat.-soz. Ideologie umerzogen werden. Die Unterdrückung, die im März und April durch Folter und Schläge praktiziert worden war, sollte hier mit anderen Mitteln und anderen Zielen fortgesetzt werden. Man wollte die ›Besserungsfähigen‹ herauslesen und von dem harten Kern der politisch Unbeugsamen isolieren. Deshalb war die Trennung der Gefangenen in zwei Stufen erfolgt, weil es strategisch darum ging,

»die Radikalen von denen zu trennen, die sich Mühe geben, die Idee, die zu dem Umschwung in unserem Vaterland geführt hat, zu verstehen.«[37]

Die Sicht eines Schutzhaftgefangenen hierzu:

»Die Häftlinge wurden in Breitenau in Kategorien eingeteilt: in Stufe 1 und in Stufe 2. Damit wollten sie uns vormachen, Stufe 1 das wären die Unverbesserlichen und Stufe 2 die Gemilderten. Ich gehörte zur Stufe 2, zu den Gemilderten. Die Einteilung in Stufe 1 und 2 war Phantasie. Damit wollten sie die Häftlinge gegenseitig ausspielen. Sie wollten damit viel 'rauskriegen. Sie hofften, daß die in Stufe 2 sich dachten, wir sind die Besseren und dadurch leichter was ausplaudern. [...] Die Behandlung war in keiner Weise unterschiedlich.«[38]

Die ›Besserungsfähigen‹ erhielten die Chance,

»sich durch das Zusammenleben mit den SA-Leuten und durch Vorträge und Diskussionen in die Idee des Nationalsozialismus einleben [...] zu können.«[39]

---

34 Notiz über ein Gespräch mit Karl Kramm (1983).
35 Ayaß, Arbeitshaus Breitenau, 204-208.
36 Notiz über ein Gespräch mit Ernst Ehmer (1982).
37 Kasseler Post vom 23.6.1933.
38 Bericht von Christian Wicke, 75.
39 Kasseler Post vom 23.6.1933.

Eine wichtige Rolle in diesem manipulativen Konzept des Gesinnungsterrors spielte die Arbeit. Die Gefangenen sollten durch nützliche Arbeit von ihrem ›Agitatoren‹-Standpunkt abgebracht werden. Zu diesem Zweck sah der Polizeipräsident von Pfeffer für ›Besserungsfähige‹ eine probeweise Verlegung in ein Arbeitsdienstlager vor:

»Häftlinge im Alter von 20 bis 30 Jahren, die sich besonders gut führen, und bei denen der Eindruck gewonnen wird, daß sie besserungsfähig sind, werden von mir probeweise einem Arbeitsdienstlager zugewiesen. Hier werden sie noch scharf beobachtet. Stellt es sich heraus, daß sie sich tatsächlich gebessert haben, so bleiben sie endgültig dort; suchen sie sich aber staatsfeindlich zu betätigen, so werden sie unverzüglich ins Konzentrationslager zurück überwiesen. Ich glaube aus volkserzieherischen Gründen diese Maßnahme rechtfertigen zu können, zumal die Arbeitsdienst-Lagerleitung bestätigt hat, daß ehemalige Kommunisten sich nach richtiger Behandlung vielfach besser führen als Lagerinsassen aus bürgerlichen Kreisen.«[40]

Aber was verstand der Polizeipräsident unter Volkserziehung? Zum einen Arbeitsdisziplin und Arbeitsfähigkeit, zweitens Gehorsam und Folgsamkeit (die sogenannte ›gute Führung‹) und drittens Staats- und Autoritätsbejahung. In diesem Sinne sollten Kommunisten, Anarchisten und andere ›Volksfeinde‹ wieder auf die rechte Bahn gebracht werden. Sie würden dann zu »nützlichen Gliedern der Volksgemeinschaft«, wie dies in einem Artikel in der NSDAP-Zeitung »Hessische Volkswacht« anläßlich der Weihnachts-Amnestie Görings deklamatorisch anklingt:

»Aus [...] dem Lager Breitenau wird etwa die Hälfte der Schutzhäftlinge aus Anlaß des Weihnachtsfestes entlassen in der Erwartung, daß sie *nunmehr nützliche Glieder der Volksgemeinschaft* werden.«[41]

Die erhaltenen Akten des Pfarramtes Guxhagen bestätigen, daß die Schutzhaftgefangenen auf Weisung des Polizeipräsidenten am Gottesdienst der Dorfkirche teilzunehmen hatten. Die Konfirmanden hatten für sie ihre Plätze in der Kirche zu räumen.[42] In einem Bericht der NSDAP-Zeitung »Hesssiche Volkswacht« wurde der Kirche eine tragende Rolle bei der ›Resozialisation‹ der KZ-Gefangenen attestiert:

»Der regelmäßige Besuch des Gottesdienstes [...] hilft mit zum Verständnis, daß neben Zucht und Ordnung auch die kirchliche Sitte eine Großmacht zur Gesundung des Lebens ist.«[43]

40 HStA Mbg 165/3982. Band 11. PP Kassel an RP Kassel vom 21.8.1933.
41 Hessische Volkswacht vom 22.12.1933.
42 Akten der Pfarrei Breitenau im Kirchenkreis Melsungen [heute: Pfarramt Guxhagen]. Verhandlungsbuch des Kirchenvorstandes Breitenau-Guxhagen. Begonnen mit der Neubildung des Kirchenvorstandes im Jahre 1933. Protokoll der Sitzung des Kirchenvorstandes am 27.9.1933: »Da zur Zeit durch die Insassen des Konzentrationslagers das dritte Kirchenschiff voll besetzt ist, sollen die Konfirmanden für die Dauer dieses Zustandes auf der ersten Bank des Mittelschiffs Platz nehmen.«
43 Melsunger Tageblatt vom 25.8.1933.

Der Polizeipräsident   Kassel, den 21.August 1933
    I.

        Urschriftlich
                        [Stempel: Regierung-Kassel 21.AUG.1933 N]

                    dem Herrn Regierungspräsidenten

zurückgereicht.
        In einem an die Landräte des Bezirks gerichteten
Rundschreiben vom 11. ds.Mts. habe ich u. a. folgendes
ausgeführt:
        "Häftlinge im Alter von 20 bis 30 Jahren, die sich
besonders gut führen, und bei denen der Eindruck gewon=
nen wird, dass sie besserungsfähig sind, werden von
mir probeweise einem Arbeitsdienstlager zugewiesen.
Hier werden sie noch scharf beobachtet. Stellt es
sich heraus,dass sie sich tatsächlich gebessert
haben, so bleiben sie endgültig dort; suchen sie sich
aber staatsfeindlich zu betätigen, so werden sie un=
verzüglich ins Konzentrationslager zurück überwiesen.
Ich glaube aus volkserzieherischen Gründen diese
Massnahme rechtfertigen zu können,zumal die Arbeits=
dienst-Lagerleitung bestätigt hat,dass ehemalige Kom=
munisten sich nach richtiger Behandlung vielfach
besser führen als Lagerinsassen aus bürgerlichen Krei=
sen.
        Da Lipphardt 5 Wochen in Breitenau in Haft gesessen
hat,wollte ich ihn in den Arbeitsdienst überführen und er
hatte Auftrag bekommen, sich am 16. ds.Mts. im Arbeitslager
Sachsenberg b/ Frankenberg zu melden.Da er dies trotz ein=
dringlicher Ermahnung nicht getan hat,habe ich ihn wieder
in Schutzhaft genommen und ihm eröffnet,dass er nunmehr
auf lange Zeitdauer nicht mit einer Entlassung aus der
Schutzhaft rechnen könne.Er ist heute nach Breitenau über=
führt worden.   In Vertretung:

        24. VIII 33.   [Unterschrift]

Die Arbeitsdienstlager – eine noch wenig erforschte Vorstufe der Konzentrationslager im
System des Terrors (HStA Mbg 165/3982, Band 11).

Blick auf den Winkel zwischen Langhaus und Querschiff der ehemaligen Basilika (Foto: Stadtbildstelle Kassel). Man erkennt links die vergitterten Fenster und rechts unten den Eingang zum Gottesdienstgebäude, das aus den beiden Querschiffen und dem Chor besteht.

Allerdings sind die Pläne der Polizei in diesem Punkt nicht aufgegangen. Es ist ein Bericht von Pfarrer Hans Hollstein überliefert, dem im Jahre 1933 in Breitenau amtierenden Gemeindepfarrer und Kreispfarrer des Kirchenkreises Melsungen, über seine »bei Ausübung der Seelsorge im dortigen Konzentrationslager gemachten Erfahrungen«, wozu ihn die »Einstweilige Kirchenleitung in Hessen-Kassel«[44] aufgefordert hatte. Dieser Bericht belegt, daß Pfarrer Hollstein keineswegs als verlängerter Arm der Lagerleitung fungierte; vielmehr nahm er seinen pastoralen Auftrag als Seelsorger der Gefangenen ernst.

»Die Insassen des hiesigen Konzentrationslagers setzen sich überwiegend aus Leuten zusammen, die aus der Kirche ausgetreten sind. Sie waren anfangs von Mißtrauen erfüllt und darum sehr verschlossen. Erst allmählich wurden Einzelne zugänglicher. [nicht leserliche Worte] Ich glaube, daß der Umschwung von Verschlossenheit zu einer gewissen Aufgeschlossenheit durch zweierlei herbeigeführt ist: Einmal dadurch, daß ich ihnen menschlich nahezukommen suchte durch Besuche in ihren Erholungsräumen nach ihrer Tagesarbeit und ihnen auch sie allgemein interessierende [nicht leserliches Wort] Vorträge hielt, und zum anderen, daß ich ihnen allerlei Wünsche erfüllte, um ihre Lage zu erleichtern. Z. B. schenkte ich ihnen einige Bogen Papier und Umschläge, weil sie sich beklagten, daß sie kein Schreibmaterial zum Heimschreiben hätten. Den nach Lesestoff Verlangenden versuchte ich zu helfen, daß ich Herrn I. Strang – Kassel bat, 40 Stück Sonntagsboten zur Verfügung zu stellen.
Sämtliche Insassen müssen am Gottesdienst teilnehmen. Die Insassen waren der Meinung, daß der Pfarrer Urheber dieses Zwanges sei und waren darüber unwillig. Gelegentlich einer Aussprache ward ich danach gefragt und konnte die Sachlage erklären. Es schwand dadurch bei den Leuten etwas von ihrer inneren Ablehnung. Wohl war die äußere Haltung bei den Gottesdiensten immer mustergültig, aber keine innere Entschlossenheit bemerkbar. Erst jetzt fingen die Leute an aufzuhorchen und waren zum Teil innerlich ergriffen. Und während früher kein Einziger mitsang – sie erklärten mir, daß das gegen ihre Überzeugung gehe – fingen jetzt Einzelne an mitzusingen. Eine spezielle Seelsorge ist recht schwer, weil die Leute auf Sälen liegen und Einzelzimmer nur außerhalb zur Verfügung stehen. Sich aber zu einer Einzelsprechstunde zu melden, fehlt fast allen der Mut, da sie dann

---

44   Die »Einstweilige Kirchenleitung« der Evangelischen Landeskirche Hessen-Kassel war nach den Kirchenwahlen vom 23.7.1933 auf der konstituierenden Sitzung des neuen Landeskirchentages in Kassel am 12. September 1933 unter dem Vorsitz von Metropolitan a.D. D. Theodor Dithmar eingesetzt worden, nachdem die bisherige Kirchenregierung zurückgetreten war. Die »Einstweilige Kirchenleitung« war der Versuch eines Kompromisses zwischen den verschiedenen und entgegengesetzten Glaubensrichtungen inerhalb der kurhessischen Landeskirche, zwischen der »Glaubensbewegung Deutscher Christen« auf der einen und der später mehrheitlich zur Bekennenden Kirche neigenden »Arbeitsgemeinschaft Kurhesssicher Pfarrer« auf der anderen Seite. Näheres bei: Hans Slenczka: Die evangelische Kirche von Kurhessen-Waldeck in den Jahren 1933 bis 1945. Göttingen 1977, 35-47; Martin Hein: Das Jahr 1933 in der Evangelischen Landeskirche in Hessen-Kassel; in: Jahrbuch der Hessischen Kirchengeschichtlichen Vereinigung 44 (1993), 155-166; Martin Hein (Hg.): Kirche im Widerspruch. Die Rundbriefe des Bruderbundes Kurhesssicher Pfarrer und der Bekennenden Kirche Kurhessen-Waldeck 1933-1935. Darmstadt 1996, 18 u. 39 (Anm. 2).

die Hänseleien der anderen fürchten. Nur hie und [da] entschließt sich einer. Aber es sind dann Bitten äußerer Art, die sie auch gerade so gut im Beisein der anderen hätten vorbringen können. Wenn das hiesige Konzentrationslager für längere Zeit gedacht wäre, hätte ich allerlei Vorschläge gerade mit Rücksicht auf Seelsorge [nicht lesbare Worte] zu machen. Doch besteht Aussicht auf baldige Aufhebung.«[45]

Pfarrer Hollstein hat versucht, wie aus einer ebenfalls erhaltenen Korrespondenz mit Frau Grete Sumpf aus Willingen in Waldeck hervorgeht, für die Gefangenen eine kleine Bibliothek einzurichten. Die Initiative hierzu ging vom starken Engagement dieser Frau aus, die den Polizeipräsidenten in Kassel persönlich sprechen wollte, um die aus Spenden zusammengestellte kleine Bibliothek und auch den Auftritt eines Kasseler Singkreises, der sogenannten Finkensteiner Singgemeinde, in Breitenau genehmigen zu lassen.[46] Unterstützung fand sie bei Pfarrer Hollstein, den sie in dieser Sache darum gebeten hatte. Leider ist die Liste der ersten 50 Bücher nicht erhalten; allerdings geht aus folgender Passage eines Briefes von Frau Sumpf an Pfarrer Hollstein hervor, daß durchaus moralische Gütekriterien angelegt waren:

»Ich muß Ihnen ohnehin gestehen, daß mir schwere Gewissensbedenken gekommen sind wegen der vielen Kriegsbücher, die nach Br[eitenau] kommen. Das ist gerade der Geist, den ich *nicht* weiterpflanzen möchte. Es war ganz jesuitisch, daß ich sie überhaupt nahm. Einmal wollte ich die Geberin nicht zurückstoßen. Und dann waren sie auch so prächtig, um das Polizeipräsidium darüber zu beruhigen, daß wir nicht etwa kommunistische Literatur einschmuggeln wollten. Aber ich habe es schwer bereut, und es würde mir geradezu eine Erlösung sein, wenn Sie diese Bücher so bald als möglich verbrennen könnten. Ersatz dafür wollte ich gern beschaffen! Auch für Ihre Alten sind sie doch keine geeignete Lektüre für den Lebensabend. Wenn die mit Kanonenstiefeln ins Jenseits gepoltert kommen, werden sie sich dort erst wieder einen sehr viel leiseren Tritt angewöhnen müssen.«[47]

In der Tat war man anscheinend im Kasseler Polizeipräsidium irritiert und argwöhnisch gegenüber der Initiative von Frau Sumpf. Man bat sie, zunächst eine *Liste* der vorgesehenen Bücher einzuschicken; dies geschah am 3. Januar 1934.

45 Akten Pfarrei Breitenau. Akten betreffend: Seelsorge im Konzentrationslager Breitenau. Begonnen: 1. August 1933 [bis 12.1.1934].
46 Die Finkensteiner Singgemeinde oder der Finkensteiner Bund gehörte zur Jugendmusikbewegung der bündischen Zeit. In der Waldsiedlung Finkenstein im Sudetenland hatte Walter Hensel die erste Singwoche ins Leben gerufen; dies gab den Anstoß zur Gründung des Bärenreiter Verlages in Augsburg (später in Kassel) durch Karl Vötterle. Die Finkensteiner faßten »sehr bald und ungemein intensiv in der evangelischen Kirchenmusik Fuß« (Die deutsche Jugendbewegung 1920 bis 1933. Die bündische Zeit. Quellenschrift hgg. von Walter Kindt [=Dokumentation der Jugendbewegung III]. Düsseldorf, Köln 1974, 1627), auch in Kassel, wo sie nicht zuletzt wegen des kirchlich-christlichen Engagements 1933 verboten wurden (Karl Vötterle: Haus unterm Stern. Ein Verleger erzählt. Kassel ⁴1969, 53-61 u. 127).
47 Akten Pfarrei Breitenau. Akten betreffend: Seelsorge im Konzentrationslager Breitenau. Begonnen: 1. August 1933 [bis 12.1.1934]. Brief von Grete Sumpf an Herrn Kreispfarrer Hollstein vom 10.1.1934.

Dann bat man sie, die Bücher ins Polizeipräsidium zu senden, »um die Inventarisation vornehmen zu können.« Über ihren Besuch im Polizeipräsidium berichtete Frau Sumpf an Pfarrer Hollstein:

> »Ich wurde wiederholt gefragt, *von wem* die Büchersammlung ausginge, und die Beamten schienen merklich beruhigt, als ich versicherte, daß es eine völlig private Angelegenheit von mir sei. Ich möchte Sie bitten, gegebenenfalls auch noch einmal zu bekräftigen, daß *keinerlei* Organisation dahinter steht, die der totale Staat natürlich nicht neben sich dulden kann.«[48]

Zusammenfassend kann zum Verständnis von *Erziehung* im KZ Breitenau folgendes festgehalten werden: Die Darstellung des KZ als Erziehungseinrichtung war in einem eher auf die traditionelle Anstalt Breitenau bezogenen, ›sozialisierenden‹, funktionalen Sinne (Arbeit, Gehorsam, Kirche) gemeint. An Indoktrination, Unterricht oder Belehrung in einem systematisch-intentionalen Sinne, an politischen Unterricht oder Gespräche seitens der Wachmannschaften – und wenn auch im parteilichen Sinne des Regimes, also z.B. über Nationalsozialismus oder ähnliches – konnte sich keiner der Gesprächspartner erinnern.

Erziehung wurde genannt, was als totalitäre Kontrolle des Denkens und Meinens, als Akt geistiger und psychischer Unterwerfung praktiziert werden sollte.

Pfarrer Hollstein als Gemeinde- und Anstaltspfarrer und Grete Sumpf als engagierte Bürgerin haben in diesem Konzept nicht mitgespielt, indem sie tatsächlich – im überschaubaren und gegenüber dem gesamten Los der Inhaftierten bescheidenen Rahmen – etwas für die Schutzhaftgefangenen und ihre Bildung getan haben.

Schikanen und Mißhandlungen

Es fällt auf, daß häufig in den Erinnerungen der ehemaligen Gefangenen die Schikanen und Mißhandlungen jüdischer Gefangener auftauchen.

> »An den Kurt Finkenstein habe ich nur eine Erinnerung, wo wir Feldarbeit gemacht haben, da haben sie den Mann furchtbar drangsaliert. Der mußte mit dem Unkrautkorb [...] die ganze Furche runterlaufen und immer einer hinter ihm her und hat ihm was mit dem Knüppel gegeben. Das habe ich erlebt in Breitenau mit dem Finkenstein. Dann haben wir im Steinbruch Steine hauen müssen. [...] Und da mußte der Finkenstein natürlich statt bergauf bergab hauen, mußte der sich an den Berg stellen und mußte bergrunter hauen. Tatsache. Das haben wir erlebt mit dem Finkenstein.«[49]

---

48 Akten Pfarrei Breitenau. Akten betreffend: Seelsorge im Konzentrationslager Breitenau. Begonnen: 1. August 1933 [bis 12.1.1934]. Brief von Grete Sumpf an Herrn Kreispfarrer Hollstein vom 29.12.1933.
49 Notiz über ein Gespräch mit Friedrich Eisenacher am 6. Mai 1987 in Kassel.

»Den [gemeint ist Kurt Finkenstein, d.Vf.] haben sie besonders übel behandelt; er mußte in den Steinbrüchen arbeiten«.[50]

»Man kann sich gar nicht reindenken, wie die Menschen geduckt worden sind, [...] die ganzen Verhältnisse haben aus diesen Menschen innerhalb von 14 Tagen sprachlose Wesen gemacht [...] Ich habe mir immer gesagt: wenn Du auf den Bock kommst, dann bereite Dich vor, entweder bist Du tot oder ..., die waren unbarmherzig, hauptsächlich die SA. [...] Ich habe gesehen, wie Mitgefangene, die nicht mehr mit dem Arbeiten mitkamen, getreten wurden.«[51]

»Ein SA-Mann hat mir, als ich es einmal nicht so eilig hatte, befohlen *Ins Wasser!* Ich mußte in einem Wassergraben über eine halbe Stunde gehen und stand dort bis unter die Knie im Wasser, woraufhin ich mich schwer erkältet hatte. Der Anstaltsarzt, der mich mit hohem Fieber sah, sagte *Höhenluft!:* mit anderen Worten: Fuldaberg. [...] Dann kam die SS, zwei SS-Leute kamen aus Burghaun, die haben sich mir gegenüber gut verhalten; denen habe ich zu verdanken, daß ich ein wenig Erleichterung hatte. [...] Das Unmenschliche, das hat mich zerhackt. Bei der SA waren die Schikanen noch schlimmer als bei der SS. Ich mußte einem SS-Mann die Schuhe putzen, aber seine Frau gab mir ein Stück Kuchen; sie wohnten in unmittelbarer Nähe hier. Ich mußte die Schuhe putzen; wenn nicht, die hatten ja auch hier einen Bock stehen, da wurde das Nötige verabreicht ... Den Bock habe ich gesehen. Ist er nicht gefunden worden? Da ging's drauf, so eine Art Sprungbock, wie Kinder ihn haben, aber niedriger. Sie haben Peitschen gehabt, ausgepeitscht. Auch Genossen von mir sind hier ausgepeitscht worden.«[52]

»In dem Turm Breitenau wurde ich auch einmal auf den Spezial-Holzbock gelegt.«[53]

»August Schäfer und Richard Nestler haben in Breitenau furchtbare Schläge gekriegt. In Breitenau hat die Frau ihn besucht.«[54]

»Ja, erzählt hat er, daß die Leute in Breitenau geschlagen wurden. Aber ob er persönlich dabei war? Vielleicht hat er das aber auch nicht erzählt, damit er uns Kinder nicht beunruhigte. Aber das stimmt, er hat gesagt, in Breitenau sind sie geschlagen worden. Ich weiß nicht, ob er gesagt hat, wir sind geschlagen worden oder ich bin geschlagen worden. Das ist ja zweierlei. Aber es kann sein, daß er auch dabei gewesen ist. Ich möchte jetzt auch nichts Verkehrtes sagen, damit nicht nachher das Volk denkt, die machen jetzt noch ein Highlight draus, in dem Sinn.«[55]

»Ich war zuerst ins Kasseler Gefängnis gekommen; dann mit der grünen Minna nach Breitenau. Ein SA-Mann: Ihr Burschen, Euch machen wir fertig!«[56]

»Manche haben sich darüber lustig gemacht, daß er [Friedrich Bente] in Breitenau war. Er hat sich darüber gegrämt, daß er so erniedrigt worden war.«[57]

---

50 Notiz über ein Gespräch mit Friedrich Loose (1984).
51 Notiz über ein Gespräch mit Franz Heil am 14. 12. 1987.
52 Notiz über ein Gespräch mit Franz Heil (1987).
53 Schriftliche Mitteilung von Heinrich Kleinschmidt am 7.9.1989 an Vf.
54 Notiz über ein Gespräch mit Josef Müller (Schwiegersohn von August Schäfer) in Lohfelden am 30.4.1987.
55 Notiz über ein Gespräch mit Frau Wagner (Tochter von Heinrich Siebert) im Januar 1982.
56 Notiz über ein Gespräch mit Franz Heil (1987).
57 Notiz über ein Gespräch mit Herrn Wilhelm und Frau Schäfer (Tochter bzw. Schwiegersohn von

»Man hat natürlich immer in Todesangst gelebt, wenn man vor denen antreten mußte, mit ihren Gewehren, ihrer Quälerei, Schimpferei und Jagerei. Unter Karabinerbewachung mußten wir arbeiten. Es war nicht so einfach.«[58]

»Wenn irgendetwas war, wurden Sie [als Strafe] in eine Dunkelzelle gesperrt. [...] Das Gefühl der Bedrohung war da. Sie waren ja eingesperrt und denen ausgeliefert.[...] Zu meiner Zeit [wurde] nicht [geschlagen]. Das wurde da oben besorgt, in den Bürgersälen und im Königstor.«[59]

»Es war eine schwere Zeit damals [...] Vater hat nie über seine Zeit in Breitenau gesprochen.«[60]

Dem Schutzhaftgefangenen Lipphardt verwehrte man die Beurlaubung bzw. Freilassung für den Besuch seiner kranken Frau, obgleich er beim Regierungspräsidenten mehrfach eindringlich darum ersucht hatte.[61]

Die Wachmannschaften haben den Berichten zufolge nicht nur einmal – im Juli 1933 – jene berüchtigte Tortur veranstaltet, über die gleich berichtet wird. Das befohlene Kreislaufen, gelegentlich von Schlägen und Tritten begleitet, hat es öfters gegeben. So erinnerte sich H. Weymann an ein Ereignis, das frühestens Ende Juli, wahrscheinlich aber erst im August oder September stattfand[62]:

»Diese Sandsteintreppe [...] da saß der alte Höchst drauf, auf dieser Sandsteintreppe, dieser Bauer, den hatten sie damals auch, die Nazis hatten den unter Druck genommen usw. und dann hieß es, es ist die höchste Zeit, wir müssen gehen in Schutzhaft usw. Und den hatten sie vor, haben sie die immer rumgejagt im Kreis auch um gar nichts. Na, wie sagt man? Gehorsamsübung? Die waren dann alle fertig. Nicht wahr, die haben sie so getrieben, daß sie nicht mehr konnten. Und dieser alte Mann, der setzt sich da oben hin und saß auf der Treppe. Da sagt er, Junge, mit mir können se nicht mehr, laß se machen mit mir was se wollen, ich kann das nicht mehr. Das war dieser Höchst.«[63]

Vier Berichte, unabhängig voneinander entstanden, liegen über einen berüchtigten Abend im Juli vor. Sie sollen ungekürzt wiedergegeben werden:

»Der Kommandant war ein Schupo aus Kassel, der war aber rein menschlich gesehen in Ordnung. SA-Leute hatten uns wegen eines politischen Liedes (»Kameraden, die SA und Reaktion erschossen ...« [eine Abwandlung des Horst-Wessel-Liedes]) von 8 Uhr abends bis nachts um 2 Uhr Dauerlauf machen lassen. Da kam der Schupo und hat

---

F. Bente) am 3.6.1987. Friedrich Bente war bereits bei der sogenannten »Strafaktion« der Nazis gegen Sozialdemokraten in Hofgeismar am 26. März 1933 mißhandelt worden.
58 Notiz über ein Gespräch mit Bernhard Boczkowski (1981).
59 Notiz über ein Gespräch mit Ernst Ehmer (1982).
60 Notiz über ein Gespräch mit Heinrich Bolte (Sohn von Georg Bolte) am 6.5.1987 in Lohfelden.
61 HStA Mbg 165/3982. Band 11. Schreiben von H. Lipphardt (z.Zt. Schutzhaft Konzentrationslager Breitenau) an den RP Kassel vom 17.7.1933.
62 Der in dieser Erinnerung erwähnte Peter Höchst war vom 18. Juli bis zum 5. September 1933 als Schutzhaftgefangener in Breitenau.
63 Notiz über ein Gespräch mit Hermann Weymann (1981).

sofort gesagt: Aufhören! Bei diesem Abend sind viele ältere Menschen zusammengebrochen, die ich nie mehr wiedergesehen habe.« [...][64]

»Breitenau war ein Saustall. Da war überhaupt nichts. Wir mußten erst mal alles saubermachen. Durchs Radio spielte das Horst-Wessel-Lied den ganzen Tag. Eines Abends kam ein SA-Mann rein, H[...][65] oder so ähnlich (in der Obersten Gasse hatten die ne Wirtschaft). Er sagte: ›Euch werd' ich helfen, singen *Wir werden die roten Richter sein!*‹ Sollten wir gesungen haben. Es war gar nicht an dem. Dann ging's rund. Er ist raus und dann kamen sie alle an, die auf der Wache waren. Dann mußten wir uns umziehen, es gab Anstaltstücher, und dann ging's raus auf den Hof. Da mußten wir zwei Stunden Dauerlauf machen. Da war der Konrad Belz zusammengebrochen. Sie haben ihn gepackt und reingeschleift. Was dann noch gewesen ist, konnten wir nicht wissen. Aber wir wurden alle reingeholt und über'm Bett kriegten wir mit Gummiknüppeln 'ne Sendung. Aber fragen Sie nicht wie. In einem extra Raum, ein kleiner Raum mit einem Bett. [...] Das hat zirka eineinhalb Stunden gedauert, bis das alles durch war. Das war nach ungefähr drei Wochen.«[66]

»Etwa Mitte Juli abends 22.30 Uhr wurden sämtliche Häftlinge aus den Betten auf den Hof geholt, in den Winkel zwischen Küche und Weiberbau wurden wir ungefähr 2 Stunden im Kreis rumgejagt, so daß wir bald zusammenstürzten, dann immer 5 – 6 Mann rausgeholt, im Keller im Hauptgebäude mit dem Gesicht an die Wand gestellt und dann mit Gummiknüppeln bearbeitet, so daß am Körper sämtliche Farben zu sehen waren.«[67]

»Der Polizeioffizier war in Ordnung. Wenn der damals dagewesen wäre, wäre die Sache vom September[68] 1933 bestimmt nicht passiert. Es war an einem Mittwoch Abend. Gegen sieben Uhr wurde es dämmerig. Da sagte der Polizeioffizier – er war von Kassel : *Ich muß unbedingt nach Kassel. Meine Frau kommt da nicht zurecht.* Es ging um irgendwas Behördliches. Und: *Ich warne Euch. Gebt keine Veranlassung*

---

64 Notiz über ein Gespräch mit Franz Heil (1987).
65 Ein Karl H.[...] war Mitglied der SA-Wachmannschaft in Breitenau.
66 Notiz über ein Gespräch mit Friedrich Eisenacher (1987). – Archiv des LWV Hessen: KZ Breitenau. Nachweisungen. F. Eisenacher war vom 16. Juni 1933 an in Breitenau; der von ihm geschilderte Vorfall des Prügelns der Gefangenen ereignete sich demnach in der ersten Juliwoche. Konrad Belz befand sich seit dem 5. Juli 1933 und Kurt Finkenstein seit dem 16. Juni 1933 im KZ Breitenau.
67 Notiz über ein Gespräch mit Karl Kramm (1983). Erklärung von Georg Kramm.
68 Hier irrt Christian Wicke offensichtlich. Dieser ›Rundlauf‹ kann nur im Juli 1933 stattgefunden haben. Dies ergibt sich allein schon aus den von Wicke selbst mitgeteilten Informationen (s.o.), zu denen folgendes zu bemerken ist: 1. Die SA-Wachmannschaft hat Breitenau bereits am 8. August 1933 verlassen. Darunter befand sich auch der erwähnte SA-Mann Günther P. aus Kassel, der tatsächlich in der Artilleriestraße 7 wohnte. – 2. Konrad Belz und Heinrich Seitz waren überhaupt nur bis zum 19. Juli 1933 im KZ Breitenau. Möglicherweise liegt dieser ihr gemeinsamer Entlassungstag ganz dicht am Abend der Mißhandlungen, so daß diese vielleicht wenige Tage vor dem 19. Juli stattfanden. Wenn der ›Mittwoch‹ stimmt, könnte es sogar Mittwoch, der 19. Juli 1933, gewesen sein; die Geschundenen wären dann am Abend noch entlassen worden. Dann bekäme die Wahrnehmung von Franz Heil (s.o. Anmerkung 64) einen Sinn: »Bei diesem Abend sind viele ältere Menschen zusammengebrochen, die ich nie mehr wiedergesehen habe.« 3. Der Polizei-Offizier (es handelte sich um Polizei-Oberwachtmeister Heinrich Rüffer) war allem Anschein höchstens bis Ende August 1933 in Breitenau; er wurde offiziell am 2. September 1933 vom SS-Führer Georg M. abgelöst.

irgendwie. Haben wir auch nicht getan. Ein SA-Mann, P. [...], aus der Artillerie-straße in Kassel, der hat diese Geschichte provoziert. Wir sollten gesungen haben *Einst werden wir die roten Richter sein.* Das war ein Lied von uns. Die Melodie haben sie uns abgenommen und ihren Text dazu gemacht. Und da hat der SA-Mann behauptet, wir hätten das gesungen. Und abends zwischen halb sieben und sieben hieß es dann: *Stufe 1 raustreten!* Neben der Klosterkirche war ein runder Platz mit Platten belegt. In jeder Ecke stand ein SA-Mann mit 'nem Knüppel. Da ging's rund. Uns wurde gesagt, daß keiner am Fenster gucken sollte. Wir hörten ja die Schreie und haben doch geguckt. [...] Es war fürchterlich. Es waren mindestens 15 Mann, vorwiegend Kasseler. Und es hat sich über eine Stunde hingestreckt. Der Henner Seitz und der Konrad Belz, die haben am meisten darunter gelitten. [...] Gegen halb zehn ist der Polizeioffizier wiedergekommen. Da hat er das Theater dann erlebt. Er hat einen Arzt gerufen und der empfahl dann Hochlagern. Sie mußten beide hochgelagert werden. Die Schreie waren so laut gewesen, daß die Bevölkerung das an dem Abend mitgekriegt hat [...] Und die haben das am andern Tag auch in Kassel verbreitet.«[69]

Es ist erklärungsbedürftig, daß es zwar nicht viele, aber doch einige Berichte ehemaliger Gefangener Breitenaus gibt, die von den bislang genannten deutlich abweichen bzw. ihnen implizit widersprechen. In diesen Zeugnissen erscheinen die Verhältnisse im KZ Breitenau z.B. gegenüber anderen Erfahrungen relativiert. So berichtete zum Beispiel Erwin Köhler, daß Breitenau gegen Dachau und Buchenwald eine Lappalie gewesen sei; Mißhandlungen habe es in seiner Zeit dort nicht gegeben.[70] Ähnlich urteilte auch Otto Haferburg: Im Rückblick er-schien ihm die Haftzeit im KZ Breitenau als eher harmlos. Er erinnere sich ganz genau, daß man bei den SS-Wachmannschaften unterschieden habe zwischen solchen, mit denen man reden konnte, und anderen, die Gegner waren.[71]

Ähnlich auch Justus Hochrath:

»Dann ging's nach Breitenau [nach den Mißhandlungen im Polizeigefängnis am Königstor], da war dann eigentlich doch [alles] ein bißchen geordnet, bedingt durch das Arbeitshaus vorher [...] Es war kein Kuchenschlecken. Das war ja damals schon bekannt im Oktober 1933. Ich hab' mir das eigentlich schlimmer vorgestellt. Arbeit machen, Aufstehen, Wecken, Waschen und ruck zuck alles, dann raus, singend zur Arbeitsstelle, die wollten das. Und dann haben wir'n Weg gebaut, das haben wir gemacht am Fuldaberg, das war unsere Hauptbeschäftigung.«[72]

Bei der Interpretation dieser Berichte sollten drei erklärende und zugleich einschränkende Gesichtspunkte ins Auge gefaßt werden:
Erstens vergleicht Erwin Köhler Breitenau mit dem KZ Dachau und dem KZ Buchenwald, in denen er während des Krieges inhaftiert war. Er vergleicht mithin von Zeit und Ort her Unvergleichbares: die Erfahrung in sowohl zentralen als

---

69 Bericht von Christian Wicke, 76.
70 Notiz über ein Telefongespräch mit Erwin Köhler (vormals Cohn) (1991).
71 Notiz über ein Gespräch mit Otto Haferburg (1981).
72 Notiz über ein Gespräch mit Justus Hochrath (1982).

auch unstreitig ›härteren‹ Lagern fanden zu einer anderen Zeit als im unmittelbar nach der Machtergreifung eingerichteten regionalen Lager Breitenau im Jahre 1933 statt. Aus der Sicht eines Gefangenen, der beide Lager durchlaufen mußte (also z.B. 1933 Breitenau und 1942 Dachau), ist es verständlich, daß es für ihn zu einer Frage des Bezugssystems werden kann (›dort war es weniger schlimm, hier am schlimmsten‹).

Zweitens haben nicht alle Gefangenen alles in Breitenau mit eigenen Augen erlebt. Die Schikanen am Fuldaberg haben nur die dort zu dieser Zeit Arbeitenden erlebt. Es ist also denkbar, daß einige von Schikanen berichten, von denen andere nicht berichten können, weil sie selbst nicht anwesend waren (vielleicht könnten sie vom Hörensagen etwas mitteilen).

Drittens unterschied sich – wie wir an anderen Stellen gezeigt haben und auch noch im Kapitel über die Wachmannschaften zeigen wollen – die Situation der Gefangenen ganz erheblich in der Zeit der SA-Wachmannschaft (15. Juni 1933 bis 8. August 1933) von derjenigen unter der SS (ab dem 8. August 1933 bis zur Auflösung des Lagers). Schlimmer war die SA – dies geht aus sämtlichen Berichten hervor. Die drei oben wiedergegebenen Aussagen stammen sämtlich von ehemaligen Gefangenen, die die SA nicht mehr selbst erlebt haben.[73]

Hans Minkler hingegen – er hat beide Wachmannschaften, SA und SS, erlebt – sprach davon, daß »*von wenigen Ausnahmen abgesehen* das tägliche Leben in der Breitenau nicht besonders schikanös gewesen sei.«[74] Es hat mithin Schikanen gegeben, die jedoch die Ausnahme bildeten.

Verhältnisse und Beziehungen unter den Gefangenen

In den Gesprächen taucht gelegentlich ein Hinweis darauf auf, daß man sich die Beziehungen zwischen den inhaftierten Kommunisten und Sozialdemokraten in Breitenau nicht zu harmonisch vorzustellen hat. Hans Minkler verweist sicher zu Recht auf die soziale Distanz zwischen den nicht selten in Amt und Würden stehenden Sozialdemokraten – in diese Kerbe schlugen die Nazis systematisch mit dem üblen Wort *Bonzen* – und den arbeitslosen und vielfach auch mittellosen Kommunisten:

»Diskussionen zwischen den verhafteten Sozialdemokraten und Kommunisten habe es vielfach gegeben. Doch sei bei diesen Diskussionen überwiegend der gegenüber den Vertretern der anderen Partei nicht ohne Bitterkeit vorgetragene Vorwurf erhoben worden, daß man es ihnen verdanke, hier eingesperrt zu sein. Die gegenseitige Abschottung zwischen Sozialdemokraten und Kommunisten sei doch sehr stark gewesen. So sei beispielsweise eine Diskussion mit dem [späteren] Landrat Herrmann für ihn als einen arbeitslosen Maler unmöglich gewesen [...] Es habe auch eine gewisse soziale

73 Otto Haferburg war ab dem 8.8.1933, Justus Hochrath ab dem 24.10.1933 und Erwin Cohn war vom 8.12.1933 an als Schutzhaftgefangener in Breitenau.
74 Notiz über ein Gespräch mit Hans Minkler (1980). Hervorhebung d. Vf.

Distanz zwischen ihnen und den kommunistischen Häftlingen etwa in dem Sinne bestanden, daß man sich mit letzteren nicht ›gemein machen‹ wollte.«[75]

Das, was Minkler als sachlichen Streitpunkt hier nur vorsichtig andeutet, wurde – wenn Hermann Weymanns Bericht zutreffend ist – in einem besonders schlimmen Fall handgreiflich. Es traf – tragisch und in einem grotesken Mißverständnis zugleich – Ludwig Pappenheim. Er, der sich in den 20er Jahren für die *Reform* des Arbeitshauses Breitenau eingesetzt hatte[76], wurde nun von einem Kommunisten, der von der Sache offensichtlich keine Ahnung hatte, für den *Bau* des Arbeitshauses Breitenau verantwortlich gemacht:

> »Ich hab' so'n bißchen Halt an ihm [Ludwig Pappenheim] gehabt, der war ein gutmütiger Mensch gewesen, und ich hab' mich damals sehr sehr darüber geärgert: da hat ihn einer, der war wahrscheinlich so ein Rabautz-Kommunist, [...] die nichts mit der Sache zu tun haben, die eben bloß so die Rebellion, und der hat ihm ne Ohrfeige gegeben, in Breitenau. Und das ist von allen sehr verurteilt worden und von mir ganz besonders. [...] Weil er geäußert hatte, der Pappenheim, das hat er unter seiner Regie da bauen lassen, dieses Zuchthaus da. [...] Und der hat sich dann erbost, hat gesagt ›Dir gehört das hier‹; er war doch Sozialdemokrat, der Pappenheim. ›Das solltet Ihr hier ganz anders gemacht haben als wie im Gefängnis! Und für wen habt Ihr das gebaut?‹ Ich hörte ihn, den Cramer, und hat ihm 'ne Ohrfeige gegeben. Jedenfalls wird das sehr verurteilt. Denn den Pappenheim haben se nachher auf der Flucht erschossen.«[77]

Ausschließen kann man nicht, daß der hier erwähnte Kommunist der Nazi-Strategie auf den Leim gegangen ist, der es um ein Aufhetzen der Kommunisten gegen die mitgefangenen Sozialdemokraten[78] zu tun gewesen ist. Andererseits gab es ohnehin eine tiefe Feindseligkeit zwischen Kommunisten und Sozialdemokraten, so daß für falsche gegenseitige Anschuldigungen der Boden bereits vor 1933 bereitet war.

Besuche, Post und Zensur

Besuche waren nur an Sonntagen gestattet und die Besuchszeit war knapp bemessen:

> »Deine Anfrage wegen eines evtl. Besuchs hier kann ich dahin beantworten, daß hier an jedem Sonntag von 14 bis 17 Uhr Besuchszeit ist. Da dieselbe nur 15 Minuten ist, hat

---

75 Notiz über ein Gespräch mit Hans Minkler (1980).
76 Vgl. Ayaß, Arbeitshaus Breitenau, 251-258.
77 Notiz über ein Gespräch mit Hermann Weymann (1981).
78 Über die Versuche der Wachmannschaften, führende Sozialdemokraten zum Aggressonsobjekt der mitgefangenen Kommunisten zu machen und über die Mißhandlungen L. Pappenheims im KZ Breitenau und in Börgermoor [gemeint kann nur Neusustrum sein] berichtete auch Willi Belz – allerdings mit anderer Tendenz – folgendes: »Aus Wut darüber, daß ihre Pläne nicht aufgegangen waren [i.e. den ›Bonzen‹ Pappenheim zum Aggressionsobjekt der kommunistischen Mitgefangenen zu machen], jagten die Wachmannschaften Pappenheim wie toll auf dem Hof herum, schlugen und traten, beleidigten und demütigten ihn auf schändliche Weise.« – Belz, Die Standhaften, 180. Vgl. auch das Kapitel 5 ›Das Konzentrationslager Breitenau in der zeitgenössischen Presse‹.

es keinen Sinn, die weite und teure Reise von dort aus zu machen. Sollte etwas besonderes vorliegen oder die Haft hier noch sehr länger dauern, dann müßtest Du bei Polizeipräsidium Kassel, dem das Lager untersteht, eine besondere längere Sprecherlaubnis beantragen, die vielleicht auch wochentags gewährt wird.«[79]

»Ich hab' meinen Mann in Breitenau besucht. Das ist so gravierend, das weiß ich noch wie heute. Da war auch die SS. [...] Das war so eine alte wunderbare Kirche. Am Eingang kam mir ein SS-Mann entgegen, in der schwarzen Kluft. Ich hatte ein Päckchen in der Hand und ein Köfferchen.«[80]

Besuch sei möglich gewesen, auch der Postverkehr sei nicht wesentlich unterbrochen gewesen.[81]

Mindestens einmal wurde der Besuch für eine bestimmte Gruppe von Gefangenen untersagt.

»Nun, wie [ich] Euch schon mitteilte, fällt der Besuch am kommenden Sonntag für die Angehörigen der Stufe II aus.«[82]

Wie eine solche Besuchszeit ablief, beschreibt Marie Rügheimer:

»Wir sind dann schubweise, glaube ich, reingekommen. Das weiß ich heute auch nicht mehr so genau. Ich kann mich nur noch entsinnen, daß es ein großer Raum war mit langen Tischen, und da saßen die Männer und hier standen wir. Und immer dazwischen, da saß rechts und links ein SA-Mann, damit wir uns nichts erzählten, was unsere Männer nicht wissen sollten – vor allem nichts politisches, nicht. Man konnte ja nur so über die Familie sich unterhalten und so fort, wie es einem geht usw.«[83]

Kinder erinnerten sich an den Besuch des Vaters im KZ:

»Er selbst sei damals noch ein kleines Kind von drei Jahren gewesen, aber er könne sich doch noch erinnern, daß er es mitbekommen habe und immer zu seinem Papa wollte. Einmal sei er auch mit seiner Mutter in Breitenau gewesen, seinen Vater zu besuchen. Es war ein großer Saal, sie hatten nur 10 oder 15 Minuten Zeit, und das ganze fand unter Bewachung statt.«[84]

Die zu jener Zeit zehnjährige Tochter eines Gefangenen beschrieb, wie sie den Besuch des Vaters in Breitenau empfand:

»Ja, nur einmal. Also da hat meine Mutter mich nie mehr mitgekriegt. Ich weiß noch, das waren die ganz großen Fenster. Da standen die auf dem Fensterbrett und oben an den Eisengriffen, und da sangen sie alle ›Aber rot sind die Rosen, ehe sie verblühen, wo die grüne Heide blüht, aber rot sind die Rosen, ehe sie verblühen.‹ Da habe ich meiner

79 Nachlaß L. Pappenheim. Brief aus dem Konzentrationslager Breitenau vom 1.8.1933 an seine Familie.
80 Notiz über ein Gespräch mit Frau Martha Herbordt 1982 in Kassel.
81 Notiz über ein Gespräch mit Rudolf Freidhof (1980).
82 Karl Ritter an seine Frau auf einer Postkarte aus dem KZ Breitenau am 15. August 1933 (von Privat). Das bestätigt Marie Rügheimer in: Bericht von Christian Wicke, 75.
83 Bericht von Christian Wicke , 75.
84 Notiz über ein Gespräch mit Helmut Vaugt (dem Sohn von Karl Vaugt) am 1. Februar 1993 in der Gedenkstätte Breitenau .

Mutter gesagt: da gehe ich nicht mehr mit. Da war ich schon bedient. Da haben die Frauen draußen alle geheult. Mein Bruder, ja, der ging mit, der war ja noch klein. Da hat meine Mutter zu mir gesagt: Hör mal, Du mußt mitgehen, Dein Vater fragt nach Dir! Ich konnte es nicht mehr sehen. Es war ja eine Haft in dem Sinne. Ob sie ins Gefängnis kommen, egal ob es jetzt ein SA-Mann ist oder ein Gefängniswärter. Ich konnte das nicht mehr sehen. Das war für mich so ein Schock.«[85]

Es sind in den Briefen der Gefangenen deutliche Hinweise auf Briefzensur und Beschlagnahme der eingehenden und der ausgehenden Briefe erhalten, z.B. der folgende, bei dem man die den Zensurumständen angepaßte Sprachebene mithört:

»Meine Lieben! Euren Brief habe ich heute – dank des Entgegenkommens der hiesigen Lagerkommandantur – gelesen. Ausgehändigt wurde er mir nicht wegen einiger Bemerkungen, die Du l[iebe] Frieda in demselben machtest und die Anstoß erregten.«[86]

Pappenheim hat noch im August und September 1933 zahlreiche Briefe und Karten schreiben und versenden können. Er berichtet von einer einschneidenden Änderung bzw. Verschärfung ab 15. Oktober 1933:

»Ich schreibe Dir, weil uns soeben mitgeteilt wird, daß von nun an nur noch alle 4 Wochen geschrieben werden darf und wir nur alle 4 Wochen Post erhalten. Also an jedem 15. In dieser Woche werden noch Briefe angenommen.«[87]

Fragmente von Erinnerung an einzelne Ereignisse

Das ›Ehrenmal‹ für die SS am Fuldaberg

Im Herbst 1933 hatten einige Gefangene für die SS ein sogenanntes ›Ehrenmal‹ im oberen Teil des Fuldabergs, zur Fuldaseite hin, zu errichten. Reste dieses Bauwerkes sind noch heute erhalten und unschwer zu erkennen. Inmitten einer Trockenmauer ist ein Giebel eingelassen; darunter, in die Mauer vertieft, eine Nische und eine Bank – alles aus Stein – angelegt. Im Giebel befand sich eine Inschrift mit dem Text »Erbaut im Jahre der nat.[ionalen] Erhebung 1933 durch Insassen des Konzentrationslagers Breitenau«. Mitten im Giebel befand sich ein Hakenkreuz. In der Nische waren, einem Medaillon vergleichbar, die SS-Runen zu sehen. Das Dach wurde von zwei Gestalten symbolisch getragen, um die sich allerlei Legenden gebildet haben.

---

85 Notiz über ein Gespräch mit Frau Wagner (1982).
86 Nachlaß L. Pappenheim. Brief aus dem Konzentrationslager Breitenau vom 1.8.1933 an seine Familie. Auf der ersten Seite des Briefes ist von einem Mitglied der S.A.-Wachmannschaft vermerkt: *gel[esen] W.[...] 2.8.33.* – Der Brief Pappenheims vom 12.8.1933 beginnt: »Leider habe ich keine Nachricht aus Schmalkalden bekommen. Dagegen wurde mir mitgeteilt, daß ein Brief an meine Adresse beschlagnahmt worden sei und nicht ausgehändigt wird. Diesmal habe ich den Brief nicht zu lesen und nicht zu sehen bekommen.«
87 Nachlaß L. Pappenheim. Postkarte von Ludwig Pappenheim an seine Frau aus dem KZ Breitenau vom 15.10.1933.

Im Jahre 1990 der Gedenkstätte Breitenau zugekommener Bildausschnitt, auf dem die vollständige Inschrift des ›SS-Ehrenmals‹ authentisch erhalten ist: »Erbaut im Jahre der nat.[ionalen] Erhebung 1933 durch Insassen des Konzentrationslagers Breitenau«. Im Hintergrund sind die SS-Runen erkennbar. Reste dieses Mauerwerks befinden sich noch heute am Fuldaberg. Allerdings sind sämtliche Schriftzeichen, auch das Hakenkreuz, aus nicht ermittelbaren Gründen – nach 1945? – bis zur Unkenntlichkeit zerstört. Der Fotograf ist unbekannt. Die Aufnahme ist nicht genau zu datieren; sie dürfte aus den Jahren 1933 oder 1934 stammen, da die Buchstaben der Inschrift und der Rahmen durch einen noch relativ witterungsfreien Anstrich hervorgehoben erscheinen.

Merkwürdigerweise – an der Existenz dieses Ehrenmals besteht kein Zweifel, zumal es auch zeitgenössische Fotoaufnahmen gibt – taucht es in den Gesprächen mit den ehemaligen Gefangenen, die wir führten, nicht auf.

Willi Belz hat hierzu eine literarische Bearbeitung, die sich auf Berichte von Zeugen stützt, veröffentlicht:

»Am folgenden Tage geht es hinauf zum Fuldaberg. Eine Art *Ehrenhain* soll hier errichtet werden. Der Rottenführer zeigt den Fachleuten, wie die Anlage aussehen soll: Eine lange Trockenmauer ist an einem Hang vorgesehen, von einer Nische im Mittelteil unterbrochen, über der ein Pleitegeier der NSDAP und darunter eine Tafel mit Inschrift prangen soll. Die Tafel sollte Besuchern der Anlage davon künden, daß sie von Häftlingen des KZ Breitenau errichtet wurde. Wochenlang schleppten die Häftlinge Feldsteine aus der Umgebung für die Mauer zusammen. Nun stand die Krönung der Anlage mit der künstlerischen Gestaltung des Emblems und der Tafel an. Aber die Bauherren hatten nicht mit der Findigkeit der Zwangserbauer gerechnet, und die hatten schon längst im kleinen Kreise einen Plan ausgeknobelt, wie man der SA[88] ein Schnippchen schlagen könnte. ›Ich hab's‹, rief Heini Heeb, der gewiefte Tüftler, aus, ›hört mal zu. Zu der Stukkarbeit gehört doch bekanntlich Muschelkalk.‹ Darunter konnten sich die Nichtfachleute noch wenig vorstellen und fragten, was es damit auf sich hätte. Heini Heeb: ›Wenn man unter den Muschelkalk Salz oder Kali mischt, wird er in wenigen Monaten unter Wettereinwirkung völlig zu Staub verfallen.‹ [...] Der Plan der Häftlinge gelang perfekt [...]. Da war aber noch etwas anderes, über das Adi Ruhl [nach 1945; d.Vf.] zu berichten wußte: Während der Errichtung der Trockenmauer hatten Genossen und Freunde beschlossen, heimlich eine Flasche mit einem von allen unterzeichneten Bekenntnis in die Trockenmauer einzuschmuggeln. Am Tage der Befreiung sollte sie herausgeholt werden. In dem Bekenntnis hieß es: *Wir schwören, niemals im Kampf gegen den Faschismus zu erlahmen, bis er besiegt sein wird. Der Nazistaat wird so sicher in Staub zerfallen wie das Salz den Muschelkalk zerfrißt, aus dem wir als Zeugnis unserer Unterwerfung und der Schande ein Naziemblem errichten sollten. Es lebe die Freiheit!*«[89]

In der zeitgenössischen Presse haben wir keinen Bericht über dieses ›Werk‹ gefunden. Auch ist nicht bekannt, ob Gefangene nach 1945 tatsächlich die Flasche mit dem Text herausgeholt haben.

Schließlich bleiben einige Fragen zu den beiden Figuren und ihren Köpfen – es gibt das Gerücht, die Köpfe seien Ernst Thälmann und Rudolf Breitscheid nachgebildet – und deshalb bei der feierlichen Eröffnung gleich von einem SS-Mann im Zorn abgeschlagen worden. Angesichts der tiefen Verfeindung zwischen SPD und KPD vor 1935 erscheint dies kaum glaubhaft.

Die Aktion ›Hindenburg-Eiche‹

Gestapo-Chef Rudolf Diels hatte am 28. Juli 1933 für alle preußischen Schutzhäftlinge angeordnet, ihnen das Mittagessen für drei Tage zu entziehen, da in Berlin-Tempelhof eine neugepflanzte Hindenburg-Eiche beschädigt worden war.[90] Dies wurde, wie die Erinnerung einzelner Gefangener verdeutlicht, auch in Breitenau vollzogen.

---

88 Es kann sich auf Grund des Zeitpunkt (Herbst 1933) nur um die SS gehandelt haben.
89 Belz, Die Standhaften, 178 f.
90 Drobisch/Wieland, 114.- Der Funkspruch von Diels ist im Wortlaut wiedergegeben in: Klein, Lageberichte der Gestapo, 616. Die Hindenburg-Eiche war »am Tage der nationalen Arbeit« gepflanzt worden.

»Bei jeder Kleinigkeit, wenn z.B. irgendwo eine Hitler-Eiche gefällt war, dann hatten wir dann zu leiden, dann gab's nur Wasser und Brot und Rauchverbot. Man saß in der Ecke, kein Wort durfte man sprechen, das hat die Menschen zermürbt [...]«[91]

»Drei Tage bekamen sämtliche KPD-Häftlinge kein warmes Essen, da in Berlin die Hindenburgeiche abgebrochen war.«[92]

Hermann Weymann berichtet vom Essensentzug als Strafe für die kommunistischen Gefangenen, »weil angeblich Kommunisten in Berlin einen Baum gestürzt haben sollten«. Er erwähnt die Hilfe sozialdemokratischer Gefangener, die von ihrem Essen etwas abgaben.[93]

Ein Lattenverschlag im Keller?
Einer der Gefangenen berichtet von einem Verschlag, der sich in einem der Keller befunden habe; darin seien Gefangene eingesperrt worden.

»Das sollte nachmittags geschehen sein. Da war aber nur der Steinacker, KPD, im Keller, in einem Verschlag aus Latten. Der war da eingesperrt, weil er sich unerbittlich gegen die SA aufbäumte [...]«[94]

Der Name ›Steinacker‹ wird in den Breitenau-Akten nicht erwähnt, so daß hier eine Namensverwechslung vorliegen kann. Bei dem Lattenverschlag könnte es sich um ein Strafinstrument aus der Arbeitshaus-Tradition gehandelt haben.[95] Fritz Raabe berichtet ebenfalls von einem Keller, in dem die SA Gefangene mißhandelt habe.[96] Der in Breitenau leitende Polizeibeamte Heinrich Rüffer hält eine solche Folterstätte nicht für ausgeschlossen; allerdings habe sie sich seiner Erinnerung nach nicht im Keller befunden:

»Wir hatten eine Dunkelkammer. Das habe ich nicht erlebt – bis auf einen Fall, das habe ich mitbekommen, daß dort ein junger Mann eingesperrt worden war, der hat da furchtbar geweint und gejammert, und dann habe ich dafür gesorgt, daß er da schnell wieder rauskam. Diese Dunkelkammer befand sich in der Nähe des Saales, nicht in einem Keller.«[97]

---

91 Notiz über ein Gespräch mit Franz Heil (1987).
92 Notiz über ein Gespräch mit Herrn Kramm (1983).
93 Notiz über ein Gespräch mit Hermann Weymann (1981).
94 Bericht von Christian Wicke, 76.
95 Die Hausordnung des Arbeitshauses Breitenau von 1874 hatte den sog. »Lattenarrest« eingeführt. Ayaß, Arbeitshaus Breitenau, 211 f.: »Beim auch in Gefängnissen und Zuchthäusern verhängten Lattenarrest wurden die Verurteilten in einfacher Kleidung ohne Schuhe in eine leere Zelle gesperrt, deren Boden und Wände mit Dreikanthölzern ausgeschlagen waren, deren scharfe Seite nach außen stand.«
96 Gedächtnisprotokoll von Willi Hierdes über die eintägige Festnahme von Fritz Raabe in Breitenau. Aufgezeichnet am 1.8.1995 und mitgeteilt an Vf. von Herrn Karl Cöster, Breuna.
97 Notiz über ein Gespräch mit Heinrich Rüffer am 8.8.1995.

Die SA-Schutzhaftgefangenen

Ende des Jahres 1933 hat es zweimal kleinere Gruppen von SA-Männern – insgesamt waren es dreizehn Gefangene – gegeben, unter denen sich keine Dienstgrade befanden, die in das KZ Breitenau eingeliefert worden waren. Sie wurden von den anderen Schutzhaftgefangenen getrennt untergebracht und von einem zu diesem Zweck abkommandierten SA-Führer, Sturmführer Heinrich H.[...], bewacht; dies deutet auf eine Art ›Ehrenhaft‹ hin, die man auch aus anderen Konzentrationslagern kennt.[98] SA-Sturmführer und Landwirt Heinrich H. [...] aus Lindenhof bei Hofgeismar war kein Unbekannter. Er hatte sich an verschiedenen gewaltsamen Handlungen gegen kommunistische und sozialdemokratische Politiker maßgeblich beteiligt und im Sommer 1932 die Selbstbewaffnung der SA bis zum Bau eines Panzerwagens (die ›Hofgeismarer Panzerwagenaffaire‹ ging durch die Zeitungen) getrieben.[99]

Die ›SA-Häftlinge‹ blieben bis auf zwei, die etwas länger gefangen gehalten wurden, drei Wochen im KZ Breitenau. Näheres über die Haftgründe dieser mehrheitlich aus dem Kreis Gelnhausen stammenden SA-Männer ließ sich nicht ermitteln.[100]

Vom KZ Sonnenburg ins KZ Breitenau

Im Zuge der bereits unmittelbar nach dem 28. Februar 1933 in Schutzhaft genommenen kommunistischen Reichs- und Landtagsabgeordneten war der bei den Wahlen am 5. März 1933 in den Reichstag gewählte Abgeordnete Karl Küllmer aus Reichensachsen[101] über verschiedenen Haftstationen schließlich im KZ Sonnenburg eingeliefert worden. Infolge schwerer Mißhandlungen erlitt er einen Schädelbruch und mußte im April 1933 in der Berliner Charité behandelt werden.[102] Am 23. September 1933 wurde er aus dem KZ Sonnenburg entlassen.[103]

Während von dem Geheimen Staatspolizeiamt in Berlin aus noch das großsprecherische Entlassungsverfahren lief – so schrieb das Gestapa am 9. Oktober 1933 an die Ortspolizeibehörde Reichensachsen, daß Küllmer sich im KZ über das »Verwerfliche« seiner Handlungen habe Klarheit verschaffen können

---

98 Für das KZ Oranienburg berichtet dies Hans Biereigel: Mit der S-Bahn in die Hölle. Wahrheiten und Lügen über das erste Nazi-KZ. Berlin 1994, 61.

99 Die Geschichte der Kurhessischen SA. Herausgegeben von der SA-Standarte 47 (Kassel). Schriftleitung: SA-Truppführer Karl Poppe. [2. Auflage] Kassel 1935, 121 f.

100 Rückfragen beim Stadtarchiv Gelnhausen, der Gemeindeverwaltung Birstein und beim Geschichtsverein Birstein e.V. ergaben, daß der einzige noch lebende dieser SA-Gefangenen nicht zu einem Gespräch über diese Sache bereit ist (1997).

101 Vgl. S.189 f., biographische Notiz zu Karl Küllmer.

102 HHStA Wbdn: Dokumentation.

103 In nachgelassenen Papieren findet sich das Original des »Entlassungsscheins« aus Sonnenburg und das Schreiben des Gestapa vom selben Tag »Nach Prüfung Ihrer Schutzhaftsache habe ich mich entschlossen, die Aufhebung der Haft anzuordnen«). Archiv Gedenkstätte Breitenau: Nachgelassene Dokumente. Küllmer, K.

und daß er nun Gelegenheit erhalten solle, »sich in der Freiheit mit dem nationalsozialistischen Gedankengut vertraut zu machen« – saß Küllmer erneut in Schutzhaft, die der Landrat von Eschwege am 29. September 1933 verhängt hatte.[104]
»Begründet« wurde dies vom Eschweger Landrat wie folgt:

> »Selbst wenn Küllmer sich fortan jeder politischen Tätigkeit in kommunistischer
> Richtung enthalten sollte, müßte befürchtet werden, daß es bald zu Zusammenstö-
> ßen mit den alten Kämpfern der nationalen Erhebung käme, die ihn als ihren
> erbitterten Gegner in Erinnerung haben. Ein Verbleiben in Reichensachsen war
> deshalb untragbar, weshalb ich am 29.9.33 erneut die Schutzhaft über ihn verhäng-
> te. Dies war um so mehr notwendig, als mir bekannt geworden war, daß Küllmer
> Greuelgeschichten über schlechte Behandlung im Konzentrationslager Sonnen-
> burg erzählt habe. Abermalige Überführung in ein Konzentrationslager halte ich
> unter den geschilderten Umständen für dringend nötig.«[105]

Der letzte Absatz wird ausschlaggebend gewesen sein. Treibende Kraft für die
erneute Schutzhaft war hier der Landrat von Eschwege. Man kann sich vorstellen,
daß jemand, der nach schweren Mißhandlungen und Verletzungen ins Dorf
zurückkehrt, Gespräche gesucht hat – auch wenn er selbst gar nicht viel gesprochen haben mag. Als überlebendes Zeugnis für die Wirklichkeit des nationalsozialistischen Staates war er den Regierenden und ihren Dienern ein Dorn im
Auge. So kam er am 24. Oktober 1933 – über verschiedene Polizeihaftstätten –
nach Breitenau. Am 17. November 1933 wurde er von dort in das KZ Lichtenburg
überführt.

Im KZ Breitenau für einen Tag?

Von Fritz Raabe, dem damaligen Bürgermeister der Gemeinde Breuna, wird
berichtet, daß er für einen Tag nach Breitenau überführt worden ist. In den
Büchern findet sich hierüber kein Eintrag; Willi Hierdes aus Breuna erinnert sich
jedoch und gibt den von Raabe erhaltenen Bericht wie folgt wieder:

> »In der Nacht vor meiner Festnahme stand ein SA-Mann vor unserem Haus, so
> erzählte mir Fritz Raabe. Frühmorgens wurde Fritz Raabe verhaftet und nach
> Breitenau gebracht. Große Aufregung bei seinen Nachbarn und Freunden. Er
> wurde in Breitenau einige Zeit in der Schreibstube nicht beachtet. Herr Raabe
> wurde dann in einen Keller geführt, wo im Karrée SA-Schläger saßen. Im Keller
> lagen blutüberströmte wimmernde Männer, die SA-Männer waren ebenfalls mit
> Blut besudelt. Da bekam ich weiche Knie, so erzählte mir Fritz Raabe weiter. Die
> uniformierten SA-Leute weideten sich an dem Anblick und an meiner Angst. Nach
> geraumer Zeit wurde ich wieder nach oben geführt. Er wurde gefragt: Wissen Sie,
> wem Sie das zu verdanken haben, daß Sie nicht da unten liegen? Ihrem Studien-
> kamerad Steinmetz. Die Ehefrau von F.R. hatte alle Hebel in Bewegung gesetzt, um

---

104 Archiv Gedenkstätte Breitenau: Nachgelassene Dokumente. Küllmer, K. Schutzhaftbefehl vom
   29. September 1933.
105 Archiv Gedenkstätte Breitenau: Nachgelassene Dokumente. Küllmer, K.: LR Eschwege: Antrag
   auf Aufnahme des Schutzhaftgefangenen ins Konzentrationslager vom 10.10.1933.

ihren Mann frei zu bekommen, und alle Freunde haben Frau Raabe in der Zeit beigestanden. Wie Fritz Raabe nach Hause gekommen ist, weiß ich nicht mehr [...].«[106]

Uns sind sechs weitere Namen von Menschen bekannt, von denen berichtet wird, sie seien 1933/34 als Schutzhaftgefangene in Breitenau gewesen, ohne daß sich ein Hinweis darauf in den Akten findet.[107]

---

106 Gedächtnisprotokoll von Willi Hierdes über die Festnahme von Fritz Raabe [...](1995).
107 Es handelt sich im einzelnen um: [...] Becher[er?], Karl Senkbeil (SPD- u. Reichsbanner-Mitglied), Willi Stein, geb. 21.10.1902 in Kassel, Drahtstecher,[...] Steinacker, Adam Walper, geb. 30.6.1907 in Braunshausen/Rotenburg und um Christian Wittrock (SPD-Stadtverordneter in Kassel).

Die Wachmannschaften

Zur Quellenlage

Es ist erstaunlich, daß es kaum historische Forschungen zur *regionalen* oder *lokalen* SS und SA gibt; beide Organisationen umfaßten jeweils Hunderttausende von Mitgliedern, und beide gehörten zu den tragenden Säulen der nat.soz. Herrschaft. In der SS hatte Heinrich Himmler die Inkarnation der künftigen Führungsschicht in Europa und der Welt gesehen. Wie mit einem Schlag schien 1945 die SS-Vergangenheit Hunderttausender ausgelöscht; das Thema war tabu.

Die im Konzentrationslager Breitenau eingesetzten SS- und SA-Männer haben, vielleicht aus Furcht vor strafrechtlichen Verfahren, nach 1945 über diese Zeit nichts mitgeteilt. In keinem einzigen Fall konnten wir bei den ehemaligen Angehörigen der Wachmannschaften Gesprächsbereitschaft feststellen. Ermittlungsverfahren hat es zum frühen KZ Breitenau nicht gegeben, wie übrigens auch für das erheblich größere berüchtigte KZ Columbia-Haus in Berlin nicht.[1] Für wenige frühe Konzentrationslager war es nach 1945 zu Anklagen und Verurteilungen gekommen; besonders streng waren die Urteile gegen Angehörige der Wachmannschaften des frühen Konzentrationslagers Kemna in Wuppertal, wo im Jahre 1948 ein Todesurteil, lebenslange Haft- und hohe Zuchthausstrafen ergangen sind.[2]

Insofern ist die Quellenlage zu den Wachmannschaften auf die wenigen erhaltenen Akten, die nicht sehr ergiebige Literatur[3] und die (hierfür ebenfalls

---

1   Kurt Schilde/Johannes Tuchel: Columbia-Haus. Berliner Konzentrationslager 1933-1936. Berlin 1990, 85.

2   Karl Ibach: Kemna. Wuppertaler Konzentrationslager 1933-1934. 3. Auflage Wuppertal. 1981 [zuerst 1948 u.d.T. Kemna. Wuppertaler Lager der S.A.1933], 84-129. Dort wird ausführlich über Anklageschrift, Prozeß und Urteil berichtet. Die Anklageschrift umfaßte 151 Seiten und klagte die beschuldigten SA- und SS-Angehörigen u.a. an, »durch fortgesetzte und zum Teil gemeinschaftliche Handlungen als Beamte in Ausübung oder in Veranlassung der Ausübung ihres Amtes vorsätzlich Körperverletzungen begangen oder begehen lassen zu haben«. Wegen Verbrechens gegen die Menschlichkeit wurde einer der Angeklagten zum Tode, vier zu lebenslangem Zuchthaus, sechs zu Zuchthausstrafen zwischen 15 und 2 Jahren und weitere sechs Angeklagte zu Gefängnisstrafen verurteilt. Die Verurteilung war in zahlreichen Fällen mit der Aberkennung der bürgerlichen Ehrenrechte verbunden. – Solche harten Strafen bildeten die Ausnahme; zumeist herrschte eine den Angeklagten entgegenkommende Milde vor. Ehemaligen SA- und SS-Hilfspolizisten der frühen KZ Missler, Landlütjen II und Ochtumsand in und bei Bremen billigte das Bremer Landgericht im Jahre 1951 milderne Umstände zu, »weil sie zur Tatzeit jung, arbeitslos und politisch verhetzt gewesen seien. [...] Es sei deshalb ein gravierender Fehler der vorgesetzten Stellen gewesen, die Wachmannschaften für die politischen Häftlinge aus dem Kreis von SA und SS zu rekrutieren. Damit nicht genug, rechnete das Gericht die schweren Verwundungen, die einige Angeklagte während des Krieges davongetragen hatten, ebenso als strafmildernd an wie den Umstand, daß so mancher Angeklagter nach 1945 in Lagern der Alliierten selbst schwer mißhandelt worden sei« (Lothar Wieland, Die Konzentrationslager Landlütjen II und Ochtumsand, a.a.O., 78).

3   Die ältere Darstellung von Schön und die SA-eigene Darstellung von K. Poppe enthalten keine Hinweise auf Mitglieder der SA-Wachmannschaft in Breitenau. Bei Poppe wird die SA-Wachmannschaft der Schutzhaftstation am Karlshospital in Kassel allgemein erwähnt (149:

nicht ergiebigen) zeitgenössischen NS-Tageszeitungen beschränkt. An Akten sind die NSDAP-Akten (Berlin Document Center), die Breitenauer Anstaltsakten (LWV-Archiv) und die Akten des Regierungspräsidenten des Regierungsbezirks Kassel (Hessischen Staatsarchiv Marburg) von Belang.

Die erste Wachmannschaft:
Hilfspolizei/SA aus Kassel (15. Juni bis 8. August 1933)
Rechts- und Unterstellungsverhältnisse, Stärke des Kommandos
Die erste Wachmannschaft des KZ Breitenau wurde aus sogenannten Hilfspolizisten gebildet und war vom Polizeipräsidium Kassel eingesetzt worden.[4] Allerdings hat man sich unter diesen Hilfspolizisten nicht ein sorgfältig ausgewähltes und fachlich ausgebildetes Personal vorzustellen. Es handelte sich um SA-Angehörige, denen über Nacht staatliche Hoheitsaufgaben zugeteilt worden waren. Polizeipräsident von Pfeffer, selbst SA-Gruppenführer und seit dem 26. Juli 1933 Leiter der im Polizeipräsidium eingerichteten Staatspolizeistelle Kassel[5], hatte die SA-Männer zu staatlichen Polizisten ernannt.

Grundlage war der Erlaß über die Hilfspolizei des (seit dem 1. Februar 1933 amtierenden) preußischen Innenministers Hermann Göring vom 22. Februar 1933.[6]

Die Presseverlautbarung des Polizeipräsidiums hat die Tatsache, daß die Angehörigen der Wachmannschaft in Breitenau der SA angehörten, öffentlich mitgeteilt[7]:

»Als Wache wurde ihnen [den Schutzhaftgefangenen] ein Polizei-Oberwachtmeister und 15 Hilfspolizisten aus der SA zugewiesen.«[8]

Aussagen von Zeitzeugen deuten daraufhin, daß zwischen dem Polizei-Oberwachtmeister Heinrich Rüffer und dem SA-eigenen »Führer des Wachkommandos« W. – so bezeichnete sich W. rückblickend in einem Lebenslauf im Jahre

»Unterm 28. März wird auf Anordnung der SA-Standarte 83 im Karlshospital eine Schutzhaftstelle für SPD- und KPD-Bonzen des Landkreises Kassel eingerichtet. Ein Kommando der SA-Hilfspolizei stellt die Wache«). Die Geschichte der Kurhessischen SA. Herausgegeben von der SA-Standarte 47 (Kassel). Schriftleitung: SA-Truppführer Karl Poppe. [2. Auflage] Kassel 1935. Eberhart Schön: Die Entstehung des Nationalsozialismus in Hessen. Meisenheim am Glan 1972 (=Mannheimer Sozialwissenschaftliche Studien. Hgg. v. Hans Albert, Martin Irle u.a.. Band 7).

4 HStA Mbg 165/3878. Landeshauptmann an PP in Kassel vom 15.6.1933 (»vom Polizeipräsidium zu stellende[s] Aufsichtspersonal«).
5 Klein, Lageberichte der Gestapo, 27.
6 Abgedruckt in: Gutachten des Instituts für Zeitgeschichte. München 1958, 336.
7 Die Mitgliedschaft in der SA kann bei Friedrich A. (SA-Obertruppführer seit 1930), Kurt G., Walter K. (SA-Obertruppführer seit Mai 1933), Leo M., Hermann S., Willy S. (Sturmführer im OSAF-Stab und im Stab der SA-Brigade 47 Kassel) und bei Hans W. nachgewiesen werden. Der Rang eines SA-Obertruppführers entsprach dem eines Oberfeldwebels bei der Wehrmacht und dem eines Hauptscharführers bei der SS. Der Rang eines Sturmführers bei der SS entsprach einem Offiziersrang bei der Wehrmacht (Leutnant, Oberleutnant oder Hauptmann entsprechend Unter-, Ober- oder Hauptsturmführer). Vgl. Heinz Artzt: Mörder in Uniform. Organisationen, die zu Vollstreckern nationalsozialistischer Verbrechen wurden. München 1979, 198 (Rangtafel).
8 Kasseler Post Nr. 171 vom 23.6. 1993. »Eine Stunde unter Schutzhäftlingen«.

1938[9] – eine Konkurrenz um die Führungsposition bestand. Diese Konkurrenz hatte durchaus objektive Gründe: es bestand ein institutionelles Spannungsverhältnis zwischen der noch nicht vollständig beseitigten rechtsstaatlichen Polizeigewalt und der zur uneingeschränkten Herrschaft drängenden politischen Partei, hier in Gestalt der Privatarmee SA.

Durch Fluktuation bzw. Erweiterung des Kommandos waren insgesamt während der ersten acht Wochen 24 Mann als Bewachung eingesetzt, die zunächst im zweiten Stock des Hauptgebäudes untergebracht waren.[10] Die Wachmannschaft war somit auf die Etage zwischen die Tagesräume (1. Stock) und die Schlafsäle (3. Stock) der Schutzhaftgefangenen plaziert worden.

Alle Angehörigen dieses Kommandos waren mit Wohnsitz in Kassel gemeldet; neun von ihnen sind in Kassel geboren und dort vermutlich auch aufgewachsen.[11]

Der Regierungspräsident hatte dem preußischen Innenminister am 10. Juli 1933 mitgeteilt, warum er die Angehörigen des Kommandos aus der Stadt Kassel rekrutiert hatte:

»Da in Breitenau und Umgebung nicht die erforderlichen Hilfspolizeibeamten zur Verfügung standen, wurden aus Kassel Hilfspolizeibeamte abgeordnet, die in der Korrigendenanstalt in Breitenau untergebracht und verpflegt werden.«[12]

Vom Kasseler Polizeipräsidium wurde anläßlich der Pressekonferenz am 22. Juni 1933 erklärt, daß die Auswahl des Wachkommandos besonders unter dem Gesichtspunkt der Schwierigkeit des »Umgangs« mit »Andersdenkenden« zusammengestellt worden sei:

»Da man die Bewachungsmannschaften nicht lediglich nach dem Grundsatz der Schneidigkeit, sondern nach der Eignung für den gewiß nicht leichten Umgang mit politisch extrem Andersdenkenden ausgesucht hat, wird auch hierbei vielleicht manches Samenkorn späteren besseren Verstehens des heutigen Staates gesät werden können.«[13]

Alter, Ausbildung, Beruf

Die Wachmannschaft bestand überwiegend aus jungen Männern. Und doch lassen sich zwei Altersgruppen unterscheiden: 14 von den 24 SA-Männern gehörten der jüngeren Gruppe an; sie waren durchschnittlich 23 Jahre alt (alle waren

---

9 Bundesarchiv. Außenstelle Berlin-Zehlendorf (ehem.: Berlin Document Center). (im folgenden zitiert: BDC) Hans W.: R. und S. Fragebogen. Lebenslauf aus dem Jahre 1938.
10 Hersfelder Zeitung vom 24. Juni 1933.
11 Alle haben Kassel als Wohnsitz angegeben; lediglich einer wohnte im stadtnahen (später erst [1936] eingemeindeten) Harleshausen.
12 HStA Mbg 165/3878. Handschr. Entwurf eines Schreibens des RP in Kassel an PrMdI am 10.7. 1933 anläßlich des Antrags auf Einführung des Schichtwechsels für das Bewachungspersonal des KZ Breitenau.
13 Kasseler Neueste Nachrichten Nr. 144 vom 23.6.1933. »Sie können sich nicht beklagen«.

zwischen 21 und 25 Jahre alt), während 10 der Gruppe der Älteren angehörten und durchschnittlich 32 Jahre alt waren (alle zwischen 26 und 33, einer sogar 41 Jahre alt).[14] Eine etwas andere Altersstruktur findet sich übrigens bei der später eingesetzten SS-Wachmannschaft.

19 (von 24) hatten die Volksschule, zwei hatten Realschule oder höhere Schule besucht (»Realgymnasium bis O III«; »Oberrealschule in Kassel«; von Abitur ist in beiden Fällen nicht die Rede) und bei weiteren zweien ist es auf Grund der Berufsbezeichnung (»Ingenieur«) denkbar bzw. zu vermuten.

Insgesamt 12 kamen aus Berufen wie Maurer, Installateur, Ankerwickler, Zimmermann, Schuhmacher, Hausdiener, Schreiner, Arbeiter, Gärtner, Elektriker, weitere sieben waren kaufmännische Angestellte oder hatten »Kaufmann« als Beruf angegeben.

Weitere Aussagen zu Beruf und sozialer Herkunft der Mitglieder dieser Wachmannschaft lassen sich wegen fehlender Quellen – es haben sich nur wenige Lebensläufe und Partei-/SA- bzw. SS-Eintrittsdaten finden lassen – nicht machen.

Politische Orientierung

Bei 23 von den 24 Angehörigen dieses Kommandos läßt sich eine Mitgliedschaft in der NSDAP nachweisen; bei zwei Drittel von ihnen lag der Eintritt in die NSDAP in den Jahren 1929 – 1932 (4 im Jahre 1929, 2 im Jahre 1931 und 9 im Jahre 1932).

Einige waren bereits Jahre vor dem 30. Januar 1933 in die SA eingetreten und hatten Dienstgrade erreicht:

- Friedrich A. war am 1.4.1930 in die SA eingetreten und Obertruppführer geworden[15];
- Werner B. war am 1.10.1930 in die NSDAP eingetreten[16];
- Walter K. muß schon länger bei der SA gewesen sein, denn er war SA-Obertruppführer[17];
- Leo M. war am 30.11.1930 in die SS und am 1.4.1931 in die SA eingetreten; ab Februar 1932 gehörte er der Motor-SA an, bei der er ab Februar 1932 Obertruppführer geworden war. Als NS-›Ehrenzeichen‹ trug er das »Dienstabzeichen 1931« und das »Braunschweiger Treue Verdienstkreuz in Bronze«[18];
- Hermann S. war am 1.12.1930 in die NSDAP eingetreten und auch früh (das genaue Datum war nicht zu ermitteln) in der SA aktiv. Er wird in der

14 Der dem SA-Kommando beigeordnete Polizei-Oberwachtmeister Rüffer wurde in diese Berechnungen nicht einbezogen.
15 BDC. NSDAP-Kartei: Friedrich A. – Der Rang eines SA-Obertruppführers entsprach dem eines Oberfeldwebels bei der Wehrmacht und dem eines Hauptscharführers bei der SS. Vgl. Heinz Artzt: Mörder in Uniform, a.a.O., 198 (Rangtafel).
16 BDC. NSDAP-Kartei: Werner B. NSDAP Nr. 331803.
17 BDC. NSDAP-Kartei. Walter K.
18 BDC. OT-Akte und NSDAP-Kartei: Leo M.

Kasseler kommunistischen Tradition der »berüchtigte Sturmführer S.« genannt[19].

Von diesen SA-Unterführern ist anzunehmen, daß sie bereits in der sogenannten ›Kampfzeit‹, der Auseinandersetzung mit ›dem System‹ und dem politischen Gegner, Erfahrung gesammelt und sich ›bewährt‹ haben.

Von diesen etwas älteren Unterführern ist eine Gruppe jüngerer (Stichdatum 1.6.1933) SA-Männer, die erst 1933 in die NSDAP (und vermutlich auch erst in diesem Jahr in die SA) eintraten, klar unterscheidbar. Zu ihnen zählen u.a.:

- Hans G., 22 Jahre alt, Eintritt in die NSDAP am 1.5.1933
- Paul K., 26 Jahre alt, Eintritt in die NSDAP am 1.4.1933
- Erich P., 24 Jahre alt, Eintritt in die NSDAP am 1.3.1933
- Erwin P., 23 Jahre alt, Eintritt in die NSDAP am 1.2.1933

Mißhandlungen und ›Abrechnungen‹ in Breitenau

Ganz schwierig ist es, zu einer Vorstellung der tatsächlichen Praxis dieser (und auch der ihr folgenden) Wachmannschaft zu kommen. Keiner von ihnen, soweit überhaupt noch erreichbar, war zu einem Gespräch bereit. Wir verfügen daher nur über Fragmente und Splitter, die schwer zusammenzufügen sind. Im folgenden einige bereits in anderem Zusammenhang wiedergegebene Äußerungen ehemaliger Gefangener[20]:

»Ich habe mir immer gesagt: wenn Du auf den Bock kommst, dann bereite Dich vor, entweder bist Du tot oder ..., die waren unbarmherzig, hauptsächlich die SA. [...] Ich habe gesehen, wie Mitgefangene, die nicht mehr mit dem Arbeiten mitkamen, getreten wurden.«

»Ich war zuerst ins Kasseler Gefängnis gekommen; dann mit der grünen Minna nach Breitenau. Ein SA-Mann: ›Ihr Burschen, Euch machen wir fertig!‹«

»Ein SA-Mann hat mir, als ich es einmal nicht so eilig hatte, befohlen *Ins Wasser!* Ich mußte in einem Wassergraben über eine halbe Stunde gehen und stand dort bis unter die Knie im Wasser, woraufhin ich mich schwer erkältet hatte. Der Anstaltsarzt, der mich mit hohem Fieber sah, sagte ›*Höhenluft!*‹ Mit anderen Worten: Fuldaberg.«

»Das Unmenschliche, das hat mich zerhackt. Bei der SA waren die Schikanen noch schlimmer als bei der SS. [...] Den Bock habe ich gesehen. Ist er nicht gefunden worden? Da ging's drauf, so eine Art Sprungbock, wie Kinder ihn haben, aber niedriger. Sie haben Peitschen gehabt, ausgepeitscht. Auch Genossen von mir sind hier ausgepeitscht worden.«[21]

19 Belz, Die Standhaften, 37, berichtet davon, daß Fritz Schmidt (KPD-Bezirksleitung 1933) von einem »berüchtigten Sturmführer S.« gesprochen habe, dessen SA-Sturm am 28. Februar 1933 in kommunistische Wohnungen in Kassel eingedrungen sei.
20 Vgl. auch den Abschnitt: *Schikanen und Mißhandlungen*), S.130 ff.
21 Notiz über ein Gespräch mit Franz Heil (1987). Franz Heil war als Schutzhaftgefangener in der Zeit vom 14. Juli bis 20. September 1933 in Breitenau. Er hat also zunächst die SA drei Wochen lang und dann die SS (ab 8. August 1933) als Wachmannschaft erlebt.

Die Tatsache, daß sich ein Mitglied der SA-Wachmannschaft wegen der ›Methode‹ der Behandlung politischer Gegner abgemeldet haben soll, deutet in dieselbe Richtung:

> »Die SA-Hilfspolizisten haben ein Gewehr getragen. Bei der SA-Wachmannschaft habe man aber auch welche getroffen, denen diese Methode der Inhaftierung politischer Gegner mißfallen habe. So habe ein SA-Mann zu ihm gesagt: ›Ich melde mich ab. Ich will nicht haben, daß die Leute geschunden werden‹.«[22]

Zu einzelnen Mitgliedern des Kommandos

Drei Mitglieder des Wachkommandos wurden im Laufe der folgenden Jahre aus der SA bzw. der NSDAP ausgeschlossen: einer wegen ›Disziplinlosigkeit‹, ein anderer wurde ohne erkennbare Gründe »aus der SA entlassen«, ein dritter wurde wegen »Untreue und unerlaubter Entfernung im Felde« im Jahre 1941 aus SA und NSDAP ausgeschlossen.

Willy S. machte bei der Gestapo Karriere: bereits im November 1933 trat er als Kriminal-Angestellter der Gestapostelle Kassel bei; 1937 wechselte er zur SS; seit Februar 1939 war er bei der Stapo Karlsbad als Kriminal-Assistent der Außenstelle Budweis tätig.

Ein Gespräch mit dem ehemaligen Polizei-Oberwachtmeister

Im August 1995 ergab sich die Gelegenheit, mit dem damaligen Polizei-Oberwachtmeister Heinrich Rüffer, der dem SA-Kommando zugewiesen worden war, zu sprechen. Er lebte als rüstiger 90-jähriger in Kassel und war sofort zu einem Gespräch bereit, das in seiner Wohnung stattfand. Erinnern wir uns, daß Heinrich Rüffer in den Erinnerungen einzelner Gefangenen deutlich positiver beurteilt worden war als die SA-Wachmannschaft, zumal er offenbar den abendlichen Terror im Juli 1933 beendet hatte.

Heinrich Rüffer hat in dem Gespräch die aus den Akten gewonnene Sichtweise des gespannten Verhältnisses von Polizei und SA-Wachmannschaft bestätigt. Dabei ging er auch auf die Beendigung des SA-Terrors anläßlich seiner Rückkehr aus Kassel am 19. Juli 1933 ein:

> »Nun, diese verdammten SS- und SA-Mannschaften, die ja ihr Mütchen kühlen wollten an den armen Menschen. Das war ja für die eine Sache, eine ganz willkommene Angelegenheit. Schutzhaftlager! Ich habe immer gesagt, diese Leute müssen wir in Schutz nehmen, die können wir doch nicht schlagen. Und ich hatte einen Tag Urlaub, ich komme zurück, da haben diese Schweine die armen Menschen antreten lassen wie Soldaten, kommandiert Hinlegen – Auf! Hinlegen- Auf! und auch verprügelt und so weiter. Und waren so arme kranke Leute auch dabei. Da kam ich dann und sagte: Schluß! Aus! Nichts mehr! Was ist denn hier los? Das gibt's

---

22 Notiz über ein Gespräch mit Rudolf Freidhof (1980).

doch gar nicht! Und da waren die noch böse. Der Sturmführer hat ein böses Gesicht gemacht. Da habe ich ihn mir kommen lassen und gesagt: Ich habe hier die Anordnung, anständig die Leute zu führen und bin verantwortlich dafür, nicht Sie, sondern ich! Also unterstellen Sie sich ganz und gar, das will ich so haben. Naja, dadurch, daß ich nun energisch auftrat, da hatten sie dann doch ein bißchen Respekt und Achtung vor mir. Ich war damals ein energischer Bursche, wog 190 Pfund, war kräftig, und da hatten sie Achtung vor mir. [...] «[23]

Auch der Konflikt mit dem SA-Sturmführer taucht auf:

»Zu meiner Zeit war ich der Leiter, sonst keiner. Es war zwar jedes Mal der Sturmführer dabei, bei den Leuten, die aber alle mir unterstanden, auch der Sturmführer. Wenn ich da nicht ganz energisch durchgegriffen hätte, ganz bewußt gezielt, und auch meinen Mann gestanden hätte, dann war es gar nicht möglich, dann hätten sie mir auf dem Kopf rumgetanzt.«[24]

Und noch einmal ganz deutlich:

»Ja, es war für mich eine ganz häßliche Abkommandierung, die ich aber nachher für gut empfunden habe, im nachhinein, weil ich mir sagte: Du hast doch dazu beitragen können, daß wenigstens diese Leutchen menschlich entsprechend auch behandelt wurden. Wie gesagt, wenn ich mit denen [den SA/SS-Wachmannschaften] in ein Horn geblasen hätte – du lieber Gott, die armen Leute wären totgeschlagen worden.«[25]

Gäbe es keine unabhängig von diesem Bericht und Jahre zuvor zustandegekommenen Urteile ehemaliger Schutzhaftgefangener Breitenaus, die hinsichtlich der Rolle des Polizei-Oberwachtmeisters in dieselbe Richtung weisen, ließe sich Rüffers Darstellung als die eigene Person schützende und zugleich andere belastende Aussage in ihrer Glaubwürdigkeit in Frage stellen oder gar anzweifeln. Unter den hier gegebenen Bedingungen sehen wir für einen solchen Zweifel keinen Anlaß. Rüffer verweist auch auf die einverständige Zusammenarbeit mit Pfarrer Hollstein in Breitenau:

»Pfarrer Hollstein, er wollte oft mit mir sprechen, ich bin oft bei ihm zu Hause [in Guxhagen] gewesen, er war auch kein Nazi, wir haben oft über diese häßlichen Dinge, die sich anbahnten, gesprochen. Wir hatten gegenseitiges Vertrauen, politisch gesehen, so daß wir uns über alles ausdrücken konnten. Er hat sich gefreut, wenn ich ihm sagte, daß ich versuchen würde, nach Möglichkeit diese Menschen menschlich zu behandeln, damit sie kein Leid angetan bekommen. ›Das ist schön von Ihnen‹, sagte er dann. Wir haben gut zusammengearbeitet. Der hat dann auch mal eine Predigt gehalten.«[26]

Zusammenfassende Charakterisierung des SA-Kommandos
Viele Berichte – vor allem in der Erinnerung ehemaliger Gefangener – sprechen dafür, daß die SA-Wachmannschaft, vielleicht unter besonderer Führung einzelner

---

23 Notiz über ein Gespräch mit Heinrich Rüffer (1995).
24 Ebenda.
25 Ebenda.
26 Ebenda.

Schläger und Schinder, den rohen Terror des März und April 1933 im Zuge der Machtergreifung danach in Breitenau fortzusetzen suchte. Die Folterstätten Wassersporthaus, Bürgersäle, Karlshof und andere im Regierungsbezirk Kassel wurden nun nach Breitenau verlagert und unter polizeilich-staatlicher Abschirmung fortgesetzt. Freilich gab es unter den SA-Leuten auch andere, die sich an den Mißhandlungen und am Terror nicht beteiligten. Einer soll sich wegen der Mißhandlungen vom Kommando abgemeldet haben, von einem anderen hörten wir, daß er eher maßvoll war. Gleichwohl dürften die Schläger und Schinder den Ton angegeben haben. Nicht zuletzt deren Auftreten und Verhalten und/oder deren Bekanntwerden bis nach Kassel könnte den Kasseler Polizeipräsidenten in der Absicht bestärkt haben, die SA-Wachmannschaft nach acht Wochen abzuberufen.

Die zweite Wachmannschaft:
Hilfspolizei/SS (8. August bis 17. März 1934)
Rechts- und Unterstellungsverhältnisse, Stärke des Kommandos
Am 8. August 1933 wurde das SA-Kommando von einem ebenfalls aus Kassel stammenden SS-Kommando abgelöst. Auch dieses Kommando firmierte offiziell als Hilfspolizei, diesmal allerdings in schwarzer Uniform statt im Braunhemd.

Zwei Motive erklären, warum dieser Wechsel nach so kurzer Zeit vorgenommen wurde: erstens einflußreiche Bestrebungen im preußischen Innenministerium, besonders seitens des SS-Führers Kurt Daluege, die dahin gingen, in den preußischen Konzentrationslagern allgemein die SA- durch SS-Wachmannschaften abzulösen; zweitens die Initiative des Polizeipräsidenten und Leiters der Staatspolizeistelle Kassel (seit dem 26. Juli 1933) von Pfeffer, die mit den eben berichteten Mißhandlungen der Schutzhaftgefangenen in Breitenau durch die SA zu tun hatte. Die Initiative von Pfeffers kann sich mit den Bestrebungen Dalueges getroffen haben.

Der preußische Innenminister genehmigte am 24. Juli 1933 die Ablösung des SA-Kommandos und die Beauftragung eines SS-Kommandos in Breitenau:

> »Für den Bewachungsdienst [...] genehmige ich bis auf weiteres vorbehaltlich jederzeitigen Widerrufs die Gestellung eines – im Benehmen mit der zuständigen SS-Gruppe aus geeigneten SS-Mannschaften zusammenzustellenden – Bewachungskommandos in Stärke bis zu 20 Mann Hilfspolizeibeamten.«[27]

Eine solche Genehmigung läßt auf einen entsprechenden Antrag schließen; es muß mithin eine solche Initiative von Pfeffers gegeben haben. Der Regierungspräsident von Monbart hatte sich am 10. Juli 1933 an den Innenminister gewandt

---

27 HStA Mbg 165/3878. PrMdI an RP Kassel vom 24.7.1933 betr. Unterbringung politischer Schutzhäftlinge.

und diesem berichtet, daß er »den Antrag des hiesigen Polizeipräsidenten« befürworte[28] und darum gebeten,

»die dauernde Verwendung der für die Bewachung der Schutzhäftlinge in Breitenau erforderlichen Hilfspolizeibeamten gemäß Absch. 1 Ziffer 4 der Durchführungsbestimmungen[29] zum Runderlaß vom 22.2. 1933 – II C 1 59 Nr. 40/33 – (nicht veröffentlicht) zu genehmigen.«[30]

Es erscheint daher wahrscheinlich, daß der Antrag des Kasseler Polizeipräsidenten, auf den hier Bezug genommen wird, auch den Vorschlag enthielt, die SA-Wachmannschaft durch ein SS-Kommando abzulösen.[31]

Die Aussage eines ehemaligen SS-Angehörigen in einem Spruchkammerverfahren enthält einen Hinweis:

»Breitenau war ein Schutzhaftlager, das von der SA verwaltet und auch geführt wurde. Ich weiß, daß irgendwelche Schweinereien vorgekommen waren und seitens des damaligen Polizeipräsidenten von Pfeffer bei der SS-Dienststelle angefragt wurde und auch von uns zwangsläufig verlangt hat [richtig: wurde], ihm zuverlässige, ruhige SS-Angehörige zur Verfügung zu stellen. Ob es dann geschehen ist, kann ich im Augenblick nicht sagen. Ich glaube aber: ja.«[32]

Das zweite Motiv ist eindeutig faßbar und von Tuchel dargelegt: auf Betreiben von Kurt Daluege, der zugleich hoher SS-Führer und Leiter der Polizeiabteilung im preußischen Innenministerium geworden war, sollten in allen preußischen Konzentrationslagern in den Monaten Juli/August SA- und Stahlhelm-Wachmannschaften von SS-Wachmannschaften abgelöst werden, sofern dies nicht bereits geschehen war.[33] ›Festgeschrieben‹ wurde diese Entwicklung durch einen Erlaß Dalueges vom 7. Juni 1933, den Tuchel auszugsweise wiedergibt. Wahrscheinlich geht die Tendenz, – so nimmt Tuchel an – die SS ausschließlich im Rahmen der politischen Polizei einzusetzen, sogar in den April 1933 zurück.[34] Aber Wille und Erlaß in Berlin bedeuteten noch nicht Vollzug und Wirklichkeit in Kassel und Breitenau. Das Innenministerium hat jedenfalls Druck in Richtung

28 Der Regierungspräsident verfaßte sein Schreiben »urschriftlich mit 2 Anlagen«; d.h. wahrscheinlich lag seinem Schreiben der Antrag des Kasseler Polizeipräsidenten bei.
29 Die Durchführungsbestimmungen zu dem o.g. Erlaß konnten nicht ermittelt werden.
30 HStA Mbg 165/3878. RP in Kassel an PrMdI am 10.7. 1933 anläßlich des Antrags auf Einführung des Schichtwechsels für das Bewachungspersonal.
31 Hierüber letzte Gewißheit könnte der Bericht des PP vom 5.7.1933 geben, auf den der RP verweist, der jedoch nicht überliefert ist.
32 HHStA Wiesbaden. Spruchkammerakten. Spruchkammer Kassel. Georg R. [zuletzt SS-Sturmbannführer; seit 1.4.1933 bei der SS in Kassel], Bad Wildungen, im Verfahren vor der Spruchkammer Kassel am 26. 10. 1948 gegen Georg M., Büchenwerra.
33 Tuchel, Konzentrationslager, 73-76.
34 Tuchel berichtet, daß in den »ergänzenden Durchführungsbestimmungen« über den Einsatz der Hilfspolizei am 21.4.1933 formuliert worden sei: »Angehörige der SS sind in erster Linie für Zwecke der politischen Polizei zur Verfügung zu halten.« Tuchel, Konzentrationslager, 73.

auf Ablösung der SA-Wachmannschaft ausgeübt. In dem Schreiben an den Regierungspräsidenten in Kassel vom 24. Juli 1933 hieß es klipp und klar:

»Mit der Führung des Bewachungskommandos ersuche ich [!], einen geeigneten SS-Führer zu betrauen und den abgeordneten Polizeibeamten zurückzuziehen.«[35]

Die Frage nach den Motiven und Gründen der Ablösung der SA in Breitenau ist daher beantwortet. Der tatsächliche Ablauf wird wohl so gewesen sein, daß die Initiative von Pfeffers bei K. Daluege aus der beschriebenen Lage in Berlin offene Ohren fand; oder K. Daluege hat sich selbst für die SS-Wachmannschaft eingesetzt und diese in der Form der ›Genehmigung‹ den Kasseler Instanzen ›nahegelegt‹.[36]

Seit Anfang August war das Geheime Staatspolizeiamt in Berlin bestrebt, die Hilfspolizei in eigene Regie zu nehmen. Dies traf sich mit der Tendenz, für Aufgaben der politischen Polizei ausschließlich auf die SS zurückzugreifen.

Am 2. 8. 1933 erging ein Runderlaß des preußischen Innenministers, der die sofortige Auflösung der Hilfspolizei anordnete.[37] Tatsächlich sollte den regionalen Regierungsinstanzen wie dem Regierungs- und dem Polizeipräsidenten die Aufsicht über die Hilfspolizei zugunsten des zentralen Geheimen Staatspolizeiamts in Berlin entzogen werden.

In einem Schreiben am 15.8.1933 teilte Daluege dem Geheimen Staatspolizeiamt mit, daß keine Bedenken bestehen,

»wenn *bis zum 30. September 1933* in den Grenzen des unbedingt notwendigen Bedarfs Hilfskräfte zur vorübergehenden Verstärkung der Geheimen Staatspolizei eingestellt werden [...]«[38]

Das Gestapa teilte dies allen Staatspolizeistellen mit. Von Pfeffer stellte sich auf die neue Rechtslage sofort ein und bedeutete dem Regierungspräsidenten, daß die Mitglieder der Wachmannschaft in Breitenau als »Hilfspolizeibeamte des Geheimen Staatspolizeiamtes« anzusehen wären:

»Nach dem Erlaß vom 7.6.1933 – II C 1 59 Nr. 81/33- (nicht veröffentlicht) sind die SS-Männer nicht Hilfspolizeibeamte der Sicherheitspolizei, sondern ›Hilfsbeamte des Geheimen Staatspolizeiamtes‹, auf die sich die ergangenen Bestimmungen über die Auflösung der Hilfspolizei m[einer] A[nsicht] nicht beziehen.«[39]

---

35 HStA Mbg 165/3878. PrMdI an RP Kassel vom 24.7.1933 betr. Unterbringung politischer Schutzhäftlinge.
36 Tuchel betont, daß Daluege als Leiter der Polizeiabteilung im MdI SS-Interessen durchgesetzt habe. Er habe mehrfach die Genehmigung zum Einsatz von SS-Wachmannschaften erteilt. Vgl. Tuchel, Konzentrationslager, 73.
37 MBliV I (1933), 932.- II C I 59 Nr. 89/33: »(1) Die Hilfspolizei wird, nachdem sie ihrer Zweckbestimmung in vollem Umfange gerecht geworden ist, mit dem 15.8.1933 aufgelöst. (2) Eine weitere Ausbildung findet nicht mehr statt. (3) Die RdErl. v. 22.2.1933 u. 21.4.1933 – II C I 59 Nr. 40/33 u. Nr. 46/33 (nicht veröfffentl.) treten mit Ablauf des 15.8.1933 außer Gültigkeit.«
38 HStA Mbg 165/3878. Begl. Abschr. MdI an Gestapa vom 15.8.1933.
39 HStA Mbg 165/3878. PP in Kassel an RP Kassel vom 17.8.1933 betr. Wachkommando in Breitenau.

In der Antwort des Kasseler Polizeipräsidenten vom 31. 8. 1933 (»in Vertretung« von Dr. Lindenborn unterzeichnet), die sich von Pfeffers Rechtsauffassung anschloß, hieß es dementsprechend:

> »Die Wachmannschaft in Breitenau ist auf Grund des Min. Erl. vom 7.6.1933 II C I 59 Nr. 81/33 (Reg. Verf. vom 3.7.1933 A II Nr. 2427) aus Angehörigen der SS entnommen und im Hinblick auf ihre Beschäftigung als Verstärkung der Staatspolizeistelle anzusehen.«[40]

Dieser Erlaß vom 7. Juni 1933, den Tuchel auszugsweise wiedergibt, hatte für die Aufgaben der politischen Polizei ausschließlich die SS vorgesehen. Kurt Daluege hatte zwei Kategorien von Hilfspolizisten gebildet: »Hilfspolizeibeamte der Sicherheitspolizei, in der in Zukunft nur Angehörige der SA und des Stahlhelms Verwendung finden sollen, und [...] Hilfspolizeibeamte für das Geheime Staatspolizeiamt, die künftig nur durch Angehörige der SS zu stellen sind.« K. Daluege ernannte im selben Erlaß »den Reichsführer der SS zum ›Ministerial-Kommissar für die Hilfspolizeibeamten des Geheimen Staatspolizeiamtes‹.« Tuchel unterstreicht,

> »daß mit dem Erlaß über die Hilfspolizeibeamten vom 7. Juni 1933 Heinrich Himmler als ›Ministerial-Kommissar für die Hilfspolizeibeamten des Geheimen Staatspolizeiamtes‹ seine ersten staatlichen Kompetenzen in Preußen erhielt.«[41]

In letzter Instanz unterstand die ab Anfang August in Breitenau eingesetzte SS-Wachmannschaft demnach dem Reichsführer SS Heinrich Himmler.

Alter, Ausbildung und Beruf

Die SS-Wachmannschaft bestand insgesamt aus 28 Männern; auch hier fand häufiger Wechsel statt, der sich in erster Linie daraus erklärt, daß die Zahl der Bewacher stets der Zahl der Schutzhaftgefangenen angeglichen wurde. Es fällt auf, daß die SS-Angehörigen noch jünger waren als die SA-Hilfspolizisten. Das Durchschnittsalter der SS-Männer betrug 23,2 Jahre (Vergleich: SA-Wachmannschaft 26,8 Jahre durchschnittlich). Noch stärker fällt auf, daß die Gruppe der relativ Älteren, d.h. der über Dreißigjährigen, die bei der SA-Wachmannschaft knapp ein Drittel stellte (7 bis 8 von 24), bei der SS fehlte. Auf der anderen Seite waren bei der SS knapp ein Drittel der Wachmannschaft (9 von 28) unter 21, einer war noch keine 18 Jahre alt!

Bis auf eine Ausnahme ist bei den SS-Männern als Schulbesuch die Volksschule angegeben; häufig ist der Hinweis ›arbeitslos‹ enthalten. Ernst L. hatte 1931 an der Oberrealschule in Grünberg Abitur gemacht und war im Sommersemester 1932 als Student der Rechtswissenschaft an der Universität Marburg einge-

---

40 HStA Mbg 165/3878. PP in Kassel an RP in Kassel vom 31.8.1933.
41 Tuchel, Konzentrationslager, 73.

schrieben; vorher hatte er evangelische Theologie an der Universität Gießen (im Jahre 1937 bezeichnete er sich als »gottgläubig«) studiert; im Wintersemester 1933/34 studierte er an der Universität Frankfurt[42]. L. war schon 1931 der SS, der NSDAP und NS-Studentenbund beigetreten und als ›Sport-Referent‹ beim Kasseler »Sondersturm Renthof« tätig.

Rekrutierung aus dem »Sondersturm Renthof«
Die Wachmannschaft der SS wurde aus dem sogenannten »Sondersturm Renthof« rekrutiert.

Der Renthof ist ein historisches Gebäude und liegt in Kassel am Fuldaufer in der Nähe der Fuldabrücke am Altmarkt. Im Mai 1933 hatte die Kasseler Polizei ihre im Renthof bis dahin untergebrachte Wache ›zurückgezogen‹, damit die Unterkunftsräume von dem bereits erwähnten SS-Sondersturm bezogen werden konnten. Dieser Sondersturm sollte in erster Linie eine ›Auslese‹ für die SS-Leibstandarte in Berlin ›heranziehen‹ und unterstand dem späteren KZ-Kommandanten von Buchenwald Karl Koch[43]. Höchster SS-Führer in Kassel war der Standartenführer Döring als Führer der 35. SS-Standarte und des SS-Abschnitts XVIII. Am 15. 9. 1933 übernahm Döring den SS-Abschnitt Dresden und wurde in Kassel von SS-Sturmbannführer Opländer abgelöst.[44]

Eine Charakterisierung dieses ›Sondersturms‹ findet sich in der NS-Zeitung »Hessische Volkswacht«:

»Die Ausbildung, die in den Händen des SS-Truppführers beim Stabe der 35. SS-Standarte Koch, als dem Führer der Bereitschaft, liegt, wird naturgemäß eine harte und vielseitige sein. Es ist für die SS eine Selbstverständlichkeit, daß eine derartige Zusammenfassung der Auslese einer ganzen Standarte notwendigerweise ihr Bestes zu leisten hat in Bezug auf Disziplin, äußerem straffen Auftreten, innerer Festigkeit und ständiger Schlagfertigkeit.«[45]

Die an zahlreichen Orten im Jahre 1933 aufgestellten ›Politischen Bereitschaften‹ waren innerhalb der SS – neben der Allgemeinen SS und dem SD (Sicherheitsdienst) – die dritte Säule: aus ihr gingen später die Verfügungstruppe bzw. die Waffen-SS hervor; aus ihr wurde z.T. auch die sog. »Leibstandarte Adolf Hitler« gebildet. Es handelte sich um den militärisch bewaffneten Teil der SS.[46]

---

42 BDC. R. u. S.-Fragebogen Ernst L. Lebenslauf 1937.
43 Tom Segev, Die Soldaten des Bösen. Zur Geschichte der KZ-Kommandanten. Aus dem Amerikanischen. Reinbek 1992, 184. Segev teilt mit, daß Koch die Hilfspolizei in Kassel im Frühjahr 1933 selbst aufgestellt habe.
44 Kurhessische Landeszeitung vom 15.9., 16./17.9. und 23./24.9. 1933.
45 Hessische Volkswacht Nr. 118 vom 20./21. Mai 1933. (»Sondersturm Renthof«).
46 Hans Buchheim: Die SS – das Herrschaftsinstrument. In: Anatomie des SS-Staates. Band 1. München 2.Aufl. 1979, 60.

SS.=Sondersturm Renthof

Im Mai 1933 hat die Polizei ihre Wache im Renthof zu Kassel zurückgezogen. Die bisherigen Unterkunftsräume sind nun von einem Sondersturm der SS bezogen worden, dessen Mannschaften aus dem besten Material der 35. SS-Standarte herausgezogen wurden.

Die Aufgaben, die dem neuen Sondersturm obliegen, sind verschiedene. In erster Linie soll hier eine Auslese herangezogen und ausgebildet werden, die befähigt ist, die neugebildete SS-Leib-Standarte in Berlin zu beschicken, um so Gewähr für jeden einzelnen Mann zu haben, da die Leibstandarte zum persönlichen Schutz des Führers aufgestellt wurde. Fernerhin wird der Sondersturm die verschiedenen durch die SS zu stellenden Wachen in Kassel besetzen, so u. a. die Bauwache.

Die Ausbildung, die in den Händen des SS-Truppführers beim Stabe der 35. SS-Standarte Koch, als dem Führer der Bereitschaft, liegt, wird naturgemäß eine harte und vielseitige sein. Es ist für die SS eine Selbstverständlichkeit, daß eine derartige Zusammenfassung der Auslese einer ganzen Standarte notwendigerweise ihr Bestes zu leisten hat in Bezug auf Disziplin, äußerem straffen Auftreten, innerer Festigkeit und ständiger Schlagfertigkeit. Sie hat stets als Muster für die ganze übrige Truppe zu gelten.

Daß der Sondersturm Renthof das in ihn gesetzte Vertrauen rechtfertigen wird, wird er in Zukunft zu beweisen haben und auch unter Beweis stellen.

Hessische Volkswacht Nr. 118 vom 20./21. Mai 1933.
Aus dem »SS-Sondersturm Renthof« kamen zahlreiche Angehörige der im KZ Breitenau eingesetzten SS-Wachmannschaft. Bei dem hier genannten SS-Truppführer Koch handelte es sich um Karl Koch, den späteren Kommandanten des Konzentrationslagers Buchenwald bei Weimar. Koch gehörte der Wachmannschaft des KZ Breitenau nicht an.

Mit großer Wahrscheinlichkeit haben Mitglieder und Führer dieses Sondersturms an den Exzessen und Mißhandlungen im Frühjahr 1933 in Kassel – im Wassersporthaus am Fuldadamm, im Renthof selbst und an anderen Orten in der Stadt – maßgeblich teilgenommen bzw. diese veranstaltet.

Beim Spruchkammerverfahren des Georg M. im Jahre 1948 bestritt dieser zwar seine persönliche Beteiligung an der groben Mißhandlung und Körperverletzung eines SS-Angehörigen durch Angehörige des Sondersturms – es handelte sich um eines der fälschlich Feme-Verfahren genannten Verbrechen innerhalb der SS selbst – und leugnete sogar seine Zugehörigkeit zum Sondersturm; die Vorgänge der Mißhandlung selbst bestätigte er jedoch ausdrücklich. Der SS-Vorgesetzte M.s im Jahre 1933, der Führer des Sturmbanns I in Kassel, Ludwig F., bestätigte in demselben Verfahren im Jahre 1948 die Mitgliedschaft M.s im Sondersturm und sprach von »Gewaltmethoden und Maßnahmen«, die vom Sondersturm ausgegangen waren.[47]

---

47 HHStA Wiesbaden. Spruchkammerakten. Georg M. – F. führte aus: »Am 20.4.1933 wurde ich Hauptsturmführer und gleichzeitig mit der Führung des Sturmbanns I betraut. Seit dieser Zeit

Angehörige dieses ausgesuchten Sondersturms zeichneten sich mithin – nachdem sie nun als Hilfspolizisten im KZ Breitenau auftraten – durch straffe Disziplin, unbedingten Gehorsam und bessere ›Steuerbarkeit‹ aus.

Bei folgenden 15 Angehörigen der SS-Wachmannschaft läßt sich auf Grund eigener Angaben die Zugehörigkeit zum »Sondersturm Renthof« nachweisen[48]:

- Hermann A.,
- Heinrich B., SS- und NSDAP-Eintritt 1.2.1933,
- Heinrich D., SS- und NSDAP-Eintritt am 9.11.1931,
- Reinhardt F.,
- Otto G.,
- Bernhardt H., SS- und NSDAP-Eintritt 1.8.1932
- Heinrich H.,
- Otto Bernhard H.,
- Christian K.,
- Adam L.,
- Ernst L.,
- Johann Peter L.,
- Georg M., NSDAP-Eintritt 1930, SS-Eintritt 1931,
- Wilhelm S.,
- Friedrich V. und
- Wilhelm W.,

Bei den anderen Mitgliedern ist die Zugehörigkeit zum Sondersturm Renthof zu vermuten.

Zur Praxis in Breitenau

Die SS-Wachmannschaft war bis Januar 1934 vermutlich in den Räumen im Hauptgebäude, in denen zuvor die SA-Wachmannschaft sich aufgehalten hatte, untergebracht. Am 20. Januar 1934 wurden die Schutzhaftgefangenen, deren Zahl sich nunmehr deutlich verringert hatte (auf etwa 50), in das Landarmenhaus, das Teil der Anstalt war, umquartiert. Die SS-Wache wurde ebenfalls dorthin umquartiert.[49]

leitete ich die Dienststelle des Sturmbanns I Kassel, Hohenzollernstraße 66. In den anliegenden Räumen befand sich die Dienststelle der Standarte 35, deren Leiter Standartenführer Döring war. Auch befand sich hier das Dienstzimmer des Sondersturms, dessen Führer der Sturmführer Koch, der spätere Kommmandant von Buchenwald, war. Zu diesem Sondersturm gehörten u.a.: M., [...] Ich selbst habe mich persönlich oder durch Austeilen von Befehlen an den Gewaltmethoden oder Maßnahmen, die von der Dienststelle in der Hohenzollernstraße geschahen, nicht beteiligt. Ich kann auch nähere Einzelheiten der vom Sondersturm durchgeführten Aktionen nicht geben.«

48 BDC. NSDAP-Kartei und R. u. S-Fragebogen.
49 Archiv des LWV Hessen: Jahresbericht 1933,1 : »Die bis dahin von der S.S.-Wache des Lagers bewohnten früheren Büroräume im Landesfürsorgeheim der Anstalt wurden am 28. März 1934 wieder von der Kasse und dem Sekretariat bezogen.« – Archiv des LWV Hessen: KZ Breitenau: Landeshauptmann in Hessen an PP Kassel vom 4.1.1934: »Sollte mit einer höheren Zahl von

Führer des SS-Kommandos war bis zum 30.November 1933 Scharführer bzw. (ab Oktober 1933) Oberscharführer Georg M. Wer M. dann als Führer des Kommandos abgelöst hat, ist nicht ganz klar. Einerseits betonte Hermann A. vor der Spruchkammer Kassel im Jahre 1949, daß er nach M.s Abberufung mit der Führung des Kommandos betraut wurde – und eine solche führende Stellung, die ihn zusätzlich belastete, wird er sich in dieser Situation wohl kaum selbst zugeschrieben haben.[50] Andererseits unterzeichnete SS-Mann Adam L. die Meldungen, die vorher M. bzw. der Führer des Kommandos stets unterzeichnet hatte. Ab dem 20. Januar 1934 unterzeichnete SS-Rottenführer (offenbar gerade als solcher ernannt, denn kurz zuvor erscheint er noch als »SS – Mann W.«) Fritz W. als »Führer des Wachtkommandos«.

Der Polizei-Oberwachtmeister Rüffer hatte Breitenau übrigens erst Ende August 1933 – und nicht am 8. August beim Wechsel der Wachmannschaft – verlassen[51]!

Im Herbst 1933 ließ die SS zur eigenen Selbstverherrlichung von den Schutzhaftgefangenen ein ›Ehrenmal‹ am Fuldaberg errichten, über das bereits berichtet wurde.[52]

Über Mißhandlungen oder Folterungen seitens der SS in Breitenau gibt es von Seiten der ehemaligen Gefangenen nur wenige Hinweise.[53] Der Unterschied zu den Berichten über das Verhalten einzelner S.A.- Angehöriger ist augenfällig.[54]

---

politischen Häftlingen wie 50 bis höchstens 60 für absehbare Zeit nicht zu rechnen sein, so würde ich Wert darauf legen müssen, diese in Zukunft nicht mehr im sog. Hauptgebäude unterzubringen, sondern nur noch in dem zeitweilig mitbenutzt gewesenen sogen. Landarmenhaus. [...]«

50 HHStA Wiesbaden. Spruchkammerakten. Hermann A. Im Protokoll der Öffentlichen Sitzung der Kammer am 31.5.1949 führte er aus:»Im Jahre 1933 – an den Monat kann ich mich jetzt nicht mehr erinnern – kam ich als Wachmann nach Breitenau, nachdem die Wachmannschaften der SA von Angehörigen der SS abgelöst wurden. M. war der Führer dieser Einheit. Als er jedoch zum Sturmführer ernannt wurde und auf eine SS-Schule zum Lehrgang geschickt wurde, wurde ich mit der Führung dieser Einheit betraut. [...] Die Abwicklungsgeschäfte für das Lager Breitenau habe ich als stellv. Lagerleiter bei dessen Auflösung noch gemacht.«

51 Am 23. 8.1933 meldete die Anstalt Breitenau an den Landeshauptmann in Kassel letztmalig die Anwesenheit des Polizei-Oberwachtmeisters. Förmlich ist der ›Abgang‹ Rüffers in den Unterlagen nicht gemeldet worden. In der Meldung des neuen SS-Führers M. vom 2.9.1933 heißt es dann (und so bleibt die Meldung im Kern bis zur Auflösung bestehen): »Das Konzentrationslager ist zur Zeit belegt mit: 20 Hilfspolizeibeamten (S.S.) und 153 Schutzhäftlingen«.

52 Vgl. den Abschnitt »Das ›Ehrenmal‹ für die SS am Fuldaberg«, vgl S.138 f.

53 Hans Minkler sprach davon, daß »von wenigen Ausnahmen abgesehen das tägliche Leben in der Breitenau nicht besonders schikanös gewesen sei.« (Notiz über ein Gespräch mit Hans Minkler 1980). – Der SS-Hilfspolizist Christian L. schrieb in einer Postkarte an Verwandte, daß er einen Schutzhaftgefangenen ›bei sich hatte‹: »Hatte heute A. von Wickenrode bei mir. Der Kerl ist wie ein Schisshündchen« (Archiv der Gedenkstätte Breitenau. Postkarte von Ch. L. an Verwandte vom 14.8.1933). Vgl. die Abbildung auf S.VIII.

54 Vgl. den Abschnitt »Schikanen und Mißhandlungen«), S.130 ff.

Weitere Stationen einzelner Mitglieder des SS-Kommandos

Es fällt auf, daß einige Mitglieder der SS-Wachmannschaft – offenbar ganz im Sinne der Zielsetzung des »Sondersturms Renthof« und entsprechender weiterer Sonder-Ausbildung in anderen Sonderstürmen – immer wieder wird ein »Sondersturm Merkers«[55] in Thüringen genannt, zu dem einige aus der SS-Wachmannschaft wechselten – oder in Konzentrationslagern selbst entweder zu den SS – Totenkopfverbänden gingen oder in den Sicherheitsdienst der SS bzw. in die Gestapo eintraten.

Nachweisen läßt es sich bei folgenden fünf Personen[56]:

- Heinrich D. wurde im August 1934 zur »SS – Schule Merkers« versetzt und war seit November 1937 »Angehöriger des SD – Unterabschnitts Groß – Berlin«;
- Reinhard F. kam im April 1934 zum »SS – Sonderkommando Sachsen« und dann zur III. SS T[otenkopf] V[erbände] Sachsen; den Zugführerlehrgang in Dachau im Dezember 1934 hat er »mit Erfolg bestanden«;
- Heinrich H. kam ab April 1934 zur »Politischen Bereitschaft Dresden« und gehörte ab 21.8.1934 zur Wachmannschaft des Konzentrationslagers Lichtenburg, seit 1937 zum Kommandantur-Stab des KZ Buchenwald [bis mindestens Oktober 1938];
- Christian K. gehörte 1936 zur III. SS TV Thüringen, dann zur Komandantur Frankenberg des KZ Sachsenhausen und später zur Wachmannschaft des KZ Buchenwald;
- Johann Peter L. gehörte ab März 1934 zum »SS-Sonderkommando Sachsen«, später zu den »SS – Totenkopfverbänden«; Ende 1935 nahm er erfolgreich am Zugführerlehrgang bei der I. SS T.V. Oberbayern [das heißt: in Dachau; d. Vf.] teil.

Es ist vielleicht bemerkenswert, daß bei allen hier aufgeführten fünf Personen die KZ-Aufseher-Laufbahn bzw. der SD-Dienst beruflich mit einem Aufstieg verbunden war, dessen Bewußtsein sich sowohl in den Fotos als auch in den Lebensläufen wiederspiegelt. Nicht zufällig vermerkt Johann Peter L. im Fragebogen des Rasse- und Siedlungshauptamts als seinen Beruf »SS-Führer« und als solcher ließ er sich auch ablichten, während unter ›erlernter Beruf‹ Maurer steht. K. ähnlich: Beruf »SS-Unterführer«, während er tatsächlich Gelegenheitsarbeiter war.

Alle fünf kamen aus Familien, die man zu den arbeitenden Klassen zählen muß (die Väter waren Maurermeister, Bahnwärter, Bauer, Arbeiter und Maurer) und keiner von ihnen hatte diesen Rahmen durch Berufsausbildung oder Berufsausübung verlassen können (Schneiderlehre 1927-1930 und seit 1931 arbeitslos; Lehrling im Lebensmittelgeschäft seit 1928 und anscheinend ohne Ab-

---

55 Merkers ist ein Dorf an der B 62 in der Nähe von Bad Salzungen/Thüringen.
56 BDC. R. u. S.-Fragebogen, Korrespondenzen, Lebensläufe.

Angehöriger der SS-Wachmannschaft im KZ Breitenau (Foto: Bundesarchiv Koblenz)

Angehöriger der SS-Wachmannschaft im KZ Breitenau (Foto: Bundesarchiv Koblenz)

Angehöriger der SS-Wachmannschaft im KZ Breitenau (Foto: Bundesarchiv Koblenz)

161

schluß und am 1.5.1933 »auf eigenen Wunsch entlassen«, dann in die SS; Klempnerlehre abgeschlossen und bis Mai im Beruf tätig, »am 17.5.1933 meldete ich mich zur kasernierten SS«; Gelegenheitsarbeiter; Maurer).

Vier Angehörige der Wachmannschaften meldeten sich nach ihrer Tätigkeit in Breitenau bei der SS – Verfügungstruppe, dem anderen bewaffneten Teil der SS (neben den Totenkopfverbänden).

Von Georg M. wissen wir, daß er später als Gefängnisaufseher in der Justizvollzugsanstalt Wehlheiden wegen seiner ›Strenge‹ gefürchtet war; einzelne Gefangene hielten ihm vor, er habe sie geschlagen und getreten, was er in Abrede stellte.[57]

Zusammenfassende Charakterisierung des SS-Kommandos
Die Angehörigen des SS-Kommandos kamen überwiegend wenn nicht alle aus dem berüchtigten »SS – Sondersturm Renthof« in Kassel, der für Gewaltmaßnahmen und ›Aktionen‹, d.h. für Mißhandlungen, Folter und Schläge, zusammengestellt und ›ausgebildet‹ wurde. Die weiteren ›Karrieren‹ einiger Mitglieder dieses Sondersturms zeigen, daß hier der Typus des für den SS-Staat unentbehrlichen KZ-Aufsehers (Unterführer wohlgemerkt, nicht SS-Offizier) geschaffen und perfektioniert (in Lehrgängen und auf Sonder-Einrichtungen wie z.B. in Merkers) werden sollte.

Die Mitglieder dieses Kommandos waren zu Grausamkeit und Mißhandlung fähig. Es scheint so, daß die Umstände der Ablösung der SA-Wachmannschaft ihnen als Aufseher im KZ Breitenau eine besondere Zurückhaltung in diesem Punkt auferlegt haben.

---

57 HHStA Wiesbaden. Spruchkammerakten. Georg M.

Zur Rolle des Provisoriums Breitenau
bis zur Auflösung des Lagers

Das Konzentrationslager Breitenau sollte aus der Sicht der preußischen Regierung von Anfang an nur eine Übergangseinrichtung sein, die sobald wie möglich wieder zu schließen war. Bereits in der ersten amtlichen Äußerung der preußischen Regierung zu Breitenau kam dies zum Ausdruck:

> »Ich weise jedoch darauf hin«, – so der Preußische Innenminister Ende Juli 1933 an den Kasseler Regierungspräsidenten – »daß die behelfsmäßige Unterbringung der Schutzhäftlinge in der Landesarbeitsanstalt Breitenau nur eine vorübergehende ist; die Einrichtung eines dauernden Konzentrations- bzw. Durchgangslagers in Breitenau kommt jedenfalls nicht in Frage, da die Schutzhäftlinge aus den westlichen Industriebezirken voraussichtlich schon in nächster Zeit in die im Aufbau befindlichen Moorlager im Regierungsbezirk Osnabrück abtransportiert werden. Ausgaben für etwaige bauliche Erweiterungen, Instandsetzungen, Inventarausstattungen usw. dürfen daher der Staatskasse für das Lager Breitenau nicht entstehen.«[1]

Die weiteren Äußerungen des preußischen Innenministeriums bis zur Auflösung des Lagers hielten an dieser Auffassung fest. Anders sahen es der Polizeipräsident und der Regierungspräsident in Kassel. Diese beiden Behörden waren bestrebt, das Konzentrationslagers Breitenau bestehen zu lassen.

Aus der Sicht der Kasseler Regierung und Polizeiführung fungierte Breitenau als ein brauchbares Sammellager für Zwecke der politischen und rassischen Verfolgung; obendrein wirkte die Schutzhaft in Breitenau auf viele Menschen in- und außerhalb des Lagers einschüchternd und abschreckend.

Ganz unzulässig wäre es, diese Konstellation, daß die Kasseler Regierungs- und Polizeibehörde *für*, das Innenministerium *gegen* die Aufrechterhaltung Breitenaus als KZ war, weltanschaulich oder moralisch zu interpretieren. Zweifel an der Notwendigkeit der Einrichtung des Konzentrationslagers Breitenau fanden sich in der Korrespondenz zwischen dem preußischen Innenministerium und den Kasseler Behörden nicht.

Im folgenden soll die Rolle, die das KZ Breitenau im Rahmen der regionalen politischen Verfolgung des sich etablierenden nationalsozialistischen Staates gespielt hat, näher dargestellt werden.

Das Herausfiltern der Unbeugsamen
Sobald ein Mensch zum Schutzhaftgefangenen erklärt und nach Breitenau gebracht worden war, setzte ein Prozeß der bürokratischen Prüfung und Auslese ein, dessen Ausgang für den Betroffenen ungewiß blieb. Spuren der bürokrati-

---

1   HStA Mbg 165/3878. MdI an RP Kassel vom 24.7.1933.

schen Korrespondenzen solcher Überprüfungen haben sich in den Verwaltungs-
akten des Kasseler Regierungspräsidenten, der Landräte im Regierungsbezirk und
des Polizeipräsidenten erhalten, so daß in einigen Fällen ein genaues Bild des
Ablaufs und der Stationen der politischen Verfolgung entsteht.

Verfügte der Gefangene über gute Beziehungen, zu denen z.B. Fürsprecher in
Politik oder Wirtschaft außerhalb des Lagers zählten, konnte es geschehen, daß er
nach wenigen Wochen mit oder ohne Auflagen, zumeist mit der Auflage der
regelmäßigen Meldung bei der Ortspolizeibehörde, und entsprechenden ›Ver-
warnungen‹ wieder entlassen wurde. Dies betraf vor allem ausländische Gefangene, für die Konsulat oder Botschaft intervenierten und die aus nat.soz. Sicht als
›politisch unbedeutend‹ eingestuften Gefangenen, die nicht grundsätzlich in
Widerspruch zum System in Erscheinung getreten waren (zum Beispiel eine
abfällige Bemerkung über einen der NS-Prominenten geäußert hatten). Deren
Entlassung erfolgte auch, – so der preußische Ministerpräsident Hermann Göring
im September 1933 – damit nicht

> »durch vorzeitige Überlastung der Konzentrationslager und sonstigen Gefan-
> genenanstalten mit politisch unbedeutenden Persönlichkeiten und die damit ver-
> bundene Überanspruchnahme der zuständigen Dienststelle durch Schreibarbeiten
> die erforderliche Bewegungsfreiheit der Polizeibehörden im entscheidenden Zeit-
> punkt Schaden leiden soll.«[2]

Die »objektive Gefährlichkeit« vieler in Schutzhaft genommener Personen –
so Göring weiter – sei im Grunde nicht gegeben. »Wiederholt sind sogar Blinde,
Schwerbeschädigte und Geisteskranke in Schutzhaft genommen worden«. Die
Mitglieder der Reichsregierung legten übrigens keinen Wert darauf, daß wegen
des Tatbestandes der Beleidigung ihrer Person gleich Strafmaßnahmen in Gang
gesetzt würden.

> »Grundsätzlich sollen Schutzhaftanordnungen nur gegen solche Personen aufrecht
> erhalten bleiben, bei denen im Hinblick auf ihre frühere politische Betätigung zu
> befürchten steht, daß sie sich nach der Entlassung erneut im staatsfeindlichen Sinne
> betätigen werden.«[3]

Die politische Polizei, die sich Zug um Zug von Berlin aus Kompetenzen
zueignete und die Landräte als Kreispolizeibehörden im Frühjahr 1934 in
Sachen Schutzhaft bereits entmachtet hatte[4], ließ von Zeit zu Zeit überprüfen,
für wen die Schutzhaft »bis auf weiteres« aufrechtzuerhalten sei. Regelmäßig

---

2 HStA Mbg 165/3982. Band 11. Schnellbrief Görings vom 19.9.1933.
3 HStA Mbg 165/3982. Band 11. Schnellbrief Görings vom 19.9.1933.
4 HStA Mbg 180. Wolfhagen 2329: Am 14. März 1934 teilte Dr. Hütteroth (Staatspolizeistelle Kassel)
   den Polizeibehörden im Regierungsbezirk mit, daß entsprechend »den Ausführungen des Herrn
   Regierungspräsidenten in der Landratskonferenz [...] die Anordnung von Schutzhaftmaßnahmen, für
   die nunmehr die Kreispolizeibehörden nicht mehr zuständig sind, in erster Linie bei der
   Staatspolizeistelle zu beantragen sind.«

folgten diesen Überprüfungen, die sich für Breitenau im September 1933[5], im Dezember 1933[6], im Januar 1934[7] und im März 1934[8] nachweisen[9] lassen, auf der einen Seite Entlassungen und auf der anderen Seite immer häufiger Überstellungen von Schutzhaftgefangenen in andere preußische Konzentrationslager, in die sogenannten »staatlichen Großkonzentrationslager« wie Lichtenburg, Sonnenburg und die Emslandlager. Hintergrund hierfür war die Absicht der preußischen Regierung, die kleinen Lager wie Breitenau so bald als möglich wieder aufzulösen.

Die Überprüfung der Schutzhaftsachen im September 1933 offenbarte erneut die Linie Görings, den ›harten Kern‹ der politischen Gegner aus der großen Zahl der aus welchen Gründen immer in Schutzhaft oder in ein KZ Geratenen herauszulesen.

Das Geheime Staatspolizeiamt in Berlin behielt sich nämlich selbst die Entscheidung über Entlassung bei den drei ›härteren‹ Haftkategorien »Funktionär«, »Rückfälliger« und »nach dem 21.3.1933 aktiv«[10] vor. In den anderen Fällen durfte »der Regierungspräsident im Einvernehmen mit der örtlich zuständigen Staatspolizeistelle über Haftbeschwerden und Gesuche um Freilassung«[11] entscheiden.

Bei der ›Überprüfung‹ der Schutzhaftvorgänge im September 1933 wurden 43 von insgesamt 213 Schutzhaftgefangenen im Regierungsbezirk Kassel – diese Zahl schloß Schutzhaftgefangene Breitenaus ein – entlassen.

Einige Beispiele solcher Entlassungen:

Am 27. September 1933 wurde der Stellmacher Paul Masch aus Wellen/Kreis der Eder entlassen. Wahrscheinlich gehörte er der KPD an. Er war gerichtlich am

---

5   HStA Mbg 165/3982. Band 11. Schnellbrief Görings vom 19.9.1933.
6   HStA Mbg 165/3982. Band 12. Der Preuß. Ministerpräsident Göring an den Inspekteur der Geheimen Staatspolizei, Herrn Ministerialrat Diels, vom 5. Dezember 1933.
7   Verfügung der Gestapo Berlin vom 29.1.1934. Diese Verfügung ist uns nicht bekannt; allerdings existiert ein Schreiben des PP Kassel an das Gestapa im HStA Mbg vom 22.2.1934 (HStA Mbg 165/3982. Band 12), in dem auf diese Verfügung verwiesen wurde.
8   HStA Mbg 165/3982. Band 12. Gestapo Kassel vom 14. März 1934.
9   Die Nachprüfungen entsprechend den Runderlassen vom 24. April 1933 und vom 11. August 1933 lassen sich für Breitenau nicht nachweisen. Beide werden genannt in: HStA Mbg 165/3982. Band 11. Schnellbrief Görings vom 19.9.1933.
10   HStA Mbg 165/3982. Band 11. Schnellbrief Görings betr. Nachprüfung von Schutzhaftanordnungen vom 19.9.1933. Darin heißt es u.a.: »Die Weiterführung des Kampfes gegen Staat und Regierung über diesen Tag hinaus [dem sogenannten «Tag von Potsdam« – d.Vf.] kennzeichnet sich somit als Auflehnung gegen den übereinstimmenden Willen des deutschen Volkes selbst. Während die Betätigung für die marxistischen Parteien bis zum 21. März 1933 bei den untergeordneten Mitläufern der KPD und SPD von diesem Standpunkt aus in der Regel nicht mehr als hinreichender Grund für die Verhängung bezw. Aufrechterhaltung der Schutzhaft wird erachtet werden können, muß aus dem Umstand, daß sich der Häftling nach dem 21. März 1933 für eine marxistische politische Organisation betätigt hat, gefolgert werden, daß er auch nach einer etwaigen Entlassung aus der Schutzhaft von der Fortsetzung seiner illegalen Betätigung nicht absehen wird.« (Vgl. auch den Abschnitt »Führende Funktionäre« im Kap. 4)
11   HStA Mbg 165/3982. Band 11. Schnellbrief Görings vom 19.9.1933.

Regierungspräsident.   Kassel,den 22.September 1933.
II Nr.7965/33.

Abschrift übersende ich zur gefälligen Beachtung.
Pünktlich zum 28.d.Mts. ist mir zu berichten,daß
sämtliche Schutzhaftanordnungen auf Grund der von dem Herrn
Minister gegebenen Richtlinien einer Nachprüfung unter-
zogen worden sind. Dabei ersuche ich anzugeben
1) wieviel Entlassungen infolge der Nachprüfung erfolgt
sind,
2) wieviel Personen sich noch in Schutzhaft befinden.
Zu 2 ersuche ich ferner zu berichten,wieviel
a)Kommunisten
b)Sozialdemokraten
c)Sonstige
in Schutzhaft sind und dabei zu erläutern,ob es sich
handelt um
aa)Funktionäre,
bb)Rückfällige
cc)Häftlinge,die noch nach dem 21.3.1933 sich
aktiv in staatsfeindlichem Sinne betätigt haben.
Soweit in Sonderfällen die Haftentlassung eines unter
aa bis cc fallenden Schutzhaftgefangenen geboten sein
sollte,ersuche ich mir zu berichten.
Die in vorstehendem Erlaß erwähnten Runderlasse des
Herrn PrS.M.d.J. vom 24.April 1933 und 11.August 1933
sind mitgeteilt worden durch meine Rundverfügungen vom
27.April 1933-A.II 7235- und vom 23.August 1933-A.II
7810-. Der Runderlaß des M.d.J.vom 30.Juni 1933-III-
ist am 15. Juli   d.Js.durch die hiesige Staatspolizeistelle weitergegeben worden.

Jn Vertretung.
gez.Dr,Kramer.

(Siegel)   Beglaubigt
Kanzlei-Angestellter.

en Herrn Polizeipräsidenten hier,
en Herrn staatl.Polizeidirektor in Hanau,
ie Herren Landräte des Bezirks und
ie Herren Oberbürgermeister als Ortspol.Beh.
n Fulda und Marburg/L.

Ein Schreiben des Regierungspräsidenten in Kassel an die Kreispolizeibehörden, in dem im Auftrag des preußischen Innenministers die Schutzhaftvorgänge »überprüft« wurden (HStA Mbg 165/3982, Band 11).

29. Juli 1933 freigesprochen[12], vermutlich jedoch nicht sofort entlassen, sondern im Polizeigefängnis am Königstor oder in der »Elwe« festgehalten worden; am 31. Juli 1933 hatte man ihn in das KZ Breitenau eingeliefert.

Am 27. September 1933 wurde der Arbeiter Oswald Armbruster – gemeinsam mit Leo Klug, Hermann Fell und Wilhelm Elm; alle aus Flieden/Kreis Fulda – aus dem KZ Breitenau entlassen, wohin er am 29. Juni 1933 gebracht worden war. Wenige Wochen später wurde er jedoch als »Rückfälliger« in das KZ Sonnenburg verbracht, weil er erneut für die KPD agitiert hatte bzw. haben sollte.

Am 30. September 1933 wurde der Fabrikant Gustav Grebestein aus Eschwege entlassen. Er war am 1. September 1933 in Schutzhaft genommen worden, vermutlich als Verwandter von Karl Grebestein – ebenfalls Fabrikant in Eschwege –, der politisch für die »Tannenbergbewegung« tätig war. Karl Grebestein hingegen galt als »fanatischer Anhänger der Tannenbergbewegung« und als »Rückfälliger« und mußte noch bis Januar 1934 im KZ Breitenau bleiben.[13]

Die ersten Überstellungen in die »Großkonzentrationslager« – dieser Begriff findet sich in der Korrespondenz des Kasseler Polizeipräsidenten im Herbst 1933, offenbar in Abgrenzung zum Lager Breitenau – sind Mitte Oktober 1933 von Breitenau aus erfolgt.

Es hat drei größere Transporte gegeben. Der erste ging in die Konzentrationslager Börgermoor und Esterwegen im Emsland, der zweite in das KZ Sonnenburg, der dritte in das KZ Lichtenburg.

Wir wissen, daß fünfundzwanzig Schutzhaftgefangene am 17. Oktober 1933 von Breitenau in das KZ Börgermoor überführt worden sind.[14] Ihr folgte ein zweiter Transport von neunzehn Gefangenen am 24. Oktober in das KZ Esterwegen (III). Der Polizeipräsident machte deutlich, daß man für die Transporte in die Emslandlager ein bestimmtes Kriterium angelegt hatte:

> »Es handelt sich um Schutzhäftlinge, für die eine Haftdauer von mindestens einem Jahr in Frage kommt.«[15]

Unter diesen befanden sich z.B. Ernst Lohagen, Ludwig Pappenheim, Hans Schramm, Ernst Schädler, Willi Walberg, Heinrich Eckhardt und andere regional führende Nazigegner; bis auf den Sozialdemokraten Ludwig Pappenheim waren es Kommunisten. Für die nach Sonnenburg und Lichtenburg Überführten hatte

---

12 HHStA Wiesbaden: Dokumentation OJ 49/33 vom 29.7.1933.
13 HStA Mbg 165/3982. Band 12. Staatspolizeistelle Kassel an Gestapostelle Berlin vom 22.2.1934 betr.: Rückfällige frühere Schutzhäftlinge.
14 HStA Mbg 165/3982. Band 11. PP an RP Kassel vom 25.10.1933. In diesem Schreiben teilte der Polizeipräsident mit, daß aus dem Lager Breitenau »am 17.10.33 25 Schutzhäftlinge in das Konzentrationslager Börgermoor, Regierungsbezirk Osnabrück und am 24.10.33 19 Schutzhäftlinge in das Konzentrationslager III Esterwegen, Regierungsbezirk Osnabrück in Marsch gesetzt worden« sind. Diese Zahlen lassen sich aus Nachweisungen belegen.
15 HStA Mbg 165/3982. Band 11. PP an RP Kassel vom 25.10.1933.

Sammelbogen

zur Verfügung vom _____ Nr. _____

send _____

Bezeichnung der Behörde usw., welche den Bericht usw. einzureichen hat	Tag des Einganges	Ermittelt ausg.-fertigt am									
L. Verw. bezw. Landrat.											
Kassel (Pol. Präs.)		4	29	28	1	–	29	–	–	
Kassel (L. R.)		9	5	1	2	2	3	–	2	
Eschwege		2	3	1	1	1	1	1	1	
Frankenberg		–	2	2	–	–	1	–	1	
Fritzlar		–	2	2	–	≠	2	–		
Fulda (L. R.)		4	4	3	–	1	–	–	4	
Fulda (Pol. Verw.)		2	5	3	–	2	2	–	3	
Hilchhausen		5	9	7	2	–	9	–	–	
Hanau (Pol. Dir.)		–	30	30	–	–	30	–	–	
Hanau (L. R.)		–	28	8	–	20	8	–	20	
Herzfeld		–	5	5	–	–	1	–	4	
Hofgeismar		2	15	12	1	2	3	–	12	
Hünfeld		–	3	–	–	3	–	–	3	
Marburg (Pol. Verw.)		1	4	4	–	–	4	–		
Marburg (L. R.)		2	1	1	–	–	–	1		
Melsungen		2	–	–	–	–	–	–		
Rotenburg		–	–	–	–	–	–	–		
Schlüchtern		≠	1	–	–	1	–	1	1	
Schmalkalden		–	1	–	1	–	1	–		
Witzenhausen		7	12	12	–	–	5	1	6	
Wolfhagen		–	2	1	–	1	1	–	1	
Ziegenhain		2	3	3	–	–	1	1	1	
Frohlen		–	2	1	1	≠	2	–	≠	
Corbach		1	4	2	≠	2	–	2	2	
Wildungen										
		43	170	126	9	35	10 3	6	61	

168

man dies Kriterium nicht angelegt; einige der in das KZ Sonnenburg Überführten wurden Weihnachten 1933 entlassen.

Am 28. Oktober 1933 erging von Seiten des preußischen Innenministers (Unterzeichner: Fischer, der gerade das KZ Breitenau besichtigt hatte) die Auflage an den Kasseler Regierungspräsidenten, »50 männliche Schutzhaftgefangene auszuwählen und sofort [...] in das staatliche Konzentrationslager in Sonnenburg bei Küstrin [...] zu überführen.« Am 11.11.1933 teilte der Kasseler Polizeipräsident dem Regierungspräsidenten mit, daß am 7. November 17 Schutzhäftlinge, am 8. November 16 und am 10. November weitere 17 Schutzhaftgefangene »nach dem Konzentrationslager Sonnenburg in Marsch gesetzt worden sind.«[16]

Am 14. November sollen dann – dies war der dritte Transport – nach Mitteilung des Polizeipräsidenten von Breitenau aus sieben Schutzhaftgefangene, am 18. November neun und am 21. November ein Schutzhaftgefangener in das Konzentrationslager Lichtenburg bei Prettin überführt worden sein.[17]

Die nächste ›Überprüfung‹ der Gefangenen fand wie erwähnt im Dezember 1933 statt. Göring hatte in einem Schreiben an Rudolf Diels, den Inspekteur der Geheimen Staatspolizei, »im Hinblick auf das günstige Ergebnis der Reichstagswahlen, insbesondere in den Konzentrationslagern[18] und aus Anlaß des Weihnachtsfestes« die Absicht bekundet, »in großzügiger Weise Entlassungen aus den Konzentrationslagern vorzunehmen.«[19] Es handelte sich um die sogenannte

---

16 HStA Mbg 165/3982. Band 11. MdI Schnellbrief vom 28.10.1933 an OP Kassel; PP an RP vom 11.11.1933. Am 7.11. haben acht und am 8.11. achtzehn Gefangene Breitenau verlassen, wobei aus den Unterlagen (Archiv des LWV Hessen: KZ Breitenau. Nachweisungen) nicht hervorgeht, ob sie alle in das KZ Sonnenburg verbracht worden sind.

17 HStA Mbg 165/3982. Band 11. PP an RP vom 21.11.1933. Auch diese Zahlen lassen sich in den Breitenau-Akten nicht klar nachweisen. Diesen Unterlagen zufolge verließen am 17.11. dreizehn und am 20.11. ein Gefangener das Lager Breitenau, wobei auch hier nicht einwandfrei klar ist, ob diese vierzehn alle nach Lichtenburg verbracht worden sind.

18 In den preußischen Konzentrationslagern – auch im KZ Breitenau – haben die Schutzhaftgefangenen an der Reichstagswahl teilnehmen können. Die Ergebnisse wurden z.T. in den Tageszeitungen mit den anderen Wahlergebnissen veröffentlicht. Vgl. Drobisch/Wieland, 118 f.

19 HStA Mbg 165/3982. Band 12. PrMP und Chef d. Gestapo an Insp. d. Gestapo vom 5.12.1933. – Dieses Schreiben ist auch deshalb bemerkenswert, weil es die Tendenz Görings, die Himmlers

---

Gegenüber: Ein Sammelbogen des Regierungspräsidiums Kassel, in dem die Antworten der Kreispolizeibehören auf die Anfrage (s. voriges Dokument) festgehalten wurden (HStA Mbg 165/3982, Band 11). Die handschriftlichen Eintragungen in der oberen Zeile bedeuten: Entlassung – Schutzhäftling – K.P.D. – S.P.D. – Sonstige – Funktionäre – Rückf[ällige] – Staatsf[eindlich] n[ach] 31.III.1933. Der hohe Anteil der inhaftierten Kommunisten und Funktionäre fällt ins Auge.

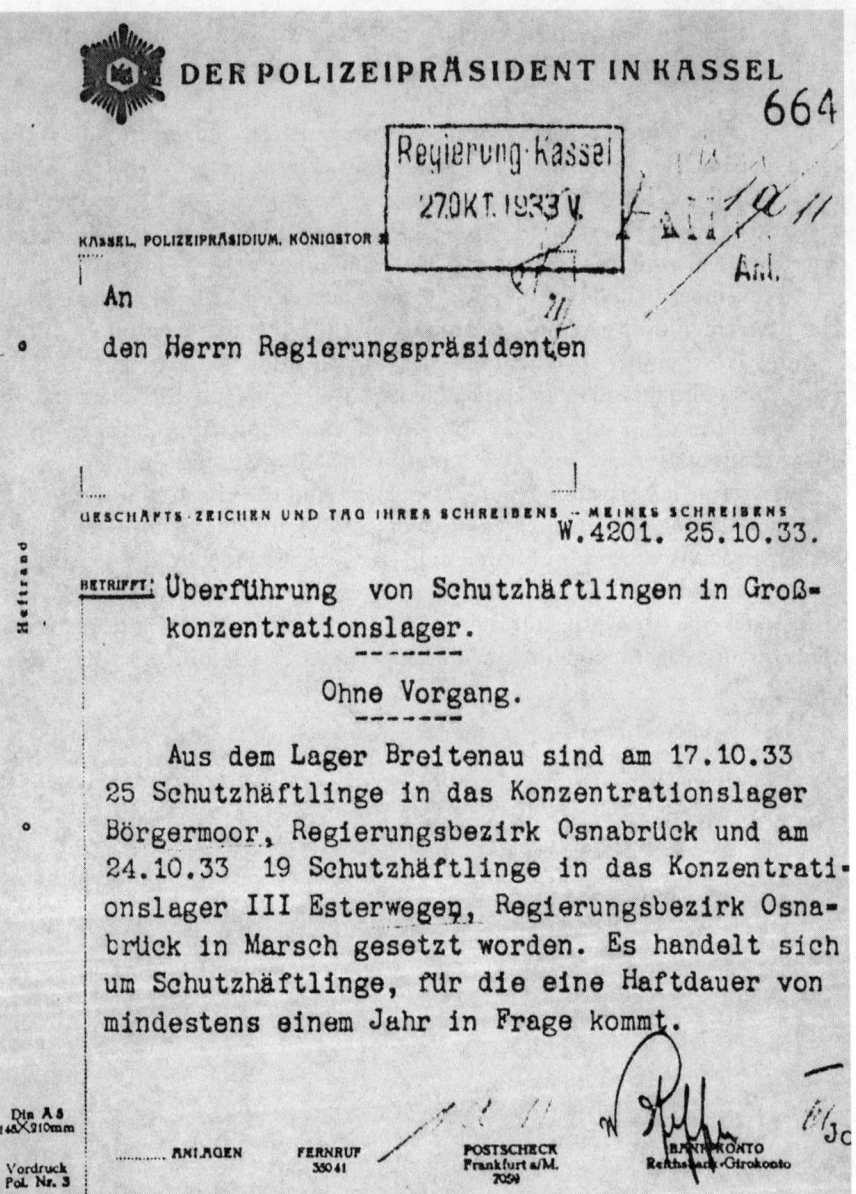

DER POLIZEIPRÄSIDENT IN KASSEL

664

Regierung-Kassel
27.OKT. 1933 V.

KASSEL, POLIZEIPRÄSIDIUM, KÖNIGSTOR

An

den Herrn Regierungspräsidenten

GESCHÄFTS-ZEICHEN UND TAG IHRES SCHREIBENS – MEINES SCHREIBENS
W.4201. 25.10.33.

BETRIFFT: Überführung von Schutzhäftlingen in Großkonzentrationslager.

Ohne Vorgang.

Aus dem Lager Breitenau sind am 17.10.33
25 Schutzhäftlinge in das Konzentrationslager
Börgermoor, Regierungsbezirk Osnabrück und am
24.10.33 19 Schutzhäftlinge in das Konzentrationslager III Esterwegen, Regierungsbezirk Osnabrück in Marsch gesetzt worden. Es handelt sich
um Schutzhäftlinge, für die eine Haftdauer von
mindestens einem Jahr in Frage kommt.

Dim A 5
148×210mm

ANLAGEN   FERNRUF   POSTSCHECK   BANKKONTO
35041   Frankfurt a/M.   Reichsbank-Girokonto
7059

Vordruck
Pol. Nr. 3

Der Polizeipräsident berichtet dem Regierungspräsidenten über die länger zu inhaftierenden politischen Gefangenen. Der »harte Kern« der Schutzhaftgefangenen verließ das KZ Breitenau als Zwischenstation in ein »Großkonzentrationslager« (HStA Mbg 165/3982, Band 11).

Kreis Melsungen.

Ort	Reichstagswahl		Volksabstimmung		
	Gültig	Ungültig	Ja	Nein	Ungültig
Felsberg	764	—	764	—	—
Melsungen	3041	94	3087	25	18
Spangenberg	1419	33	1438	8	11
Adelshausen	207	1	206	1	1
Abshausen	177	2	178	1	—
Altenbrunslar	214	—	214	—	—
Altenburg	39	—	39	—	—
Altmorschen	634	2	634	1	1
Beiseförth	553	—	553	—	—
Bergheim	190	9	194	2	3
Beuern	186	1	187	—	—
Binsförth	224	—	224	—	—
Bischofferode	132	—	132	—	—
Böddiger	317	—	317	—	—
Büchenwerra	78	—	78	—	—
Connefeld	251	—	251	—	—
Dagobertshausen	224	2	226	—	—
Deute	163	—	163	—	—
Elbersdorf	356	5	357	2	2
Ellershausen	202	1	203	—	—
Ellenberg	305	—	305	—	—
Empfershausen	151	—	151	—	—
Eubach	125	·	125	·	—
Genslungen	1055	1	1054	—	1
Gerbenau	102	—	102	—	—
Günsterode	262	—	262	—	—
Guxhagen	999	—	999	—	—
Harle	440	2	441	—	1
(...)					
Vollrode	273	—	273	—	—
Breitenau	68	15	81	—	2
Gesamtzahl	21674	217	21778	56	57

Melsunger Tageblatt Nr. 266 vom 13. November 1933. – Es handelt sich um die nach Orten aufgelisteten Ergebnisse der Volksabstimmung vom 12. November 1933 (Demagogisch formulierte Ja-Nein-Frage zur Politik der Hitler-Regierung, besonders zum Austritt aus dem Völkerbund) und der zeitgleich damit verbundenen Reichstagswahl (Vgl. RGBl I, 1933, 729 ff.).
Unter »Breitenau« wurden, so nehmen wir an, die Stimmen der KZ-Gefangenen aufgeführt; der mit Abstand höchste Anteil (etwa 18% bei der Reichstagswahl) der ungültigen Stimmen im Kreis Melsungen – die einzige Form, sein Nichteinverständnis oder seinen Protest gegenüber der Einheitsliste auszudrücken – spricht ebenfalls hierfür. Im übrigen haben nicht alle Gefangenen an Wahl und Volksabstimmung teilgenommen, denn am 12. November 1933 befanden sich 101 Gefangene im KZ Breitenau.

›Weihnachtsamnestie‹. Diels reichte diesen Wunsch seines Chefs an die Staatspolizeistellen weiter.[20] Die Entlassungen sollten in zwei Transporten, jeweils am 16./17. Dezember und am 22./23. Dezember 1933 erfolgen.

»Führende Persönlichkeiten sollen auch diesmal von der Entlassung ausgeschlossen sein.«

Die Gestapo Kassel teilte mit, daß von den eingesperrten 201 Schutzhaftgefangenen aus dem Regierungsbezirk »für die erste Entlassungsaktion [...] keine Häftlinge in Betracht [kommen], da auf Grund des Wahlergebnisses im Laufe der letzten Wochen bereits 25 Häftlinge entlassen worden sind.« Aus dem Kasseler Polizeigefängnis «einschließlich Lager Breitenau sollen am 20. Dezember zum Weihnachtsfest etwa 45 Schutzhäftlinge entlassen werden. Von den in staatlichen Großkonzentrationslagern befindlichen Schutzhäftlingen können etwa 20 entlassen werden.«[21]

In der Tat wurden am 22. Dezember 1933 aus dem KZ Breitenau 26 Schutzhaftgefangene, am 23. Dezember 1933 13 Schutzhaftgefangene und am 24. Dezember ein Gefangener entlassen.[22] Im März 1934 erfolgte erneut eine Überprüfung der Schutzhaftvorgänge, verbunden mit einer Aufstellung der noch in Schutzhaft sich befindenden Personen. Einige Unterlagen hierzu haben sich erhalten.[23]

Von den insgesamt 470 Schutzhaftgefangenen des frühen Konzentrationslagers Breitenau waren im März 1934 folgende 25 Personen für eine weitere Haftzeit vorgemerkt:

Johann Bettinghausen, Siegfried Frank, Oskar Geiler, Heinrich Heeb, Wilhelm Hens, Karl Hörle, Paul Joerg, Konrad Krüger, Karl Küllmer, Benjamin Loebenberg, Ernst Lohagen, Max Mohaupt, Johann Neidhardt, Adam Nix, Ernst Schädler, Siegfried Schild, KarlSchimpf, Heinrich Schmidt, Hans Schramm, August Schülbe, Otto Stolze, Wilhelm Störmer, Willi Walberg, Ludwig Weber, Fritz Wehnhardt.[24]

Plänen und seiner Praxis unmittelbar zuwiderlief, die Schutzhaft nämlich weitgehend zurückzudrängen, klar zum Ausdruck bringt. Göring hielt es für geboten, »daß mehr und mehr von der Verhängung der Schutzhaft abgesehen wird und Personen, die sich politisch betätigt und strafbar gemacht haben, den ordentlichen Gerichten zugeführt werden. [...] Soweit Schutzhaftverhängung notwendig wird, ist in jedem Fall mein persönliches Einverständnis einzuholen.«

20 HStA Mbg 165/3982. Band 12. Abschrift. Gestapa an Stapostellen vom 7.12.1933.
21 HStA Mbg 165/3982. Band 12. PP Kassel. Stapostelle. Funkspruch an Gestapa in Berlin vom 8.12.1933.
22 Archiv des LWV Hessen: KZ Breitenau. Verzeichnis über die Zu- und Abgänge vom 27. Dezember 1933/vom 9. Januar 1934.
23 HStA Mbg 180. Wolfhagen 2329. Schreiben PP/Stapo Kassel an LR RegBez vom 14.3.1934; HStA Mbg 165/3982. Band 13. »Sammelbogen« von Ende März 1934, der die Anzahl und Haftorte der Schutzhaftgefangenen des RegBez., nach Kreisen gegliedert, aufführt; HStA Mbg 165/3982. Band 13. Nachweisung der Schutzhäftlinge, für die auf Grund des Erlasses [...] vom 16.3.1934 [...] und der Verfügung des RP Kassel vom 20.3.1934 [...] über den 31.März 1934 hinaus Schutzhaft verlängert wird.«
24 HStA Mbg 165/3982. Band 13. Stapo Kassel. Nachweisung der Schutzhäftlinge, für die [...] über

Wenn man diese Gruppe von Gefangenen, die über den März 1934 in Schutzhaft gehalten wurden, näher betrachtet, so finden sich in der Tat viele darunter, die man ohne jede Einschränkung als Widerstandskämpfer bezeichnen muß. Diese 25 Schutzhaftgefangenen waren in der kommunistischen Bewegung tätig. Das KZ Breitenau war die erste Station für sie; sie sind fast alle nach ihrer Zeit im KZ Breitenau von der ganzen Härte politischer Verfolgung getroffen worden.

Hierfür einige Beispiele:

Paul Joerg war Stadtverordneter und Kreistagsabgeordneter in Witzenhausen. Vom 23. Juli 1935 bis 1. Juli 1937 war er in Untersuchungshaft in Kassel (fast zwei Jahre!). Dann erfolgte seine Verurteilung zu sechs Jahren Zuchthaus wegen Vorbereitung zum Hochverrat: vom 2. Juli 1937 bis zum 2. August 1942 verbüßte er diese Strafe im Zuchthaus Wehlheiden. Am 3. August 1942 kam er in das KZ Sachsenhausen, wo er am 3. Mai 1945 befreit wurde.[25]

Johannes Bettinghausen war Kommunist, jedoch kein Funktionär im klassischen Sinne. Er wurde am 23. Juni 1936 wegen Vorbereitung zum Hochverrat zu zwei Jahren Gefängnis und anschließend zu Arbeitshaus verurteilt.[26] Am 29. August 1941 wurde er wegen Vorbereitung zum Hochverrat und wegen »Heimtücke« zu vier Jahren Zuchthaus und Sicherungsverwahrung verurteilt.[27]

Ernst Schädler kam unmittelbar vom KZ Breitenau in das KZ Neusustrum (16. Oktober 1933 bis 1. September 1934). Vom 27. Januar 1936 bis zum 3. November 1936 kam er in Untersuchungshaft. Am 3. November 1936 wurde er zu fünf Jahren Zuchthaus wegen Vorbereitung zum Hochverrat verurteilt. In der Strafanstalt Vechta war er vom 4. November 1936 bis zum 27. Januar 1941. Am Entlassungstag wurde er in das KZ Sachsenhausen transportiert; von dort kam er am 10. November 1944 zur berüchtigten »Einheit Dirlewanger«[28], die gegen sowjetische Truppen kämpfte. Er geriet im Dezember 1944 in sowjetische Kriegsgefangenschaft, aus der er 1946 freikam.[29]

August Schülbe war von Breitenau in die Emslandlager gekommen und von dort Weihnachten 1933 entlassen worden. Am 27. Januar 1934 wurde er erneut verhaftet und kam ins Polizeigefängnis Kassel; vom 14. Juni 1934 bis 27. Juni

den 31.3.1934 hinaus Schutzhaft verlängert wird«.

25 Joachim Tappe: Die Geschichte der Arbeiterbewegung in Witzenhausen, Witzenhausen 1984, S. 340 ff. (Bemerkenswerte Gedichte, die Paul Joerg im Zuchthaus Wehlheiden verfaßte, sind dort wiedergegeben).
26 Archiv des LWV Hessen. Bestand 2. Nr. 7633. Aufnahmebuch Breitenau 1895-1945. Hier ist Johann Bettinghausen als Korrigend unter der Nr. 1972 (Buchstabe B, männlich) für die Zeit vom 6.5.1938 bis 4.4.1939 eingetragen. Eine Personenakte ist nicht überliefert.
27 Universität Kassel GHK: Informationsstelle Nationalsozialismus in Nordhessen. Sammlung Georg Merle. OLG Ks: OJs 54/36 vom 23.6.1936; OLG Ks: OJs 20/41 vom 29.8.1941.
28 Zu den Strafeinheiten vgl. Kammler, Deserteure, 164 f.
29 HHStA Wbdn: Dokumentation; Schriftliche Mitteilung von Frau Bambey, Kulturbeauftragte der Gemeinde Frielendorf, vom 17.8.1995; Schriftliche Mitteilung von Frau Höppner, der Schwester von Ernst Schädler vom 18.9.1995.

1935 saß er in Untersuchungshaft. Am 27. Juni 1935 wurde er wegen Vorbereitung zum Hochverrat zu neun Jahren Zuchthaus vom Volksgerichtshof verurteilt.[30] August Schülbe befand sich vom 7. Juni 1933 bis zum 12./18. März 1944 – mithin fast elf Jahr lang – ununterbrochen in Haft (im KZ Breitenau, im KZ Neusustrum, im Kasseler Polizeipräsidium, im Untersuchungsgefängnis »Elwe«, in der Strafanstalt Moabit, im Zuchthaus Wehlheiden, im »Aschendorfer Moor« und wieder im Zuchthaus Wehlheiden).[31]

Friedrich Wehnhardt aus Niederzwehren hatte mehrere Haftaufenthalte: Polizeigefängnis Kassel, Untersuchungshaft (1934-1935), Gefängnis (1935), Bewährungsbataillon 999 (4. Februar 1943 – 9. Mai 1945).[32]

Ernst Lohagen wurde vom Volksgerichtshof zu fünfzehn Jahren wegen Vorbereitung zum Hochverrat verurteilt.[33]

Willi Walberg kam von Breitenau unmittelbar in das KZ Papenburg (bis 1. Mai 1934); auch er hatte eine extrem lange Untersuchungshaftzeit durchzustehen (25. Januar 1936 bis 10. August 1937); anschließend sechs Jahre Zuchthaus in der JVA Wehlheiden (10. August 1937 – 8./10. Mai 1942); am Tag der Entlassung kam er in das KZ Sachsenhausen; von dort bis zum Kriegsende in das KZ Lichterfelde-West.

Am 6. Mai 1934 waren im Regierungsbezirk Kassel noch »28 Schutzhäftlinge vorhanden«[34], ein Sammelbogen hielt die Herkunft dieser Gefangenen nach Landkreisen fest; am 15. Mai 1934 waren es noch 20.[35] An diesen Zahlen läßt sich der Prozeß des Filterns deutlich erkennen. Zurückbleiben sollten jene vermeintlich ›Unbelehrbaren‹, die sich zu keiner Art von Umerziehung und Anpassung hergaben.

Es darf hier nicht vergessen werden, daß im Mai 1934 bereits zahlreiche ehemalige Schutzhaftgefangene wegen ›Hochverrat‹ zu langjährigen Zuchthaus- oder Gefängnisstrafen verurteilt waren und sich in Strafanstalten befanden, so daß sie nicht mehr in der Statistik ›Schutzhaftgefangene‹ geführt wurden, weil sie Strafgefangene geworden waren.

Hier eine Übersicht über die herausragenden ›Schübe‹ von Entlassungen aus dem KZ Breitenau:

---

30 StA Kassel: Betreuungsstelle ;Schülbe, A. (Strafregisterauszug vom 15.4.1946): Volksgerichtshof Berlin – 15 J 126/34 – 27.6.35 [wegen] Vorber. eines hochverr. Unternehmens, einheitl. begangen nach dem Sprengstoffgesetz zu 9 Jahren Zuchthaus.
31 StA Kassel: Betreuungsstelle. Schülbe, A.
32 HHStA Wbdn: Dokumentation
33 HHStA Wbdn: Dokumentation
34 HStA Mbg 165/3982. Band 13. Sammelbogen zur Verfügung vom [...] Generalakten.
35 HStA Mbg 165/3982. Band 13. Sammelbogen Schutzhäftlinge. Funkspruch.

Herausragende ›Schübe‹ von Entlassungen bzw. Überführungen in andere Konzentrationslager

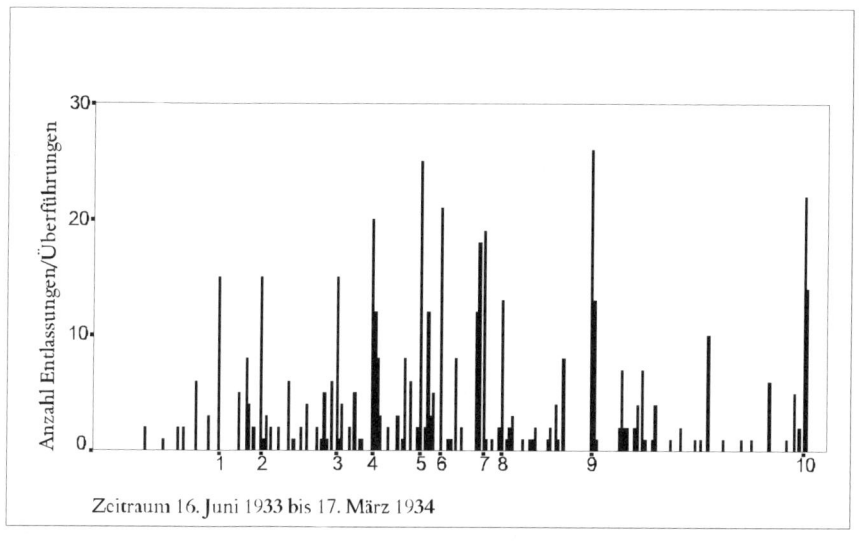

Zeitraum 16. Juni 1933 bis 17. März 1934

1 28.7.1933 Erste größere Entlassung von 15 Schutzhaftgefangenen, überwiegend (10 nachweislich) sozialdemokratischen Amts- und Mandatsträgern.

2 14.8.1933 Zweiter größerer Entlassungsschub von 16 Schutzhaftgefangenen (Sozialdemokraten, Kommunisten, ›Beleidigungs‹-Vorwürfe).

3 13.9.1933 Entlassung von 15 Schutzhaftgefangenen (fast ausschließlich von kommunistischen Parteimitgliedern [ohne Funktion bzw. Amt] und Sympathisanten).

4 28.9.1933 Entlassung von 20 Schutzhaftgefangenen (fast ausschließlich von komunistischen Parteimitgliedern [ohne Funktion bzw. Amt] und Sympathisanten).

5 16.10.1933 Überführung von 25 Schutzhaftgefangenen in die Emsland-Konzentrationslager (überwiegend kommunistische Funktionäre aus dem ganzen Reg.Bez.: Heinrich Eckhardt, Paul Jörg, Ernst Lohagen, Adolf Rügheimer, Ernst Schädler, August Schülbe u.a.) Börgermoor, Esterwegen, Neusustrum und Papenburg.

6 24.10.1933 Überführung von 20 Schutzhaftgefangenen in das KZ Esterwegen (Kommunisten aus Hanau und Landkreis Hanau).

7 7.-10.11.1933 Überführung von 40 Schutzhaftgefangenen in das KZ Sonnenburg (aus dem ganzen Regierungsbezirk Kassel).

8 17./21.11.1933 Überführung von 17 Schutzhaftgefangenen in das KZ Lichtenburg

9 23.12.1933 Entlassung von 26 Schutzhaftgefangenen (Weihnachtsamnestie Görings).

10 16./17.3.1934 Entlassung von 37 Schutzhaftgefangenen anläßlich der Aufhebung des Konzentrationslagers Breitenau.

Die Behauptung des regionalen KZ

Aus den Akten läßt sich das – von Anfang an beobachtbare – Bemühen des Kasseler Polizeipräsidenten und Gestapostellenleiters von Pfeffer entnehmen, das Konzentrationslager Breitenau so lange wie möglich bestehen zu lassen. Die Auffassungen im preußischen Innenministerium gingen in die entgegengesetzte Richtung: man betrieb die baldige Auflösung der frühen und ›wilden‹ Konzentrationslager und Haftstätten. Das wurde bereits an der ersten offiziellen Stellungnahme der preußischen Regierung zum KZ Breitenau deutlich.

Am 24. Juli hatte der preußische Innenminister seine Auffassung klar gemacht: er sprach von einem »zur Unterbringung politischer Schutzhäftlinge vorübergehend eingerichteten Lager in der Landesarbeitsanstalt Breitenau«, genehmigte die Wachmannschaft auch nur »bis auf weiteres vorbehaltlich jederzeitigen Widerrufs« und machte seine Absicht am Ende des Schreibens noch einmal deutlich, indem er den vorübergehenden Charakter der »behelfsmäßigen Unterbringung der Schutzhäftlinge in der Landesarbeitsanstalt [!] Breitenau« betonte.[36]

Auf der Grundlage eines Berichts des Polizeipräsidenten[37] beeilte sich der Regierungspräsident, dem Innenminister gegenüber die ›Vorteile‹ Breitenaus zu verdeutlichen: erstens seien Einrichtung und Ausstattung in Breitenau vorhanden, zweitens sei der Tagessatz dort um 30 Pfennige billiger als im Polizeigefängnis, drittens leisteten die Häftlinge produktive Arbeit und viertens gäbe es in Stadt und Landkreis Kassel keine anderen »geeigneten Unterbringungsmöglichkeiten«. Der Regierungspräsident schloß:

> »Solange die Zahl der politischen Schutzhäftlinge, die für das Moorlager in Frage kommen, noch so hoch und oft so sprunghaft ansteigt, wie dies bisher der Fall gewesen ist, bitte ich, das Durchgangslager Breitenau als Sammellager auch nach Fertigstellung des Moorlagers bestehen zu lassen, da es m. E. als solches unentbehrlich ist.«[38]

---

36 HStA Mbg 165/3878. MdI an RP Kassel vom 24.7.1933.
37 HStA Mbg 165/3878. PP an RP Kassel vom 3.8.1933.
38 HStA Mbg 165/3878. RP an MdI vom 10.8.1933.

Mitte August gelang es von Pfeffer dann, der neuen Definition der Hilfspolizei (»Hilfspolizeibeamte des Geheimen Staatspolizeiamtes«) Rechnung zu tragen und die SS-Wachmannschaft bis zum 30. September 1933 verlängern zu können.[39] Ende September startete von Pfeffer erneut eine Initiative, um Breitenau über den 30. September 1933 hinaus zu verlängern. Er wandte sich an den Regierungspräsidenten, verwies auf die geringen Kosten, die Breitenau dem Staat verursache, und betonte, »daß das Lager für Schutzhäftlinge in Breitenau auch über den 30. September 33 hinaus erforderlich ist.«[40] Wie stets zuvor in Fragen Breitenaus übernahm der Regierungspräsident Geist und Buchstaben dessen, was ihm vom Polizeipräsidenten vorgeschlagen war, und wandte sich im selben Sinne an den Innenminister.[41] Dieser entsandte einen Referenten (Fischer), der sich vor Ort ein Bild machte. Anschließend teilte der Innenminister mit:

>»Nach dem Ergebnis der örtlichen Besichtigung des Lagers am 3. Oktober d.J. ist seine Auflösung zunächst noch nicht vorgesehen. Weitere Weisung bleibt zu gegebener Zeit vorbehalten.«[42]

Interessant ist in diesem Zusammenhang die Tatsache, daß die Anstalt selbst im Oktober 1933 vorschlug, – zu einer Jahreszeit, in der üblicherweise eine Erhöhung der Tagessätze mit Blick auf die Heizkosten im Winter gestellt wurde – den Verpflegungssatz wieder auf 1,- RM abzusenken. Sie tat dies, um die in Aussicht genommene Auflösung des Konzentrationslagers abzuwenden. Wir entnehmen dies einem Schreiben der Kasseler Staatspolizeistelle vom 10. Oktober 1933 an den Landeshauptmann in Hessen, in dem es u.a. hieß:

>»Mit Ihrem Vorschlag bin ich einverstanden. Es wird somit ab 16. d. Mts. für jeden Schutzhäftling pro Tag 1,- RM gezahlt [...]. Nach Lage der Verhältnisse ist jedoch damit zu rechnen, daß bei den nunmehr ermäßigten Kosten das Lager in Breitenau in absehbarer Zeit nicht aufgelöst wird. gez. von Pfeffer.«[43]

Die Auflösung des Lagers sollte dann doch in nächster Zeit erfolgen, wenngleich erheblich später als vom preußischen Innenministerium gewünscht und geplant war.

Die abschreckende Wirkung

Aus mehreren Berichten ehemaliger Schutzhaftgefangener Breitenaus geht die Tatsache hervor, daß sie die Zeit in Breitenau als demütigend und niederschmet-

---

39 Vgl. den Abschnitt »Die zweite Wachmannschaft. Rechts- und Unterstellungsverhältnisse« (im Kap. 7).
40 HStA Mbg 165/3878. PP Kassel an RP Kassel vom 21.9.1933.
41 HStA Mbg 165/3878. RP an MdI vom 26.9.1933.
42 HStA Mbg 165/3878. MdI an RP Kassel vom 16.10.1933.
43 Das im Betreff genannte Schreiben des Landeshauptmanns vom 6.10.1933 (Az. I Br. I 29) ist uns nicht zugänglich gewesen. Archiv des LWV-Hessen: KZ Breitenau. Polizeipräsident an Landeshauptmann v. 10.10.1933.

DER POLIZEIPRÄSIDENT IN KASSEL

341

KASSEL, POLIZEIPRÄSIDIUM, KÖNIGSTOR 31

EINGANGS- UND BEARBEITUNGSVERMERK

An den

Herrn Regierungspräsidenten

in   K a s s e l.

Regierung Kassel
22 SEP. 1933 V.

7972

AH No.
Anl.

GESCHÄFTS-ZEICHEN UND TAG IHRES SCHREIBENS

GESCHÄFTSZEICHEN UND TAG MEINES SCHREIBENS

W.2/Hilfspolizei. 21.Sept.1933.

BETRIFFT: Wachkommando in Breitenau.

=========

Zum Erlaß des M.d.J. vom 24. 7. 1933 – II G 1610/22.6.33.19–
(Nicht veröffentlicht) – Verfügung vom 31. 7. 1933 – A. II.
7690/33 – und RdErl. des M. d. J. vom 15. 8. 1933 – II C I
59 – 97 II/33 (nicht veröffentlicht).

=============

        Im Anschluß an meine Vorlage vom 31. v. M.
weise ich darauf hin, daß das Lager für Schutzhäftlinge
in Breitenau auch über dem 30. 9. 33 hinaus erforderlich
ist. Eine Aufgabe des Lagers kommt m. E. und auch nach
Ansicht fast aller Landräte des Regierungsbezirks z. Zt.
noch nicht in Frage. Vielmehr ist die weitere Einschlie-
ßung der dort befindlichen aus allen Teilen des Bezirks
stammenden marxistischen Funktionäre – zum mindesten noch
über die Wintermonate – im Interesse der Staatssicherheit
dringend erforderlich. Geeignete Gefängnisräume stehen

ANLAGEN   DRAHTWORT   FERNRUF   POSTSCHECK   BANK-KONTO
                Polizeipräsident   1344–1349   Frankfurt a/M.   Reichsbank-Girokonto
                Kassel   7090
                                                    244

hierfür jedoch nicht zur Verfügung. Als Bewachungsmannschaften in Breitenau werden S. S. - Männer verwandt, die laut Erlaß vom 15. 8. 1933 nur bis 30. 9. 33 eine Aufwandsentschädigung beziehen dürfen. Sollte aus grundsätzlichen Erwägungen heraus eine Möglichkeit nicht mehr bestehen, die zur Bewachung erforderlichen S. S. Männer wie bisher zu entschädigen (Kap. 91 Tit. 22), so bitte ich, nachstehendem Vorschlag zustimmen zu wollen, der zur Not auch ausreichen würde.

An staatlichen Geldern werden hier für die Unterbringung und Verpflegung pp. der Gefangenen RM 1.50 pro Tag berechnet (Kap.91 - 50 - 6). In Breitenau wäre ich in der Lage, die Schutzhäftlinge einschließlich Verpflegung, Unterkunft u n d Bewachung für diesen Richtsatz unterzubringen, wenn ich für die Schutzhäftlinge RM 1.50 pro Tag beigenanntem Titel in Ansatz bringen darf.

Ich glaube sogar, mit Bestimmtheit sagen zu können, daß ich dem Staat auch fernerhin auf diese Weise einen nennenswerten Betrag sparen kann, denn bisher habe ich für einen Schutzhäftling in Breitenau pro Tag RM 1.20 benötigt.

Der Polizeipräsident Fritz von Pfeffer engagierte sich gegenüber den Regierungsbehörden für die Beibehaltung des regionalen Konzentrationslagers Breitenau (HStA Mbg 165/3878).

Der Preußische
Minister des Innern.

1610/22.6.33.
___19:_____

Regierung Kassen NW 7, Unter den Linden 72—74.
Fernsprecher: Sammel-Nr. A 1 Flora 0034
Postscheckkonto: Berlin 14538
Reichsbank-Giro-Konto} Bürokasse b. Nr. M b 3.

Berlin, den 16.Oktober 1933 344

220KT. 1933 V.

AII Nr.

Anl.

Auf die Berichte vom.26.September und 9.Oktober 1933 -A II
Nr.7972 und 8038.

Wie mein Sachbearbeiter anläßlich der örtlichen Besichtigung des Lagers Breitenau am 3.Oktober d.J.dem Polizeipräsidenten
in Kassel bereits mitgeteilt hat,muß vom 1.Oktober d.J.ab die
Löhnung für das Wachtpersonal in der Weise aufgebracht werden,daß
die hierfür notwendigen Mittel ebenso wie die Aufwendungen z.B.
für die Beschaffung der Lebensmittel zur Beköstigung der Häftlinge
aus den von den zuständigen Polizeibehörden zu zahlenden Haftkosten betritten werden.Nach einem in Vorbereitung befindlichen Er-
lass werden diese Kosten übrigens vom 1.November ab nicht mehr
aus der Staatskasse erstattet.Die Höhe des Tagessatzes bestimmt
sich nach der Höhe der tatsächlichen Aufwendungen;es wird allerding
darauf geachtet werden müssen,dass dieser den Betrag von 1,50 RM
nicht übersteigt.

Nach dem Ergebnis der örtlichen Besichtigung des Lagers
am 3.Oktober d.J.ist seine Auflösung zunächst noch nicht vorgesehen
Weitere Weisung bleibt zu gegebener Zeit vorbehalten.

Im Auftrage:

gez.Fischer

den Herrn Regierungspräsidenten
in K a s s e l

Beglaubigt.

*Das preußische Innenministerium akzeptierte den Vorschlag des Kasseler Polizeipräsidenten
und ließ das Lager Breitenau bis auf weiteres bestehen (HStA Mbg 165/3878).*

ternd empfunden haben. Dies ist verständlich, da von Seiten der SA und SS Demütigungen, Beleidigungen und Mißhandlungen beabsichtigt und an der Tagesordnung waren. Die Schutzhaftgefangenen sollten sich als Bestrafte wahrnehmen, um sich dann wieder – gleichsam ein neues politisches Leben beginnend – als von der nationalsozialistischen Idee Überzeugte in die ›Volksgemeinschaft‹ einzufügen. Diese pseudoreligiöse Demagogie, die mit bewährten überlieferten Topoi wie Strafe, Sühne, Einkehr und Umkehr ›arbeitete‹, findet sich besonders klar in einem ganzseitigen und bebilderten Artikel in der kurhessischen NS-Gau-Zeitung »Kurhessische Landeszeitung«. Der Artikel ist zwar erst im November 1934, also nach der Auflösung des KZ Breitenau erschienen; er enthält jedoch alle Momente dieser Methode einer dumpfen Schuld-und-Sühne-Ideologie.

Der Artikel ist überschrieben »Einmal dritter Klasse Breitenau!«.[44] Mit diesen Worten verlangt in Kassel eine junge Frau am Bahnhof eine Fahrkarte nach Guxhagen. Der Untertitel schlägt das eigentliche Thema an: »Ein Mensch findet sein Vaterland – Kommune, Breitenau und Erwachen«. Der uns hier interessierende Aspekt an dieser kitschigen und mit üppigen Klischees aufgeladenen Geschichte ist die Darstellung des politisch Andersdenkenden, hier des jungen Kommunisten Horst Windner, bei dem Sachbeschädigung, Diebstahl und Kommunismus in einen Topf gerührt werden.

> »Als Host Windner eines Tages arbeitslos geworden war, lachte er laut, da er seinem jungen Weibe gegenüber trat. Martha blickte ihn erschrocken an: ›Du kannst dabei noch lachen, Horst? Mir fährt ein großen Grauen in die Seele.‹ ›Ich habe keine Angst‹, sagte er mit hastigen Worten, ›das mußte so kommen. Alle müssen arbeitslos werden und die Fäuste recken, die Schornsteine müssen erst umgerissen werden, dann kommt das Reich des Friedens für uns Arbeiter.‹
> Dann trat sie plötzlich dicht vor ihn hin und starrte ihm in die Augen. ›Du bist wohl auch einer von den Verrätern, die auf den Trümmern etwas Neues errichten wollen?‹, sagte sie gereizt.«

Horst Windner wird, nachdem er eine Schaufensterscheibe eingetreten hatte, verurteilt und kommt nach Breitenau. Seine Frau Martha – die Ehe war zerbrochen – besucht ihn nun nach langer Haftzeit und kurz vor der Entlassung in Breitenau (»Einmal dritter Klasse Breitenau!«) und bringt ihn wieder auf den Weg in das ›neue Deutschland‹:

> » ›Horst‹, sagte Martha jetzt mit leiser Stimme, ›ich will noch ein größeres Opfer bringen, ich will wieder zu Dir und alles tun, damit du noch ein tüchtiger, ehrlicher und glücklicher Mensch wirst in diesem neuen Deutschland, das wir so von Herzen lieben, weil alles so anders und schön in ihm geworden ist. Der Arbeiter ist so hoch geachtet und schämt sich auch der härtesten Arbeit nicht mehr. Auch Du wirst es sein, wenn Du – – –‹ «

---

44 Kurhessische Landeszeitung Nr. 277 vom 17./18.11.1934.

Es läßt sich denken, daß diese Schuld- und Sühne-Ideologie bei einigen Inhaftierten Selbstvorwürfe und persönliche Schuldzuweisungen ausgelöst hat. Wir wissen, daß viele der ehemaligen Schutzhaftgefangenen Breitenaus, mit denen wir in Verbindung getreten sind, auch nach Ende der Hitlerzeit nicht einmal im engsten Kreis ihrer eigenen Familie, also gegenüber Frau und Kindern, über ihre Zeit als Schutzhaftgefangene in Breitenau gesprochen haben. Mitunter erfuhren ihre engsten Familienangehörigen erst durch die Tatsache, daß von der Universität jemand kam, der den Vater interviewen wollte, von seiner Haftzeit in Breitenau. Aus manchen Gesprächen wurde deutlich, daß sich ehemalige Gefangene Breitenaus, obwohl hierzu weder objektiv eine Berechtigung noch subjektiv auch nur die Spur eines Anlasses bestanden hat – ihrer Zeit in Breitenau geschämt haben. Darin sehen wir eine schlimme, weit ins Leben des einzelnen hineinragende, jahrelang anhaltende Wirkung der Haft.

Soviel zur abschreckenden Wirkung auf die Schutzhaftgefangenen Breitenaus selbst. Von nicht geringerer Bedeutung dürfte die Abschreckung und Einschüchterung des KZ Breitenau für die Öffentlichkeit gewesen sein, zuallererst freilich für den Kreis der politisch Interessierten und Engagierten, für ehemalige Mitglieder und Wähler wie Sympathisanten zum Beispiel von SPD und KPD, von Zentrum und Liberalen.

Es ist an Berichte entlassener Schutzhaftgefangener oder Angehöriger zu denken, die sich im Kreis der politischen Freunde schnell herumgesprochen haben dürften. Auch wenn einer zurückkam und mit keinem Wort über die Zeit in Breitenau sprach, hatte dies Wirkungen.

Zweitens gibt es verstreute Hinweise darauf, daß die Behörden, von den Landräten bis zum Bürgermeister, die Drohung ›Breitenau‹ politisch einsetzten.

>»Als er sich 1933 in Harleshausen beim Bürgermeister wegen der Einteilung zur Pflichtarbeit melden mußte, verweigerte er vor 50 angetretenen Arbeitslosen den ›deutschen Gruß‹, obwohl ihn der Bürgermeister noch einmal vor die Tür schickte, um ihm Gelegenheit zur ›Besinnung‹ zu geben, und ihm mit dem nahen KZ Breitenau drohte.«[45]

Auch finden sich einzelne Berichte von exzessiver Grausamkeit, die sich im KZ Breitenau ereignet haben sollen. Es läßt sich nicht mehr feststellen, ob sich das Berichtete so oder überhaupt ereignet hat. Bemerkenswert sind diese Berichte jedoch allein schon als Zeugnis des verbreiteten Schreckens, der von Breitenau damals ausging. Sie belegen die zeitgenössische abschreckende Wirkung des KZ, nicht unbedingt die Torturen selbst.[46]

Und schließlich fanden die NS-Presse und ihr nahestehende Journalisten in bürgerlichen Zeitungen ein ausgesprochenes Interesse an der Bloßstellung und

---

45 zitiert nach: Kammler, Deserteure, 23.
46 Vgl. den Bericht von Fritz Raabe, dem ehemaligen Bürgermeister von Breuna (S.143 f.).

Verhöhnung besonders sozialdemokratischer Mandatsträger aus der ›Systemzeit‹. Diese von Niedertracht, Hohn und Spott gekennzeichneten Artikel, z.B. in der »Kurhessischen Landeszeitung«, werden ihre Wirkung auf das politische Umfeld der so öffentlich Angeprangerten nicht verfehlt haben.

Die Auflösung des KZ Breitenau

Die Zahl der Schutzhaftgefangenen in Breitenau war seit Mitte Oktober 1933, dem Beginn der Verschiebung zahlreicher Schutzhaftgefangener in die sogenannten ›Großkonzentrationslager‹ Börgermoor, Esterwegen, Lichtenburg und Sonnenburg, stark zurückgegangen. Die Entlassungen auf Grund der Weihnachtsamnestie Görings hatte ebenfalls einen deutlichen Rückgang bewirkt. Dementsprechend hatte der Polizeipräsident die SS-Wachmannschaft reduziert. Vereinzelt trafen zwar noch bis Anfang März Schutzhaftgefangene in Breitenau ein; gleichwohl war nun auf Grund des starken Rückgangs der Gefangenen für von Pfeffer das Provisorium Breitenau zu beenden.

Die Auflösung erfolgte unvermittelt und schlagartig. Am 13. März 1934 informierte das Kasseler Polizeipräsidium telefonisch den Oberpräsidenten darüber,

»daß infolge der allgemein vorzunehmenden Einschränkung der Konzentrationslager in allernächster Zeit, vielleicht schon vor dem 20. d. Mts., innerhalb 24 Stunden mit der Aufhebung des dortigen Konzentrationslagers gerechnet werden müsse.«[47]

Am 16. März 1934 befanden sich noch 36 Schutzhaftgefangene im KZ Breitenau. An diesem Tag wurden 22, am folgenden Tag 14 Gefangene entlassen. Wohin diese entlassen wurden, – ob in Freiheit oder in ein anderes KZ – konnte nicht ermittelt werden.

Zwei Tage später wurde die Auflösung verfügt. Dr. Ferdinand Oskar Hütteroth[48], der stellvertretende Leiter der Staatspolizeistelle Kassel, dankte der Anstalt mit folgenden Worten:

»Gemäß Anordnung des Herrn Minister-Präsidenten muß das Schutzhaftlager Breitenau mit sofortiger Wirkung aufgelöst werden. Für die freundliche Überlassung der Räume und die vorbildliche Zusammenarbeit zwischen der Leitung der Anstalt und meinen Dienststellen bringe ich aus diesem Anlaß nochmals unseren besonderen Dank zum Ausdruck.«[49]

Am Sonnabend, den 17. März 1934, 16 Uhr, war das Schutzhaftlager Breitenau »endgültig aufgehoben«.[50]

---

47 Archiv des LWV Hessen: KZ Breitenau. OP an Breitenau vom 13.3.1934.
48 Klein, Lageberichte der Gestapo, 22 f.
49 Archiv des LWV Hessen: KZ Breitenau. PP Kassel an OP Kassel vom 15.3.1934.
50 Archiv des LWV Hessen: KZ Breitenau. Notiz des Anstaltsleiters Klimmer vom 19.3.1934. (handschr.).

Zu einzelnen Schutzhaftgefangenen

Alfred Abramowicz (*1905)

In den Akten des Kasseler Regierungspräsidenten, abgelegt unter *betr.: Öffentliche Ruhe und Ordnung* befindet sich ein beschämender Vorgang, der ein Licht auf die Praxis antisemitischer Vorstellungen nicht nur bei der nationalsozialistischen Ideologie ergebenen Parteigängern, sondern auch bei Regierungsbeamten in der Verwaltung wirft.

Erhalten ist der Brief von Frau Minna Abramowicz, der Mutter des zu diesem Zeitpunkt im KZ Breitenau inhaftierten Alfred Abramowicz, an den Oberpräsidenten der Provinz Hessen-Nassau, Seine Königliche Hoheit Prinz Philipp von Hessen vom September 1933, der im Wortlaut wiedergegeben werden soll[1]:

> »Eure königliche Hoheit,
> bitte ich ergebendst folgendes unterbreiten zu dürfen:
> Ich bin eine fast 70-jährige Witwe, die in den Nachkriegsverhältnissen völlig verarmt ist. Ich werde von meinem 28-jährigen Sohn Alfred ernährt.
> Mein Sohn hatte im Winter vier Monate lang eine schwere Nierenentzündung, von der er sich nicht vollständig erholen konnte. Von der Reichsversicherungsanstalt für Angestellte wurde er daher zur Kur nach Bad Reinhardsquelle [Reinhardshausen] bei Wildungen gesandt, wo er bis zum 2. August ca. vier Wochen verbrachte. Dort lernte er eine junge Dame, Fräulein Trude Benz aus Köln kennen, die im gleichen Sanatorium zur Kur weilte. Die beiden jungen Leute freundeten sich an und verabredeten miteinander nach Abschluß ihrer Kur noch einige Tage in der schönen Gegend bei Waldeck zu verbringen. Da sie beide gerne Wassersport treiben, wollten sie am Edersee bei Waldeck noch etwas rudern. In Waldeck wohnten sie in zwei getrennten Zimmern im Hotel ›Höhle‹, wo sie sich unter ihrem richtigen Namen eintrugen. Am dritten Tage ihres Waldecker Aufenthalts wurden die beiden jungen Leute von SA verhaftet. Erst nach Wildungen, später ins Gefängnis nach Kassel überführt. Während das junge Mädchen nach wenigen Tagen entlassen wurde, ist mein Sohn in das Konzentrationslager nach Breitenau gebracht worden, wo er sich jetzt seit vier Wochen befindet.
> Gegen irgend ein geltendes Gesetz hat mein Sohn nicht verstoßen. Ob sein Verhalten irgendwie moralisch verurteilenswert war, vermag ich nicht zu beurteilen. Ich kann mir nicht vorstellen, daß mein Kind irgendwie etwas getan hat, was den Gesetzen Gottes oder der Menschen zu wider läuft. Mein Sohn ist ein völlig unpolitischer junger Mensch, dessen moralische Auffassungen auch immer ziemlich streng gewesen sind. In den letzten Jahren war er fast ständig leidend. Hierdurch hat sich bei ihm eine gewisse Schüchternheit im Verkehr mit Menschen, insbesondere mit Frauen, ausgebildet. Ich kann mir daher auch nicht vorstellen, daß zwischen Fr. Benz und meinem Sohn andere als rein freundschaftliche Beziehungen bestanden haben. Dem ganzen Charakter und der schüchternen Veranlagung meines Sohnes liegt jede erotische Aktivität völlig fern. Selbst wenn jedoch

---

1   Der Regierungsbezirk Kassel (vormals Kurfürstentum Hessen) war Teil der 1868 neu gebildeten preußischen Provinz Hessen-Nassau, zu der auch der Regierungsbezirk Wiesbaden (vormals Herzogtum Nassau) mit (der vormals Freien Reichsstadt) Frankfurt gehörte. An der Spitze der Provinz stand der Oberpräsident (Sitz Kassel).

diese Annahme nicht zutreffen sollte, bitte ich Eure Königliche Hoheit zu bedenken, daß mein Sohn durch die jetzt durchlebten vier Wochen für eine etwa begangene Unbesonnenheit bereits so schwer bestraft ist, daß nunmehr eine milde Beurteilung gerechtfertigt sein dürfte. Mein Sohn, der als schwerkranker Mann nach Reinhardsquelle gekommen ist, muß unter dem seelischen und körperlichen Druck der Internierung besonders leiden. Noch viel schwer trifft dies jedoch mich. Ich war bis zum Kriegsausbruch mit meinem Mann in Rußland. Wir mußten, da mein Mann Leiter einer Bank war, vor den Bolschewisten fliehen und haben dann unser ganzes Vermögen verloren. Mein Sohn ist meine einzige Stütze auf der Welt. Wenn ich diese verliere, stehe ich ganz allein auf der Welt und falle der öffentlichen Wohlfahrt zur Last. Bei der schwachen Konstitution meines Kindes fürchte ich, daß ein längerer Aufenthalt im Lager ihn körperlich und seelisch so schwächt, daß er – der gegenwärtig arbeitslos ist – nicht imstande ist, sich eine neue Existenz aufzubauen, zumal ihm für den Aufbau keine anderen Mittel als die Kräfte seines Körpers und Geistes zur Verfügung stehen.
Eine verzweifelte Mutter bittet Eure Königliche Hoheit als obersten Polizeiherrn der Provinz Hessen-Nassau inständigst um die Freilassung ihres Kindes. Sehr ergebendst.«[2]

Die Verfasserin des Briefes hatte ihren Geburtsnamen Bloch bei ihrer Eingabe mit angegeben. War es diese Unterschrift, die im Regierungspräsidium jemanden veranlaßt hat, die Passage »seiner fast 70jährigen Mutter« im Schreiben des in dieser Angelegenheit appellierenden Rechtsanwalts mit einem ›J‹ (für ›jüdisch‹) am Rande zu kommentieren?

Am 13. September 1933 wandte sich Rechtsanwalt Max Baum aus Berlin an den Regierungspräsidenten in Kassel, da er in Erfahrung gebracht hatte, daß Prinz Philipp von Hessen die Eingabe der Mutter »zuständigkeitshalber dorthin weitergeleitet« hat. Der Anwalt machte darauf aufmerksam, daß »die baldige Haftentlassung um so mehr zu rechtfertigen sei, als Alfred Abramowicz beabsichtigt, demnächst aus Deutschland auszuwandern«.

Der Kasseler Regierungspräsident legte den gesamten Vorgang dem Kasseler Polizeipräsidenten von Pfeffer vor. Das vom Polizeipräsidenten persönlich unterzeichnete Antwortschreiben lautete:

»*Abramowicz* hatte Anfang August dieses Jahres ein deutsches Mädchen verführt, mit ihm in einem Hotel zu übernachten. Hierüber war in der Bevölkerung eine derartige Erregung entstanden, daß Tätlichkeiten gegen ihn zu befürchten waren. Herr Abramowicz mußte daher zu seiner eigenen Sicherheit in Schutzhaft genommen werden, ist jedoch am 16. dieses Monats wieder freigelassen worden.«

Der Kasseler Regierungspräsident übernahm die Erklärung des Polizeipräsidenten und teilte dies dem Berliner Rechtsanwalt mit; er schloß: »Ich sehe damit die Angelegenheit als erledigt an«. Auch der Mutter teilte er am 29. September 1933 mit:

---

2   HStA Mbg 165/3982. Band 11.

»Auf die Eingabe vom 4. September dieses Jahres teile ich Ihnen mit, daß Ihr Sohn, Alfred Abramowicz, am 16. dieses Monats aus der Schutzhaft entlassen worden ist. Ich sehe damit die Angelegenheit als erledigt an.«[3]

Aus den erhaltenen Akten des Konzentrationslagers Breitenau geht hervor, daß Alfred Abramowicz aus Berlin in der Zeit vom 11. August bis zum 15. September 1933 im Konzentrationslager Breitenau eingesperrt war.[4] Der weitere Lebensweg von Alfred Abramowicz ließ sich nicht aufklären.

Julius Dalberg (1882 – 1943?)

Rechtsanwalt und Notar Julius Dalberg war Gemeindeältester und in verantwortlichen Positionen der Kasseler Jüdischen Gemeinde. Er hatte zu deren Geschichte (gemeinsam mit Dr. Rudolf Hallo) auch wissenschaftlich gearbeitet.[5] Über ihn wissen wir vor allem durch Wolfgang Prinz, der auch über sein Schicksal im Rahmen seiner Studien zur Geschichte der Jüdischen Gemeinde Kassel geforscht hat.[6]

Dalberg war seit Jahren – schon 1928 hatte es einen Zusammenstoß mit Oswald Freisler, dem Bruder des berüchtigten Roland Freisler, vor Gericht gegeben – von den Nazis geschmäht und beleidigt worden. Beide Brüder Freisler waren in den zwanziger Jahren als Anwälte in Kassel tätig. Oswald Freisler war dann vom Ehrengericht der Anwälte verurteilt worden, »weil er durch Beleidigung versucht hatte, *den gegnerischen jüdischen Kollegen in den Augen des Gerichts herabzusetzen*«.[7]

Der Terror der SA im Frühjahr 1933 zielte auch auf Julius Dalberg, und er war bereits im März – wie sein Berufskollege Dr. Max Plaut – von SA-Leuten in den Kasseler ›Bürgersälen‹ schwer mißhandelt worden. Diese Vorfälle waren so gravierend, daß sie unter der Überschrift »Kassel als Beispiel« in das »Braunbuch über Reichstagsbrand und Hitlerterror« aufgenommen wurden. Über die Mißhandlung von Julius Dalberg heißt es darin:

> »Am gleichen Tag wurde der Rechtsanwalt Dalberg in der schwersten Weise mißhandelt und zwar am gleichen Ort und in ähnlicher Weise wie Plaut. Bemerkenswert ist, daß Dalberg kurze Zeit vorher einen Streit vor Gericht mit dem damaligen Rechtsanwalt, jetzigen Ministerialdirektor Dr. Freisler, gehabt hatte, und daß ihm

3 Dieses und alle vorangegangenen Zitate: Ebenda.
4 Archiv des LWV Hessen: Aufnahmebuch.
5 Geschichte der Jüdischen Gemeinde Kassel unter Berücksichtigung der Hessen-Kasseler Gesamtjudenheit. Band I. Hrsg. von der Israelitischen Gemeinde Kassel. Kassel 1931. Verfasser waren Dr. Rudolf Hallo mit seinem denkwürdigen Beitrag zur Kasseler Synagogengeschichte, Landrabbiner Dr. Walter und Julius Dalberg mit einem Beitrag über »Volkskunde der Hessen-Kasseler Juden« (109 – 168), in dem besonders zur Sprache (Dialekt und Redewendungen) der hessischen Juden berichtet wird.
6 Prinz, Judenverfolgung in Kassel, 166f., 170f., 215.
7 Prinz, Judenverfolgung in Kassel, 166 f.

dies auch während der Mißhandlung vorgehalten wurde. Es bestand also kein Zweifel darüber, daß die Folterung des Rechtsanwalts Dalberg auf direkten Befehl dieses zur damaligen Zeit obersten Führers der Kasseler NSDAP und jetzigen hohen preußischen Beamten erfolgt ist. Dalberg wurde auch sein langer Vollbart abgeschnitten. Die Verletzungen von D. waren so schwer, daß die Ärzte einige Tage befürchteten, ein Bein müßte amputiert werden, doch konnnte es glücklicherweise noch gerettet werden. Dalberg leidet heute noch schwer unter den Folgen der Mißhandlungen.«[8]

Julius Dalberg wurde vom 1. bis 15. September 1933 im KZ Breitenau eingesperrt. Näheres über die Umstände dieser Schutzhaft und über seine Entlassung ist nicht bekannt. Offenbar unmittelbar nach seiner Inhaftierung im KZ Breitenau verließen er und seine Frau Deutschland und gingen in die Niederlande. Sie lebten von 1934 bis 1943 in Amsterdam. Im Juni 1943 wurden sie bei einer Razzia dort verhaftet und über das Lager Westerbork in das Vernichtungslager Sobibor deportiert. Seitdem gelten beide als verschollen.[9]

Kurt Finkenstein (1893 – 1944)

Kurt Finkenstein wurde in Straßburg geboren. Sein Vater, der vor seiner Geburt starb, war ein deutscher Offizier, seine Mutter war Jüdin. Nach der Mittleren Reife erlernte er den Beruf eines Zahntechnikers, den er auch ausübte. Als Soldat nahm er 1914 bis 1918 am Weltkrieg teil. Seine pazifistische Gesinnung und literarische Interessen führten ihn zur Mitarbeit an der von Franz Pfemfert herausgegebenen Zeitschrift »Die Aktion«. Nach dem Ersten Weltkrieg ließ er sich in Deutschland nieder. Anfang der zwanziger Jahre heiratete er Elfriede T.; beide zogen nach Kassel, wo er ein zahntechnisches Labor eröffnete. Aus der Ehe gingen drei Söhne hervor.

Ende der zwanziger Jahre war die Entfremdung zwischen ihm und seiner Frau so weit fortgeschritten, daß diese mit den beiden Söhnen (der dritte Sohn war früher gestorben) Kassel verließ und nach Schreiberhau (Schlesien) ging.

Finkensteins Lebensgefährtin wurde von nun an Käte Westhoff, die (als spätere Käte Funkenstein) uns im Jahre 1983 Einblick in seine Briefe nehmen ließ.

Kurt Finkenstein war ein politischer Mensch; er hatte in der November-Revolution der USPD, dann der KPD angehört (aus der er 1925 austrat); 1932 trat er ihr aus grundsätzlichem Bekennermotiv (im Sinne einer von ihm als notwendig angesehenen welthistorischen ›Entscheidung‹ zwischen Barbarei und Fortschritt) erneut bei.

Bereits im April 1933, noch während der ersten Welle nationalsozialistischen Terrors nach der Machtergreifung, wurde Finkenstein verhaftet und über das

---

8 Braunbuch, 230. – Vgl. auch: Prinz, Judenverfolgung in Kassel, 170 f.
9 Vgl. Namen und Schicksale, 93 f.

Polizeigefängnis Kassel im Juni 1933 in das Konzentrationslager Breitenau gebracht, wo er bis zum 8. August 1933 gefangen blieb. Am 23. Juli 1935 wurde er erneut in Kassel verhaftet – gemeinsam mit Käte Westhoff und 16 anderen politischen Freunden und Freundinnen aus kommunistischen Zirkeln.

Von diesem Tag an hat er die Freiheit nicht mehr gesehen. Über zweieinviertel Jahre (!) saß er in Kasseler Gefängnissen (zuerst im Polizeigefängnis am Königstor, dann im Untersuchungsgefängnis in der Leipziger Straße 11, schließlich im Zuchthaus Wehlheiden) in Untersuchungshaft; am 9. November 1937 wurde er zu siebeneinhalb Jahren Zuchthaus wegen ›Vorbereitung zum Hochverrat‹ verurteilt. Spuren des Beweises für diese unerhörte Beschuldigung blieb das Gericht schuldig. Nur ein Teil der Untersuchungshaftzeit wurde ihm angerechnet.

Käte Westhoff saß fast zwei Jahre bis zu ihrem Freispruch im Mai 1937 in Untersuchungshaft. Im Anschluß daran wurde sie in Schutzhaft genommen und in das (Frauen-)Konzentrationslager Moringen (bis zu dessen Auflösung im März 1938), von dort in das Konzentrationslager Lichtenburg gebracht, wo sie am 21. Juni 1938 entlassen wurde.

Finkenstein blieb auch nach dem Urteil – noch ganze sechs Jahre lang – bis zum November 1943 im Zuchthaus Wehlheiden. In der Gefangenschaft erfuhr er vom Tod seiner früheren Frau und seiner beiden Söhne Peter und Martin, die als Soldaten in Rußland ihr Leben ließen. Am letzten Tage der Verbüßung der Zuchthausstrafe wurde er von der Gestapo in Schutzhaft genommen und zuerst in das Lager Breitenau, später dann von dort nach Auschwitz deportiert, wo er am 29. Januar 1944 ums Leben kam.

Zu seiner Persönlichkeit schrieb Herbert Lewandowski:

»Kurt Finkenstein hatte seinen jüdisch klingenden Namen seltsamerweise von seinem arischen Vater geerbt, der in Metz als deutscher Offizier lebte. Vielleicht war er verarmter Adel, der sich ursprünglich nach seiner Burg benannt, aber schließlich das ›von‹ abgelegt hatte. Seine Mutter allerdings war Jüdin.

Obwohl Finkenstein seine Heimat, das Elsaß, sehr liebte, entschloß er sich doch nach dem ersten Weltkrieg, in Deutschland zu bleiben – ein Entschluß, der für sein Leben die furchtbarste Auswirkung haben sollte. Nichts ist so illusorisch wie der Dank des Vaterlandes, das viel eher wie Mörikes Bauern ›Stank statt Dank‹ gibt. Und daß dies ganz besonders für Deutschland gilt, kann man bei Goethe und Hölderlin nachlesen – von Heine zu schweigen. Die Verbindung mit den Kreisen um Schickele und Pfemfert, die nach dem Kriege in Deutschland Morgenluft witterten, war wohl mit ausschlaggebend für diesen Entschluß Finkensteins. Nur wenige – wie Albert Schweitzer, der weise Magier und Menschenfreund, und auch Yvan Goll – entschieden sich von Anfang an für Frankreich.

Finkenstein wurde zunächst nach Breslau verschlagen, dann nach Leipzig, wo er seine spätere Frau kennenlernte, die wohl ebenso wie er im zahntechnischen Fach arbeitete. Anfangs der zwanziger Jahre verheiratete er sich und zog in meine Heimat Kassel, wo er ein eigenes zahntechnisches Laboratorium eröffnete. Im Anfang war

seine Ehe glücklich, sie war mit zwei Söhnen gesegnet. Später trat eine Entfremdung zwischen den Gatten ein, und Finkenstein geriet auf gelegentliche Abwege. Der dritte Sohn, der geboren wurde, war blind. Finkenstein erwachte wie aus einem furchtbaren Traum.
Ich sah ihn regelmäßig, wenn ich von der Fremde bei den Eltern in Kassel wieder einkehrte. Bei einem Spaziergange in der Aue beklagte er aufs Bitterste seinen sträflichen Leichtsinn und maß sich die Schuld an der Erblindung des dritten Kindes zu.
Aber noch immer war es bezaubernd für mich, in Finkensteins Heim zu kommen. Er war von hinreißender Gastlichkeit wie ein alter Tahitaner. Bei ihm war man immer willkommen. Und wie herrlich war seine große Sammlung expressionistischer Gemälde von Kokoschka, Schmidt-Rottluff und vielen andern. Auch in den schönen Holzschnitten von Masereel oder in seiner Bibliothek stöberte ich gern herum.
Als die Hitlerzeit heraufdämmerte, fand ich eine andere Frau an seiner Seite. Er war wohl geschieden, seine erste Frau war mit den drei Söhnen nach Schreiberhau zurückgegangen. Wir sprachen viel von Auswandern. Aber Finkenstein war seltsam unentschlossen. Das Wort Frankreich fiel seltsamerweise gar nicht. Wir sprachen von Holland, von Nordamerika. Finkenstein glich jenem Emigranten, der in einem Reisebüro lange an einem Globus herumdreht und schließlich den Angestellten fragt: ›Haben Sie nichts anderes?‹
Gerade zur Zeit der Machtergreifung war ich wieder einmal bei Finkenstein und Frau Käte. Ich lernte ein Ehepaar kennen, das sich, von Finkensteins sprichwörtlicher Gastlichkeit profitierend, bei ihm eingenistet hatte. Wir spielten die Platten aus der ›Dreigroschenoper‹. Meine Frau machte mir damals Vorwürfe wegen meines Leichtsinns. Ja – Finkenstein wurde wenige Tage später ins Konzentrationslager Birkenau [gemeint war: Breitenau; d. Vf.] geschleppt, weil er geflüchtete Kommunisten beherbergt hatte – und ich konnte meinem Schöpfer danken, daß ich wieder heil über der Grenze war.
Dennoch – man trennt sich nicht leicht von diesem kostbaren Besitz ›Heimat‹. Im Jahre 1934 war ich doch noch einmal in Kassel, lebte allerdings sehr zurückgezogen auf Wilhelmshöhe. Finkenstein kam mit Frau Käte herauf. Ich versuchte, ihn über seine Konzentrationslagerzeit auszufragen, doch sein Mund blieb geschlossen. Er sagte nur: ›Geschlagen haben sie mich nicht!‹
Wieder sprach man von Auswandern, aber der arme Finkenstein wußte nicht, wohin. Er hatte ja zwei Frauen, drei Kinder, mußte helfen. Es gab unbezahlte Schulden. Noch immer war er so leichtsinnig, ab und zu ein schönes Bild, ein kostbares Buch zu kaufen oder irgend einen armen Künstler einzuladen. Und so lief er – fast sehenden Auges – dem Verhängnis in die Arme.«[10]

Karl Küllmer (1900 – 1977)

Karl Küllmer war von Beruf Schlosser und seit langem für die Kommunistische Partei im Raum Eschwege tätig. Er galt als herausgehobener kommunistischer Funktionär und fiel unter die Kategorie der von Seiten der politischen Polizei nach dem Reichstagsbrand sofort gesuchten und inhaftierten Kommunisten. Er war, in den Akten auch *Küllmer II* bezeichnet[11], bei den Wahlen am 5. März 1933

10 Lee van Dovski [i.e.H. Lewandowski]: Kurt Finkenstein. In: Eros der Gegenwart. Quasi ein III. Band von »Genie und Eros«. Genf 1952, 98 f.
11 Es gab nämlich einen ebenfalls aus Reichensachsen stammenden, ebenfalls von den Nazis

in den Reichstag gewählt worden[12], konnte sein Mandat als Abgeordneter jedoch nicht antreten. Im Reichstag hatte kein Abgeordneter auch nur mit einem Wort den Skandal zur Sprache gebracht, daß 81 gewählte Abgeordnete der Kommunistischen Partei in Schutzhaft genommen und daher an der Ausübung ihres Mandates gewaltsam gehindert worden waren.[13] Als Otto Wels im Reichstag am 23. März 1933 gegen das Ermächtigungsgesetz sprach, – auch er beschränkte sich auf die eigene Partei und nannte nur die »Verfolgungen, die die Sozialdemokratische Partei in der letzten Zeit erfahren hat«[14] beim Namen – befand sich der Reichstagsabgeordnete Karl Küllmer schon mehr als drei Wochen in Schutzhaft, zunächst, und zwar seit dem 1. März 1933, im Polizeigefängnis Eschwege und, unmittelbar anschließend, ab 17. März 1933 im KZ Sonnenburg. Dort hatte er Folterungen und Mißhandlungen schlimmsten Ausmaßes zu überstehen. Während seiner Haft in Sonnenburg – solches hat sich tausendfach gegenüber kommunistischen Schutzhaftgefangenen ereignet – griff der Staat bedenkenlos in das private Eigentum der Gefangenen ein: bei Kurt Finkenstein hatte die Polizei eine wertvolle Gemäldesammlung und die Bibliothek sich einverleibt; bei Küllmer konfiszierte der Landrat sein angezahltes Motorrad, da dies »der Förderung kommunistischer Bestrebungen gedient hat«.[15] Der Landrat teilte seiner Frau mit, es sei

> »ausgeschlossen, daß Sie das Motorrad zurückerhalten, oder daß Ihnen von der geleisteten Anzahlung auch nur etwas zurückgegeben wird.«[16]

---

verfolgten Sekretär des Deutschen Baugewerkbundes mit dem Namen Karl Küllmer (geb. 18. 12.1877; wohnhaft in Reichensachsen, Landstraße 224 3/4), der dem Provinzial-Landtag und der SPD angehörte. HStA Mbg 165/3982. Band 10. LR Eschwege an RP Kassel, betr. Waffenfund in der Synagoge in Reichensachsen.

12 HStA Mbg 165/3886. Band 1. PP Kassel an PP Berlin LKPA Sofort! Geheim! vom 18.3.1933 betr. Festnahme und Abschub kommunistischer Reichs- und Landtagsabgeordneter. – Küllmer II ist weder bei Lübbe/Schumacher (M.d.R). noch bei Max Schwarz (MdR. Biographisches Handbuch der Reichstage. Hannover 1965) aufgenommen. Schwarz (824) erläutert dies damit, daß nach Paragraph 10 des Gesetzes vom 31.3.1933 den gewählten 82 kommunistischen Abgeordneten »keine Mandate zugeteilt« worden waren! Es handelte sich hierbei um das »Vorläufige Gesetz zur Gleichschaltung der Länder mit dem Reich. Vom 31. März 1933«, und dessen § 10 lautete: »Die Zuteilung von Sitzen auf Wahlvorschläge der Kommunistischen Partei für den Reichstag und den Preußischen Landtag auf Grund des Wahlergebnisses vom 5. März 1933 ist unwirksam. Ersatzzuteilung findet nicht statt.« (RGBl I [1933], 153 f.)

13 Es gab einen Antrag der SPD, der die Aufhebung der Haft verlangte, die über eine Anzahl von Mitgliedern der *sozialdemokratischen* Fraktion verhängt worden war. Dieser Antrag wurde von der NSDAP mit der zynischen Bemerkung abgelehnt, »daß es unzweckmäßig wäre, die Herren des Schutzes zu berauben, der ihnen durch die Verhängung dieser Haft zuteil geworden ist.« Deutsche Parlamentsdebatten. Band II: 1919-1933. Hg. von Detlef Junker. Hamburg 1971, 229.

14 Deutsche Parlamentsdebatten II, 250.

15 Archiv Gedenkstätte Breitenau: Nachlaß Karl Küllmer. RP Kassel. Enteignungsbeschluß vom 23.11.1933.

16 Archiv Gedenkstätte Breitenau: Nachlaß Karl Küllmer. LR Eschwege an Frau Küllmer vom 13.9.1933.

Am 23. September 1933 wurde er aus dem KZ Sonnenburg entlassen – als schwer beschädigter und tief verletzter Invalide. Er kehrte in seinen Heimatort Reichensachsen zurück. Dort gewährte man ihm jedoch von Seiten der Verfolger keine Schonung und keine Gnade. Bereits fünf Tage nach seiner Heimkehr, am 29. September 1933, wurde er vom Landrat in Eschwege erneut in Schutzhaft genommen.[17] Als bei der Ortspolizei Reichensachsen vom Geheimen Staatspolizeiamt Berlin am 9.10.1933 die Nachricht von der Entlassung eintraf, befand sich Küllmer bereits wieder seit mehreren Tagen in Haft.[18] Küllmer war wieder in Schutzhaft genommen worden, weil er »Greuelgeschichten über schlechte Behandlung im Konzentrationslager erzählt« habe.[19] Küllmer wurde 1934 wegen Hochverrat angeklagt und unter Anrechnung der Untersuchungshaft zu einem Jahr Gefängnis verurteilt.

Im Februar 1935 wurde er schließlich in seinen Heimatort entlassen. Weitere Schutzhaft schien nun auch der Gestapo Kassel »nicht mehr erforderlich, insbesondere, weil sich Küllmer vor seiner Strafverbüßung seit 1. März 1933 ununterbrochen in Schutzhaft befunden hat.«[20]

Ludwig Pappenheim (1887 – 1934)

Ludwig Pappenheim wurde am 17. März 1887 als Sohn einer Kaufmannsfamilie in Eschwege (der Vater besaß dort ein Lebensmittelgeschäft) geboren. Nach seiner Kaufmannslehre in Hamburg und in Köln war er früh zur Sozialdemokratie gestoßen.[21] Vom elterlichen Haus hatte er sich mit diesem Schritt zwar politisch, nicht aber persönlich entfernt. Das besonders gute Verhältnis zu seiner

---

17 Im privaten Nachlaß von Küllmer findet sich eine Eidesstattliche Erklärung, in Eschwege am 1.9.1946 aufgesetzt, von Wilhelm Trinder – vermutlich einem Angestellten der Kreisverwaltung Eschwege –, der darlegt, daß die erneute Schutzhaft gegen Küllmer vom Landrat Dr. jur. Philipp Deichmann von Eschwege (Vgl. Klein, Leitende Beamte, 110) veranlaßt worden sei, um sein Leben zu schützen, das von einem unmittelbar bevorstehenden Mordanschlag, an dessen Planung der Kasseler PP, der Kreisleiter und ein SA-Standartenführer teilgenommen hätten, bedroht gewesen sei. Die Darstellung erscheint deshalb nicht glaubwürdig, weil der LR von Eschwege noch vier Monate später – nachdem die vermeintliche oder wirklich unmittelbare Gefahr doch nicht mehr bestanden haben dürfte – sich für eine Fortsetzung der Schutzhaft von Küllmer ausgesprochen hat. Archiv Gedenkstätte Breitenau: Nachlaß Karl Küllmer. LR Eschwege an Direktor des KZ Lichtenburg vom 31.1.1934.
18 Archiv Gedenkstätte Breitenau: Nachlaß Karl Küllmer. Gestapa an Ortspolizei Reichensachsen vom 9.10.1933. – LR Eschwege an Stapo Kassel vom 10.10.1933.
19 Archiv Gedenkstätte Breitenau: Nachlaß Karl Küllmer. LR Eschwege an Stapo Kassel vom 10.10.1933.
20 Archiv Gedenkstätte Breitenau: Nachlaß Karl Küllmer. Stapo Kassel an LR Eschwege vom 16.4.1935.
21 Der persönliche Nachlaß L. Pappenheims befindet sich in Schmalkalden im Besitz des Sohnes Kurt Pappenheim. Im Nachlaß befindet sich ein Mitgliedsbuch L.P.s im »Sozialdemokratischen Verein für Köln«, in dem sein Parteieintritt am 1.5.1905 festgehalten ist. Ebenfalls ist seine Mitgliedskarte des »Arbeiter-Turnbundes« Köln erhalten, in den er am 1.7.1905 eintrat.

Mutter und seinen Schwestern und Schwägern blieb bis zu seinem Lebensende bestehen. Überhaupt galt ihm die Familie viel.[22]

Als Soldat im Weltkrieg hatte er ein Kriegsgerichtsverfahren zu überstehen. In der Novemberrevolution war er zunächst in Eschwege und in Schmalkalden als Unabhängiger (USPD) aktiv tätig gewesen; später engagierte er sich kommunal-politisch in Schmalkalden und im Regierungsbezirk Kassel. Während der Revolution wurde er während des über Schmalkalden verhängten Belagerungs-zustandes verhaftet und unter dem Vorwand, Landfriedensbruch begangen zu haben, vorübergehend im Zuchthaus Kassel-Wehlheiden eingesperrt.[23] Sein elterliches Erbe verwandte er zur Gründung einer politischen Tageszeitung, der Schmalkaldener »Volksstimme«[24], deren (verantwortlicher) Redakteur er seit 1919 war. An der Niederschlagung des Kapp-Putsches war er beteiligt. Im Sommer 1924 befand er sich für kurze Zeit in der Strafanstalt Suhl; Anlaß und Grund hierfür sind uns nicht bekannt.[25] Ab 1929 war er unbesoldeter Beigeordneter des Schmalkalder Magistrats.[26] Dem Kreisausschuß Schmalkalden gehörte er offenbar seit 1925 an.[27] In den letzten Jahren der Republik war er Vorsitzender der Kreis-organisation der SPD.[28] Im Reichsbanner Schwarz-Rot-Gold war er früh aktives Mitglied.[29] Er war als Stadtrat, stellvertretender Landrat und Mitglied in mehreren

---

22 Schriftl. Mitteilung von Kurt Pappenheim vom 28.8.1995.

23 »Nach kurzer Zeit seines Wirkens wurde er 1919 durch einen Gewaltstreich des damaligen Landrats Schubert von den Noskesoldaten in ein Zuchthaus bei Kassel verschleppt. Diese Verhaftung rief unter der Arbeiterschaft große Empörung hervor«, berichtet Hugo Wenzel (Nachlaß L. Pappenheim). »Militär in Schmalkalden« lautete die Schlagzeile der »Volksstimme« am 17.10.1919; tatsächlich war der Belagerungszustand bis zum 17.11.1919 verhängt worden. Wann L.Pappenheim entlassen wurde, was man ihm im einzelnen vorgehalten hatte, entzieht sich unserer Kenntnis. Bereits zwei Tage nach der Verhaftung berichtete die Zeitung: »Die Genossen Pappenheim und Blechschmidt sind in Cassel. Bereits gestern morgen erhielten wir von der Frau des Genossen Blechschmidt die Mitteilung, daß sie sich am Sonnabend morgen bei sehr anständiger Behandlung auf dem Transport von Eisenach nach Cassel befunden haben. Sie sind nicht auf der Flucht erschossen, in der Strafanstalt Wehlheiden bei Cassel, sind auch bereits vom Untersuchungsrichter vernommen.« Volksstimme (Schmalkalden) Nr. 240 vom 20.10.1919.

24 Volksstimme. Organ für die werktätige Bevölkerung West-Thüringens. Schmalkalder Tageblatt. 32. Jg. (1919); später: Organ der Sozialdemokratischen Partei. Schmalkalder Tageblatt. Amtsblatt der Kreiskommunalverwaltung und der Städtischen Behörden. 15 Jg. (1933). Redaktion: Ludwig Pappenheim. Die »Volksstimme« war zunächst (ab 1919) anscheinend ein Organ der USPD; sie wurde später eines der SPD (s.o.). Eine Verlagsgenossenschaft, vermutlich unter hoher finanzieller Beteiligung L. Pappenheims, kaufte das seit 1888 bestehende »Schmalkalder Tageblatt« im Frühjahr 1919 auf und funktionierte es ab 1.4.1919 politisch um; ab 2.6.1919 erfolgte die förmliche Umbenennung in »Volksstimme«.

25 Eine Postkarte von Rechtsanwalt Kurt Rosenfeld, linker sozialdemokratischer Reichstagsabge-ordneter aus dem Wahlkreis Thüringen (vgl. Lübbe/Schumacher, M.d.R., 472), vom Juni 1924 und ein Brief desselben vom 22. Juli 1924 (Nachlaß L. Pappenheim), in dem er »auf Ihre Entlassung am 26.7.24« hofft, belegen diese Tatsache.

26 Im Nachlaß findet sich die Bestätigungsurkunde des preußischen Staatsministeriums vom 4.1.1930, unterzeichnet vom preußischen Innenminister A. Grzesinski.

27 Bericht Hugo Wenzel (Nachlaß L. Pappenheim).

28 Bericht Hugo Wenzel (Nachlaß L. Pappenheim).

Kurt Finkenstein

Paul Pickel

Karl Küllmer

Friedrich Herbordt

I

Justus Hochrath

Ernst Schädler

Heinrich Merle

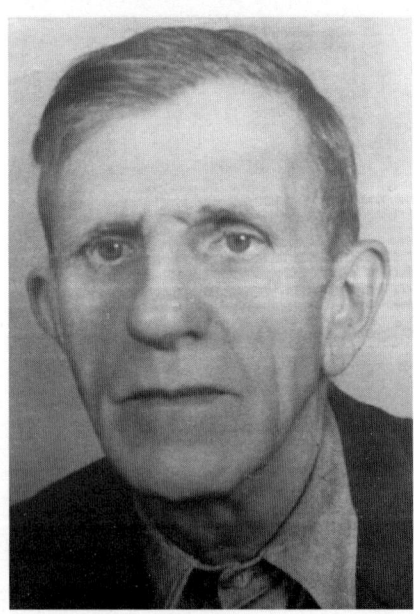

Paul Joerg

Fritz Precht

Heinrich Treibert

Karl-August Quer

Karl Herrmann

Alfred Matthes

Christian Abel

Konrad Belz (sitzend) und Sohn Willi Belz (links stehend)

IV

Rudolf Freidhof

Karl Ritter

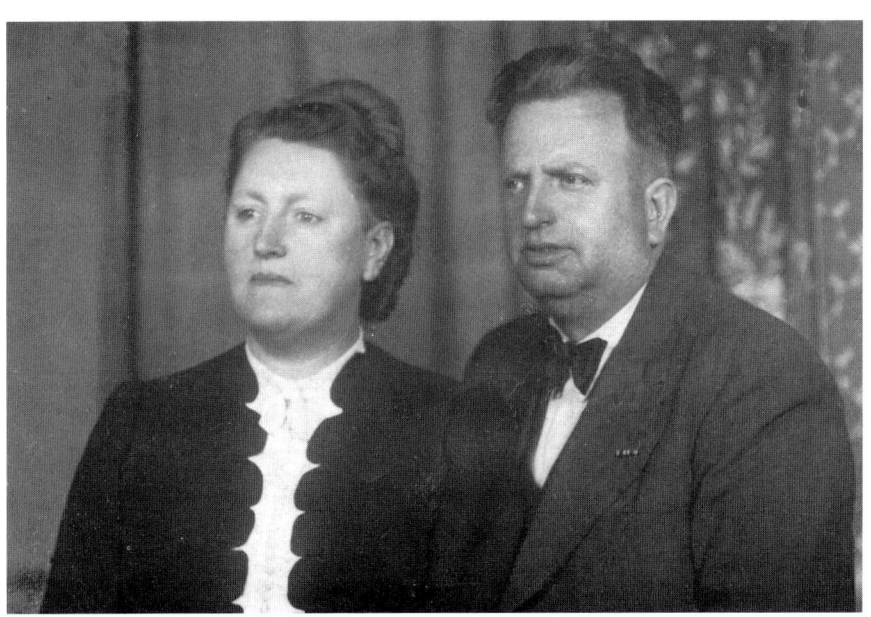

Adam und Elisabeth Selbert

V

Georg Bolte

Heinrich Parthesius

Ludwig Pappenheim (rechts am Rand)

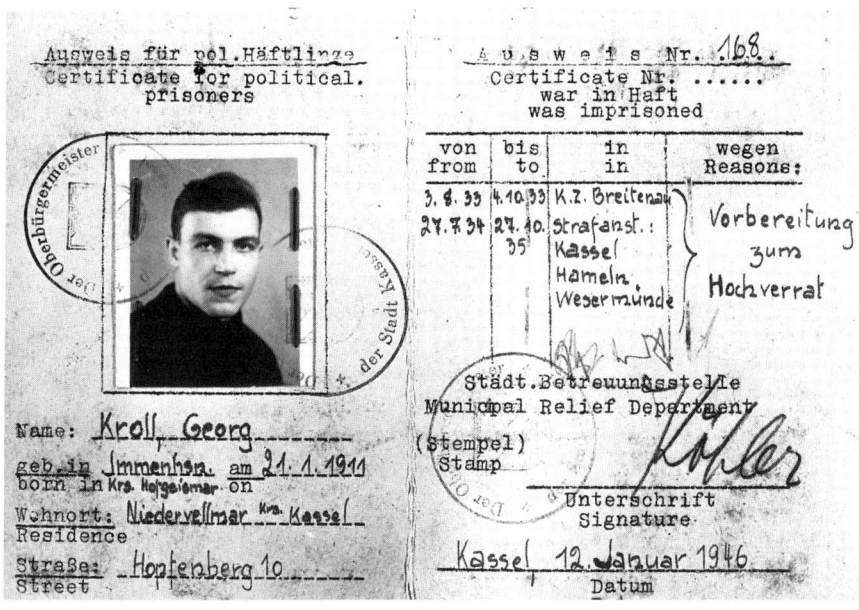

Georg Kroll

Georg Kramm

VII

Vorder- und Rückseite der Ansichtskarte, die Christian L., Mitglied der SS-Wachmannschaft, am 15.8. 1933 aus Breitenau an Familienangehörige schrieb. Über die Ansicht hat er einen Pfeil eingezeichnet, der auf die Klosterkirche zeigt.

»Lb. Schwager, Bruder und Schwester & Anni! Es gefällt mir hier in Breitenau großartig, prima Essen, wie Beamten I.Klasse. Habe heute schon Löhnung bekommen für 3 1/2 Tage 11,50. Schickt mir bitte das Hemd usw. Hatte heute [A.] von Wickenrode bei mir der Kerl ist wie ein Schißhündchen.« A. war ein Gefangener des KZ Breitenau.

Verhaftung und öffentliche Verhöhnung von Valentin Gabel und Karl Vaugt (mit Mütze links sitzend) am Pfingstsamstag 1933 auf dem Marktplatz in Spangenberg. Der kommunistische Funktionär Gabel wurde als Verbrecher diffamiert und völlig grundlos der Mittäterschaft an der Ermordung des Kasseler Nationalsozialisten Messerschmidt im Jahre 1930 beschuldigt. Vaugt kam als KPD-Mitglied in das KZ Breitenau.

»Valentin Gabel, [KPD] Verbrecher, gen[annt] ,Max' [geistiger] Urheber des Mordes an Pg. [Messer]schmidt Kassel 18.6.1930«

VIII

städtischen Deputationen und Kommissionen tätig. Als Abgeordneter der SPD hatte er seit 1920 ein Mandat im Provinzial-Landtag der Provinz Hessen-Nassau[30], da er in den Kommunallandtag des Regierungsbezirks Kassel gewählt war. Er war Mitglied des Landesausschusses. Von 1925 bis 1933 war er Mitglied des Anstaltsbeirats Breitenau.[31] Hier hatte er sich besonders für die Reform des Arbeitshauses Breitenau eingesetzt.[32] So berichtete er über die langjährigen Bemühungen der Sozialdemokraten im Kommunallandtag, die repressive Hausordnung Breitenaus zu ersetzen:

>»Für Personen, die von den Gerichten dem Arbeitshaus überwiesen sind, besteht die vom Bezirksverband unterhaltene Anstalt in Breitenau. Hier herrschte bis zur Revolution ein mittelalterlicher Geist. Die Hausordnung enthielt Vorschriften über körperliche schwere Züchtigung, Fesselungen, tagelangen Dunkelarrest, um die Insassen zu bessern.«[33]

Von seiner Person wissen wir nicht viel. Alle uns bekannt gewordenen Berichte heben seine vorbildliche soziale Haltung, die er uneingeschränkt einhielt, sein Temperament und sein Engagement hervor. Seine Kinder erinnern sich an ihn als liebevollen und an ihnen stark interessierten Familienvater, an die Wanderungen mit ihm durch den Thüringer Wald, an seine friedfertige Lebenshaltung im Alltag, auch im Umgang der Eltern miteinander und in der Familie. ›Abstinenzler‹ war er aus Anschauung (er hatte sich mit Fürsorgeerziehung intensiv befaßt) und Überzeugung[34]; die erhaltenen Reden anläßlich von Jugendweihen Mitte der zwanziger Jahre lassen auf einen überzeugten Sozialisten mit hohem moralischem Anspruch schließen.

Ludwig Pappenheim wurde am 25. März 1933 in Schmalkalden auf der Grundlage einer Verfügung des Schmalkaldener Landrats Ludwig Hamann verhaftet, der ihn des »Verbergen[s] eines Waffenlagers« beschuldigte – für ihn als

---

29 Ein Mitgliedsbuch für die Schmalkalder Organisation befindet sich in seinem Nachlaß.
30 Uns liegt ein »Verzeichnis der Mitglieder des Provinzial-Landtages im Staatspolizeistellenbezirk Kassel« vor; dieses Verzeichnis stammt aus der Zeit nach 1933 und enthält sozialdemokratische Abgeordnete. Es steht im Zusammenhang mit einem »Verzeichnis derjenigen Marxisten, deren gegen den Nationalsozialismus gerichtete Tätigkeit über einen örtlich beschränkten Kreis hinausging« (ebenda). In beiden Verzeichnissen ist L. Pappenheim aufgeführt; als Provinzial-Landtagsabgeordneter wird er für die Jahre 1920 (USPD), 1921 (USPD) und 1926 (SPD) namentlich ausgewiesen. In beiden Verzeichnissen sind hinter dem Namen Pappenheim ein Kreuz und zwei/drei nicht leserliche Buchstaben (KZ?) eingetragen.
31 Die Anstaltsordnung von 1925 sah die Einrichtung eines Anstaltsbeirats vor, der aus dem Direktor, dem Arzt, dem Anstaltsgeistlichen und zwei vom Kommunallandtag zu bestimmenden Mitgliedern bestand (Verhandlungen des Kommunallandtags für den Regierungsbezirk Kassel 1925, Anlage 35, Sp. 44). Ludwig Pappenheim war von 1925 bis 1933 ein Vertreter des Kommunallandtags in diesem Gremium. Archiv des LWV Hessen: Breitenau. Bestand 1, Nr. 156, 2.
32 Ayaß, Arbeitshaus Breitenau, 251 f., 259, 261.
33 Pappenheim, Ludwig: Die Sozialdemokratie im Kasseler Kommunallandtag und im Kreistag des Kreises Herrschaft Schmalkalden. o.O. o.J., 5 f.
34 Bericht Hugo Wenzel (Nachlaß L. Pappenheim).

überzeugten Pazifisten ein bitterer Zynismus.[35] Pappenheim nannte diese Anschuldigung »fadenscheinig«. Das Amtsgericht Schmalkalden hielt den Haftbefehl nicht aufrecht; d.h. der genannte Vorwurf war nicht begründet. Dies führte
jedoch keineswegs zur Entlassung L. Pappenheims aus der Haft. Er wurde vielmehr fortgesetzt in Schutzhaft im Gefängnis Schmalkalden festgehalten.

> »Ich erhebe bei Ihnen«, schrieb Pappenheim an den Oberpräsidenten in Kassel, »als
> vorgesetzte Behörde Einspruch. Ist dieser Staat so schwach, daß er, wenn jemand
> bedroht wird, diesen und nicht den Drohenden festsetzt?«[36]

An den Kasseler Regierungspräsidenten schrieb er:

> »Scheinbar handelt der Landrat unter dem Einfluß einiger Leute, die durch Dro-
> hungen selbst die öffentliche Ruhe stören wollen. Statt diese evtl. zur Rechenschaft
> zu ziehen, wie es in einem geordneten Staat geschehen müßte, sperrt er den
> Bedrohten ein. Dagegen wende ich mich.
> Ich habe durch jahrelange selbstlose Arbeit im Landesausschuß, Magistrat und Kreis-
> ausschuß es nicht verdient so behandelt zu werden, indem man vor radaulustigen
> Elementen zurückweicht, die durch ihr Vorleben alles andere verdient haben.«[37]

Eine solche widersprechende, bestimmte und politisch wie rechtlich standfeste Haltung findet sich nur selten in den erhaltenen Akten, in denen Anträge und
Gesuche auf Entlassung aus der Schutzhaft zahlreich erhalten sind.

Pappenheim hat in diesen frühen Schutzhaftmaßnahmen nicht nur die
Aufkündigung des demokratischen Rechtsstaates und die skrupellose politische
Entmachtung der Parlamente, ja die groteske Verkehrung allen Rechts und jeder
Moral benannt; er hat auch die Stirn gehabt, diese Wahrheit öffentlich zu machen,
sie in Briefen an Behörden zu äußern.

Am 31. März 1933 wandte er sich erneut an den Kasseler Regierungspräsidenten und beschwerte sich über die Haft gegen ihn. Er führte die gegen ihn
angeordnete Haftverschärfung auf die Tatsache zurück, daß er in einem Schreiben an den Landeshauptmann in Hessen diesen ersucht habe, ihm die Teilnahme
an der konstituierenden Sitzung des Kommunallandtags am 5. April 1933 zu
ermöglichen.[38] In diesem Schreiben (an den Landeshauptmann) hatte Ludwig
Pappenheim davon gesprochen,

---

35 HStA Mbg 165/3982. Band 10. Brief L. Pappenheims an den OP Kassel vom 27.3.1933 und Brief
L.P.s an den RP Kassel vom 27.3.1933.
36 HStA Mbg 165/3982. Band 10. L. Pappenheim an den OP in Kassel am 27.3.1933.
37 HStA Mbg 165/3982. Band 10. Brief L.Pappenheims an RP Kassel vom 27.3.1933.
38 Dieser Brief Pappenheims ist nicht bekannt. Landeshauptmann Rabe von Pappenheim hat sich
am 31. März 1933 an den RP Kassel gewandt und diesen gebeten, »umgehend zu veranlassen, daß
Pappenheim wieder in Freiheit gesetzt wird [...]«. Ludwig Pappenheim befinde sich grundlos in
Schutzhaft, was bereits daraus hervorgehe, daß »der Amtsrichter abgelehnt hat, einen Haftbefehl
zu erlassen. Ich bitte, umgehend zu veranlassen, daß Pappenheim wieder in Freiheit gesetzt wird,
damit er die Möglichkeit hat, an den Tagungen des Kommunallandtages (Eröffnung 5. April) und
des Provinziallandtages (10. April) teilzunehmen. Seine Anwesenheit ist umso notwendiger, als

»daß scheinbar ehemals demokratische Beamte ihre politischen Minderwertigkeits-
komplexe durch energisches Vorgehen gegen Sozialdemokraten abreagieren wollen.«[39]

Dieser Brief, obgleich »persönlich gehalten«, sei »vor der Beförderung« – also
seitens der Gefängnisleitung oder der Polizei – dem Landrat Hamann mitgeteilt
worden. Daraufhin sei er in eine nahezu dunkle Arrestzelle verlegt worden, die er
– wovor sein Protest ihn bewahrte – mit einem kriminellen Gefangenen teilen
sollte. Pappenheim verwies auf den Verlust seiner Sehschärfe, die er sich durch
eine Gasvergiftung im Weltkrieg zugezogen habe und betonte sein Recht, als
geistiger Arbeiter so untergebracht zu werden, »daß ich geistig arbeiten kann, und
dazu gehört bei meinen schwachen Augen helles Licht.«[40]
Pappenheim fuhr fort:

> »Als Objekt für primitive Rachegefühle möchte ich nicht hier sein. Ich beschwere
> mich ferner darüber, daß ich hier der Hilfspolizei *ohne* Mitwirkung der ordentli-
> chen Polizei unterstellt bin. Hierin sehe ich allerdings die einzige Gefährdung
> meiner Person. Diese wäre schon da, wenn ich auf den mir gemachten Zuruf eines
> Hilfs Polizeibeamten: *Halten Sie die Schnauze!* entsprechend reagieren würde«.[41]

Am 1. April 1933 wurde Pappenheim in das Gefängnis in Suhl verlegt; am 20.
April kam er wegen des am nächsten Tag bevorstehenden Prozesses in das
Gerichtsgefängnis Schmalkalden.[42]
Am 21. April wurde er wegen Gotteslästerung vom Amtsgericht Schmalkalden
zu drei Monaten Gefängnis verurteilt. Landrat Hamann hatte darauf hingewiesen,
daß Pappenheim »Dissident, aber israelitischer Abkunft« sei.

> »Er hat im Kreise die Jugendweihe eingeführt und die Freidenkerbewegung geför-
> dert. Diese Tatsachen haben natürlich in kirchlich gesinnten Kreisen höchsten
> Anstoß erregt.«[43]

Er mußte diese drei Monate im Gerichtsgefängnis in Suhl absitzen.[44] Pappenheim glaubte fest, nach dieser dreimonatigen Gefängnishaft die Freiheit wieder-
zusehen. Er teilte seiner Frau ins einzelne gehende Vorschläge für den 21. Juli mit:

er bisher Mitglied des Landesausschusses war.« HStA Mbg 165/3982. Band 10. Der Landeshauptmann in Hessen an den RP Kassel vom 31.3.1933.
39 HStA Mbg 165/3982. Band 10. L. Pappenheim an RP Kassel vom 31.3.1933.
40 HStA Mbg 165/3982. Band 10. L. Pappenheim an RP Kassel vom 31.3.1933.
41 HStA Mbg 165/3982. Band 10.
42 Das Notizbuch Ludwig Pappenheims (Nachlaß L. Pappenheim) vermerkt unter dem 1.4.1933
»Transport nach Suhl« und unter dem 20.4. »nach Schmalkalden Gerichtsgefängnis«.
43 HStA Mbg 165/3982. Band 10. LR Schmalkalden an RP Kassel vom 31.3.1933. Der Hinweis auf
die ›israelitische‹ Seite des Dissidenten L. Pappenheims erschien dem Landrat vermutlich auch
deshalb von Belang, da er selbst Dissident war; vgl. Klein, Leitende Beamte, 136.
44 Es liegen von ihm aus dem Gefängnis Suhl Briefe (überwiegend an seine Frau) vom 3.4., 8.4.,
13.4., 16.4., 19.4., 24.5., 25.5. (heimlich herausgebracht) und vom 26.6.1933 (Nachlaß L.
Pappenheim) vor.

»Es freut mich auch sehr zu hören, daß Du mich abholen willst. Das wäre sehr schön, und die Ausgabe der Reise wirst Du Dir leisten können. Es wird doch die einzigste dieses Sommers sein. [...]
Wenn Du am 21. kommst, dann mußt Du mit dem Zug um 9 Uhr 10 fahren. Gegen 11 Uhr bist Du hier, dann gehe gleich zum Gefängnis und verlange mich zu sprechen. Lasse Dich aber nicht abweisen, und wir wollen dann versuchen, daß ich gleich herauskomme. Bringe, wenn das Wetter warm ist, die Sporthose mit, Strümpfe, Strumpfbänder und Halbschuhe, sowie Kragen und Krawatte. Weste ist nicht nötig; auch ein reines Hemd ist noch hier. Bei schlechtem Wetter ziehe ich den blauen Anzug an, der hier ist.«[45]

Es muß ihn schwer getroffen haben, daß er am 21. Juli nicht frei kam, sondern nach Kassel ins Polizeigefängnis verlegt wurde.[46] Erste Zeichen von Ermattung werden sichtbar.

In einem Entlassungsgesuch, abgefaßt am 23. Juli 1933 im Kasseler Polizeigefängnis am Königstor, den Transport in das KZ Breitenau vor Augen, verwies Pappenheim darauf, daß er sich im Gefängnis gut geführt habe; er erwähnte seine Kriegsauszeichnung und rief den Kasseler Bürgermeister Lahmeyer und Gauleiter Weinrich [beide waren regionale Prominente der NSDAP] als Zeugen dafür auf, daß er seinerzeit im Landesausschuß aktiv mitgearbeitet habe – falls dieser Brief authentisch von ihm stammt (und nicht polizeiliche ›Ratgeber‹ die Feder geführt hatten), dann sehen wir darin ein erschütterndes Zeugnis für die einsetzende Demütigung, wie sie im Hitlerstaat vielen auferlegt wurde:

»Durch eine Verlängerung der Schutzhaft wird meine Ehefrau mit ihren 4 Kindern, von denen drei im Alter von 9, 8 und 6 Jahren sind, moralisch und psychisch zu Grunde gerichtet. Dies ist sicher nicht der Wille der Regierung; vielmehr wird dieser darauf gerichtet sein, mich von der politischen Betätigung fernzuhalten. Dies Ziel [ist] aber nach der nunmehr eingetretenen eindeutigen Klärung [der Machtver]hältnisse in Deutschland erreicht. Ich werde keinen Anlaß bi[eten], mich um öffentliche Dinge zu kümmern und muß ver[suchen], im Interesse meiner Familie mir eine wirtschaftliche Exi[stenz zu] schaffen. Zu diesem Zwecke beabsichtige ich Schmalkalden [zu ver]lassen, sobald ich die materiellen Möglichkeiten dazu [habe].
Ich bitte daher, meine Haftentlassung in Erwägung zu ziehen. Pappenheim.«[47]

Mit Blick auf seine Frau und seine Kinder erklärte er sich bereit, den Ort seines langjährigen Wirkens, seine Heimat, zu verlassen und ins Exil zu gehen. Er bat darum, die Entlassung aus der Haft »in Erwägung zu ziehen«.

---

45 L. Pappenheim an seine Frau aus dem Gefängnis Suhl am 26.6.1933 (Nachlaß L. Pappenheim).
46 Im Notizbuch vermerkt er unter dem 21.7. »nach Kassel« (Nachlaß L. Pappenheim).
47 HStA Mbg 165/3982. Band 11. L. Pappenheim an RP Kassel vom 23.7.1933 aus dem Polizeigefängnis Kassel. [Dieser Brief ist am Rand nicht vollständig lesbar; in eckigen Klammern Ergänzungen von mir – kv]. Unklar ist der Ort seiner Haft in Kassel, bevor er in das KZ Breitenau kam. Dieses Gesuch ist, von L. P. handschriftlich vermerkt, im »Polizeigefängnis« geschrieben; am gleichen Tag schrieb er jedoch eine Postkarte an seine Frau, auf der er als Ort »Gerichtsgefängnis Kassel« – dieses befand sich in der Leipziger Straße 11 – vermerkte (Nachlaß Pappenheim).

Den Nationalsozialisten kam es nicht in den Sinn, ihrem politischen Gegner einen ehrenvollen Rückzug oder gar ›freies Geleit‹ zu gewähren; sie wollten Vergeltung.

»Pappenheim hat unsererseits keine Schonung zu erwarten«, schrieb der Ortsgruppenleiter der NSDAP-Ortsgruppe Schmalkalden zu dem »Gesuch des Juden Pappenheim« auf Entlassung aus der Haft. »Eine Entlassung aus der Schutzhaft zu dem Zwecke, sich irgendwo in Deutschland eine Existenz zu gründen, kommt überhaupt nicht in Frage [...] Es wäre das Beste, Pappenheim ginge mit seiner Familie ins Ausland.«[48]

Und der Kreisleiter der NSDAP Schmalkalden Otto Recknagel teilte dem Landrat mit:

»Die Zersetzungsarbeit, die der Jude Pappenheim die ganzen Jahre hindurch im Kreis Schmalkalden betrieben hat, rechtfertigt unter keinen Umständen eine etwaige Freilassung. Pappenheim ist leider viel zu human nach dem 30. Jan[uar] behandelt worden. Ich muß mich als Kreisleiter ganz entschieden dagegen aussprechen, daß Pappenheim, der etwas ganz anderes verdient hätte, jetzt freigelassen würde und nicht in ein Konzentrationslager käme.«[49]

Die Ausdrucksweise des Nazi-Kreisleiters, daß Pappenheim bislang »viel zu human behandelt« worden sei, er »etwas ganz anderes verdient hätte« – ist sie anders zu verstehen als die Umschreibung dafür, daß man ihn ›eigentlich‹ sofort ins Ausland hätte abschieben oder ihn gar auf der Stelle hätte umbringen sollen?

So mußte Pappenheim eine zunächst (dies war allgemein bei frühen Einweisungen in ein KZ die Frist) dreimonatige Schutzhaft im Konzentrationslager Breitenau antreten. An diese Frist hielt man sich bei ihm auch; er war vom 21. Juli – 24. Juli im Polizeigefängnis Königstor bzw. im Gerichtsgefängnis Kassel und vom 24. Juli – 16. Oktober/21. Oktober 1933 in Breitenau in Schutzhaft. Aus Breitenau liegen einige Briefe von ihm vor.[50]

Im Brief an einen ihm nahestehenden Onkel benannte er offen seine Lage und seine Sorgen:

»Was mich bedrückt, ist das Geschick der Familie, für die zu sorgen ich gehindert bin. Die geringen Ersparnisse werden nicht lange anhalten, und wenn ich bis dahin frei bin, dann ist der neue Anfang auch nicht leicht. Doch habe ich den Mut und den Willen, mir und den meinen zu helfen und mich durchzuboxen.«[51]

---

48 HStA Mbg 165/3982. Band 11. NSDAP – Ortsgruppe Schmalkalden an LR Schmalkalden vom 9.8.1933.
49 HStA Mbg 165/3982. Band 11. NSDAP – Kreisleitung Schmalkalden-Suhl-Schleusingen an LR Hamann vom 2.8.1933.
50 L. Pappenheim (überwiegend an seine Frau oder an Frau und Kinder gerichtet) aus dem Konzentrationslager Breitenau vom 1.8., 12.8., 19.8., 26.8., 7.9., 10.9. (Postkarte), 14.9., 24.9., 25.9., 1.10. und 15.10.1933 (Nachlaß L. Pappenheim).
51 L. Pappenheim an seinen Onkel T. vom 26.8.1933 aus dem KZ Breitenau (Nachlaß L. Pappenheim).

In der Tat war die materielle Lage der Familie schlecht: die »Volksstimme« war verboten worden; das letzte Gehalt hatte Pappenheim für den Monat März 1933 erhalten.[52] Aus dem KZ richtete er beim Arbeitsgericht Schmalkalden eine Lohnklage[53] gegen die Verlagsgenossenschaft »Volksstimme« GmbH – seinen Arbeitgeber – oder deren Rechtsnachfolger, über die jedoch die Verhandlung im November 1933 noch nicht eröffnet wurde: das Gericht hatte festgestellt, den Termin aufzuheben, da die Ladung des Klägers nicht möglich war, »weil er unter der angegebenen Adresse nicht aufzufinden war.«[54] Die »angegebene Adresse« war die des KZ Breitenau gewesen, aus dem Pappenheim am 16. Oktober in das KZ Börgermoor verlegt worden war! Am 26. November 1933 wandte er sich aus Neusustrum, wo das Gericht ihn zwischenzeitlich erreicht hatte, an das Arbeitsgericht mit der Bitte, einen Vergleichsvorschlag zu machen. Er könne einer Verhandlung zur Zeit nicht zustimmen, da er keine Vertretung habe.[55]

Am 14. September 1933 wandte sich Frieda Pappenheim an die Sozialversicherung (Berlin) und bat um Rückerstattung der eingezahlten Beiträge, da »durch die veränderten Verhältnisse eine Fortsetzung der Mitgliedschaft nicht möglich ist.«

> »Durch die lange Schutzhaft bin ich mit meinen vier unmündigen Kindern [...] in große Notlage gekommen, da ich sonst keinerlei Einnahmen habe.«[56]

Seinen Tod hatte Landrat Hamann bereits vor Augen – wenn auch in der Maske des Biedermanns und mit unüberhörbar drohendem Unterton –, als er dem Kasseler Regierungspräsidenten schrieb:

> »Sollte er [i.e. L. Pappenheim] sich hier sehen lassen, so müßte er dies wahrscheinlich mit seinem Leben bezahlen und, wer weiß, wie es gehen wird, wenn er sich in einem anderen Ort aufhalten würde«[57]

Dieses Schreiben hatte der Landrat mit dem förmlichen Antrag verbunden, »Pappenheim in das größere Konzentrationslager Osnabrück verbringen zu lassen. Er hat es verdient.«[58]

Am 16. Oktober 1933 veranlaßte dann der Polizeipräsident in Kassel »die Überführung des Pappenheim in das Großkonzentrationslager Börgermoor.«[59] Am 17. Oktober 1933 teilte Pappenheim seiner Familie aus dem Kasseler Polizei-

52 L. Pappenheim aus Breitenau am 25.9.1933 an das Arbeitsgericht Schmalkalden, Lohnklage (Nachlaß L. Pappenheim).
53 Ebenda.
54 Arbeitsgericht Schmalkalden vom 9.11.1933 an Frau Frieda Pappenheim (Nachlaß L. Pappenheim).
55 L.Pappenheim an das Arbeitsgericht Schmalkalden am 26.11.1933 (Nachlaß L. Pappenheim).
56 Frieda Pappenheim an die Unterstützungsvereinigung vom 14.9.1933 (Nachlaß L. Pappenheim).
57 HStA Mbg 165/3982. Band 11. LR Schmalkalden an RP Kassel vom 3.10.1933.
58 Ebenda.
59 HStA Mbg 165/3982. Band 11. PP Kassel an RP Kassel vom 17.10.1933.

gefängnis mit, daß er in »guter Gesellschaft« gestern aus Breitenau weggekommen sei und daß sie in ein »Lager bei Osnabrück« kämen.[60] Wenige Tage zuvor hatten ihn Frau und Kinder besucht.[61]

Über den Weg Pappenheims in die Emslandlager am 17. Oktober 1933 liegt ein Bericht vor:

> »[...] es war ganz furchtbar; wir kamen von Breitenau ins Moor. Ein Jude, 42 Jahre alt, trug alles Gepäck, immer wieder geschlagen, aus Schmalkalden; ich selbst bin schwarz geschlagen worden, Nierenbluten, 50 gr. Zucker [?], es war ganz schlimm.«[62]

L. Pappenheim wurde zunächst in das KZ Börgermoor, später (vermutlich ab Anfang November) in das »Lager V« (Neusustrum), und zwar in Baracke 7, untergebracht: seine Briefe und die amtlichen Dokumente vermerken – mit einer Ausnahme, auf die wir eingehen werden – dieses Lager. Aus der Zeit der Haft in Neusustrum sind vier Briefe Pappenheims überliefert.[63]

Erhalten ist auch der Brief eines Mitgefangenen Pappenheims in Breitenau, der ihn dort erst kennengelernt hatte. Dieser schrieb am 17. November 1933 an ihn und schickte den Brief an die Adresse seiner Frau. Er war Landwirt in einem kleinen Dorf bei Arolsen.

«Mein lieber Freund Pappenheim!
Auf Deine Adresse habe ich mit Sehnsucht gewartet. Zwar hat mir Deine Frau die Adresse geschrieben, ich konnte aber die (....?) nicht richtig lesen. Ich hatte ihr eine Ente und eine (....?) Hammelfleisch geschickt, weil ich dachte, Deine Frau dürfte Dir etwas schicken. Ich schicke Dir etwas Butter, zwei Würste und ein paar Äpfel. Wenn Du das Paket erhalten hast, gib mir bitte Nachricht. Dann kann ich Dir ab und zu mal etwas schicken. Nun, lieber Pappenheim, daß ich vor dem Sonderrichter freigesprochen worden bin, wirst Du ja damals in der Zeitung gelesen haben.
[...]
Meine größte Freude ist ja, daß alles ans Licht gekommen ist, und ich wieder als ehrlicher Mensch dastehe.
Nun, lieber Pappenheim, ich bedaure Euch und ganz besonders Dich, der Du noch nicht in Freiheit bist, ich weiß ja nicht, was Dir zur Last gelegt wird, aber das weiß ich, daß Du kein Verbrechen begangen hast und kein Volksfeind bist. Wenn ich Dich auch nur in Breitenau kennengelernt habe, so habe ich den Eindruck mitgenommen, Pappenheim ist ein Ehrenmann, und wenn jemand wie ich unschuldig dorthin gekommen war, welches selbst der Staatsanwalt und das Gericht festgestellt

---

60 Nachlaß Pappenheim. Postkarte an seine Frau vom 17.10.1933.
61 Nachlaß Pappenheim. Postkarte an seine Frau vom 15.10.1933, in der er schrieb: »Meine Lieben! Nochmals vielen Dank für Euren Besuch [...]«.
62 Diese Äußerung machte Otto Weber während einer Veranstaltung der Volkshochschule Kassel am 5.11.1981, bei der ich über unsere Breitenau-Studien öffentlich berichtet hatte. In den Akten findet sich sein Name neben dem Pappenheim und anderer auf der Entlassungsliste Breitenaus (»Abgang«) unter dem 17. Oktober 1933. L. Pappenheim war zu dieser Zeit 46 Jahre alt; die Erinnerung von Otto Weber an das Lebensalter stimmt also annähernd.
63 L. Pappenheim an seine Frau aus dem Konzentrationslager Neusustrum vom 12.11., 16.11., 17.12. und 23.12.1933 (Nachlaß L. Pappenheim).

hat, und Leute zum Meineid verführt werden sollten, weiß ich, das manches heute vor Gericht kommt durch einen persönlichen Feind --- Lieber Pappenheim, Du kannst doch auch mal schreiben. Meiner ganzen Familie tut es um Dich leid, trotzdem wir uns nie gekannt haben, da ich weiß, Du hast durch das Gelbkreuz zwar Dein Augenlicht verloren und als treuer Soldat Dir das Eiserne Kreuz erworben.

Wir beten für Euch alle zu Gott und besonders für Dich, der Euch allen, der allmächtige Gott, die baldige Freiheit geben möchte.

Das walte Gott.

Dein Freund Höchst, Landwirt in Lütersheim über Arolsen.« [64]

Ein Mithäftling Pappenheims hat berichtet, daß dieser vom ersten bis zum letzten Tage seiner Haft von den Wachmannschaften schikaniert, geschlagen und mißhandelt worden sei. Neusustrum unterstand seit Ende September 1933 dem SS-Obersturmführer Emil Faust, der für Brutalität und Terror bekannt war. [65] Einzelne Polizisten seien auf Pappenheim »scharf gemacht« worden. »Unerhörte Arbeit, Mißhandlung und Hohn wechselten einander ab.« Scheinhinrichtungen seien mit ihm durchgeführt worden.

»Zu Weihnachten kam er [Pappenheim] wieder in den Bunker, nachdem man ihn schon vorher täglich Weihnachtsgedichte lernen ließ, die er abends zum Ergötzen der Wachen aufsagen mußte [dies zur ›Strafe‹, weil ›er als Jude ein Hohngedicht auf Weihnachten gemacht habe‹]. Am Weihnachtsabend schleppte man ihn ins Casino, wo die Wachmannschaften und verschiedene Frauen waren. Dort wurde er verhöhnt, mußte der jubelnden Gesellschaft Gedichte vortragen und Lieder singen, wurde dann mit Fußtritten wieder in den Bunker geworfen.« [66]

In den von ihm aus dieser Zeit erhaltenen Briefen nimmt man das Leid, dem er ausgesetzt war, deutlich wahr:

»Nun habe ich schon über vier Wochen von Euch, liebe Frieda und Kinder, nichts vernommen, und weiß mir dafür keine Erklärung. Ich kann nur annehmen, daß Ihr meinen Brief, den ich vor 14 Tagen an Euch sandte, nicht erhalten habt. Der Brief war von mir in einer gewissen Depression geschrieben. Jetzt habe ich mich auch hier hineingefunden und bin besserer Stimmung [...] Wie Du siehst, richte ich mich auf Dauer ein. [...]« [67]

Im letzten längeren Brief an seine Familie vom 17. Dezember 1933 liegen Hoffnung und Verzweiflung dicht beieinander:

---

64 Nachlaß L. Pappenheim.

65 Kosthorst/Walter, 284 – 318: »Urteil gegen Emil Faust vor dem Schwurgericht des Landgerichts Osnabrück«.

66 Es gibt einen »Auszug aus dem Original eines Augenzeugenberichts über die Ermordung des Genossen Pappenheim« eines uns unbekannten Häftlings, den dieser nach seiner Entlassung aus dem Konzentrationslager den Familienangehörigen zukommen ließ (Nachlaß L. Pappenheim).

67 L. Pappenheim an seine Frau aus dem KZ Neusustrum vom 18.11.1933 (Nachlaß L. Pappenheim).

»Hier haben wir kalte Wintertage. Es ist allerdings nicht so schön wie in unserem Thüringerlande. Als ich heute früh aufstand, hatte Rauhreif angesetzt. Er sah an dem Gitter aus Stacheldraht, das unser Lager umgibt, allerdings nicht so schön aus wie an den Tannen und Fichten Eurer Wälder. Die Gegend hier ist überhaupt recht öde, denn weit und breit befindet sich kein Berg, das Land ist völlig flach wie ein Tisch, dabei sumpfig und moorig und unkultiviert. Civilpersonen sehen wir bei der schwachen Besiedlung kaum. Unsere Arbeit soll dazu dienen, das Land urbar und bewohnbar zu machen. Ich hoffe, nicht so lange hier und von Euch getrennt zu bleiben, bis das erreicht ist. Wie es heißt, sollen auch im Januar noch Entlassungen vor sich gehen. Vielleicht haben wir dann Glück. Es hängt alles von Schmalkalden ab. Vor einigen Tagen war ich schon der Meinung, daß ich freikommen würde. Daher hatte ich wegen Fahrgeld nach Leipzig geschrieben, das mir Anna auch prompt einsandte. Leider war es nur ein Traum – aber das Fahrgeld habe ich nun wenigstens hier. Möge ich es bald ausgeben können!«[68]

Einen Tag vor Weihnachten bat er seine Frau, »einliegenden Brief *persönlich* zum Landrat [zu bringen].« Dieser solle umgehend antworten: »Mir schaden hier solche Gerüchte sehr, vielleicht wäre ich ohnedem schon in Freiheit«.[69]

Am 4. Januar 1934 wurden Ludwig Pappenheim und der Mitgefangene August Henning von Mitgliedern der Wachmannschaft des Lagers in der Nähe des KZ Neusustrum ermordet.

Die Meldung der Kommandantur in Papenburg an den Oberpräsidenten in Hannover sprach von der »Erschießung zweier Schutzhaftgefangener des Lagers V Neusustrum«.[70] Das Amtsärztliche Zeugnis von Polizeimedizinalrat und Kommandanturarzt Dr. Erich Grunow[71] diskreditierte sich dadurch, daß er den ›Fluchtversuch‹ medizinisch aus der Verletzung diagnostizierte:

»Brustschuß, abgegeben vom Posten, da Fluchtversuch unternommen wurde. Einschuß im Rücken, Ausschuß am Brustbein. [...] Leiche wurde von der Staatsanwaltschaft freigegeben.«[72]

Ein der Familie Pappenheim im Jahre 1934 zugegangener anonymer Bericht eines Augenzeugen des Mordes teilte Näheres mit:

»Am 4. Januar, seinem Todestag, war starker Nebel und alle, die angetreten waren, mußten in die Baracken zurück, da die Gefahr des Flüchtens zu groß sei. Auch Ludwig und Henning aus Pom gingen in die Baracken zurück. Dort erzählte Henning noch, wie sie im Bunker geschlagen wurden. Um 9 oder 10 Uhr wurden aber Ludwig und Henning herausgeholt und [angewiesen] mit Lederschuhen zur Arbeit zu gehen; es war sonst verboten, in Lederschuhen zu gehen, sondern es

---

68 L. Pappenheim an seine Frau aus dem KZ Neusustrum am 17.12.1933 (Nachlaß L. Pappenheim).
69 L. Pappenheim an seine Frau aus dem KZ Neusustrum am 23.12.1933 (Nachlaß L. Pappenheim). Der einliegende Brief an den LR konnte nicht ermittelt werden.
70 Kosthorst/Walter, 196.
71 Im Dokumentations- und Informationszentrum Emslandlager sind keine Unterlagen zu Dr. Grunow vorhanden; von ihm ist dort nichts bekannt (Tel. Auskunft von Kurt Buck, Oktober 1996)
72 Amtsärztliches Zeugnis vom 8.1.1934 (Nachlaß L. Pappenheim).

mußten Holzschuhe getragen werden. Mit den beiden gingen zwei Wachleute und ein Arbeitsanweiser (Stahlhelmmann), dem noch vorher in der Kommandantur eine Pistole gegeben wurde. Ludwig ahnte, daß er in den Tod ging [...]«[73]

Ein ehemaliger Mitgefangener Pappenheims in Börgermoor sprach über seinen Tod von »offenem Mord«.[74]

Der Landrat von Schmalkalden teilte dem Regierungspräsidenten in Kassel mit, Ludwig Pappenheim sei »bei einem Fluchtversuch aus dem Lager Börgermoor [tatsächlich: Neusustrum][75] erschossen worden«.[76]

Nach der Ermordung Ludwig Pappenheims wurde es seiner Witwe vom Landrat in Schmalkalden verwehrt, ihn dort zu bestatten. Nach vielen Bemühungen an mehreren Orten gelang es Frieda Pappenheim schließlich, eine Genehmigung auf dem Jüdischen Friedhof in Leipzig zu erhalten. Dort wurde er am 12. Januar 1934 begraben.[77]

Die dargestellte Prozedur der Erniedrigung und Peinigung eines intellektuell, moralisch und politisch überlegenen Gegners wurde bis zur Vernichtung seines Lebens mit Haß, Systematik und Konsequenz vollzogen. Sein Tod war, wie die Sprache der Täter und Mittäter verrät, vom Tage seiner Verhaftung an, vielleicht schon früher, mitgedacht. In dieser Vernichtungsprozedur spielten Schutzhaft und Konzentrationslager deshalb eine tragende Rolle, weil juristisch gegen L. Pappenheim trotz größter Manipulationen (Vorwurf der Gotteslästerung, des Verstoßes gegen das Sprengstoffgesetz) mehr als drei Monate Gefängnis nicht

---

73 »Auszug aus dem Original eines Augenzeugenberichtes über die Ermordung des Genossen Pappenheim« (Nachlaß L. Pappenheim). Dieser Bericht wurde durch zwei weitere Aussagen bestätigt. Zum einen erklärte Willi Walberg aus Kassel, der gemeinsam mit Ludwig Pappenheim in Börgermoor gewesen war, daß dieser Bericht eines Augenzeugen, der ihm vorgelegt wurde, den Tatsachen entspräche. Mitteilung K. Pappenheim an Vf. vom 28.8.1995. – Zum andern gibt es einen Bericht eines anderen Mitgefangenen Pappenheims in Börgermoor, der in den wesentlichen Punkten mit diesem Bericht übereinstimmt. Er stammt von Heinrich Kleinschmidt. Schriftliche Mitteilung von H. Kleinschmidt (1989)

74 Willy Perk: Hölle im Moor. Zur Geschichte der Emslandlager 1933-1945. Frankfurt a.M. 1979, 32.

75 Ludwig Pappenheim war im Oktober 1933 in das KZ Börgermoor eingeliefert, später von dort in das KZ Neusustrum verlegt worden, wovon der Landrat von Schmalkalden jedoch keine Notiz genommen hatte.

76 HStA Mbg 165/3982. Band 12. LR Schmalkalden an RP Kassel vom 11.1.1934.

77 »Meiner Mutter ist es nur mit großer Unterstützung seiner Schwester und seines Schwagers aus Leipzig gelungen, die Genehmigung für das Grab zu erlangen. Der Schwager erreichte es, die damals erforderlichen Genehmigungen für die Durchfahrt und den Transport durch die Länder und Regierungsbezirke zu erlangen.« Mitteilung K. Pappenheim an Vf. vom 28.8.1995. – In seinem Notizbuch (Nachlaß L. Pappenheim) findet sich (vermutlich von seiner Frau geschrieben) unter dem 12.1.1934 der Eintrag: »Ludwig für immer von uns gegangen.« – Vgl. auch: Notiz über ein Gespräch mit Herrn Kurt Pappenheim (Schmalkalden) am 1. März 1985. (Teilnehmer: Michael Kelbling, D. Krause-Vilmar). Teilweise abgedruckt in: Dillmann/ Krause-Vilmar/ Richter: Mauern des Schweigens durchbrechen. Die Gedenkstätte Breitenau (=Nationalsozialismus in Nordhessen. Schriften zur regionalen Zeitgeschichte, 9) Kassel 1986, 204 f. (Foto von L. Pappenheim auf 206).

veranlaßt werden konnten. Breitenau, Börgermoor und Neusustrum waren nun die Orte, in denen die Desintegration der Person bewerkstelligt werden sollte.

Bemerkenswert erscheint auch folgender Vorgang: die politische Gegnerbekämpfung aus der Zeit der (Weimarer) Republik, für die der Regierungspräsident mit seinem Vorschlag, Pappenheim gegebenenfalls nach der dreimonatigen Schutzhaftzeit zu entlassen, steht, wurde durch die NSDAP in Schmalkalden überrollt; letztere setzte sich durch. Der politische Gegner geriet nun nicht mehr befristet hinter Gitter; er wurde – wenn er als ›Feind‹ ausgemacht worden war – im KZ erniedrigt und umgebracht; seine Familie wurde geächtet.

Heinrich Parthesius (1901-1957)

Heinrich Parthesius war Schreinermeister in Grüsen, einer kleinen Gemeinde in der Nähe Gemündens im Altkreis Frankenberg. Er war 1924 der SPD beigetreten. »Er war ein temperamentvoller, klassenbewußter Sozialdemokrat«[78] und hatte einen guten Namen in der Gemeinde. Er war nicht der einzige in seiner Dorfgemeinde zu Amt und Würden gekommene Sozialdemokrat, der nun in Breitenau eingesperrt wurde: Bürgermeister Wilhelm Pfannkuch aus Heiligenrode, Bürgermeister Karl Kraft aus Nieste, Fritz Precht aus Ihringshausen, Adam Selbert aus Niederzwehren, Altbürgermeister Wilhelm Lukan aus Harleshausen – sie alle und noch andere mehr wurden nun als *rote Bonzen* geschmäht und sollten als *Sträflinge* gedemütigt werden.

Parthesius war im Jahre 1932 in die Mühlen der politischen Verfolgung anläßlich einer Auseinandersetzung mit einer SA-Gruppe geraten. In seinem Lebenslauf berichtet er darüber:

> »Bei den Umzügen der NSDAP und deren Gliederungen geriet ich mit noch mehreren Genossen meiner Partei in einen Streit mit einem SA-Propagandazug, welcher durch Überfall auf uns in eine Schlägerei ausartete. Waren wir auch nicht die Schuldigen, so wurden wir damals doch von den verseuchten Gerichten bestraft. Ich selbst wurde mit 6 Monaten Gefängnis bestraft, aber durch eine Amnestie der damaligen Regierung (im Dezember 1932) amnestiert.«[79]

Am 25. Juni 1933, nachts um 2 Uhr, wurde Parthesius von SA-Leuten ›abgeholt‹, verhaftet und zunächst in das Amtsgerichtsgefängnis in Frankenberg eingesperrt.[80] Vier Tage später wurde er in das KZ Breitenau überführt, wo er bis zum 28. Juli oder bis zum 3. August blieb.[81]

---

78 Mitteilung Stadtarchivar Brandt, der ihn persönlich kennengelernt hatte, vom 7.4.1987.
79 Mitteilung Stadtarchivar Brandt vom 7.4.1987 (Aus dem Lebenslauf von H.P.). Herr Brandt hat die Gerichtsakten, die zur Verurteilung der fünf Sozialdemokraten geführt hatten, eingesehen. Die Anklage erfolgte wegen »schwerer Körperverletzung«. Ein SA-Mann erhielt bei der Schlägerei einen Steinwurf an den Kopf. Der angebliche Steinwerfer war ein Maurer.
80 HHStA Wbdn: Dokumentation.
81 In den Breitenau-Akten ist seine Entlassung am 28.7.1933 notiert. Er selbst schreibt in seinem

»Nach meiner Entlassung am 3. August des gleichen Jahres nahm ich mein Gewerbe wieder auf.«[82]

Der Stadtarchivar hat eine weitere begründete Vermutung für die Schutzhaft gegen Heinrich Parthesius:

»Die ›Schutzhaft‹ für Heinrich Parthesius hängt nach meinen Nachforschungen nicht nur mit seiner Zugehörigkeit zur SPD und zum Reichsbanner, sondern auch mit seinen freundschaftlichen Beziehungen zu den jüdischen Mitbürgern in Grüsen zusammen. Noch 1938 zimmerten sich einige junge Juden vom ›Landwirtschaftlichen Umschulungslager‹ (die jungen Juden und Jüdinnen nannten es damals Kibbuz) in Grüsen nach der Kristallnacht in großer Eile bei Schreinermeister Parthesius in dessen Werkstätte ihre Holzkoffer, bevor sie ihre Ausreise nach Palästina antraten.«[83]

Nach 1945 fand Parthesius wieder zu Anerkennung und Ehren. Zunächst setzten ihn die Amerikaner zum Bürgermeister von Grüsen ein. Dann gewann er die demokratische Wahl in der Gemeinde selbst. »In der am 25.4.1948 stattgefundenen Gemeinde- und Kreistagswahl wurde ich (SPD-Wahlvorschlag) mit Stimmenmehrheit wieder zum Bürgermeister der Gemeinde Grüsen gewählt.«[84]
Dieses Amt behielt er bis zu seinem Tod im Jahre 1957 inne.

Paul Pickel (1898 – 1960)

Paul Pickel gehört zu denjenigen Verfolgten des Hitlerstaates, die so schwer getroffen waren, daß sie auch nach dem Ende des Hitlerstaates gezeichnet blieben. Über sein Schicksal teilt der Stadtarchivar von Frankenberg in einem eindrucksvollen Bericht, den er selbst recherchiert hat, folgendes mit:

»Pickel wurde am 06.11.1898 in Offenhausen (Mittelfranken) geboren und verstarb am 13.04.1960 durch einen Verkehrsunfall in Frankenberg. Er war gelernter Müller, lernte auf der Wanderschaft seine Frau aus Frankenberg kennen und arbeitete dort bis 1933 in der Niedermühle. Er war Mitglied der KPD. In der Weimarer Republik organisierte er in Frankenberg während der größten Arbeitslosigkeit von städtischen Behörden geduldete Hausschlachtungen, deren Fleisch an die Notleidenden verbilligt abgegeben wurde. Nach der Machtübernahme durch Hitler wurde er in Breitenau bei Kassel inhaftiert und verblieb dort länger als andere bis zum 20.09.1933. Etwa 1937 fand man in Kassel eine Liste mit ehemaligen KPD-Funktionären, auf der auch Pickel benannt war. Er war zwar nur ein *kleiner Fisch* gewesen, hatte aber in seiner unerschrockenen Art auch nach seiner Entlassung in Breitenau in Gesprächen mit der Frankenberger Bevölkerung aus seiner politischen Überzeugung keinen Hehl gemacht. Nach Aussage eines noch lebenden Neffen verschwand sein Patenonkel etwa ab 1937 bis zum Kriegsende (!) im Zuchthaus

---

Lebenslauf, er sei dort erst am 3. August 1933 entlassen worden. Es ist denkbar, daß man ihn zwischen dem 28. Juli und dem 3. August noch im Polizeipräsidium Kassel festgehalten hat.
82 Mitteilung Stadtarchivar Brandt vom 7.4.1987 (Aus dem Lebenslauf von H.P.).
83 Mitteilung Stadtarchivar Brandt vom 7.4.1987.
84 Mitteilung Stadtarchivar Brandt vom 7.4.1987 (Aus dem Lebenslauf von H.P.).

Wehlheiden, danach in einem Zuchthaus bei Hamm (Werl) und schließlich in der Landesheilanstalt Haina (Kloster), von wo er nach Einmarsch der Amerikaner sofort nach Frankenberg entlassen wurde. Seine Frau hatte sich während der langen Haftzeit ihres Mannes (sie erhielt keine Unterstützung!) von ihm getrennt, das von Pickel erbaute Blockhaus verkauft und sich in einer ländlichen Gemeinde anderweitig verheiratet. Das gnadenlose Schicksal dieses politisch Verfolgten hat ihn nicht nur gedemütigt, sondern körperlich und seelisch so zerschlagen, daß er der hiesigen Bevölkerung zwar gutmütig aber wunderlich verwirrt erschien, wenn er nach dem Kriege mit Kurzwaren per Fahrrad in die umliegenden Dörfer fuhr und dabei nahe der *alten Hütte* auf der B 252 bei Frankenberg tödlich von einem Auto erfaßt wurde. [...] Pickels Neffe besuchte seinen Onkel 1943 während eines Fronturlaubs in der Landesheilanstalt Haina, wo ihm Pickel sagte, daß es ihm schlecht ginge. Auch mit einem Koppel sei er schon geschlagen worden. Dem gleichen Neffen schrieb Pickel etwa 1948 in ein sowjetisches Gefangenenlager auf einer Rot-Kreuz-Karte: ›Lieber Junge, die Amerikaner haben mich sofort entlassen. Komme nur gesund nach Hause. Dann wird schon alles gut werden.‹ Nachtrag: Weitere Zeugen zur Person Pickels sagten aus, daß er von der Spruchkammer in mehreren Fällen als Zeuge zur Aussage über Belastete gebeten wurde. Pickel soll in allen Fällen eine Zeugenaussage mit der Bemerkung abgelehnt haben, ›man möge die Beklagten selbst zu den erhobenen Vorwürfen hören.‹ «[85]

Heinrich Treibert (1898 – 1974)

Heinrich Treibert wurde am 31. März 1898 in Treysa als Sohn eines Postschaffners geboren. Nach der Ausbildung auf der Präparandenanstalt und dem Lehrerseminar in Frankenberg (1912 – 1918) und der Teilnahme am Weltkrieg engagierte er sich im Hessischen Lehrerverein (im Vorstand) und war als Lehrer am Treysaer Gymnasium tätig. Es folgte im Jahre 1921 eine Lehreranstellung in Merzhausen (Kreis Ziegenhain) und 1924 in Besse (Krs. Fritzlar). Früh betätigte er sich auch als Sozialdemokrat in der Kommunalpolitik. Mit 27 Jahren wurde er Mitglied des Kreisausschusses und später Kreisdeputierter für den Kreis Fritzlar. 1928 kandidierte er für den Preußischen Landtag. Von der preußischen Staatsregierung 1929 zum Landrat des Kreises Fritzlar ernannt, war Treibert damals mit 31 Jahren der jüngste Landrat in Preußen.[86]

Als der Landkreis Fritzlar im Jahre 1932 aufgelöst und Teil des neu gebildeten Landkreises Fritzlar-Homberg wurde, versetzte man Heinrich Treibert in den einstweiligen Ruhestand.[87] Möglicherweise war bei der Neubildung des Landkreises Fritzlar-Homberg auch ein Interesse an der Entmachtung des ›roten Landrats‹ Treibert, der als überzeugter Sozialdemokrat und engagierter Gegner des Nationalsozialismus bekannt war, im Spiel gewesen.[88]

---

85 Mitteilung Stadtarchivar Brandt an Vf. vom 20.5.1987.
86 Nachruf auf Heinrich Treibert, in: EAM-Ring 1974.
87 Klein, Berichte des RP, 856.
88 Manfred Kieserling: Faschisierung und gesellschaftlicher Wandel. Mikroanalyse eines nordhessischen Kreises 1928 – 1935. Wiesbaden 1991, 272.

Es blieb der nationalsozialistischen Regierung vorbehalten, dem Ruhe-standsbeamten Treibert sämtliche ihm rechtlich zustehenden Bezüge zu strei-chen, indem sie ihn kurzerhand ›aus dem Staatsdienst‹ entließ.[89]

»Das war für einen Familienvater einer 6köpfigen Familie eine harte Strafe. Er schrieb zunächst für verschiedenen Zeitungen, doch als die Nazis herausfanden, wer sich unter dem Pseudonym verbirgt, durften die Zeitungen seine Artikel nicht mehr annehmen. Er fand dann bei der Aachener- und Münchener-Versicherung eine Anstellung auf Provisionsbasis. Da er weit bekannt war, schloß mancher Wohlgesonnene eine Versicherung ab. Er fuhr mit dem Fahrrad und kam manch-mal die ganze Woche nicht nach Hause. Wir wohnten in Fritzlar und wir Kinder gingen ins Lyzeum, die Vorschule und den Kindergarten der Ursulinen. Als unser Vater seine Kinder abmelden wollte, weil er das Schulgeld nicht aufbringen konnte, haben ihm die Ursulinen sämtliches Schulgeld erlassen.
Jeder Pfennig wurde im Hause Treibert dreimal umgedreht. So war es auch zu erklären, daß Vater jeden Abend ins benachbarte Dorf Geismar lief, um Milch bei einem Bauern zu holen. Auf einem dieser abendlichen Gänge wurde er von SA verhaftet und in einem Schweinetransportwagen abtransportiert. Er war dann wohl zunächst in Wabern im Karlshof und kam von dort nach Breitenau.«[90]

Aus den Akten geht hervor, daß dies Ende Juni 1933 geschehen sein muß, denn der stellvertretende Landrat des Kreises Fritzlar-Homberg, Kreisoberin-spektor [Oskar]Hartenbach, berichtete am 1. Juli 1933 betr. »Abtransport des Landrats a[uf] W[artegeld] Treibert durch die SA«[91], daß ihm am 29. Juni

»in den Abendstunden [...] mitgeteilt« worden sei, »daß Landrat Treibert von der SA verhaftet und abtransportiert worden sei. Wohin, konnte ich allerdings nicht erfahren. Irgendwelche Feststellungen wurden dadurch erschwert bzw. unmöglich gemacht, daß die SA – Führer unterwegs und nicht zu erreichen waren. Gestern vormittag brachte ich in Erfahrung, daß der Sturmbannführer [Bruno] Möller[92] in Gudensberg (Amtssitz Homberg) den Abtransport veranlaßt hatte. Ich konnte Herrn Möller erst gestern spät erreichen.«[93]

Hartenbach vermerkte am folgenden Tag,

89 Kasseler Neueste Nachrichten vom 23.8.1933: »Aus dem Staatsdienst entlassen wurde der ehemalige Fritzlarer Landrat Treibert.«
90 Mitteilung einer Tochter von Herrn Treibert vom 26.11.1991.
91 HStA Mbg 165/3982. Band 10. LR des Kreises Fritzlar/Homberg an PP Kassel betr.: Transport des Landrats a.W. Treibert durch die S.A. vom 1.7.1933.
92 Bruno Möller wurde von der Spruchkammer in Fritzlar zu acht Jahren Arbeitslager verurteilt. »M. hatte politisch Andersdenkende und Juden verhaften lassen, verhört und teilweise mißhandelt« (Hessische Nachrichten [Stadtausgabe Kassel] vom 19.2.1948). Das Landgericht Kassel verurteilte ihn im Karlshof-Prozeß »wegen schweren Landfriedensbruchs und Amtsanmaßung« zu zwei Jahren Gefängnis (Hessische Nachrichten [Stadtausabe Kassel] vom 14.2.1949). Ob B. Möller das Arbeitslager und/oder die zweijährige Gefängnisstrafe tatsächlich angetreten hat, konnte nicht festgestellt werden.
93 HStA Mbg 165/3982. Band 10. LR des Kreises Fritzlar/Homberg an PP Kassel betr.: Transport des Landrats a.W. Treibert durch die S.A. vom 1.7.1933.

»daß Landrat a.W. Treibert gestern Abend von der S.A. in Schutzhaft genommen und in das Polizeigefängnis des Polizeipräsidiums in Kassel überführt worden ist. SA – Kommissar Möller hat zur Begründung der Inschutzhaftmaßnahme geltend gemacht, daß Landrat a.W. Treibert [...] nach wie vor als ein die öffentliche Ruhe und Sicherheit gefährdender Marxist anzusehen ist. In diesem Zusammenhang weist S.A. Kommissar Möller darauf hin, daß Landrat a.W. Treibert noch dauernd mit führenden S.P.D. Funktionären Verkehr unterhält und verschiedentlich deren Besuch in seiner Wohnung empfangen hat.«[94]

Heinrich Treibert kam am Montag, den 5. Juli 1933, in die Schutzhaftstation im Karlshof bei Wabern[95] und von dort am 14. Juli 1933 in das KZ Breitenau. Die Tochter erinnert sich:

»Unsere Mutter wußte nicht, wo sich ihr Mann befand, ehe Vater ein paar Zeilen aus dem Lager schmuggeln konnte. Meines Vaters Mutter war bis zu ihrem Tod in Schwälmer Tracht, was ja unter den Nazis wieder zählte. Sie ist mit meiner Mutter zusammen zum Regierungspräsidenten und von dort zum Polizeipräsidenten und schließlich zum Gauleiter als Bittstellerin vorstellig geworden. Schließlich kam unser Vater frei, nachdem wir mehrere Hausdurchsuchungen über uns ergehen lassen mußten. Aus seiner Zeit in Breitenau hat er uns Kindern nichts erzählt [...]«[96]

Nach der Haftzeit in Breitenau galt es für Heinrich Treibert zuallererst, irgendwie mit seiner Familie materiell zu überleben und dieses Regime zu überstehen.

»Ich glaube nicht, daß er je vor ein ordentliche Gericht gekommen ist. Er wurde mundtot gemacht und tauchte in der Masse unter, um mit seiner Familie zu überleben.«[97]

Dies gelang ihm, und nach dem Krieg war er zunächst drei Jahre Landrat von Ziegenhain (1945 – 1948), als erster Präsident stand er an der Spitze des von ihm mitbegründeten Deutschen Landkreistages, und von 1948 bis 1968 amtierte er als Vorsitzender des Vorstands der Elektrizitäts – Aktiengesellschaft Mitteldeutschland (EAM) mit Sitz in Kassel.

»Das Leben hat ihm nichts geschenkt« – so steht es in einem Nachruf auf Heinrich Treibert aus dem Jahre 1974, dessen Toleranz, Humanität und vorbildliche soziale Haltung vielfach hervorgehoben wurde.

---

94 HStA Mbg 165/3982. Band 10. Vermerk des LR Fritzlar/Homberg (i.V. Hartenbach) vom 30.6.1933.
95 HStA Mbg 165/3982. Band 10. LR Fritzlar/Homberg an PP Kassel vom 1. Juli 1933.
96 Mitteilung von Familie Treibert (1991).
97 Ebenda.

Exkurs zum Lager Breitenau in der Zeit zwischen 1934 und 1945

In diesem Abschnitt möchten wir die Entwicklung Breitenaus in der Zeit von der Auflösung des Konzentrationslagers im März 1934 bis zum Ende des Zweiten Weltkriegs knapp skizzieren. Dabei beziehen wir uns hauptsächlich auf die Ergebnisse der einschlägigen Untersuchungen von Gunnar Richter und Wolfgang Ayaß.[1]

Es hat übrigens einige wenige unter den 470 Schutzhaftgefangenen des KZ Breitenau gegeben, die nicht nur 1933/34, sondern auch später im Arbeitshaus Breitenau oder in der Kriegszeit im Arbeitserziehungslager Breitenau inhaftiert gewesen waren, die mithin in ihrer persönlichen Haftgeschichte etwas von der Kontinuität des Ortes erfahren haben.[2]

In der nationalsozialistischen Zeit traten die Arbeitshäuser und damit auch das Arbeitshaus Breitenau, das kontinuierlich zwischen 1874 und 1949 bestanden hat, deshalb wieder stärker in Funktion, weil die Verfolgung der Bettler und Landstreicher als sogenannte ›Asoziale‹ zu Inhaftierungen in großem Umfang führte. Dem im November 1933 erlassenen »Gesetz gegen gefährliche Gewohnheitsverbrecher und über Maßnahmen zur Sicherung und Besserung« waren im September 1933 sogenannte ›Bettlerrazzien‹ vorausgegangen.[3] Die Zahl der wegen ›Bettelei und Landstreichens‹ zur Nachhaft in Breitenau eingewiesenen Korrigenden und Korrigendinnen stieg ab September 1933 und auch im Jahre 1934 wieder steil an.[4] Insgesamt wurden die Haftbedingungen für die Korrigenden und Korrigendinnen in der nationalsozialistischen Zeit verschärft: dies betraf die Haftzeit, die über die bisherige Höchstfrist von zwei Jahren verlängert werden konnte, die Abwertung der Insassen zu ›Schädlingen‹, den ausgedehnten Arbeitszwang, so daß Breitenau zu einer »Dauerbewahranstalt für ›asoziale Volksschädlinge‹«[5] wurde. Als die Kriminalpolizei 1938 dazu überging, Bettler und Landstreicher in einer »Aktion Arbeitsscheu Reich« direkt in die Konzentrationslager einzuweisen, »ging die Belegung der Arbeitsanstalt Breitenau mit Korrigenden ab dem Jahre 1939 drastisch zurück«.[6] Dadurch waren Voraussetzungen für

---

1 Richter, Breitenau; Ayaß, Arbeitshaus Breitenau.
2 Johannes Bettinghausen und Justus Rommel waren 1933/34 im KZ Breitenau und zwischen 1938 und 1940 im Arbeitshaus Breitenau; Kurt Finkenstein, Martin Greiling, Paul Joerg, Friedrich Wilhelm Koch, Reinhold Stehl und Wilhelm Zanger waren 1933/34 im KZ Breitenau und in der Kriegszeit im Arbeitserziehungslager Breitenau inhaftiert.
3 Wolfgang Ayaß, »Asoziale« im Nationalsozialismus. Stuttgart 1995, besonders 20 ff.
4 Ayaß, Arbeitshaus Breitenau, 264-275.
5 Wolfgang Ayaß, Die Landesarbeitsanstalt und das Landesfürsorgeheim Breitenau, in: Richter, Breitenau, 46.
6 Wolfgang Ayaß, Die Landesarbeitsanstalt [...], in: Richter, Breitenau, 49.

eine andere ›Nutzung‹ entstanden, die von der Staatspolizeistelle Kassel 1940 mit der Einrichtung eines Arbeitserziehungslagers in Anspruch genommen wurden. Ab 1938 hatte man in Breitenau mit der ›geschlossenen Fürsorgeerziehung‹, einer Vorform der späteren Jugendkonzentrationslager, begonnen.

Im November 1938 wurden bei den im ehemaligen Kurhessen in einigen Gemeinden bereits am 7. November einsetzenden antisemitischen Pogromen 24 deutsche Juden aus Guxhagen (12), Melsungen, Röhrenfurth, Neumorschen, Binsförth, Heinebach (Altkreis Melsungen) und Rotenburg a.d.F. in Breitenau inhaftiert.[7] Bevor sie in Breitenau für einige Tage eingesperrt wurden, war es zu gewaltsamen Ausschreitungen (z.B. Einbruch in die Wohnungen u.ä.), zu Mißhandlungen und zu Vandalismus gegenüber den Juden im Ort Guxhagen gekommen. Für Nordhessen stellte W.-A. Kropat fest: »Was auffällt, sind Heftigkeit und Ausmaß der antijüdischen Ausschreitungen. [...] Die totale Zerstörung all dessen, was Juden gehört und was ihnen heilig ist, stellt eine Eskalation der Gewalt gegenüber der jüdischen Bevölkerung dar, die trotz aller schlimmen Vorkommnisse der vergangenen Jahre beispiellos ist.«[8]

Für viele der Juden aus der Melsunger Gegend war Breitenau die erste Haftstätte, der weitere, meist Ghetto oder KZ, folgten. Zwei von den zwölf im November 1938 in Breitenau eingesperrten Guxhagener Juden, Daniel und Josef Katz, überlebten Krieg, KZ und Ghetto im Osten. Benni Katz wurde für tot erklärt; von Max Speier stammt die letzte Nachricht, daß er nach Riga deportiert wurde. Lenor Katz gilt als ›unbekannt verschollen‹, Jonas Speier gilt als ›im Osten verschollen‹ und Leopold Blumhof fand am 18.2.1945 in Buchenwald [KZ] den Tod. Das Schicksal der anderen fünf ist – wie das vieler anderer aus der alten und großen Guxhagener jüdischen Gemeinde (ungefähr 180 Seelen Ende der 20er Jahre; eigene Volksschule)[9] – ungeklärt.[10] Nur einer von ihnen, Josef Katz, kehrte nach 1945 nach Guxhagen zurück.

Während des Zweiten Weltkrieges wurde in Breitenau von der Staatspolizeistelle Kassel ein Arbeitserziehungslager eingerichtet. Solche Arbeitserziehungslager entstanden im Jahre 1940 an vielen Orten; sie dienten dazu, sogenannte

---

7   Gendarmerieposten Körle/Kr. Melsungen am 11.11.1938, Verzeichnis der in der Anstalt Breitenau untergebrachten Juden (nach Richter, 191).

8   Wolf-Arno Kropat: Kristallnacht in Hessen. Das Judenpogrom vom November 1938. Eine Dokumentation. Wiesbaden 1988, 24.

9   Paul Arnsberg: Die jüdischen Gemeinden in Hessen. Anfang – Untergang – Neubeginn. Band 1. Frankfurt a.M. 1971, 304 ff.

10 Gedenkbuch. Opfer der Verfolgung der Juden unter der nationalsozialistischen Gewaltherrschaft in Deutschland 1933-1945. Bearbeitet vom Bundesarchiv Koblenz und dem ISD Arolsen. Koblenz 1986, Band 1, 143, Z.17, Band 2, 1420, Z.66 u. 1687, Z.37 – Frank-Matthias Mann: Liste der als Juden verfolgten Häftlinge Breitenaus 1933-1945. In: Rundbrief 9 des Vereins zur Förderung der Gedenkstätte und des Archivs Breitenau. Kassel 1991, 20-33. – ders.: Über das Verschwinden der Jüdischen Gemeinde Guxhagen. In: Rundbrief 10 des Vereins zur Förderung der Gedenkstätte und des Archivs Breitenau. Kassel 1991, 12-17.

›Arbeitsbummelanten‹ bzw. ›Arbeitsverweigerer‹ für drei oder acht Wochen bei verschärftem Arbeitszwang und bei KZ-Bedingungen vergleichbarer Unterdrückung im nat.soz. Sinne zu disziplinieren. Im günstigen Fall konnte der Gefangene nach Unterzeichnung einer ›Warnungsverhandlung‹ an seinen Arbeitsplatz zurückkehren. In vielen anderen Fällen wurde er von einem Arbeitserziehungslager unmittelbar einem Konzentrationslager überstellt.

Im Jahresbericht der Anstalt Breitenau für das Jahr 1940 hieß es:

> »Im Sommer 1940 wurde auf Antrag der Geheimen Staatspolizei Kassel ein Arbeitserziehungslager für Schutzhäftlinge hier eingerichtet. Dieses Lager ist als Vorstufe eines Konzentrationslagers anzusehen. Untergebracht werden größtenteils Polen und Juden, außerdem befinden sich auch Deutsche und sonstige Ausländer dazwischen. Der Grund der Unterbringung ist größtenteils Arbeitsverweigerung, Verlassen der Arbeitsstelle und Verstöße gegen die Volksgemeinschaft. Die Unterbringungsdauer ist kurz bemessen, sie beträgt durchschnittlich 3 – 4 Wochen. Die meisten Häftlinge werden von hier aus entlassen und ihrer Arbeitsstelle wieder zugeführt. Eine weitere Anzahl wird von hier aus einem Konzentrationslager überstellt. Es handelt sich hierbei größtenteils um Menschen in den besten Jahren, die der Anstalt sehr wertvolle Dienste leisten.«[11]

Erneut wurden nun ab dem Jahre 1940 ›Schutzhaftgefangene‹ in Breitenau inhaftiert. Die meisten der insgesamt etwa 8 400 Gefangenen waren ausländische Zwangsarbeiter und Zwangsarbeiterinnen. Sie hatten sich gegen die Arbeits- und Lebensbedingungen gewehrt und wurden deshalb einer besonderen Art von ›Arbeitserziehung‹ unterworfen. Schutzhaft und Arbeitserziehungslager drohten all denen, die in irgendeiner Form als respektlos, kritisch, ungehorsam, unangepaßt oder ›renitent‹ aufgefallen waren, Widerstand geleistet oder gegen die Rassenideologie verstoßen hatten. Hier einige Beispiele von sogenannten Haftgründen, die sich bei Schutzhaftgefangenen Breitenaus in der Kriegszeit fanden. Sie dokumentieren das totale Kontrollbedürfnis des nat.soz. Staates bis weit in die persönliche Sphäre der Menschen. Es wurden in das Arbeitserziehungslager Breitenau eingewiesen:

- eine 35jährige Polin wegen »wiederholte[r] Arbeitssäumigkeit und wegen widersetzlichen Verhaltens«,
- eine 50jährige Deutsche, »weil sie eine Behördenangestellte in übler Weise beleidigt, verleumdet und bedroht hat«,
- ein 40jähriger Deutscher, »weil er unerwünschten Umgang mit Russinnen pflegte«,
- eine 21jährige Deutsche: »Sie hat sich während ihrer Inhaftierung im hies.[igen] Gefängnis wegen Arbeitsbummelei im kommunistischen Sin-

---

11 Archiv des LWV Hessen: Nr. 9794. Jahresbericht der Landesarbeitsanstalt und des Landesfürsorgeheims zu Breitenau für das Rechnungsjahr 1940. Breitenau, den 10. September 1941 (maschinenschriftl.), 1.

ne betätigt. Als Stalingrad durch die Sowjets wieder eingenommen wurde, ist
sie mit noch anderen Insassen in Freudenkundgebungen ausgebrochen«,

- eine 35jährige Polin: »Sie hat an der Verpflegung unberechtigt Kritik
geübt und das Essen der Köchin vor die Füße geworfen«,
- eine 25jährige Polin: »hat (...) ihren Meister mit Bluthund und einen
Gärtner, der kriegsbeschädigt ist, mit Krüppel bezeichnet«,
- eine 20jährige Deutsche, »weil sie wiederholt mit einem Polen den Geschlechtsverkehr ausführte«,
- ein 30jähriger »Ostarbeiter«, »weil er in betrunkenem Zustande den
Straßenverkehr behinderte«,
- ein 19jähriger Pole, »weil er seine Arbeitsstelle eigenmächtig verlassen hat
und die Reichsbahn unerlaubt benutzte«.[12]

Der am meisten genannte Haftgrund »die Arbeitsstelle eigenmächtig bzw.
unerlaubt verlassen« konnte auf verschiedene Anlässe und Gründe zurückgehen;
unter Bedingungen der Zwangsarbeit konnte dies auch Ausdruck einer Gegenwehr der arbeitenden Menschen sein, deren Arbeitskraft bis an die Grenze der
physischen Leistungsfähigkeit ausgenutzt werden durfte. Auch aus anderen Haftgründen werden die elementare Not (z.B. »des Kartoffeldiebstahls verdächtig«;
»Gebettelt«) und Formen des Nicht-Mitmachens (»Ausländischen Arbeitern die
Küche zu Zusammenkünften zur Verfügung gestellt«) und des Sichwidersetzens
(»Andere zur Einstellung der Arbeit aufgefordert«) sichtbar.

1940/41 stellten Deutsche und aus den besetzten polnischen Gebieten ver-
schleppte oder angeworbene Polen den größten Teil der Schutzhaftgefangenen
im Arbeitserziehungslager Breitenau. Im Verlauf des Krieges wurden immer
mehr Menschen aus der Sowjetunion in Deutschland zur Arbeit gezwungen; der
Anteil der sowjetischen Gefangenen in Breitenau war bis zum Kriegsende ständig
steigend. 1944/45 kam der überwiegende Teil der Gefangenen aus Polen und der
Sowjetunion. Gleichzeitig wurden Schutzhaftgefangene aus den meisten europäi-
schen Staaten (vor allem aus Frankreich, den Niederlanden, Belgien und Luxem-
burg) im Arbeitserziehungslager Breitenau gefangengehalten.

Alle nur denkbaren Berufsangaben finden sich in den erhaltenen Aufnahme-
büchern: Angestellte, Hausfrauen, Lehrer, Studenten, Pfarrer und Kaufleute.
Besonders hervorzuheben ist die weitaus größte Gruppe der Land- und Industrie-
arbeiter sowie Handwerker im leistungsfähigen Lebensalter. Diese Zwangsarbeiter und -arbeiterinnen waren es, die die Arbeitskraft der zur Wehrmacht
eingezogenen Männer in der deutschen Industrie und Landwirtschaft ersetzen
sollten.

---

12 Zufällig im Buchstaben I der Schutzhaftgefangenenakten Breitenaus ausgewählte Haftgründe, die
    sich ergänzen und weiter differenzieren ließen. Archiv des LWV Hessen: Breitenau 2. III. [2869]
    Akten von Schutzhaftgefangenen [zur Zeit im Archiv der Gedenkstätte Breitenau].

Gleichzeitig mit der Einrichtung des Arbeitserziehungslagers diente Breitenau als Sammellager für die Gestapostellen Kassel (Männer und Frauen) und Weimar (Frauen).[13] Polizeilich Verhaftete, über deren Deportation das Reichssicherheitshauptamt in Berlin noch nicht entschieden hatte, wurden hier ›bis auf weiteres‹ eingesperrt. Die Dauer der Haft im Lager war sehr unterschiedlich und reichte von wenigen Tagen bis zu einem Jahr. Die Haft konnte mit der Rückführung zur Arbeitsstelle oder mit der Einweisung in ein Konzentrationslager enden. Etwa jeder Fünfte der Schutzhaftgefangenen wurde von Breitenau aus in eines der Konzentrationslager deportiert. Von den größeren Lagern werden Buchenwald, Dachau, Flossenbürg, Mauthausen, Natzweiler-Struthof, Neuengamme, Ravensbrück, Sachsenhausen und Auschwitz in den Lagerakten genannt.

Den Gefangenen sollte in Breitenau – wie es in der Behördensprache jener Jahre hieß – ›das Arbeiten beigebracht‹ werden. Sofern dabei überhaupt ein bestimmtes Ziel verfolgt wurde, war es die Erzwingung blinden Gehorsams und ausdauernder und williger Arbeitsleistung – auch und gerade unter extremen Lebensbedingungen (Hunger, Kälte, Krankheit, Schläge, andere Erniedrigungen usf.). Diesem Ziel dienten zum einen die unter Aufsicht in den umliegenden Betrieben und Höfen angeordnete Arbeit, wobei die Anstalt Breitenau sich durch das ›Verleihen‹ der Schutzhaftgefangenen beträchtlicher ›Mehreinnahmen‹ erfreute – im Jahre 1940 47.469,37 RM[14] –, zum anderen und wesentlichen das System des Arbeitslagers selbst.

Die Unterbringung der Gefangenen erfolgte in großen Sälen; als ab Mitte 1944 die sich noch steigernde Überbelegung zur Regel wurde (die Anstalt war für etwa 300 Insassen eingerichtet; monatelang waren jedoch 800 – 1000 darin untergebracht), wurden in den Scheunen und in den Ställen Schlafstellen eingerichtet. In den Einzelzellen des sogenannten Zellenbaus wurden je bis zu sechs Menschen, in den Strafzellen des Hauptgebäudes zeitweise 10 – 15 Gefangene eingesperrt.[15] Der Hunger wurde zum ständigen Begleiter. »Wer von dem Essen im Lager leben mußte, ist verloren gewesen«, berichtete eine ehemalige Gefangene, die dem Umstand, daß sie täglich zwölf Stunden in einer Gipsfabrik arbeiten mußte, lebenswichtige Bedeutung beimaß, »denn so konnten wir wenigstens zwischendurch von den anderen Arbeitern dort mal was zu essen zugesteckt bekommen«. Krankheiten und Epidemien (z.B. Fleckfieber, Typhus) breiteten

---

13 Wir haben einmal in den Akten den Ausdruck ›Konzentrations-Sammellager‹ gefunden; da dieser sich jedoch nirgendwo sonst fand, sprechen wir künftig von ›Sammellager‹.

14 Archiv des LWV Hessen: Nr. 9794. Jahresbericht der Landesarbeitsanstalt und des Landesfürsorgeheims zu Breitenau für das Rechnungsjahr 1940. Breitenau, den 10. September 1941 (maschinenschriftl.), 7: »Bei Titel VII 1 ist eine Mehreinnahme gegenüber dem Voranschlags-Soll von 47.469,37 RM zu verzeichnen. Hieran sind größtenteils die Schutzhäftlinge beteiligt, die mit Arbeiten in der Industrie beschäftigt wurden.«

15 Archiv Gedenkstätte Breitenau: Nr. 184. Bericht des Oberaufsehers Karl Wolfram aus der unmittelbaren Nachkriegszeit.

sich unter solchen Bedingungen und angesichts körperlicher Schwächung rasch aus (die Zahl der bei einer solchen Epidemie in Juni 1944 Verstorbenen ist nicht genau ermittelbar); diskriminierende Bestimmungen über die Krankenversorgung ausländischer Arbeiter taten das übrige.

Verheerender als diese physischen Belastungen dürfte jedoch die Ohnmachtserfahrung gewesen sein, die vielen Gefangenen seitens der Aufseher und der Lagerleitung in krasser Form vor Augen geführt worden ist. Das Arbeitserziehungslager wurde im täglichen Betrieb von den Aufsehern und Aufseherinnen des Arbeitshauses, d.h. den Bediensteten des Kommunalbezirksverbandes Kassel, geführt. Gestapobeamte kamen zunächst nur an bestimmten Tagen zu Verhören nach Breitenau. Das Schlagen, Treten, Werfen mit Schlüsselbund u.ä. »war an der Tagesordnung«.[16] Die nach 1945 vor der Strafkammer des Landgerichts Kassel der Mißhandlung von Häftlingen in Breitenau angeklagten vier Aufseher und eine Aufseherin bestritten die ihnen zur Last gelegten Körperverletzungen nicht.[17]

Hinzu kam für die Gefangenen die Ungewißheit, was der nächste Tag bringen würde. Vielfach wurden die Schutzhaftgefangenen auf Anweisung der Gestapo über die Haftdauer im unklaren belassen. Die Furcht, am nächsten Tag ›abgeholt‹ oder ›abtransportiert‹ zu werden – vielleicht in ein KZ im Osten – war verbreitet; man sah fast täglich Mitgefangene verschwinden und befürchtete dabei das Schlimmste. Eine freie Verständigung mit den nächsten Angehörigen war nicht mehr möglich: Briefe wurden zensiert oder einfach zurückgehalten, Besuchsanträge wurden zumeist abgelehnt.

Für nicht wenige blieb als letzte Form des Widerspruchs und Protests gegen dieses Lagersystem die Flucht (die Zahl der gelungenen ›Entweichungen‹ war in Breitenau hoch); Einzelfälle von Selbsttötung sind bekannt. Gefangene sollen geäußert haben, lieber wären sie tot als daß sie noch einmal nach Breitenau gingen.[18]

Wenn Drill und Zwang erwarten ließen, daß das reibungslose Funktionieren im Arbeitsalltag wieder gewährleistet war, wurden die Gefangenen zum alten Arbeitsplatz zurückgeführt. Den Arbeitsämtern sowie einzelnen Landrats- und

---

16 Archiv Gedenkstätte Breitenau: Notiz über ein Gespräch mit Frau Dora Zimmermann am 4. 11. 1981, 3.
17 Der vom Gericht verkündete Freispruch bzw. die Einstellung des Verfahrens erfolgte »auf Grund des § 3 des Gesetzes über die Gewährung von Straffreiheit vom 31.12.1949 [...], weil keine höhere Gesamtstrafe als 6 Monate Gefängnis oder keine höhere Geldstrafe als 5.000.- DM zu erwarten ist« (Staatsanwaltschaft Kassel: Geschichtl. wertvolle Akten. Urteil der Strafkammer III des Landgerichts Kassel gegen August A. vom 5. Juni 1951 wegen Körperverletzung im Amte).
18 Archiv des LWV Hessen: Breitenau Bestand 2. Nr. 9735. Allgemeines. Aktennotiz des Verwaltungsinspektors in Breitenau vom Juni 1943: »Der Herr Landrat in Fulda teilt heute fernmündlich nach hier mit, daß in letzter Zeit die Unterbringung von Ausländern in hiesiger Anstalt Wunder gewirkt habe. Er habe schon mehrmals von hier inhaftiert gewesenen Schutzhäftlingen gehört, daß sie lieber tot sein wollten, als noch einmal nach Breitenau gingen«.

Bürgermeisterämtern des Regierungsbezirks kam eine Verteilerfunktion der aus Breitenau kommenden Schutzhaftgefangenen zu; von diesen Stellen aus wurden die zumeist ausländischen Gefangenen privaten Arbeitgebern ›überlassen‹.

Das Lager Breitenau wurde von der Geheimen Staatspolizei aus Kassel regelmäßig aufgesucht. Ein ehemaliger Schutzhaftgefangener Breitenaus berichtete: »In gewissen Zeitabständen kam immer die Gestapo. Die hatten einen Holzbock, auf den die Gefangenen geschnallt wurden, und haben 25 Hiebe gekriegt und wurden gefragt, warum sie hier sind, aus welchem Grund. Jeden Donnerstag, aus Kassel«.[19] Diese Verhöre fanden oft auf dem Appellplatz statt.

Die Polizisten der Kasseler Geheimen Staatspolizei – fast immer mit SS-Rang – erschienen auch in Breitenau, um Gefangene ›abzuholen‹. Der Vermerk auf einigen Aktendeckeln der Schutzhaftakten »von Gestapo Kassel abgeholt« erschloß sich uns erst durch eine zeitgeschichtliche Spurensuche von Schülern und Schülerinnen des Fritzlarer König-Heinrich-Gymnasiums. Sie hatten herausgefunden, daß bei drei polnischen Gefangenen im Jahre 1942 dem ›Abholen‹ durch die Kasseler Gestapo aus Breitenau unmittelbar die Hinrichtung bzw. Ermordung des ›abgeholten‹ Gefangenen erfolgt ist.[20] »Insgesamt sind wir in den letzten Jahren auf 15 Gestapo-Gefangene des Lagers Breitenau gestoßen, die von der Gestapo hingerichtet wurden.«[21] Anlässe für diese zur Abschreckung durchgeführten Morde waren entweder Beziehungen zu deutschen Frauen oder Gewalttätigkeit bzw. gewaltsamer Widerstand.

Bei den großen Bombenangriffen auf die Kasseler Innenstadt im Jahre 1943 wurde das Gebäude der Kasseler Staatspolizeistelle in der Wilhelmshöher Allee 32 zerstört. Daraufhin richtete sich ein Teil der Kasseler Gestapo auf Dauer in Breitenau ein. Zug um Zug wurden weitere Abteilungen nach Guxhagen überführt (so zuerst die Abteilung »Arbeitsvertragsbruch ausländischer Arbeiter«; später folgten »Arbeitsverweigerung«, »Rundfunk, Heimtücke, religiöse Sekten« u.a.). Die Büros wurden im gesamten ersten Stock der ehemaligen Zehntscheune errichtet und blieben dort bis zum Kriegsende. In diesen Räumen hatte sich bis zu diesem Zeitpunkt das Altersheim befunden.

Breitenau wurde kurz vor Kriegsende Ort eines Massenmordes.[22] Kurz bevor amerikanische Truppen den Ort Guxhagen erreichten, in der Nacht zum 30.

---

19 Archiv Gedenkstätte Breitenau: Notiz über ein Gespräch mit Marcin Blaszczak am 2. September 1981 in Asbach/Kreis Bad Hersfeld (Susanne Hohlmann, Pjotr Götz, D. Krause-Vilmar), 18. – Siehe auch: Susanne Hofmann: In Memoriam – Marcin Blaszczak. In: Rundbrief 10 des Vereins zur Förderung der Gedenkstätte und des Archivs Breitenau. Kassel 1991, 3-5.

20 Eva-Maria Krenkel, Dieter Nürnberger u.a.: Lebensskizzen kriegsgefangener und zwangsverpflichteter Ausländer im Raum Fritzlar-Ziegenhain 1940-1943 (=Nationalsozialismus in Nordhessen, Heft 6). Kassel 1985, 18-33.

21 Gunnar Richter: Recherchen zur Ermordung von sechs polnischen Gefangenen von Breitenau in Herzhausen bei Vöhl. In: Rundbrief des Fördervereins Breitenau Nr. 16. Kassel 1997, 47-57 (hier: 52).

22 Zu diesem Kriegsverbrechen hat Gunnar Richter systematisch die erreichbaren Quellen

März 1945, wurden von SS und Gestapo 28 Gefangene am Fuldaberg oberhalb Breitenaus ermordet und im Wald vergraben. Bei den Erschossenen, von denen nur zehn namentlich ermittelt werden konnten, handelte es sich um zwei Holländer, 16 sowjetische und 10 französische Gefangene. Die Gründe für die Massenexekution sind weitgehend ungeklärt. Die Franzosen sollen Angehörige einer Widerstandsgruppe gewesen sein. Bei den sowjetischen Opfern handelte es sich um Zwangsarbeiter, denen von Seiten der Gestapo ›Plünderungen‹ und ›Überfälle‹ vorgehalten worden waren. Über die niederländischen Gefangenen ist nichts bekannt. Die Untat gehört in die Reihe der Kriegsverbrechen der letzten Phase, bei denen niedrige Rachegefühle und Angst vor eigener Verfolgung den Ausschlag zu blindwütigem Rasen und Terror gaben.

---

erschlossen. Er hat – zugleich als Einführung in Methoden der zeitgeschichtlichen Spurensuche über die nat.soz. Zeit vor Ort – eine Ton-Dia-Reihe »Der Umgang mit der nationalsozialistischen Zeit – Eine lokale Studie über ein Verbrechen der Endphase des Zweiten Weltkriegs. Methoden des Recherchierens« erstellt, die wie die unter demselben Titel angefertigte schriftliche Ausarbeitung (Staatsexamensarbeit Gesamthochschule Kassel 1981) in der Gedenkstätte Breitenau zu sehen bzw. zu lesen ist. Zum neuesten Stand der Erforschung dieses Verbrechens s. Richter, Breitenau, 206-212.

Der Umgang mit dem KZ Breitenau nach 1945

Die Entdeckung der Akten des Lagers

Die Entdeckung der Akten des Lagers Breitenau geschah spät und zufällig. Im Jahr 1979 hatten wir Zeitzeugen zur Geschichte der Arbeiterbewegung in Kassel befragt. Einer von ihnen war Max Mayr, von Beruf Dreher bei Henschel. Er gehörte dem »Internationalen Sozialistischen Kampfbund« (ISK) an und hatte am Widerstand gegen die Diktatur teilgenommen.[1] Die Nazis verfolgten ihn und sperrten ihn in das KZ Buchenwald ein, wo er als ›Häftlingsschreiber‹ arbeiten mußte und überlebt hat. Als wir mit ihm im Oktober 1979 sprachen, erwähnte er mehr beiläufig – er wußte dies aus seiner Zeit im Regierungspräsidium Kassel, wo er nach dem Krieg von den Amerikanern für Wiedergutmachungsfragen eingesetzt worden war –, daß sich beim Landeswohlfahrtsverband Hessen in Breitenau/Guxhagen eine Liste befand, die sämtliche aufgenommenen politischen Häftlinge des KZ Breitenau enthielt.

Im Keller des Verwaltungsgebäudes befand sich nicht nur die erwähnte Liste der politischen Gefangenen des KZ Breitenau in den Jahren 1933 und 1934; wir stießen auch auf ungefähr 3000 Individualakten der Schutzhaftgefangenen Breitenaus aus den Jahren 1940 bis 1945 sowie auf zahlreiche Korrespondenzen aus der Nazizeit. Breitenau hatte also im Krieg zur Unterbringung von Schutzhaftgefangenen gedient – das war neu. Die Akten, die wir in Händen hielten, trugen selbst in ihrer bürokratisch niedergelegten Form Spuren der Leidensgeschichte der in Breitenau inhaftierten Menschen. Studierende und Mitarbeiter unserer Hochschule begründeten ein ›Projekt Breitenau‹ und bereiteten eine Ausstellung vor, die unter dem Titel »Erinnern an Breitenau 1933-1945« im Herbst 1982 in Kassel gezeigt wurde. Die Ausstellung zeigte ausgewählte Dokumente, Fotos und Zeugnisse aus diesen Akten. Die ersten Zeitzeugen, nach denen wir suchten, meldeten sich; einige von ihnen besuchten uns, andere überließen uns Zeugnisse ihrer Haftzeit. Im Dezember 1983 lud uns der Landeswohlfahrtsverband ein, die Ausstellung in seinen Räumen in Guxhagen zu zeigen. Im Sommer 1984 wurde die Gedenkstätte Breitenau eingerichtet.

Seit dieser Zeit begann auch die wissenschaftliche Erforschung der Geschichte des Lagers Breitenau. Es war uns Anfang der 80er Jahre wichtig, – und hierfür schienen die Breitenau-Akten und das zeitgleich mit den Kollegen Jörg Kammler und Wilhelm Frenz begonnene Projekt »Kassel im Nationalsozialismus« einen geeigneten Anlaß zu bieten, – sich noch einmal neu und von Grund auf mit dem Nationalsozialismus zu befassen, der unser Leben als Kinder in der Kriegszeit, vor

---

1   Zu seiner Person s. Volksgemeinschaft und Volksfeinde I, 360-363.

allem jedoch als Jugendliche in der postnazistischen Nachkriegszeit so entscheidend beeinflußt und beschäftigt hatte.

Stationen des Vergessens und des Verdrängens

Da sich in der Nachkriegszeit und auch später mit dem Namen Breitenau nicht nur das frühe staatliche Konzentrationslager der Jahre 1933/34, sondern auch das in der Kriegszeit an diesem Ort eingerichtete Arbeitserziehungslager Breitenau verbindet (von der Arbeitshaustradition und dem Mädchenfürsorgeheim ganz zu schweigen) hat man von einem *Komplex Breitenau* auszugehen. Man wird daher den späteren Umgang mit dem frühen KZ nicht immer streng von demjenigen mit dem Arbeitserziehungslager trennen können. Der Massenmord am Fuldaberg trug ebenfalls dazu bei, daß es um den Namen Breitenau nach 1945 nicht still wurde.

Und doch setzte das Verdrängen schon sehr früh ein. Vor allem der Begriff ›Konzentrationslager‹ wurde bereits unmittelbar nach Ende des Krieges im Jahr 1945 in einem Artikel in der »Hessischen Post« zurückgewiesen. Das Stereotyp zu Breitenau ›Kein KZ, sondern [nur] Arbeitshaus‹ wurde uns, als wir mit unserer Ausstellung und unseren Breitenau-Studien in den 80er Jahre begannen, oft entgegengehalten. Unter der Überschrift »Breitenau: Ein finsteres Kapitel« erschien ein Artikel in der »Hessischen Post«, der wie folgt begann:

> »Breitenau ist kein Konzentrationslager. Es ist eine *Arbeitsanstalt*, die dazu bestimmt war, sogenannte *arbeitsscheue Individuen* zu einem geordneten, arbeitsamen Leben anzuhalten. Der Berichterstatter der *Hessischen Post* hatte Gelegenheit, mit mehreren ehemaligen Insassen der Anstalt zu sprechen und zu sehen, mit welchen Methoden die Nazi-Justiz Menschen *bessern* wollte. [...]«.[2]

Es ist erstaunlich, daß diese rechtfertigende und die historische Wahrheit abwehrende Darstellung Breitenaus bereits im Mai 1945 ihren Ausgang genommen hat. Zu dieser Zeit lebten zahlreiche Zeitzeugen und Verwaltungsbeamte, die der Legendenbildung hätten entgegentreten können. Die »Betreuungsstelle für ehemalige KZ-Opfer« in Kassel hatte 1945 zahlreiche Ausweise ausgestellt, in denen die Haftzeiten im »KZ Breitenau« aufgeführt worden waren.[3] Die Behauptung, Breitenau sei (nur) ein Arbeitshaus gewesen, ist nicht nur falsch für die Zeit, in der diesem Arbeitshaus ein Konzentrationslager angegliedert wurde (1933/34), sondern auch für die Kriegszeit, in der dem Arbeitshaus Breitenau ein sogenanntes Arbeitserziehungslager der Gestapostelle Kassel angeschlossen wurde.

In diesem ersten uns bekannt gewordenen Zeitungsartikel vom 12. Mai 1945 wird über die Zustände in der Kriegszeit Breitenaus von »wüsten Beschimpfungen«, »Abzüge von dem kärglichen Essen« und von Schlägen einer »sadistischen

---

2   Hessische Post Nr. 3 vom 12. 5. 1945.
3   Im Bildteil ist ein solches Dokument wiedergegeben.

Oberschwester« mit einem »aus 25 Schlüsseln bestehenden schweren Schlüsselbund in den Nacken« berichtet. Männer seien »im Hof von den SS-Wachen
mit Riemen geschlagen worden und wir hörten ihre Schreie.«[4] Damit war ein
Teil der historischen Wirklichkeit des Arbeitserziehungslagers berührt.[5] Mit der
Erwähnung der SS war implizit mitgeteilt und eingestanden, daß Breitenau nicht
nur ein gewöhnliches Arbeitshaus gewesen sein konnte.

Nach dem Krieg lassen sich zwei Sichtweisen bei der Darstellung Breitenaus
im Nationalsozialismus unterscheiden:

Die erste bezieht – wenn auch begrifflich und historisch meistens nicht genau – die Kriegszeit des Lagers Breitenaus zwar ein, gliedert jedoch das Arbeitserziehungslager und das Sammellager Breitenau umstandslos in die Arbeitshaus-
tradition ein. Breitenau sei eben ein ganz normales Arbeitshaus gewesen, so wird
behauptet, und demzufolge seien die Insassen vielleicht nicht ganz unschuldig
gewesen – von Verfolgung und Terror könne jedenfalls nicht gesprochen werden.
Diese Auffassung ist historisch falsch. Sie läßt die Illusion aufkommen, als habe
man in Breitenau mit Gestapo, SS, Judenverfolgung, Mißachtung und Mißhandlung von Menschen im Hitler-Staat nichts zu tun gehabt. Sicher hat es zahlreiche
Überschneidungen und Gemeinsamkeiten zwischen Korrigendenanstalt und Arbeitserziehungslager Breitenau gegeben – doch blieb es nicht nur unter dem
Aspekt der Haftkategorie, sondern auch unter dem Gesichtspunkt letzter recht-
licher Sicherheiten ein großer Unterschied, ob man als *Korrigend* im System des
preußisch-autoritär-konservativen Normenstaates oder als *Schutzhäftling* des nat.-
soz. Ausnahmestaates in Breitenau Insasse war.

Die zweite Sichtweise macht es sich einfach: sie blendet die gesamte Nazizeit
(KZ und Arbeitserziehungslager) bei der Darstellung Breitenaus aus – so als ob es
weder Schutzhaft noch Gestapo, weder SA noch SS je in Breitenau gegeben habe.
Auch diese Ausblendung setzte erstaunlich früh ein. Anläßlich der Auflösung des
Arbeitshauses Breitenaus im Jahre 1949 – die Alliierten hatten die Aufhebung aller
Arbeitshäuser angeordnet – hielt ein Lehrer aus Grebenau vor der »Arbeitsgemeinschaft für Heimatkunde des Kreislehrervereins Melsungen« einen Vortrag
über die Geschichte Breitenaus, der im Jahre 1927 – beim letzten größeren
Umbau des Kirchenraums – endete.[6] Ähnlich zurückhaltend gegenüber der jüng-
sten Geschichte war auch der Text auf einer im Jahre 1950 auf dem Anstaltsgelän-
de angebrachten Tafel zur Geschichte Breitenaus, die inzwischen durch eine neue

---

4   Hessische Post Nr. 3 vom 12. 5. 1945.
5   Vgl. hierzu Richter, Breitenau, 165.
6   Hessische Nachrichten. Heimat-Echo Melsungen und Fritzlar-Homberg. Nr. 106 vom 5.5.1949.
     »Breitenau kein Arbeitshaus mehr. Lehrer Haarberg sprach über die Geschichte des Klosters.«
     Arbeitshaus und Fürsorgeheim Breitenau wurden im Vortrag thematisiert; es ging also nicht nur
     um Klostergeschichte.

Tafel seitens des LWV-Hessen, auf der die zeitgeschichtlichen Ereignisse in der Nazizeit bewußt aufgenommen sind, ersetzt worden ist.

Für beide Darstellungsweisen, deren verharmlosende und verleugnende Seiten offen zutage liegen, lassen sich seit den 50er Jahren zahlreiche Beispiele in der Presse, in den Gemeindechroniken, in Broschüren und öffentlichen Reden finden.

Während das Arbeitserziehungslager Breitenau bei einigen Autoren Erwähnung findet, wird das frühe Konzentrationslager Breitenau 1933/34 allgemein verschwiegen und übergangen. Es gibt keine Erwähnung oder Berichterstattung, keine Reportage oder biographische Nachricht aus dem frühen KZ Breitenau in der regionalen Kasseler Presse in den 50er, 60er und 70er Jahren. Überspitzt könnte man feststellen, wenn man von den Inhalten absehen kann: Die Berichterstattung über das KZ Breitenau im Jahre 1933 war um ein Vielfaches informativer und dichter als die gesamte Berichterstattung zwischen 1945 und 1979. So konnte im Jahre 1982 Dirk Schwarze als Kulturredakteur der »Hessischen Nachrichten« einen Artikel über das KZ Breitenau, der über die Ausstellung »Erinnern an Breitenau 1933-1945« berichtete, *Die vergessenen Jahre* überschreiben.[7]

Bemerkenswert ist, daß auch die oppositionelle Studenten- und Schülerbewegung Ende der 60er Jahre, die sich intensiv und kritisch der Heimerziehung im inzwischen so umbenannten »Jugendheim Fuldatal« angenommen hatte, allem Anschein nach den zeitgeschichtlichen Kontext Breitenaus übersehen hat. Die Diskussion der Methoden der Heimerziehung in Guxhagen schlugen damals hohe Wellen; die BILD-Zeitung schaltete sich mit einer sensationell aufgemachten Reportage ein. Und obgleich das Wort ›faschistoid‹ zu jener Zeit schnell in den Mund genommen wurde, – auch bei der Kritik der Guxhagener Heimerziehung hatte ein Schülerkomitee der Melsunger Geschwister-Scholl-Schule zur Diskussion über Erziehungsmethoden »mit faschistoidem Charakter in sogenannten geschlossenen Erziehungsheimen, wie zum Beispiel in Guxhagen«[8] eingeladen – hat keiner der Kritiker, auch nicht Ulrike Meinhof, die die Fürsorgeerziehung in Breitenau scharf angriff, die Bedeutung Breitenaus im Nationalsozialismus thematisiert; es ist daher anzunehmen, daß keiner von ihnen sie damals gekannt hat.

Allerdings gab es Ausnahmen: Willi Belz, ein damals achtzehnjähriger ehemaliger Schutzhaftgefangener des frühen KZ Breitenau, hat als einziger in jenen Jahren in einer Broschüre über den Widerstand in Kassel auf die Geschichte des KZ Breitenau nachdrücklich hingewiesen. In seinem zum ersten Male im Jahre 1960 erschienenen Buch »Die Standhaften« (hierunter verstand er vor allem die Kommunisten) werden die Entstehung des KZ und die Gestapo-Morde im März

---

7   Hessische Nachrichten vom 31.8.1982.
8   »Heimerziehung oder Lehrlingskollektiv«. In: Hessische Nachrichten. Nr. 291 »Heimatecho«, Provinzausgabe für die Kreise Melsungen und Fritzlar-Homberg vom 16.12.1969.

1945 dargestellt.[9] Der Autor hat zahlreiche Berichte ehemaliger Breitenau-Gefangener in seine Darstellung einbezogen. Es mindert den Wert seiner Arbeit nicht, daß seine Mitteilungen über Breitenau eine wissenschaftliche Darstellung nicht ersetzen können. Leider ist seine Darstellung Breitenaus von der Öffentlichkeit in Kassel und Umgebung nicht hinreichend zur Kenntnis genommen worden; wie anders wäre die – immer wieder zu beobachtende – erstaunte Reaktion zahlreicher Besucher der Gedenkstätte Breitenau, daß ein Konzentrationslager hier in ihrer unmittelbarer Nähe bestanden habe, zu erklären?

Die Verantwortlichen entziehen sich

Keiner der ehemaligen SA- und SS-›Hilfspolizisten‹, die in Breitenau die Wachmannschaften stellten, hat sich mit Informationen oder mit seiner Sichtweise zu einem Gespräch zur Verfügung gestellt. Es hat nach dem Krieg von dieser Seite keine Geste des Bedauerns oder gar der Entschuldigung den ehemaligen Gefangenen gegenüber gegeben. Vielleicht ist es zu unbefangen gedacht, eine solche Haltung zu erwarten – aber wie anders hätte der Frieden zwischen Verfolger und Verfolgten angebahnt werden können als durch das Eingestehen von Schuld oder Mitschuld, zumindest von Mitverantwortung und Teilnahme an Mißhandlungen seitens der ehemaligen Verfolger? Die Front blieb hier auf Seiten der Verfolger unverrückt und starr.

Ermittlungen oder Strafverfahren gegen Mitglieder der Wachmannschaften im KZ Breitenau sind unseres Wissens nie eingeleitet oder geführt worden, obgleich es den Berichten ehemaliger Gefangener nach hierfür durchaus Anlässe gegeben hätte.

Im Rahmen der sogenannten Entnazifizierungsverfahren durch die Spruchkammern ließen sich nur 13 Spruchkammerverfahren – es waren immerhin 52 SA- bzw. SS-Leute gewesen, die im KZ Breitenau als Wachleute tätig gewesen waren – nachweisen, von denen wiederum nur zwei überhaupt Hinweise auf eine Tätigkeit der Beschuldigten in Breitenau enthielten.[10]

Einer von diesen beiden (Adam L.) stellte seine Tätigkeit in Breitenau als Folge seiner Arbeitslosigkeit dar. Im Mai 1933 – so erklärte er in den »Erläuterungen zum Meldebogen« – seien »alle arbeitslosen SS-Männer, darunter auch ich« zum SS-Sondersturm Renthof eingezogen worden.[11] Diese Aussage ergäbe ein völlig anderes Bild von dem SS-Sondersturm Renthof als es die SS im Jahre 1933 verbreitet hatte. Das Auslese-Kriterium für diesen Sondersturm war wohl ein anderes als die Tatsache, ob ein SS-Mann arbeitslos war oder nicht. Adam L.s Tätigkeit im KZ Breitenau scheint von der Spruchkammer nicht weiter ein-

---

9   Belz, Die Standhaften, 30 f., 68f.
10 Schreiben des HHStA Wiesbaden (Dr. Eiler) an Vf. vom 7.4.1992 (IIImP/E).
11 HHStA Wiesbaden: Spruchkammerakten. Adam L.

bezogen worden zu sein; er wurde auf Grund anderer Beschuldigungen zunächst im Jahre 1948 von der Kammer Darmstadt in die Gruppe II der *Aktivisten*, dann in der Berufungsverhandlung bei der Kammer Kassel im Jahre 1949 in die Gruppe III der *Minderbelasteten* eingestuft.

Der zweite (Hermann A.), bei dem ein Bezug zu Breitenau im Verfahren erkennbar war, zumal er, wie die Kammer ausdrücklich feststellte, in Breitenau »die zeitweise Vertretung der Lagerleitung inne gehabt hat, zweifellos eine Tätigkeit, die ihn zusätzlich belastet«[12], legte fünf eidesstattliche Versicherungen ehemaliger Schutzhaftgefangener des KZ Breitenau vor, die ihn nicht nur entlasteten, sondern ihm darüberhinaus ein makelloses Verhalten als Mitglied der Wachmannschaft bescheinigten. Alle fünf hatten A., zum Teil mehrere Monate lang, im KZ Breitenau als Leiter des Wachkommandos kennengelernt. Er habe zur vorzeitigen Entlassung mehrerer Gefangener beigetragen, Besuchszeiten von Angehörigen der Gefangenen verlängert, er war »niemals ein eifriger Parteigänger und SS-Angehöriger«, habe sich »in jeder Hinsicht für das Wohlwollen und spätere Schicksal eines jeden Insassen des Lagers in hervorragender Weise eingesetzt« und sei als »ein sehr guter und hilfsbereiter Mensch« in Erinnerung geblieben.

Diese Zeugnisse sind kaum interpretierbar. Sie können sowohl im vollen Sinne zutreffend sein; sie können jedoch auch – aus welchen Gründen und Motiven immer – überzogen, verfälschend oder einfach wahrheitswidrig sein. Die Spruchkammer hat sich dazu verstanden, diese vom Beschuldigten selbst unaufgefordert vorgelegten Zeugnisse uneingeschränkt anzuerkennen; sie hat auf weitere Recherchen und Zeugnisse verzichtet – wie ja überhaupt diese Spruchkammerverfahren nur mit großen Einschränkungen als rechtsförmige Verfahren anzusehen sind. A. wurde vor allem auf Grund dieser Zeugnisse als *Mitläufer* eingestuft.

Bei den Äußerungen ehemaliger KZ-Gefangener über A. ist auch das von Bedeutung, was indirekt über die Wachmannschaft als ganze mitgeteilt wird. So sei dieser »*im Gegensatz zu den anderen Wachmännern* [...] freundlich gesinnt und hilfsbereit [gewesen], wenn man Nöte hatte«. Oder: »In seinem Wesen und Benehmen uns Häftlingen gegenüber stand er *im krassen Gegensatz zu den anderen SS Leuten.*«

Auch – ähnlich wie L.– verwies A. zu seiner eigenen Entlastung auf die Arbeitslosigkeit hin, die ihn zur NSDAP geführt habe. »Im September des gleichen Jahres [1932] bin ich dann in die Partei eingetreten, weil man mir versprochen hatte, Arbeit zu geben.«[13]

---

12 HHStA Wbdn: Spruchkammerakten. Hermann A.
13 Alle Zitate aus: HHStA Wbdn: Spruchkammerakten. Hermann A.

Zu den Folgen der Schutzhaft

In den Akten und Korrespondenzen sind die *persönlichen* Verletzungen und Beschädigungen nicht unmittelbar faßbar, die sich als Spuren in der Lebensgeschichte vieler ehemaliger Schutzhaftgefangener eingegraben haben. Gelegentlich jedoch scheinen sie in den Anträgen auf Wiedergutmachung auf.

Joseph Arend, der letzte SPD-Ortsvereinsvorsitzende bis 1933 in Bad Wildungen, sei durch die Haft in Breitenau (28.7. – 21.8.1933) »körperlich derart geschwächt [gewesen], daß dieser als *körperliches Wrack* heimgekehrt sei. Ein halbes Jahr nach der Entlassung aus Breitenau sei Joseph Arend erkrankt und an einer Lungenentzündung gestorben. Er [i.e. der Enkel von J.A.] führt den Tod darauf zurück, daß sein Großvater noch zu geschwächt von der Haft gewesen sei.«[14]

»Die Haft hat das Leben von Otto Beißwenger tiefgreifend beeinflußt. Aufgrund der erlittenen tiefgreifenden Schäden hat Otto Beißwenger nach dem Krieg Selbstmord begangen.«[15]

»Mein Mann [i.e. Konrad Belz] war KPD-Funktionär und wurde als solcher kurz nach der Machtübernahme durch die Nazis verhaftet und schwer mißhandelt. Er litt nach seiner Entlassung aus dem Gefängnis bzw. dem Konzentrationslager [i.e. Breitenau] an einer Gehirnembolie, hervorgerufen durch einen schweren Schlag auf die Nase. Diese und weitere Gesundheitsschädigungen gehen aus einem beigefügten Attest hervor. Er war seit dieser Zeit arbeitsunfähig. Eintreten von Schlaganfällen; der zweite war sehr schwer, mit teilweiser Lähmung, machten infolge eigener unzulänglicher Mittel Einlieferung in Anstalt notwendig; in Haina ist mein Mann 1936 plötzlich verstorben, nach 1/2jähriger Dauer. [...]«[16]

»Konrad Reis, ein Gewerkschaftssekretär (Bezirksleiter des Zentralverbandes der Steinarbeiter) war kurze Zeit in der Schutzhaftstelle am Karlshospital, dann vier Tage im Polizeigefängnis am Königstor und vom 30.6. – 8.8.1933 im KZ Breitenau. Er machte nach dieser Zeit Gesundheitsschäden (›Nervensystem‹) geltend und hielt sich im Oktober-November 1934 in einem Sanatorium bei Göttingen auf.«[17]

»Die Folgen spürt man bis heute. So etwas *verspricht sich* im Dorf. So hat erst jüngst ein Lehrer in Wolfhagen zu seinem [Fritz Looses] Enkel gesagt, als er *Nieder-Elsungen* [vor 1933 gab es hier starke kommunistische Wahlerfolge] hörte: *Die können wir vergessen*. Aber er selbst leide auch darunter, daß er als *Krimineller* einsaß, wo er aus einer ehrlichen und anständigen Familie kommt und diese Werte selbst hoch schätze.«[18]

---

14 Schriftliche Mitteilung von Herrn Johannes Grötecke, Bad Wildungen, an Vf. (1992): Aussage des Enkels im Gespräch mit Johannes Grötecke.

15 Notiz über ein Gespräch mit Frau Martha Beißwenger [1981]. O.B. war vom 16.7.1933 – 18.10.1933 in Schutzhaft in Breitenau und vom 21.11.1933 bis 19.1.1935 in der Strafanstalt Hameln, vom 1.12.1942 bis zum 9.5.1943 im Strafbataillon 999.

16 [Hessisches Justizministerium] Regierungspräsidium Kassel/Darmstadt: Akten zur Entschädigung und Wiedergutmachung Witwe Martha Belz. Wiedergutmachungsantrag vom 17. August 1947 (im folgenden zitiert: RP Kassel: Entschädigungsakten).

17 StA Kassel: Betreuungsstelle. Reis, Konrad. Diese gesundheitlichen Schäden stammten z.T. aus seiner Haftzeit in Breitenau.

18 Notiz über ein Gespräch mit Friedrich Loose am 1. März 1984 in Nieder-Elsungen.

Willi Belz (l.) und Christian Wicke (r.), beide im KZ Breitenau 1933/34 eingesperrt, demonstrierten unter Hinweis darauf am 31. März 1984 gegen ein Treffen ehemaliger SS-Angehöriger in Oberaula/ Kr. Hersfeld-Rotenburg.

Besonders hart waren die psychischen und physischen Spätfolgen und Nachwirkungen für diejenigen Schutzhaftgefangenen, für die sich mit der Einlieferung nach Breitenau das Tor zur Freiheit für Jahre schloß. Breitenau war für zahlreiche Schutzhaftgefangene die erste Haftstätte, der Börgermoor, Sachsenhausen, Buchenwald, das Zuchthaus in Wehlheiden folgen konnten. So hat zum Beispiel August Fuhrmann von den 12 Jahren NS-Staat 121 Monate in Konzentrationslagern oder in Zuchthäusern verbracht; nur in der Zeit vom 16. März 1934 bis zum 25. Januar 1936 befand er sich nicht in Haft. Er starb früh – wie viele seiner Freunde, die schwer verfolgt worden waren – bereits im Jahre 1947. Und warum dieses alles? Weil er der Bezirksleitung der sogenannten RGO, der *Revolutionären Gewerkschaftsopposition* angehört hat, mit anderen Worten: weil er einer kommunistischen Gewerkschaftsgruppe angehörte. Man hatte von Seiten der Gerichte mit Mühe ein *Gespräch* Fuhrmanns nachweisen können, in dem es um den Wiederaufbau kommunistischer Gewerkschaftsarbeit gegangen sein soll.[19]

---

19 StA Kassel: Betreuungsstelle. Fuhrmann, August.

Von nicht geringer Bedeutung waren jedoch nicht nur die Einschränkungen der persönlichen Freiheit, die Unterdrückung, der Drill, die seelischen Grausamkeiten und die körperlichen Verletzungen, denen die Gefangenen ausgesetzt waren, sondern auch die *Schäden im beruflichen und wirtschaftlichen Fortkommen sowie die Verluste an Eigentum und Vermögen*. Nicht zuletzt haben zahlreiche Schutzhaftgefangene Breitenaus für ihre spätere Rente unerläßliche Versicherungszeiten verloren, die keineswegs in allen Fällen nach 1945 wieder durch eine Nachversicherung kompensiert werden konnten.

Auf diese materiellen Folgen der Schutzhaft macht z.B. die Erklärung von Hans Müller aus Witzenhausen aus dem Jahr 1950 aufmerksam, die stellvertretend für zahlreiche andere (besonders einschneidend etwa: L. Pappenheim, F. Precht, W. Pfannkuch) hier stehen soll. Sie verdeutlicht die Schäden an Eigentum und Vermögen sowie die berufliche Abwertung, die oft unmittelbar in die Arbeitslosigkeit führte. Hans Müllers Antrag auf Wiedergutmachung wurde teils mit juristischen, teils mit hanebüchenen ›Argumenten‹ abgelehnt. Er erhielt keinen Pfennig Entschädigung.

»Ich war seit 1926 selbständiger Unternehmer eines Fuhrgeschäftes in Witzenhausen. An Inventar besaß ich: 1 Zugmaschine, 1 Pflug, 1 Schälpflug, 1 Scheibenegge, 2 Anhängerkastenwagen, 2 Holzwagen zum Abfahren von Holz, 1 Langholzanhänger. Mit diesen Geräten hatte ich im Kreis Witzenhausen für landwirtschaftliche Güter geackert, für Holzfirmen Holz gefahren und Lohnfuhren jeglicher Art ausgeführt. Ich hatte 1933 jährlich durchschnittlich einen Reinverdienst von 3500 RM. Während meiner Inhaftierung war meine Frau gezwungen, den größten Teil des Betriebsinventars zu verkaufen. Dies geschah einmal, um die Existenz der Familie zu sichern, zum andern, um diese Betriebsmittel vor der Beschlagnahme durch das System sicherzustellen. Ich hatte zu der Zeit vier unmündige Kinder und meine Frau und meine Mutter zu unterhalten. Nach meiner Entlassung aus der politischen Haft Ende November 1933 konnte ich mein Gewerbe nicht mehr ausüben, zumal ich auch offensichtlich nach der bekanntgewordenen Inhaftierung boykottiert wurde. [...] Ich mußte vielmehr meinen Lebensunterhalt als Lohnarbeiter mit weit geringerem Verdienst bestreiten. Ich konnte nicht einmal als Schlosser tätig werden, da mir auch dort meine sogenannte politische Unzuverlässigkeit zum Nachteil erwuchs. So konnte ich z.B. beim Fieseler-Flugzeugbau[20] in Kassel und bei Henschel, bei denen ich mich beworben hatte, keinen Arbeitsplatz erhalten. Ich war daher gezwungen, nur als Hilfsarbeiter bei der Autobahn und bei der Stadtverwaltung Witzenhausen zu arbeiten.«[21]

---

20 Die Fieseler-Werke hatten sich 1937/38 am »Leistungskampf der deutschen Betriebe« beteiligt und waren für die höchste Auszeichnung »Nationalsozialistischer Musterbetrieb« nominiert worden. Vgl. Wilhelm Frenz: NS-Wirtschaftspolitik und die soziale Lage der arbeitenden Bevölkerung (1933-1939). In: Volksgemeinschaft und Volksfeinde. Band 2, 255 – 290, hier: 286.

21 RP Kassel: Entschädigungsakten. Akten der Entschädigungsstelle des RegBez. Kassel. Witzenhausen/Müller.

Wilhelm Schreiber erklärte 1950 in seinem Antrag auf Wiedergutmachung:

»Aufgrund meiner Verhaftung am 24.6.1933 und dem damit verbundenen Haftauf-
enthalt in Breitenau wurde mir vom Arbeitsamt jegliche Arbeitsvermittlung bis
zum 8.9.1937 verweigert (Zeuge: Heinrich Schmidt, Arbeitsamt Kassel).«[22]

Schließlich ist den ehemaligen Schutzhaftgefangenen in der Bundesrepublik
Deutschland nach 1945 weder eine ausdrückliche Anerkennung noch eine besondere Ehrung zuteil geworden; so daß sie nicht den Eindruck gewinnen konnten,
daß der demokratische Rechtsstaat ihre Leidenszeit und ihren Widerstand ernst
genommen hat. Erst vierzig Jahre nach Kriegsende – nach der Rede des Bundes-
präsidenten zum 8. Mai 1985 – begann sich dies allmählich zu ändern; so ist zum
Beispiel Willi Belz, einer der Schutzhaftgefangenen Breitenaus, im Jahre 1989 mit
der Stadtmedaille der Stadt Kassel geehrt worden. In Frankfurt am Main und in
anderen Städten geschah später Ähnliches.

Was für Andreas Ruhl im Jahre 1933 in Breitenau begann, endete nach dem
Krieg mit Notbeihilfen zur Beschaffung von Kleidungsstücken, Lebensmitteln,
Fensterglas, Möbeln, einer Wohnung, mit der Auszahlung von »Sonderbeiträ-
gen«, um »die ihm möglichen Einkäufe zu begleichen«, mit Beihilfen aus
Sammlungen, mit »Beihilfen zur Abwehr eines Notstandes«, mit Aufenthalten in
sogenannten »KZ-Sanatorien« (gemeint waren Heilstätten für ehemalige KZ-Ge-
fangene) und mit unzähligen Behördengängen und Anträgen. Im September 1945
gab Ruhl an den Personaldezernenten der Stadt eine Erklärung ab, in der es hieß:
»Den entlassenen politischen Häftlingen ist es unverständlich, daß sie zu einem
großen Teil noch ohne Stellung und schwer belastete Nationalsozialisten noch
immer in Amt und Würden sind.«[23] Ruhls Ehefrau war 1945 nervenkrank; die
Tochter, die zwischen ihrem 10. und 19. Lebensjahr den Vater nicht gesehen
hatte, mußte nun damit fertig werden, daß der Vater ›Sträfling‹ – denn anders
nahmen es nach dem Krieg nur wenige wahr – gewesen war.

Die tatsächliche materielle ›Wiedergutmachung‹ bzw. Entschädigung hielt
sich in sehr engen Grenzen. Das KZ Breitenau wurde überhaupt erst – gemeinsam mit anderen Haftstätten – in einem Bundesgesetz aus dem Jahre 1977 (!) als
KZ-Haftstätte anerkannt[24]; bis dahin waren äußerstenfalls »übergesetzliche [meist

---

22 StA Kassel: Betreuungsstelle. Schreiber, Wilhelm.
23 StA Kassel: Betreuungsstelle Kassel: Ruhl, Andreas.
24 Zum ersten Mal taucht das KZ Breitenau im Rahmen des Entschädigungsgesetzes 1970 auf,
    allerdings in vager Form »Breitenau/Hessen, ab 1.2.1933« (Bundesgesetzblatt I Nr. 5 vom
    16.1.1970. Verordnung zur Änderung und Ergänzung der Sechsten Verordnung zur
    Durchführung des BEG. Vom 10.1.1970, 69 (Lfd. Nr. 165). – Vgl. auch: Detlef Garbe (Hg.): Die
    vergessenen KZs? Gedenkstätten für die Opfer des NS-Terrors in der Bundesrepublik (=Lamuv
    Verlag, 26) Bornheim-Merten 1983, 7 ff. Dort ist die Liste der in der »Zweiten Verordnung zur
    Änderung der Sechsten Verordnung zur Durchführung des Bundesentschädigungsgesetzes« vom
    20. September 1977 (Bundesgesetzblatt, Teil I, Nr. 64 vom 24. September 1977, 1786-1852)
    anerkannten Konzentrationslager abgedruckt [auf 9 steht: *Breitenau/Hessen (früher Provinz*

einmalige] Leistungen aus dem Härtefonds« möglich. Die Hoffnung mancher Antragsteller auf *Wiedergutmachung* in einem elementaren Sinne, wie dies zum Beispiel Fritz Hildebrandt aus Niederzwehren im Januar 1946 in seinen Antrag auf Wiedergutmachung schrieb, erfüllte sich nicht. Die Frage Nr. 14 im Antragsformular lautete: »Auf welches Ziel ist Ihr Antrag auf Wiedergutmachung gerichtet?«, und die Erwartung der Behörden ging vielleicht dabei eher in gegenständliche oder materielle Richtung. Fritz Hildebrandt schrieb:

»Meiner Familie wieder einen Erwerb zu sichern und das ungeschriebene Recht auf Wiedergutmachung zu fordern von jenen, die uns fortgesetzt gepeinigt haben.«[25]

Hessen-Nassau), 1.4.1933 bis 17.3.1934] – 1979 tauchte es dann auch im offiziellen Haftstättenverzeichnis des Internationalen Suchdienstes Arolsen auf: Verzeichnis der Haftstätten unter dem Reichsführer – SS (1933-1945). Konzentrationslager und deren Außenkommandos, sowie andere Haftstätten unter dem Reichsführer-SS in Deutschland und deutsch besetzten Gebieten. Herausgegeben vom ISD Arolsen 1979 (Verzeichnis nach Kategorien: Konzentrationslager der Vorkriegszeit, 2).
25 StA Kassel: Betreuungsstelle. Hildebrandt, Fritz.

Anhang:
Die Schutzhaftgefangenen des Konzentrationslagers Breitenau 1933/1934

Im folgenden werden die Schutzhaftgefangenen des Konzentrationslagers Breitenau in alphabetischer Reihenfolge mit den Geburtsdaten und Haftzeiten in Breitenau aufgeführt.[1]

Die in Anführungszeichen gesetzten Aussagen entstammen den Akten. Bei den von den nationalsozialistischen Verfolgungsbehörden vorgenommenen politischen Zuordnungen (z.B. »kommunistische Betätigung«) und den von ihnen erhobenen Beschuldigungen (z.B. »Waffenbesitz«) ist zu berücksichtigen, daß sie unzutreffend, teilweise zutreffend oder zutreffend sein können. Die mitgeteilten Informationen sind nicht vollständig, da die Quellen unterschiedlich dicht sind. Daß die Daten der politischen Verfolgung (besonders der Gerichtsurteile und Haftzeiten nach der Haft im KZ Breitenau) relativ umfassend hier wiedergegeben werden können, verdanken wir in erster Linie den Forschungen des Hessischen Hauptstaatsarchivs Wiesbaden.

Die Mitteilungen über die politische Verfolgung lassen sich auch ›gegen den Strich‹ lesen: Vielfach bezeugen sie Distanz zum aufziehenden Nationalsozialismus, Resistenz, rechtsstaatliches Denken und politischen Widerstand. Hinter dem gerichtlichen Bannfluch »Vorbereitung zum Hochverrat« (hierfür reichte z.B. das Verbreiten einer kommunistischen Zeitung, der Verkauf von KPD-Mitgliedsmarken u.ä. aus) stand in der Regel nichts anderes als die staatlich-politische Verfolgung der Haltung einzelner, die eigene Gesinnung auch unter terroristischer Bedrohung nicht preiszugeben. Der Hochverratsvorwurf war »eine Art Generalklausel für die Kriminalisierung jedweder politischer (oppositioneller) Tätigkeit«[2] geworden.

---

1   Die hier nicht im einzelnen aufgeführten Quellennachweise in: Schutzhaftgefangene des Konzentrationslagers Breitenau 1933/1934. Eine quellenorientierte Dokumentation. 4 Bände. Kassel 1997. Diese Dokumentation stützt sich auf eine umfassende Aktenauswertung des Hessischen Hauptstaatsarchivs Wiesbaden (Dokumentation des Forschungsprojekts zu »Widerstand und Verfolgung in Hessen«) und auf eigene Aktenstudien, Gespräche mit Zeitzeugen und Recherchen. – Nähere Informationen zu einzelnen Personen (Dokumente, Briefe, Gesprächsaufzeichnungen, Fotos, Dossiers u.a.) – für alle ehemaligen Gefangenen liegen solche leider nicht vor – in der Sammlung: Zu den Schutzhaftgefangenen Breitenaus 1933/1934 (14 Archivkartons). – Die ›Dokumentation‹ und die ›Sammlung‹ sind in der Gedenkstätte Breitenau in Guxhagen/Schwalm-Eder-Kreis einsehbar.
2   Wolfgang Form und Rolf Engelke: »Hochverrat« – »Heimtücke« – »Wehrkraftzersetzung«. Zur politischen Strafjustiz in Hessen. In: Renate Knigge-Tesche und Axel Ulrich (Hg.): Verfolgung und Widerstand in Hessen. Frankfurt a.M. 1996, 26-43 (hier 28-30).

Christian Abel aus Gudensberg, geb. in Gudensberg/Fritzlar-Homberg, Arbeiter, aus politischen Gründen (»weil er sich als kommunistischer Funktionär beteiligt« habe) im KZ Breitenau vom 1.4.1933 bis 16.4.1933 inhaftiert.

Theo Abel aus Marburg, geb. am 26.4.1899 in Marburg/L., Gärtner, aus politischen Gründen (»wegen Verdachts der politischen Betätigung für die KPD«) im KZ Breitenau vom 5.8.1933 bis 15.9.1933 inhaftiert.

Alfred Abramowicz aus Berlin, geb. am 2.7.1905 in Charkow/Ukraine, Kaufmann, aus antisemitischen Motiven (»weil er sich in aller Öffentlichkeit in Waldeck mit einer nichtjüdischen Frau abgegeben« habe) im KZ Breitenau vom 11.8. bis 15.9.1933 inhaftiert.

Alfred Adam aus Saarbrücken, geb. am 11.12.1911 in Saarbrücken, Maler, im KZ Breitenau vom 14.11.1933 bis 9.12.1933 inhaftiert (Grund bzw. Anlaß der Inhaftierung unbekannt).

Johannes Albrecht aus Hanau, geb. am 5.5.1899 in Fulda, Kellner; aus politischen Gründen (er »betätigte sich führend im Erwerbslosenausschuß und wurde kommunistischer Umtriebe beschuldigt«) im KZ Breitenau vom 23.9.1933 bis 16.10.1933 inhaftiert.

Georg Alter aus Kassel, geb. am 8.5.1906 in Kassel, Arbeiter, aus politischen Gründen (Tätigkeit für die verbotene KPD) im KZ Breitenau vom 8.8.1933 bis 19.10.1933 inhaftiert; Verurteilung durch OLG Kassel wegen »Vorbereitung zum Hochverrat« (10.11.1933) zu zwei Jahren Zuchthaus, weil er im Juni 1933 »Beitragssammlungen für die verbotene KPD« durchgeführt habe; Strafanstalt Kassel-Wehlheiden und Straflager Börgermoor (bis 21.7.1935). Er lebte nach 1945 in Sielen [Trendelburg].

Hugo Andre aus Eberschütz/Hofgeismar, geb. am 5.4.1897 in Jecha/Sondershausen, Maurer, aus politischen Gründen (wegen angeblicher »Anhängerschaft zur verbotenen KPD«) im KZ Breitenau vom 10.11.1933 bis 22.12.1933 inhaftiert.

Joseph Arend aus Bad Wildungen, geb. am 22.6.1885 in Kassel, Bautechniker bzw. Architekt, SPD, Mitglied des Waldeckischen Landtags (1925-1929), Stadtverordneter Bad Wildungen (1926-1929), Magistratsmitglied (1929-1933), 1933 aus seinem Amt als Leiter der Nebenstelle des Arbeitsamtes Bad Wildungen entlassen, Schutzhaft und aus politischen Gründen (»wegen abfällige[r] Bemerkungen über die nationalsozialistische Bewegung«) im KZ Breitenau vom 28.7.1933 bis 21.8.1933 inhaftiert. Er starb am 6.3.1938 in Kassel.

Oswald Armbruster aus Flieden/Fulda, geb. am 9.10.1902 in Singen, Arbeiter, aus politischen Gründen (wegen »kommunistischer Propaganda«) im KZ Breitenau vom 29.6. bis 27.9.1933 inhaftiert.

Emil Arnold aus Hofgeismar, geb. am 24.4.1912 in Hofgeismar, Melker, aus politischen Gründen (er habe »Mitglieder der Hitler-Jugend bedroht und kommunistische Redensarten geführt«) im KZ Breitenau vom 16.9.1933 bis 17.11.1933 inhaftiert.

Konrad Aschenbrenner aus Kassel, geb. am 29.9.1899 in Dörnhagen/Kassel, Fahrer, im KZ Breitenau aus politischen Gründen (Anhänger der KPD; »infolge antifaschistischer Einstellung« [eigene Angabe]) vom 15.9.1933 bis 30.9.1933 inhaftiert.

Karl Bachus aus Fulda, geb. am 16.12.1910 in Großentaft/Hünfeld, Schlosser, aus politischen Gründen (als »Kommunist« in Schutzhaft genommen) im KZ Breitenau vom 30.11.1933 bis 16.3.1934 inhaftiert; Verfahren wegen »Vorbereitung zum Hochverrat« war in Vorbereitung.

Ernst Bader aus Schmalkalden, geb. am 21.10.1898 in Schmalkalden, Polierer, im KZ Breitenau vom 9.9.1933 bis 21.10.1933 inhaftiert (Grund bzw. Anlaß der Inhaftierung unbekannt).

Hermann Bauer aus Gudensberg/ Fritzlar-Homberg, geb. am 28.9.1873 in Gudensberg/Fritzlar-Homberg, Kaufmann, aus politischen Gründen (als »SPD-Führer«) im KZ Breitenau vom 7.4.1933 bis 16.4.1933 inhaftiert.

Wilhelm Bauer aus Niederzwehren/Kassel, geb. am 30.10.1904 Stuttgart, Elektromonteur, aus politischen Gründen (als »KPD-Funktionär«, Kampfbund gegen den Faschismus) seit 28.2.1933 in Schutzhaft und im KZ Breitenau vom 16.6.1933 bis 8.8.1933 inhaftiert.

Albert B., aus Niederkaufungen/Kassel, geb. am 17.12.1914 in Niederkaufungen/Kassel, Klempner, aus politischen Gründen (Tätigkeit für den verbotenen KJVD) im KZ Breitenau vom 24.10.1933 bis 6.2.1934 inhaftiert; Verurteilung durch OLG Kassel (23.3.1934) wegen »Vorbereitung zum Hochverrat« zu einem Jahr Gefängnis; Strafanstalt Halle (bis 28.12.1934).

Fritz Bechmann aus Kassel, geb. am 21.4.1895 in Kassel, Bürovorsteher, SPD, er zählte zu den »Freunden Philipp Scheidemanns«, Vorstand »Die Naturfreunde« (Ortsgruppe Kassel), aus politischen Gründen im KZ Breitenau vom 1.8.1933 bis 9.9.1933 inhaftiert. Er lebte nach 1945 in Kassel; Mitglied der Stadtverordnetenversammlung Kassel (1946-1948). Er starb am 22.11.1961 in Kassel.

Paul Becke aus Großauheim/Hanau, geb. am 12.8.1895 in Schönwalde, Dreher, aus politischen Gründen (angeblich Anhänger der KPD) im KZ Breitenau vom 23.9.1933 bis 24.10.1933 inhaftiert; anschließend KZ Esterwegen (bis 24.12.1933).

Albert Becker aus Kassel, geb. am 10.2.1903 in Kassel, Monteur, aus politischen Gründen (angeblich Mitglied der Bezirksleitung der KPD) im KZ Breitenau vom 16.6.1933 bis 25.8.1933 inhaftiert.

Fritz Becker aus Großauheim, geb. am 8.4.1897 in Witten, Arbeiter, aus politischen Gründen (wegen »Verächtlichmachung nationalsozialistischer Symbole«; er hatte bei einer NSDAP-Kundgebung vor den mitgeführten Fahnen ausgespuckt) im KZ Breitenau vom 16.9.1933 bis 10.10.1933 inhaftiert. Er lebte nach 1945 in Großauheim.

Johannes Becker aus Langenselbold/Hanau, geb. am 8.7.1903 in Bellnhausen/b. Gladenbach, Melker, aus politischen Gründen (Kampfbund gegen den Faschismus, KPD) im KZ Breitenau vom 23.9.1933 bis 24.10.1933 inhaftiert; anschließend KZ Esterwegen (bis 23.12.1933). Er starb am 20.10.1950 in Marburg/L.

Heinrich Beinhauer aus Kassel, geb. am 28.7.1886 in Elfershausen/Melsungen, Schlosser, im KZ Breitenau vom 29.6.1933 bis 6.7.1933 inhaftiert (Grund bzw. Anlaß der Inhaftierung unbekannt).

Otto Beisswenger aus Kassel, geb. am 7.8.1909 in Kassel, Fliesenleger, aus politischen Gründen (politischer Leiter der KPD in Kassel) seit Juni 1933 in Schutzhaft und im KZ Breitenau vom 8.8.1933 bis 18.10.1933 inhaftiert; Verurteilung durch OLG Kassel (10.11.1933) wegen »Vorbereitung zum Hochverrat« (angeblich bei ihm »staatsfeindliche, kommunistische Flugschriften gefunden«) zu eineinhalb Jahren Gefängnis; Strafanstalt Hameln (bis Januar 1935), Strafbataillon 999 (1.12.1942 bis 9.5.1943), Kriegsgefangenschaft.

Konrad Belz aus Kassel, geb. am 30.12.1887 in Altenbrunslar/Melsungen, Arbeiter, aus politischen Gründen (als »KPD-Funktionär« verhaftet, Landtagskandidat der KPD [April 1932]) im März 1933 in Schutzhaft genommen und im KZ Breitenau vom 5.7.1933 bis 19.7.1933 inhaftiert; seit seiner Verhaftung im März 1933 schwerste Mißhandlungen, an deren Folgen er am 7.4.1936 starb.

Willi Belz aus Kassel, geb. am 7.3.1915 in Kassel, Sohn von Konrad Belz, Technischer Zeichner, aus politischen Gründen (führend im KJVD Hessen-Waldeck tätig) im KZ Breitenau vom 8.12.1933 bis 6.2.1934 inhaftiert; Verurteilung durch OLG Kassel (23.3.1934) wegen »Vorbereitung zum Hochverrat« zu zwei Jahren Gefängnis; Strafgefängnis Halle/Saale (bis Oktober 1935), anschließend KZ Lichtenburg (bis Oktober 1936); Verfasser eines Buches über den antifaschistischen Widerstand in Kassel (»Die Standhaften«, 1960) u.a. Veröff.; Stadtmedaille der Stadt Kassel (1989). Er lebt in Kassel.

Karl Bender aus Hanau, geb. am 30.9.1903 in Hanau, Arbeiter, aus politischen Gründen (»war an Überfällen auf SA-Leute beteiligt und amnestiert worden«) im KZ Breitenau vom 30.9.1933 bis 8.11.1933 inhaftiert; anschließend KZ Sonnenburg (bis März 1934).

Friedrich Bente aus Holzhausen/Hofgeismar, geb. am 14.10.1885 in Holzhausen, [Dreher bei Henschel] Kassenrechner [Raiffeisenverband], SPD, Mitglied des Kreistags Hofgeismar, seit Ende März 1933 in Schutzhaft, aus politischen Gründen (»Strafaktion« der NSDAP Hofgeismar gegen Sozialdemokraten) im KZ Breitenau vom 11.8.1933 bis 14.9.193 inhaftiert. Er starb 1945.

Heinrich Berberich aus Hanau, geb. am 17.4.1909 in Hanau, Schriftsetzer, aus politischen Gründen (»wegen Verdachts kommunistischer Betätigung«) im KZ Breitenau vom 16.9.1933 bis 24.10.1933 inhaftiert, anschließend KZ Esterwegen (bis März 1934); Ermitlungen der Staatsanwaltschaft Hanau wegen »Vorbereitung zum Hochverrat« (März 1938). Er lebte im Jahr 1952 in Hanau.

Heinrich Berndt aus Harleshausen/Kassel, geb. am 4.1.1912 in Harleshausen, Autoschlosser, aus politischen Gründen (KPD) im KZ Breitenau vom 5.8.1933 bis 28.9.1933 inhaftiert.

Rudolf Besser aus Kassel, geb. am 2.7.1906 in Kassel, Schlosser, im KZ Breitenau vom 1.9.1933 bis 16.1.1934 inhaftiert (Grund bzw. Anlaß der Inhaftierung unbekannt).

Johann Bettinghausen aus Wenigenhasungen/Wolfhagen, geb. am 23.1.1888 in Wenigenhasungen/Wolfhagen, Schreiner, aus politischen Gründen (wegen des »Verdacht[s], daß er zersetzend im kommunistischen Sinne wirken würde«) im KZ Breitenau vom 10.10.1933 bis 1.11.1933 und vom 17.11.1933 bis 20.11.1933 inhaftiert; anschließend KZ Esterwegen, KZ Lichtenburg (bis September 1934); Verurteilung durch OLG Kassel (23.6.1936) wegen »Vorbereitung zum Hochverrat« und wegen Bettelns zu zwei Jahren Gefängnis; anschließend Arbeitshaus Breitenau (6.5.1938 bis 4.4.1939), erneute Verurteilung durch OLG Kassel wegen »Vorbereitung zum Hochverrat« (1941) zu vier Jahren Zuchthaus; Strafanstalt Kassel-Wehlheiden bis 5. April 1945; Flucht von einem Transport. Er lebte nach 1945 in Frielendorf. Er starb am 22.8.1961 in Büdingen i.H.

Heinrich Bitsch aus Niederrodenbach/Hanau, geb. am 21.3.1899 in Langenselbold/Hanau, Spengler, Mitglied der Niederrodenbacher Gemeindevertretung (KPD) bis 1933, aus politischen Gründen (Tätigkeit für die verbotene KPD) im KZ Breitenau vom 30.9.1933 bis 23.12.1933 inhaftiert.

Wilhelm Bläsing aus Waldau/Kassel, geb. am 29.9.1891 in Waldau/Kassel, Maschinenschlosser, aus politischen Gründen (KPD) seit März 1933 in Schutzhaft und im KZ Breitenau vom 16.6.1933 bis 12.10.1933 inhaftiert; mehrere langjährige Gefängnis- und Zuchthausstrafen wegen »Körperverletzung mit Todesfolge« bzw. »Vergehens gegen das Sprengstoffgesetz«, mehrere Inhaftierungen (Schutzhaft) wegen politischer Äußerungen (1934-1944).

Karl Blum aus Hanau, geb. am 5.5.1910 in Klein-Steinheim/Hanau, Gürtler, aus politischen Gründen (bei einer »Aktion gegen die KPD in Hanau« in

Schutzhaft genommen) im KZ Breitenau vom 23.12.1933 bis 3.1.1934 und vom 9.1.1934 bis 11.1.1934 inhaftiert.

Bernhard Boczkowski aus Kassel, geb. am 12.7.1911 in Kassel, Bruder von Georg Boczkowski, Angestellter, aus politischen Gründen (»als Geisel« [ein Bruder von ihm, den die Polizei nicht fand, war Kommunist]) und antisemitischen Motiven (er wurde bei der Landesversicherungsanstalt am 2.5.1933 als »Halbjude« entlassen) im KZ Breitenau vom 24.10.1933 bis 21.11.1933; als »Mischling 1. Grades« im Zwangsarbeiterlager Bähr in Kassel-Bettenhausen (15.10.1944 bis 3.4. 1945).

Georg Boczkowski aus Kassel, geb. am 18.10.1900 in Kassel, Bruder von Bernhard Boczkowski, Korkschneider, aus politischen Gründen (»als Geisel« [ein Bruder von ihm, den die Polizei nicht fand, war Kommunist]) im KZ Breitenau vom 24.10.1933 bis 21.11.1933; als »Mischling 1. Grades« im Zwangsarbeiterlager Bähr in Kassel-Bettenhausen (Oktober 1944-April 1945).

Christoph Börner aus Obervellmar/Kassel, geb. am 4.12.1896 in Obervellmar/Kassel, Schweißer, aus politischen Gründen (er wurde beschuldigt, durch Geldsammlungen für Schutzhaftgefangene im KZ Breitenau die KPD unterstützt zu haben) seit 16.10.1933 in Schutzhaft und im KZ Breitenau vom 19.10.1933 bis 20.10.1933 und vom 2.3.1934 bis 16.3.1934 inhaftiert; trotz Freispruchs durch das OLG Kassel »mangels Beweises« (17.2.1934) in Schutzhaft bis März 1934. Er lebte nach 1945 in Mönchehof. Er starb am 27.5.1968 in Kassel.

Georg Bolte aus Ochshausen/Kassel, geb. am 24.2.1903 in Ehrsten/Wolfhagen, Invalide, aus antisemitischen Motiven (wegen Einkaufens bei einem jüdischen Händler) im KZ Breitenau vom 22.06.1933 bis 14.7.1933 inhaftiert.

Fritz Borges aus Kassel, geb. am 11.11.1907 in Kassel, Laborant, 22.2.1934 bis 16.3.1934, aus politischen Gründen (»durch Äußerungen [Rot-Front-Rufe] öffentliches Ärgernis erregt; Zusammenstöße mit SS-Männern«) im KZ Breitenau vom 22.2.1934 bis 16.3.1934 inhaftiert.

Wilhelm Bork aus Kassel, geb. am 15.7.1906 in Elberfeld, Schreiner, SPD, aus politischen Gründen (»Hissen der schwarz-rot-goldenen Fahne am 1. Mai 1933«) seit 27. 6. 1933 in Schutzhaft, zuerst im Karlshospital in Kassel, dann im KZ Breitenau vom 1.8.1933 bis 13.9.1933 inhaftiert. Er lebte nach 1945 in Kassel-Rothenditmold. Er starb dort am 1.8.1973.

Eduard Borkowski aus Korbach, geb. am 14.6.1916 in Korbach, Arbeiter, aus politischen Gründen Ermittlungen der Staatsanwaltschaft wegen »Vorbereitung zum Hochverrat« (»Verkauf kommunistischer Beitragsmarken«), Freispruch durch OLG Kassel (29.7.1933); im KZ Breitenau vom 31.7.1933 bis 25.8.1933 inhaftiert.

Eugen Born aus Hanau, geb. am 9.5.1907 in Hanau, Silberschmied, im KZ Breitenau vom 23.12.1933 bis 9.1.1934 inhaftiert (Grund bzw. Anlaß der Inhaftierung unbekannt).

Fritz Brandt aus Rhoden/Kr. d. Twiste, geb. am 18.3.1894 in Elberfeld, Metzger, aus politischen Gründen (als »kommunistischer Führer« verhaftet) im KZ Breitenau vom 1.9.1933 bis 8.12.1933 inhaftiert. Er lebte 1946 in Rhoden.

Georg Brandt aus Wickenrode/Witzenhausen, geb. am 21.4.1893 in Wickenrode/Witzenhausen, Schlosser, aus politischen Gründen (als sozialdemokratischer Gemeindevertreter inhaftiert) im KZ Breitenau vom 29.6.1933 bis 25.8.1933 inhaftiert; in Schutzhaft bis 29.9.1933. Er lebte 1949 in Wickenrode.

Otto Braun aus Hanau, geb. am 24.4.1892 in Hanau, Arbeiter, aus politischen Gründen (»wegen illegaler Betätigung für die K.P.D. [Lit.-Obmann]«) im KZ Breitenau vom 30.9.1933 bis 8.11.1933 inhaftiert, anschließend KZ Sonnenburg, 1934 KZ Esterwegen (bis 28.3.1934), 1939/40 KZ Sachsenhausen. Er lebte 1948 in Rückingen/Hanau.

Friedrich Briehle aus Helsa/Kassel, geb. am 22.3.1913 in Helsa/Kassel, Maurer, im KZ Breitenau vom 19.9.1933 bis 30.10.1933 inhaftiert (Grund bzw. Anlaß der Inhaftierung unbekannt).

Heinrich Buchheister aus Harleshausen/Kassel, geb. am 24.5.1908 in Harleshausen/Kassel, Schlosser, aus politischen Gründen (»KPD«) im KZ Breitenau vom 16.6.1933 bis 27.9.1933 inhaftiert.

Karl Buchheister aus Harleshausen/Kassel, geb. am 13.3.1910 in Harleshausen/Kassel, Gummidreher, aus politischen Gründen (»KPD«, Kampfbund gegen den Faschismus) im KZ Breitenau vom 5.8.1933 bis 28.9.1933 inhaftiert.

Johannes Buck aus Hanau, geb. am 5.2.1896 in Frei-Weinheim/Bingen, Schlosser, im KZ Breitenau vom 23.9.1933 bis 24.10.1933 (Grund bzw. Anlaß der Inhaftierung unbekannt) später im Strafgefangenenlager Coswig-Anhalt inhaftiert, nach 1945 vermißt.

Oskar Bürger aus Kassel, geb. am 11.8.1894 in Kassel, Schlosser, aus politischen Gründen (»politische Reibereien mit SS- und SA-Männern herbeigeführt«) im KZ Breitenau vom 8.3.1934 bis 16.3.1934 inhaftiert.

Jakob Bulle aus Weimar/Kassel, geb. am 9.8.1910 in Dörnberg/Wolfhagen, Arbeiter, aus politischen Gründen (KPD, RFB, Antifaschistische Aktion) im KZ Breitenau vom 16.6.1933 bis 13.9.1933 inhaftiert; Verurteilung durch OLG Kassel (23.1.1935) wegen »Vorbereitung zum Hochverrat« zu einundhalb Jahren Gefängnis; Strafanstalten Hameln und Goslar; Strafbataillon 500 (1.12.1942-5.4.1943).

Berthold Bust aus Hersfeld, geb. am 25.11.1907 in Hersfeld, Arbeiter, aus politischen Gründen (»wegen angeblicher Anhängerschaft zur verbotenen KPD«) im KZ Breitenau vom 21.10.1933 bis 22.12.1933 inhaftiert.

Umberto Carli aus Kassel, geb. am 4.10.1905 in Kassel, Stukkateur, im KZ Breitenau vom 12.7.1933 bis 18.8.1933 inhaftiert (Grund bzw. Anlaß der Inhaftierung unbekannt).

Albert Charlepska aus Rennersdorf, geb. am 25.3.1904 in Rennersdorf, Beifahrer, aus politischen Gründen (wegen »Verdachts kommunistischer Betätigung innerhalb der SA«) im KZ Breitenau vom 21.11.1933 bis 22.12.1933 inhaftiert.

Heinrich Clobes aus Kassel, geb. am 15.2.1916 in Kassel, Küfer, im KZ Breitenau vom 12.7.1933 bis 18.8.1933 (Grund bzw. Anlaß der Inhaftierung unbekannt).

Erwin Cohn aus Oberkaufungen/Kassel, geb. am 25.12.1911 in Fulda, Handlungsgehilfe, aus politischen Gründen (KJVD) und aus antisemitischen Motiven (er kam aus einer deutsch-jüdischen Familie) im KZ Breitenau vom 8.12.1933 bis 6.2.1934 inhaftiert; Untersuchungsgefängnis Kassel, vom OLG Kassel (23.3.1934) wegen »Vorbereitung eines hochverräterischen Unternehmens« zu zwei Jahren Gefängnis verurteilt, Strafanstalt Hameln (1934-1935), KZ Lichtenburg (1935-1937), KZ Dachau (1937-1938), KZ Buchenwald (1938-1945). Er änderte seinen Familiennamen 1945 in »Köhler«.

Hugo Conrad aus Großauheim, geb. am 19.8.1886 in Erfurt, Former, aus politischen Gründen (angeblich Leiter der KPD-Ortsgruppe in Großauheim) im KZ Breitenau vom 23.9.1933 bis 17.3.1934 inhaftiert. Er lebte nach 1950 in Großauheim.

Hermann Cramer aus Hanau, geb. am 3.7.1898 in Frankfurt/Main, Schlosser, Untersuchungshaft (»wegen Verbreitung verbotener kommunistischer Hetzschriften zum Hochverrat aufgefordert zu haben«); Einstellung des Verfahrens (7.9.1933); daraufhin Schutzhaft im KZ Breitenau vom 9.9.1933 bis 24.10.1933, anschließend im KZ Esterwegen (bis Mitte Juni 1934). Er lebte 1958 in Hanau.

Julius Dalberg aus Kassel, geb. am 21.5.1882 in Essentho/Büren, Rechtsanwalt, Gemeindeältester und in verantwortlichen Positionen der Kasseler Jüdischen Gemeinde, aus antisemitischen Motiven im KZ Breitenau vom 1.9.1933 bis 15.9.1933 inhaftiert; Emigration; 1943 Verhaftung, Lager Westerbork, Deportation nach Sobibor, seitdem verschollen (zu seiner Person mehr in Kapitel 9).

Adolf Debus aus Frankfurt a.M., geb. am 8.10.1905 in Fechenheim/Hanau, Schneider, im KZ Breitenau vom 23.12.1933 bis 9.1.1934 und vom 12.1.1934 bis 26.1.1934 inhaftiert (Grund bzw. Anlaß der Inhaftierung unbekannt); anschließend ins Saargebiet, später nach Frankreich verzogen.

Friedrich Debus aus Frankfurt a.M., geb. am 20.5.1898 in Fechenheim/Hanau, Schlosser, KPD, vom LG Darmstadt wegen Landfriedensbruchs (1.2.1933) zu drei Monaten Gefängnis verurteilt (er hatte als »Schaulustiger« bei einer gewalttätigen Auseinandersetzung zwischen Nationalsozialisten und ihren politischen Gegnern beifällig zugesehen) im KZ Breitenau vom 28.10. 1933 bis 7.11.1933, anschließend KZ Sonnenburg, Ermittlungen wegen Hochverrat (1936), Untersuchungsgefängnis Frankfurt a.M.; Selbsttötung am 15.5.1936.

Willi Descher aus Dennhausen/Kassel, geb. am 5.3.1909 in Herne, Musiker, im KZ Breitenau vom 11.8.1933 bis 29.9.1933 inhaftiert (Grund bzw. Anlaß der Inhaftierung unbekannt).

Christian Deubel aus Kleinseelheim/Marburg, geb. am 23.8.1909 in Kleinseelheim/Marburg, Arbeiter, aus politischen Gründen (Anhänger der KPD) im KZ Breitenau vom 21.11.1933 bis 11.1.1934 inhaftiert.

Karl Ditter aus Langendiebach/Hanau, geb. am 9.10.1893 in Langendiebach/Hanau, Zimmermann, KPD-Gemeindevertreter, aus politischen Gründen im KZ Breitenau vom 23.9.1933 bis 24.10.1933 inhaftiert; Verurteilung durch OLG Kassel (7.6.1935) wegen »Vorbereitung zum Hochverrat« zu drei Jahren und drei Monaten Zuchthaus; Zuchthaus Ziegenhain, Butzbach und Freiendiez (bis 1938).

Heinrich Döring aus Kassel, geb. am 11.4.1897 in Remscheid, Büroangestellter, SPD, aus politischen Gründen (Reichsbanner Schwarz-Rot-Gold) im KZ Breitenau vom 1.8.1933 bis 14.8.1933; Verurteilung durch Sondergericht Kassel zu einem Jahr Gefängnis (»Heimtückegesetz«), Strafanstalten Freiendiez und Kassel.

Karl Dollinger aus Wickenrode/Witzenhausen, geb. am 27.11.1906 in Wickenrode/ Witzenhausen, Metzger, aus politischen Gründen (»wegen kommunistischer Äußerungen«) im KZ Breitenau vom 24.7.1933 bis 16.10.1933 inhaftiert, anschließend KZ Neusustrum, KZ Börgermoor (bis April 1934); Verurteilung durch ein Feldgericht (Zweigstelle Erfurt) wegen Zersetzung der Wehrkraft (»Erregen von Mißvergnügen«) zu neun Monaten Gefängnis (1944), Militärgefängnis Torgau.

Georg Ebert aus Wickenrode/Witzenhausen, geb. am 31.8.1892 in Wickenrode/Witzenhausen, Lagerhalter, SPD, Arbeitersportverein, Arbeitergesangverein, wegen angeblicher »politischer Unzuverlässigkeit« seit April 1933 in (Einzel)Haft im Gefängnis Witzenhausen, aus politischen Gründen im KZ Breitenau vom 29.6.1933 bis 25.8.1933 inhaftiert.

Ludwig Ebert aus Kassel, geb. am 15.2.1896 in Kassel, Arbeiter, KPD, schwerste Mißhandlungen durch »vernehmende« SS-Angehörige im Haus des ehem. »Wassersportheims« in Kassel, aus politischen Gründen (KPD) im KZ

Breitenau vom 1.9.1933 bis 29.9.1933 inhaftiert; anschließend Polizeigefängnis Kassel (bis 21.12.1933).

Heinrich Eckhardt aus Hanau, geb. am 15.7.1899 in Hanau, Arbeiter, aus politischen Gründen (KPD-Funktionär; pol. Leiter des »Kampfbundes gegen den Faschismus«) seit dem 6.2.1933 in Schutzhaft, Polizeigefängnis Hanau und Frankfurt a.M., im KZ Breitenau vom 19.7.1933 bis 16.10.1933, anschließend KZ Neusustrum; Verurteilung durch OLG Kassel (7.6. 1935) wegen »Vorbereitung zum Hochverrat« zu drei Jahren und sechs Monaten Zuchthaus verurteilt; Strafanstalten Ziegenhain und Butzbach (bis 1938), anschließend erneut Schutzhaft und KZ Buchenwald (1938-1945). Er lebte nach 1945 in Hanau. Er starb dort am 30.10.1961.

Ernst Ehmer aus Kassel, geb. am 17.5.1911 in Kassel, Elektromonteur, aus politischen Gründen (KJVD) im KZ Breitenau vom 24.10.1933 bis 6.2.1934 inhaftiert; im sogenannten Kasseler KJVD-Prozeß Verurteilung durch OLG Kassel (22./23.3.1934) wegen »Vorbereitung zum Hochverrat« zu einem Jahr und sechs Monaten Gefängnis.

Friedrich Ehrhardt aus Gertenbach/Witzenhausen, geb. am 24.4.1885 in Sellstadt, Arbeiter, im KZ Breitenau vom 24.6.1933 bis 28.9.1933 inhaftiert (Grund bzw. Anlaß der Inhaftierung unbekannt).

Wilhelm Ehrlich aus Kassel, geb. am 30.3.1908 in Kassel, Schneider, aus politischen Gründen (KPD) im KZ Breitenau vom 8.8.1933 bis 19.10. 1933 inhaftiert; Verurteilung durch OLG Kassel (10.11.1933) wegen »Vorbereitung zum Hochverrat« (Neuaufbau der kommunistischen Parteiorganisation) zu einem Jahr Gefängnis; Strafanstalt Kassel-Wehlheiden.

Egon Eifhart aus Steinau/Schlüchtern, geb. am 31.1.1907 in Frankfurt/Main, Kaufmann, im KZ Breitenau vom 20.10.1933 bis 10.11.1933 inhaftiert (Grund bzw. Anlaß der Inhaftierung unbekannt).

Karl Eigenbrod aus Waldeck/Kr. d. Eder, geb. am 6.5.1901 in Waldeck, Arbeiter, aus politischen Gründen (Tätigkeit für die verbotene KPD) im KZ Breitenau vom 9.9.1933 bis 22.12.1933 inhaftiert.

Friedrich Eisenacher aus Kassel, geb. am 25.9.1913 in Kassel, Gärtner, aus politischen Gründen (»KPD«) im KZ Breitenau vom 16.6.1933 bis 24.7.1933 inhaftiert. Er lebte 1987 in Kassel.

Walter [Wenzel] Eisenacher aus Kassel, geb. am 24.9.1909 in Trier, Maurer, aus politischen Gründen (»KPD«) im KZ Breitenau vom 16.6.1933 bis 12.7.1933 inhaftiert; Zuchthaus Kassel-Wehlheiden (9.9.1938-16.3.1943); KZ Flossenbürg, KZ Sachsenhausen (16.3.1943-Mai 1945).

Wilhelm Elm aus Flieden/Fulda, geb. am 11.10.1890 in Weißenwald, Arbeiter, aus politischen Gründen (Kassierer der KPD-Ortsgruppe Flieden) im KZ

Breitenau vom 29.6.1933 bis 27.9.1933; schwere Mißhandlungen bei verschiedenen Haftmaßnahmen, Verurteilung durch OLG Kassel (14.3.1935) wegen Vorbereitung zum Hochverrat zu einem Jahr und sechs Monaten Gefängnis; nach der Gefängnishaft KZ Esterwegen, KZ Sachsenhausen (bis Oktober 1936). Er starb am 24.6.1967 in Flieden.

Fritz Engel aus Frankenberg, geb. am 13.7.1907 in Frankenberg, Schmied, aus politischen Gründen (angeblich Anhänger der verbotenen KPD) im KZ Breitenau vom 21.11.1933 bis 23.12.1933 inhaftiert.

Kurt Engelbert aus Kassel, geb. am 22.11.1913 in Kassel, kaufm. Lehrling, aus politischen Gründen und antisemitischen Motiven (»Sohn des jüdischen Kaufmanns Engelbert«, Unterstützung des kommunistischen Widerstands) im KZ Breitenau vom 28.11.1933 bis 22.12.1933 inhaftiert.

Heinrich Engelhardt aus Kassel [-Nordshausen], geb. am 21.5.1912 Nordshausen/Kassel, Maurer, im KZ Breitenau vom 8.8.1933 bis 29.9. 1933 inhaftiert (Grund bzw. Anlaß der Inhaftierung unbekannt).

Heinrich Erd aus Fritzlar, geb. am 12.4.1887 in Fritzlar, Dackdecker, aus politischen Gründen (»Verdacht kommunistischer Betätigung«) im KZ Breitenau vom 28.10.1933 bis 22.12.1933 inhaftiert.

Josef Erd aus Fritzlar, geb. am 22.1.1891 in Fritzlar, Dachdecker, aus politischen Gründen (»Verdacht kommunistischer Betätigung«) im KZ Breitenau vom 23.10.1933 bis 8.12.1933 und vom 12.12.1933 bis 22.12.1933 inhaftiert.

Willi Ernst aus Fulda, geb. am 27.11.1899 in Zwötzen/Gera, Eisendreher, im KZ Breitenau vom 14.7.1933 bis 24.7.1933 inhaftiert (Grund bzw. Anlaß der Inhaftierung unbekannt).

Hermann Fell aus Flieden/Fulda, geb. am 5.11.1908 in Flieden/Fulda, Maler, im KZ Breitenau vom 29.6.1933 bis 27.9.1933 inhaftiert (Grund bzw. Anlaß der Inhaftierung unbekannt).

Fiederlein, Wilhelm aus Hanau, geb. am 4.2.1915 in Frankfurt/Main, Arbeiter, im KZ Breitenau vom 23.12.1933 bis 3.1.1934 inhaftiert (Grund bzw. Anlaß der Inhaftierung unbekannt).

Fritz Fiege aus Ermschwerd/Witzenhausen, geb. am 7.11.1904 in Witzenhausen, Korbmacher, KPD-Funktionär, seit dem 27.2.1933 aus politischen Gründen (»Verdacht kommunistischer Betätigung«) in Schutzhaft, im KZ Breitenau vom 24.6.1933 bis 16.10.1933, anschließend KZ Börgermoor (bis 1934), Verurteilung durch OLG Kassel (7.5.1937) wegen »Vorbereitung zum Hochverrat« zu zwei Jahren Gefängnis, anschließend KZ Sachsenhausen (bis Mai 1945).Er lebte nach 1946 in Witzenhausen.

Karl Fingerhut aus Sachsenberg/Kr.d. Eisenbergs, geb. am 24.4.1903 in Frankenberg, Kaufmann, nach schweren Mißhandlungen im Juli 1933 durch

SA aus politischen Gründen (kommunistische Betätigung) Gerichtsgefängnis Korbach, dann KZ Breitenau vom 26.8.1933 bis 28.9.1933, anschließend Polizeigefängnis Kassel (bis Dezember 1933); Aufenthaltsverbot im Kreis d. Eisenbergs, Wegzug nach Berlin. Nach 1945 Rückkehr nach Sachsenberg, wo er bis zu seinem Tod am 23.8.1951 lebte.

Georg Fink aus Breitenbach/Kassel, geb. am 20.11.1876 Breitenbach/Kassel, Schreinermeister, aus politischen Gründen (SPD) im KZ Breitenau vom 29.6.1933 bis 28.7.1933 inhaftiert.

Kurt Finkenstein aus Kassel, geb. am 27.3.1893 in Straßburg/Elsaß, Dentist, aus politischen Gründen (KPD) im KZ Breitenau vom 16.6.1933 bis 8.8.1933 inhaftiert; seit 1935 in Untersuchungshaft; Verurteilung durch OLG Kassel (9.11.1937) wegen »Vorbereitung zum Hochverrat« zu sieben Jahren und sechs Monaten Zuchthaus; Zuchthaus Kassel-Wehlheiden, Straflager Aschendorfer Moor, nach der Entlassung (9.11.1943) Arbeitserziehungslager Breitenau, von dort KZ Auschwitz, wo er am 29.1.1944 ums Leben kam (zu seiner Person mehr S.187 f.).

Paul Fischer aus Schmalkalden, geb. am 4.1.1907 in Schmalkalden, Polierer, im KZ Breitenau vom 9.9.1933 bis 21.10.1933 inhaftiert (Grund bzw. Anlaß der Inhaftierung unbekannt).

Johann Fissler aus Vollmarshausen/Kassel, geb. am 26.10.1912 in Wellerode/Kassel, Maurer, aus politischen Gründen (angeblich Anhänger der KPD; soll auf der Dorflinde in Wellerode die Rote Fahne gehißt haben) im KZ Breitenau vom 19.9.1933 bis 6.12.1933 inhaftiert.

Adolf Fleck aus Wilhelmshausen/Kassel, geb. am 23.8.1901 in Wilhelmshausen/Kassel, Schreiner, aus politischen Gründen (KPD) im KZ Breitenau vom 1.7.1933 bis 13.9.1933 inhaftiert; Verurteilung durch OLG Kassel (10.7.1936) wegen Vorbereitung zum Hochverrat zu zwei Jahren und sechs Monaten Zuchthaus; Zuchthaus Kassel-Wehlheiden (bis 10.5.1938), anschließend KZ Buchenwald (10.5.1938 bis 24.4.1941). Er lebte nach 1945 in Wilhelmshausen. Er starb am 16.2.1980 in Münden.

Wilhelm Fleischmann aus Hanau, geb. am 15.2.1895 in Hanau, Arbeiter, im KZ Breitenau vom 16.9.1933 bis 8.11.1933 inhaftiert (Grund bzw. Anlaß der Inhaftierung unbekannt); er soll 1942 im KZ Dachau als »Vorbeugehäftling« ums Leben gekommen sein.

Siegfried Frank aus Wächtersbach/Gelnhausen, geb. am 19.5.1897 in Wächtersbach/ Gelnhausen, Kaufmann, aus politischen Gründen (»Hauptträdelsführer der KPD bzw. des Reichsbanners und sehr gehässiger und verbissener Gegner der nat.soz. Erhebung«) im KZ Breitenau vom 8.8.1933 bis 10.11.1933 inhaftiert; KZ Sonnenburg, KZ Esterwegen (bis Juli 1934).

Rudolf Freidhof aus Kassel, geb. am 23.9.1888 in Gerlachsheim/Tauberbischofsheim, Kaufmann, Bezirkssekretär der SPD, aus politischen Gründen (offener Gegner des Nationalsozialismus seit 1930 [»Die faschistische Gegenrevolution«. Kassel. Im Selbstverlag des Vf. 1931]) seit 19.4.1933 in Schutzhaft und im KZ Breitenau vom 29.6.1933 bis 24.7.1933 inhaftiert; nach dem 20. Juli 1944 im Rahmen der »Aktion Gewitter« erneut verhaftet, KZ Sachsenhausen (26.8.-17.10.1944). Nach 1945 Mitglied der Verfassunggebenden Landesversammlung Hessen und des Hessischen Landtags (1946-1949); Vorsitzender SPD-Landtagsfraktion; Mitglied des Deutschen Bundestags (1949-1957); Mitglied der Stadtverordnetenversammlung und Stadtverordnetenvorsteher in Kassel (1956-1964); Ehrenbürger der Stadt Kassel; Wilhelm-Leuschner-Medaille. Er starb am 25.12.1983 in Kassel.

Adolf Freund aus Wernswig/Homberg, geb. am 27.2.1893 in Dickershausen/Fritzlar-Homberg, Maurermeister, aus politischen Gründen (SPD, Reichsbanner Schwarz-Rot-Gold) im KZ Breitenau vom 10.4.1933 bis 20.4.1933 inhaftiert; im Schutzhaftlager Walkemühle (Melsungen) in Haft (Oktober 1933); erneute Inhaftierung (Juli 1936) und Verurteilung durch OLG Kassel (3.11.1936) wegen »Vorbereitung zum Hochverrat« zu sechs Monaten Gefängnis; Strafanstalt Wehlheiden; Gestapohaft (März 1944). Nach dem Krieg lebte er in Wernswig/Fritzlar-Homberg; er starb am 6.5. 1980 in Homberg/Efze.

Kurt Frielingsdorf aus Remscheid-Lennep, geb. am 16.8.1909 in Lennep, Arbeiter, aus politischen Gründen (»KPD«) im KZ Breitenau vom 21.8.1933 bis 10.10.1933 inhaftiert; anschließend KZ Sonnenburg (vermutl. bis Februar 1934).

Georg Wilhelm Füller aus Hettenhausen/Fulda, geb. am 22.8.1889 in Hettenhausen/Fulda, Bahnarbeiter, im KZ Breitenau vom 29.6.1933 bis 28.7.1933 inhaftiert (Grund bzw. Anlaß der Inhaftierung unbekannt).

August Fuhrmann aus Kassel, geb. am 27.9.1899 in Kassel, Elektriker, KPD, seit 5.3.1933 aus politischen Gründen (KPD; IAH; RGO) in Schutzhaft, Untersuchungsgefängnis Kassel, Freispruch mangels Beweises (17.2.1934), im KZ Breitenau vom 22.2.1934 bis 16.3.1934, Verurteilung durch OLG Kassel (23.10.1936) wegen »Vorbereitung zum Hochverrat« (er soll über den Neuaufbau der kommunistischen Partei mit einem Funktionär gesprochen haben) zu zwei Jahren und sechs Monaten Zuchthaus; Zuchthaus Wehlheiden (Januar 1936-April 1938), Polizeigefängnis Kassel (April bis Juni 1938), KZ Sachsenhausen (Juni 1938- 21.5.1941), KZ Natzweiler (22.5.1941-22.4.1945). August Fuhrmann hat in der Nazizeit 121 Monate Freiheitsentzug erfahren müssen. Er starb am 2.12.1947 in Kassel.

Friedrich Gall aus Hanau, geb. am 27.5.1905 in Bruchköbel/Hanau, Arbeiter, aus politischen Gründen (Verdacht, kommunistische Flugblätter an seinem Arbeitsplatz bei der Firma Dunlop verteilt zu haben) im KZ Breitenau vom 30.9.1933 bis 11.12.1933 inhaftiert.

Wilhelm Gasche aus Langenselbold, geb. am 29.8.1914 in Langenselbold/Hanau, Kaufmann, aus politischen Gründen (wegen »kommunistischer Umtriebe«, RFB) im KZ Breitenau vom 21.10.1933 bis 17.11.1933 inhaftiert; anschließend KZ Esterwegen. Im Krieg Strafbataillon 999, bei dessen Einsatz im Osten er ums Leben kam.

Karl Gauggel aus Kassel, geb. am 29.6.1904 in Nürnberg, Zuschneider, aus politischen Gründen (KJVD) im KZ Breitenau vom 24.10.1933 bis 6.2.1934 inhaftiert; Verurteilung durch OLG Kassel (23.3.1934) im Kasseler »KJVD-Prozeß« wegen »Vorbereitung zum Hochverrat« zu acht Monaten Gefängnis; Strafanstalt Kassel. Er lebte nach 1945 in Kassel.

Heinrich Gausmann aus Kassel, geb. am 30.7.1906 in Kassel, Schuhmacher, aus politischen Gründen (»KPD«) im KZ Breitenau vom 15.9.1933 bis 12.10.1933 und vom 24.10.1933 bis 7.11.1933 inhaftiert, anschließend KZ Sonnenburg (am 22./23.12.1933 entlassen).

Otto Gebe aus Frankfurt a.M. geb. am 13.8.1881 in Köthen, Bezirkssekretär der Eisenbahnergewerkschaft, Gewerkschafts-Sekretär (ADGB) in Fulda, aus politischen Gründen (er soll im März 1933 Druckschriften mit angeblich »irreführenden und aufhetzerischen« Inhalten verbreitet haben) im KZ Breitenau vom 14.7.1933 bis 15.8.1933 inhaftiert.

Oskar Geiler aus Marburg, geb. am 30.10.1898 in Geschwenda/Arnstadt, Bildhauer, aus politischen Gründen (»Funktionär der KPD, der sich trotz der politischen Schutzhaft weiter staatsfeindlich benahm«) im KZ Breitenau vom 5.8.1933 bis 10.11.1933 inhaftiert; erneute Schutzhaft (1934).

Josef Geiling aus Melsungen, geb. am 2.3.1904 in Melsungen, Arbeiter, im KZ Breitenau vom 1.7.1933 bis 8.9.1933 inhaftiert (Grund bzw. Anlaß der Inhaftierung unbekannt).

Heinrich Gemmecke aus Grebenstein/Hofgeismar, geb. am 12.8.1903 in Grebenstein/ Hofgeismar, Arbeiter, aus politischen Gründen (angeblich Führer im Kampfbund gegen den Faschismus) im KZ Breitenau vom 5.8.1933 bis 16.10.1933 inhaftiert.

Johannes Genuit aus Kassel, geb. am 7.7.1906 in Soest, landw. Arbeiter, aus politischen Gründen (»KPD«) im KZ Breitenau vom 16.6.1933 bis 14.8.1933 inhaftiert.

August Gerbig aus Grebenstein, geb. am 5.8.1894 in Laar/Wolfhagen, Bauarbeiter, im KZ Breitenau vom 5.8.1933 bis 10.10.1933 inhaftiert (Grund bzw. Anlaß der Inhaftierung unbekannt).

Friedrich Gerlach aus Kassel, geb. am 16.4.1892 in Kassel, Graveur, aus politischen Gründen (KJVD) im KZ Breitenau vom 27.10.1933 bis 6.2.1934 inhaftiert; Verurteilung durch OLG Kassel (23.3.1934) wegen »Vorbereitung zum Hochverrat« zu zwei Jahren Gefängnis; KZ Lichtenburg (ein Jahr). Er starb am 22.10.1943 in Kassel (Englischer Luftangriff auf Kassel).

Artur Glänzer aus Netze/Kr. der Eder, geb. 14.11.1893 in Barmen, Kaufmann, aus politischen Gründen (wegen »Beschimpfung der SA und SS«) im KZ Breitenau vom 1.9.1933 bis 29.9.1933 inhaftiert.

Friedrich Görlitz aus Kassel, geb. am 4.2.1909 in Einbeck, Schlosser, aus politischen Gründen (KPD, Rote Hilfe, RGO) im KZ Breitenau vom 12.7.1933 bis 28.7.1933 und vom 5.8.1933 bis 19.10.1933, Urteil des OLG Kassel zu zwei Jahren Zuchthaus wegen »Vorbereitung zum Hochverrat«, anschließend KZ Esterwegen, KZ Sachsenhausen, KZ Buchenwald.

Georg Görner aus Frankenberg/Eder, geb. am 2.5.1891 in Sondershausen (Thüringen), Schreiner, aus politischen Gründen (SPD) im KZ Breitenau vom 29.6.1933 bis 8.8.1933 inhaftiert; KZ Sachsenhausen (22.8.-7.9.1944), da er an der Trauerfeier für den im KZ verstorbenen Karl Richter [nicht ermittelt] teilgenommen hatte [wir vermuten, er wurde im Rahmen der »Aktion Gewitter« inhaftiert].

Erich Götte aus Frankfurt a.M., geb. am 3.8.1909 in Siegen, Kaufmann, seit März 1933 aus politischen Gründen (angeblich KPD) in Schutzhaft; ihm wurde vorgeworfen, im Zusammenhang mit der Erschießung eines SA-Mannes falsche Angaben gemacht und den später als mutmaßlichen Täter hingerichteten Josef Reitinger gedeckt zu haben; Einstellung des Verfahrens am 5.10.1933; anschließend KZ Sonnenburg; KZ Breitenau vom 28.10.1933 bis 7.11.1933; KZ Lichtenburg (11.2.-1.10.1934).

Nikolaus Götze aus Fulda geb. am 13.5.1894 in Rüdesheim/Bingen, Küfer, aus politischen Gründen (angeblich KPD) seit März 1933 in Schutzhaft; im KZ Breitenau vom 14.7.1933 bis 16.10.1933; anschließend KZ Neusustrum (bis April 1934). Er starb am 18.5.1960 in Fulda.

Heinrich G. aus Großalmerode/Witzenhausen, geb. am 13.7.1913 in Großalmerode/Witzenhausen, Kaufmann, im KZ Breitenau vom 24.10.1933 bis 11.11.1933 als »SA-Mann« inhaftiert.

Valentin Grau aus Kassel, geb. am 11.8.1898 in Dillich, Färber, im KZ Breitenau vom 1.9.1933 bis 22.9.1933, Untersuchungsgefängnis Kassel; Ermittlungen wegen Beteiligung an einer Auseinandersetzung zwischen Stahlhelm-Angehörigen und Kommunisten 1931, bei dem ein Stahlhelm-Mann zu Tode gekommen war; Freispruch durch Schwurgericht Kassel (April 1934). Er starb am 3.5.1955 in Kassel.

Heinrich Grebe aus Dörnberg/Wolfhagen, geb. am 4.1.1894 in Wolfhagen, Lagerhalter, Vorsitzender des SPD-Ortsvereins Dörnhagen, Mitglied des Gemeinderats; Entlassung bei der Konsum-Genossenschaft Zierenberg;

Schutzhaft am 21.6.1933; aus politischen Gründen im KZ Breitenau vom 1.7.1933 bis 28.7.1933 inhaftiert.

Gustav Grebestein aus Eschwege, geb. am 1.8.1875 in Eschwege, Fabrikant, vorgeblich »wegen ungebührlicher Mißhandlung von Lehrlingen«, tatsächlich weil er Mitglied der Tannenbergbewegung[3] war; im KZ Breitenau vom 1.9.1933 bis 30.9.1933 inhaftiert.

Karl Grebestein aus Eschwege, geb. am 25.2.1877 in Eschwege, Fabrikant, aus politischen Gründen (vorgeblich »wegen ungebührlicher Mißhandlung von Lehrlingen«, »fanatischer Anhänger der Tannenbergbewegung«) im KZ Breitenau vom 1.9.1933 bis 24.10.1933 inhaftiert; erneute Inhaftierung im Gerichtsgefängnis Eschwege (18.-23.1.1934).

Heinrich Grede aus Altenstädt/Wolfhagen, geb. am 22.11.1898 in Altenstädt/Wolfhagen, Schweißer, aus politischen Gründen (angeblich Anhänger der KPD; systemkritische öffentliche Äußerung) im KZ Breitenau vom 1.7.1933 bis 11.8.1933 inhaftiert; Strafanstalt Kassel-Wehlheiden (Oktober 1938 – März 1939) wegen Verdacht der »Vorbereitung zum Hochverrat«.

Martin Greiling aus Melsungen, geb. am 4.12.1896 in Melsungen, Schlosser, aus politischen Gründen (Gewerkschafter, Mitglied der KPD) in Schutzhaft in der Walkemühle/Melsungen (Juni 1933), im KZ Breitenau vom 1.7.1933 bis 16.8.1933; erneut verhaftet (Februar 1944), Arbeitserziehungslager Breitenau (April - Mai 1944); Zuchthaus Berlin-Plötzensee (Mai 1944 - Januar 1945); Freispruch »mangels Beweises« durch Volksgerichtshof (4.1.1945), Freilassung. »Im Totenhaus von Plötzensee« (Schrift über seine Haftzeit dort). Nach 1945 Gewerkschaftssekretär (DGB) für den Kreis Melsungen. 1946 Mitbegründer der »Gemeinnützigen Wohnungsbaugenossenschaft«. Er starb am 4.4.1968 in Melsungen.

Otto Haake aus Helmarshausen/Kr. Hofgeismar, geb. am 18.4.1908 in Helmarshausen/Kr. Hofgeismar, Schlosser, aus politischen Gründen (wegen kritischer Äußerungen gegenüber der NSDAP angezeigt und in Schutzhaft genommen) im KZ Breitenau vom 13.9.1933 bis 7.10.1933 inhaftiert.

Gustav Haas aus Hanau, geb. am 29.3.1906 in Hanau, Friseur, aus politischen Gründen (KPD, Kampfbund gegen den Faschismus) im KZ Breitenau vom 30.9.1933 bis 8.11.1933 inhaftiert; anschließend KZ Sonnenburg, dann KZ Esterwegen (bis 29. März 1934); 1939 erneute Festnahme, Polizeigefängnis Hanau, dann KZ Sachsenhausen (bis November 1940). Er lebte nach 1949 in Hanau.

---

3   Zur Tannenbergbewegung vgl. Kapitel 4, Anmerkung 1.

Heinrich Häfner aus Langenselbold, geb. am 6.12.1868 in Langenselbold/Kr. Hanau, Invalide, im KZ Breitenau vom 23.9.1933 bis 19.10.1933 (Grund bzw. Anlaß der Inhaftierung unbekannt).

Peter Häfner aus Langenselbold, geb. am 12.9.1913 in Langenselbold/Kr. Hanau, Weißbinder, KJVD, aus politischen Gründen (wegen »antinationalsozialistischer Propaganda«) im KZ Breitenau vom 23.9.1933 bis 2.3.1934 inhaftiert; Verurteilung durch OLG Kassel (21.9.1937) wegen »Vorbereitung zum Hochverrat« zu einem Jahr und zwei Monaten Gefängnis, Strafanstalt Preungesheim (bis November 1938). Kriegsgefangenschaft bis 1946. Er starb am 12.2.1952 in Langenselbold.

Otto Haferburg aus Kassel, geb. am 18.6.1911 in Niederzwehren/Kr. Kassel, Maler, aus politischen Gründen (für die verbotene KPD tätig) im KZ Breitenau vom 8.8.1933 bis 23.9.1933 und vom 27.9.1933 bis 19.10.1933 inhaftiert; Urteil des OLG Kassel (10.11.1933) wegen »Vorbereitung zum Hochverrat« zu einem Jahr und sechs Monaten Gefängnis; Zuchthaus Kassel-Wehlheiden; Strafbataillon 999 (1.12.1942 - 21.12.1944). Er lebte nach 1945 in Kassel.

Georg Hahn aus Kassel, geb. am 14.12.1907 in Willingshausen/Kr. Ziegenhain, Klempner, aus politischen Gründen (für die verbotene KPD tätig) im KZ Breitenau vom 12.7.1933 bis 16.10.1933 inhaftiert, anschließend KZ Neusustrum; erneut (1936) inhaftiert; Zuchthaus Wehlheiden, Verfahren wegen Vorbereitung zum Hochverrat, das mangels Beweises eingestellt wurde; erneute Ermittlungen gegen ihn wegen Wiederbegründung einer »verbotenen kommunistischen Sportorganisation« (1938).

Josef Hahn aus Grüsselbach, geb. am 8.3.1912 Grüsselbach/Kr. Hünfeld, Metzger, aus vermeintlich »sittlichen« Gründen (wegen »leichtsinnigem Lebenswandel«; gemeint waren angebliche Zahlungsrückstände gegenüber Kunden) im KZ Breitenau vom 11.9.1933 bis 10.11.1933 inhaftiert.

Johann Halbschmidt aus Langenselbold/Kr. Hanau, geb. am 4.4.1880 in Langenselbold/Kr. Hanau, Lagerarbeiter, aus politischen Gründen (für die verbotene KPD tätig) im KZ Breitenau vom 30.9.1933 bis 2.3.1934 inhaftiert. Er lebte nach dem Krieg in Langenselbold. Er starb dort am 22. Mai 1967.

Wilhelm Halbschmidt aus Langenselbold/Kr. Hanau, geb. am 27.3.1893 in Langenselbold/Kr. Hanau, Schreiner, aus politischen Gründen (für die verbotene KPD tätig) im KZ Breitenau vom 30.9.1933 bis 2.3.1934 inhaftiert.

Johannes Hansmann aus Haina Kloster, geb. am 10.12.1893 in Zimmersrode/Kr. Fritzlar-Homberg, Gespannführer, SPD, Mitglied des Gemeinderats Haina, aus politischen Gründen im KZ Breitenau vom 29.6.1933 bis 1.9.1933 inhaftiert.

Ernst Harlinghausen aus Kassel, geb. am 27.8.1899 in Rheda, Kaufmann, im KZ Breitenau vom 1.9.1933 bis 18.9.1933 inhaftiert (Grund bzw. Anlaß der Inhaftierung unbekannt).

Fritz Hartmann aus Kassel, geb. am 5.4.1908 in Kassel, Arbeiter, aus politischen Gründen (»im Verdacht, mit der KPD zu sympathisieren. Hat sich öfter an Ausschreitungen gegen SA-Männer beteiligt«) im KZ Breitenau vom 26.8.1933 bis 17.3.1934 inhaftiert.

Philipp Hartmann aus Kassel, geb. am 26.4.1910 in Kassel, Schlosser, aus politischen Gründen (für die verbotene KPD tätig) im KZ Breitenau vom 16.6.1933 bis 8.8.1933 und vom 21.11.1933 bis 22.12.1933 inhaftiert.

Johannes Hauptreif aus Heckershausen/Kr. Kassel, geb. am 27.1.1902 in Heckershausen/Kr. Kassel, Zimmermann, aus politischen Gründen (als KPD-Funktionär verhaftet) im KZ Breitenau vom 16.6.1933 bis 9.8.1933; Verurteilung durch OLG Kassel (24.8.1934) wegen »Vorbereitung zum Hochverrat« zu einem Jahr und zwei Monaten Gefängnis; Strafanstalt Hameln (bis 26.6.1935).

Heinrich Heeb aus Hann. Münden, geb. am 24.11.1898 in Bechenheim/Kr. Alzey, Maurer, aus politischen Gründen (KPD-Funktionär) im KZ Breitenau vom 31.7.1933 bis 16.10.1933 inhaftiert; Verurteilung durch OLG Kassel (25.9.1934) wegen »Vorbereitung zum Hochverrat« zu einem Jahr und sechs Monaten Gefängnis; Strafanstalt Hameln; erneute Festnahme (1939).

August Heeg aus Hanau, geb. am 12.1.1895 in Kaiserslautern, Arbeiter, aus politischen Gründen (für die verbotene KPD tätig) im KZ Breitenau vom 9.9.1933 bis 24.10.1933, anschließend KZ Esterwegen; erneute Festnahme und Verurteilung durch OLG Kassel (7.6.1935) zu einem Jahr und sechs Monaten Zuchthaus; Zuchthaus Kassel-Wehlheiden (bis 23.8 1936), anschließend KZ Lichtenburg und KZ Buchenwald (bis 2.11.1939). Er lebte nach 1945 in Hanau; dort starb er am 18.2.1959.

Franz Heil aus Fulda, geb. am 16.4.1907 in Mittelroda, Arbeiter, aus politischen Gründen (angeblich Vors. der KPD-Ortsgruppe Fulda) mehrfach seit März 1933 in Schutzhaft; im KZ Breitenau vom 14.7.1933 bis 20.9.1933 inhaftiert. Er starb im August 1989.

Konrad Hellwig aus Kassel, geb. am 2.1.1909 in Rothwesten/Kr. Kassel, Dreher, aus politischen Gründen (kommunistischer Funktionär) im KZ Breitenau vom 8.8.1933 bis 19.10.1933 inhaftiert; anschließend Untersuchungsgefängnis Kassel; Verurteilung durch OLG Kassel (10.11.1933) wegen »Vorbereitung zum Hochverrat« zu einem Jahr und sechs Monaten Gefängnis; Strafanstalt Hameln (bis 7.5.1934); anschließend KZ Papenburg (bis 25.1.1935); Strafbataillon 999 (4.2.1943-8.5.1945). Er lebte nach 1945 in Kassel und starb dort am 11.5.1957.

Friedrich Henning aus Hanau, geb. am 7.5.1904 in Hanau, Arbeiter, aus politischen Gründen (KPD, Kampfbund gegen Faschismus) im KZ Breitenau vom 30.9.1933 bis 11.12.1933 inhaftiert. Er lebte nach dem Krieg in Hanau und starb dort am 8.4.1989.

Wilhelm Hens aus Hanau, geb. am 27.5.1900 in Metz, Schuhmacher, seit 1932 Stadtverordneter in Hanau (KPD); aus politischen Gründen Schutzhaft (März bis April 1933); im KZ Breitenau vom 23.12.1933 bis 3.1.1934 und vom 9.1.1934 bis 12.3.1934 inhaftiert; anschließend Polizeigefängnis Kassel; Verurteilung durch OLG Kassel (25.5.1934) wegen »Vorbereitung zum Hochverrat« zu zwei Jahren und vier Monaten Gefängnis; Strafanstalten Hameln und Celle.

Hugo Herber aus Kassel, geb. am 8.9.1899 im Schwarzwald/Kr. Gotha, Fabrikarbeiter, aus politischen Gründen (angeblich für die verbotene KPD tätig) im KZ Breitenau vom 16.6.1933 bis 8.8.1933 inhaftiert.

Friedrich Herbordt aus Kassel, geb. am 20.11.1899 in Kassel, Reklame-Maler, aus politischen Gründen (für die verbotene KPD tätig) im KZ Breitenau vom 24.10.1933 bis 20.11.1933; Verurteilung durch OLG Kassel (17.2.1934) wegen Beteiligung an der Herstellung der KPD-Zeitschrift »Der Kämpfer« zu vier Monate Gefängnis; Verurteilung durch OLG (7.12.1937) Kassel wegen »Vorbereitung zum Hochverrat« zu drei Jahren Gefängnis; Strafgefängnis Wolfenbüttel (bis 7.12.1940); Persönlicher Schutzhaftgefangener (bis 31.1.1944) des Höheren SS- und Polizeiführers Josias Erbprinz zu Waldeck und Pyrmont. Nach dem Krieg als Kultur-Redakteur (Hessische Nachrichten) in Kassel. Buchveröffentlichungen. Er starb am 8.5.1958 in Kassel.

Adam Herchenhan aus Fulda, geb. am 4.5.1900 in Theobaldshof/Kr. Gersfeld, Schmied, aus politischen Gründen (Mitglied der SPD Fulda) im KZ Breitenau vom 14.7.1933 bis 14.8.1933 inhaftiert.

Paul Hermann aus Großauheim, geb. am 10.10.1886 in Eisleben, Schlosser, im KZ Breitenau vom 23.9.1933 bis 9.3.1934 (Grund bzw. Anlaß der Inhaftierung unbekannt).

Karl Herrmann aus Kassel, geb. am 9.3.1882 in Eilenburg, Bezirkssekretär der SPD, wandte sich im März 1933 an den kommiss. Regierungspräsidenten in Kassel mit einer Beschwerde über Terror-Akte der Nationalsozialisten in Großalmerode; aus politischen Gründen in Schutzhaft (ab 18.4.1933); anschließend im KZ Breitenau vom 16.6.1933 bis 28.7.1933; im Rahmen der Verhaftungen der »Aktion Gewitter« KZ Sachsenhausen (22.8.-20.9.1944); nach 1945 Landrat des Kreises Kassel.

Richard Herrmann aus Oberkaufungen/Kr. Kassel, geb. am 20.5.1896 in Lebusa/Kr. Frankfurt O., Schreiner, aus politischen Gründen (angeblich für die verbote KPD tätig) im KZ Breitenau vom 14.8.1933 bis 27.9.1933 inhaftiert.

Wilhelm Herz aus Nordshausen, geb. am 15.8.1911 in Nordshausen/Kr. Kassel, Klempner, im KZ Breitenau vom 8.8.1933 bis 29.9.1933 inhaftiert (Grund bzw. Anlaß der Inhaftierung unbekannt).

Karl Hess aus Schmalkalden, geb. am 21.6.1897 in Schmalkalden, Schmied, aus politischen Gründen (er »verteilte im Oktober 1933 erneut kommunistische Druckschriften«) im KZ Breitenau vom 9.9.1933 bis 21.10.1933 inhaftiert.

Jakob Hildebrand aus Harleshausen/Kr. Kassel, geb. am 19.1.1903 in Kassel, Schlosser, aus politischen Gründen (angeblich »KPD-Funktionär«) im KZ Breitenau vom 16.6.1933 bis 19.7.1933 inhaftiert; anschl. Polizeigefängnis Kassel (bis September 1933).

Fritz Hildebrandt aus Kassel, geb. am 16.6.1895 in Herbsleben/Kr. Gotha, Dekorateur, aus politischen Gründen (kommunistischer Funktionär) im Mai 1933 verhaftet; zuerst im Karlshospital in Kassel, dann im KZ Breitenau vom 19.6.1933 bis 18.10.1933 inhaftiert; Verurteilung durch OLG Kassel (16.7.1937) wegen »Vorbereitung zum Hochverrat« zu drei Jahren Zuchthaus; Zuchthaus Kassel-Wehlheiden (bis 16.4.1940). Er lebte nach 1950 in Wiesbaden, wo er am 16.2.1974 starb.

Otto von Hillibrand aus Hanau, geb. am 3.3.1903 in Hamm, Kaufmann, aus politischen Gründen (angeblich für die verbotene KPD tätig) im KZ Breitenau vom 23.12.1933 bis 4.1.1934 inhaftiert.

Justus Hochrath aus Uschlag/Kr. Hann.Münden, geb. am 23.2.1915 in Uschlag/Kr. Hann. Münden, Installateur, aus politischen Gründen (Funktionär des KJVD) verhaftet; im KZ Breitenau vom 24.10.1933 bis 6.2.1934,Verurteilung durch OLG Kassel im Kasseler KJVD-Prozeß (23.3.1934) zu einem Jahr Gefängnis; Strafanstalt Kassel-Wehlheiden (bis 28.12.1934).

Peter Höchst aus Lütersheim/Kr. d. Twiste, geb. am 25.2.1878 in Ahlbach/Kreis d. Twiste, Landwirt, SPD, Mißhandlungen durch SA-Angehörige im Juli 1933; im KZ Breitenau vom 28.7.1933 bis 9.8.1933 und vom 11.8.1933 bis 5.9.1933 inhaftiert; mehrere Vernehmungen und Inhaftierungen bis zum Freispruch (20.10.1933) durch das Sondergericht Kassel. Er lebte nach 1945 in Ehringen/Kr. Wolfhagen.

Karl Hörle aus Hanau, geb. am 24.2.1896 in Winkels [heute Oberlahnkreis], Maurer, aus politischen Gründen (als KPD-Funktionär im Dezember 1933 verhaftet) im KZ Breitenau vom 19.1.1934 bis 12.3.1934, anschließend im Polizeigefängnis Kassel, in KZ und Straflagern (bis Mai 1935) inhaftiert und schweren Mißhandlungen ausgesetzt.

Wilhelm Hofacker aus Hanau, geb. am 5.11.1891 in Langenselbold/Kr. Hanau, Arbeiter, aus politischen Gründen (angeblich KPD, Rote Hilfe) im KZ Breitenau vom 23.9.1933 bis 16.10.1933 inhaftiert, anschließend KZ Neusustrum. Am 1.9.1939 erneut Schutzhaft und KZ Sachsenhausen, wo er am 15.4.1940 ums Leben kam.

Johann Hofmann aus Wendershausen/Kr. Fulda, geb. am 17.8.1905 in Wendershausen/Kr. Fulda, Arbeiter, aus politischen Gründen (wegen Nachfrage nach Lohnerhöhung) im KZ Breitenau vom 15.10.1933 bis 19.11.1933 inhaftiert.

Martin Hofmann aus Crumbach/Kr. Kassel, geb. am 21.2.1879 in Crumbach/Kr. Kassel, Zimmermann, SPD, Mitglied des Kreisausschusses im Landkreis Kassel, aus politischen Gründen als Angestellter beim Kreisausschuß Kassel entlassen (1.4.1933), im KZ Breitenau vom 29.6.1933 bis 13.9.1933 inhaftiert.

Emil Hohmann aus Fulda, geb. am 8.11.1896 in Niederbieber/Kr. Fulda, Angestellter, aus politischen Gründen (als KPD-Funktionär verhaftet; angeblich Unterbezirksleiter der KPD in Fulda) seit 2.3.1933 in Schutzhaft und vom 14.7.1933 bis 27.9.1933 im KZ Breitenau inhaftiert.

Karl Hohmann aus Melsungen, geb. am 29.9.1875 in Kassel, Weber, aus politischen Gründen (wegen angeblicher Beleidigung Hitlers [während einer Hitler-Rede im Radio auf einem Erntedankfest soll er geäußert haben: »Macht doch das Radio aus! Was spricht denn da für ein Polacke!«]) im KZ Breitenau vom 7.10.1933-22.12.1933 inhaftiert; soll anschließend in der SA-Haftstätte in der Walkemühle eingesperrt gewesen sein.

Mathäus Hohmann aus Hanau, geb. am 1.10.1892 in Hanau, Heizer, KPD und Internationale Arbeiterhilfe, aus politischen Gründen im KZ Breitenau vom 16.9.1933 bis 24.10.1933 inhaftiert; 1935 erneut verhaftet und Verfahren vor dem OLG Kassel; nach Freispruch (7.6.1935) Schutzhaft und KZ Lichtenburg (bis August 1937).

August Hornschu aus Niederelsungen/Kr. Wolfhagen, geb. am 21.7.1896 in Niederelsungen/Kr. Wolfhagen, Schwellenhauer, aus politischen Gründen (KPD) Schutzhaft seit 6.3.1933; im KZ Breitenau vom 16.6.1933 bis 19.7.1933, Polizeigefängnis Kassel, KZ Esterwegen (Dezember 1934 bis August 1934), weil er angeblich mehrfach den ›Deutschen Gruß‹ verweigert habe; erneute Inhaftierung (1937) wegen Abhörens ausländischer Sender. Einstellung eines Hochverratsverfahrens mangels Beweises vom Amtsgericht Kassel. August Hornschuh lebte nach dem Krieg in Niederelsungen und starb dort am 15.8.1965.

Gustav Hübner aus Hanau, geb. am 30.7.1912 in Hanau, Maurer, im KZ Breitenau vom 19.9.1933 bis 11.12.1933 inhaftiert (Grund bzw. Anlaß der Inhaftierung unbekannt).

Heinrich Humburg aus Völkershausen/Kr. Eschwege, geb. am 18. 11. 1889 in Hundeshagen/Kr. Worbis, Gastwirt, vermutlich als Kommunist verhaftet; im KZ Breitenau vom 19.7.1933 bis 1.9.1933 inhaftiert.

Georg Iffert aus Grifte/Kr. Melsungen, geb. am 22.8.1889 in Wollrode/Kr. Melsungen, Putzer, im April 1933 aus politischen Gründen verhaftet; im KZ Breitenau vom 12.7.1933 bis 28.7.1933, »aufgrund seiner schweren Verletzungen, die er sich während seiner Haftzeit zugezogen hatte, erfolgte seine vorzeitige Freilassung«.

Heinrich Iffert aus Kassel, geb. am 31.5.1902 in Obervellmar/Kr. Kassel, Kaufmann, im KZ Breitenau vom 11.9.1933 bis 10.10.1933 inhaftiert (Grund bzw. Anlaß der Inhaftierung unbekannt).

Edmund Iwanski aus Hanau, geb. am 19.10.1912 in Thorn, Arbeiter, aus politischen Gründen (»wegen Verdachts kommunistischer Umtriebe«) verhaftet; im KZ Breitenau vom 23.9.1933 bis 8.11.1933, anschließend KZ Sonnenburg und KZ Esterwegen. Er lebte 1976 in Mühlheim/Kr. Ruhr.

Wilhelm Jakob aus Langenselbold, geb. am 18.8.1886 in Langenselbold/Kr. Hanau, Steindrucker, aus politischen Gründen (»K.P.D.«) im KZ Breitenau vom 23.9.1933 bis 2.3.1934 inhaftiert Er lebte 1951 in Langenselbold.

Johannes J. aus Illnhausen, geb. am 6.2.1909 in Hintersteinau/Kr. Schlüchtern, Arbeiter, im KZ Breitenau vom 4.10.1933 bis 30.10.1933 als »SA-Mann« inhaftiert.

Paul Joerg aus Witzenhausen, geb. am 30.3.1886 in Mainz, Arbeiter, führender Kommunist in Witzenhausen, Mitglied der Stadtverordnetenversammlung und des Kreistags Witzenhausen (1924-1932); aus politischen Gründen seit 27.2.1933 Schutzhaft, im KZ Breitenau vom 24.6.1933 bis 16.10.1933 inhaftiert, anschließend KZ Esterwegen, Börgermoor und Neusustrum (bis Juni 1934), Beziehungen zu Ernst Lohagen und dem »Freundeskreis Kurt Finkenstein« in Kassel; Verhaftung (23.7.1935), Untersuchungshaft (bis 1.7. 1937),Verurteilung durch OLG Kassel (1.7.1937) wegen »Vorbereitung zum Hochverrat« zu sechs Jahren Zuchthaus; Zuchthaus Kassel-Wehlheiden (bis 2.8.1942); erneut Schutzhaft und Arbeitserziehungslager Breitenau (18.8. bis 2.10.1942); anschließend KZ Sachsenhausen bis zur Befreiung des Lagers (3.5.1945). Er lebte nach 1945 in Witzenhausen; Ankläger der Spruchkammer Witzenhausen (1946 ff.). Er starb dort am 22.1.1961.

August Jungermann aus Kassel, geb. am 14.9.1905 in Kassel, Bürogehilfe, im KZ Breitenau vom 1.9.1933 bis 28.9.1933 inhaftiert (Grund bzw. Anlaß der Inhaftierung unbekannt).

Abraham Katz aus Fulda, geb. am 31.7.1887 in Uttrichhausen/Kr. Schlüchtern, Geschäftsinhaber, aus antisemitischen Motiven im KZ Breitenau vom 9.9.1933 bis 10.10.1933 inhaftiert.

Kurt Katzenstein aus Kassel, geb. am 25.11.1911 in Witzenhausen, Kaufmann, als Kommunist verhaftet (antisemitische Motive nicht auszuschließen); im KZ Breitenau vom 8.8.1933 bis 10.11.1933, anschließend KZ Lichtenburg.

Heinrich Kauck aus Hanau, geb. am 25.7.1904 in Hanau, Goldschmied, aus politischen Gründen (»war Leiter der Internationalen Arbeiterhilfe und wurde wiederholt kommunistischer Umtriebe beschuldigt«) im KZ Breitenau vom 23.9.1933 bis 24.10.1933, anschließend KZ Esterwegen (bis April 1934); erneute Verhaftung (1.9.1939) und Schutzhaft in verschiedenen Gefängnissen und im KZ Sachsenhausen (bis 9.11.1940). Er starb in Hanau am 22.5.1986.

Anton Kaufhold aus Hanau, geb. am 2.7.1897 in Hanau, Möbeltransporteur, aus politischen Gründen (angeblich KPD) im KZ Breitenau vom 23.9.1933 bis 24.10.1933, anschließend KZ Esterwegen; erneute Inhaftierung am 1.9.1939; KZ Sachsenhausen (bis Juli 1940). Er starb am 9.5.1952 in Hanau.

August [Johannes] Kaufhold aus Hanau, geb. am 16.10.1904 in Hanau, Schlosser, aus politischen Gründen (»betätigte sich im Rot-Front-Kämpferbund: Geheime Zusammenkünfte in seiner Wohnung«) im KZ Breitenau vom 23.9.1933 bis 24.10.1933, anschließend in Schutzhaft (bis Ostern 1934); im Prozeß gegen Paul Joerg Verurteilung durch OLG Kassel (7.6.1935) wegen »Vorbereitung zum Hochverrat« zu fünf Jahren Zuchthaus.

Wilhelm Kaufhold aus Kassel, geb. am 2.9.1898 in Kassel, Bauarbeiter; aus politischen Gründen (angeblich »Anhänger der KPD bzw. Reichsbanner«, »Verdacht sich an den Unruhen am 18. 6. 1930[4] beteiligt zu haben«; im KZ Breitenau vom 26.8.1933 bis 16.3.1934 inhaftiert.

Konrad Keim aus Großauheim, geb. am 3.2.1867 in Rechingen, Rentner; aus politischen Gründen (er soll Hitler »beleidigt« [ihn als »Zirkusdirektor« bezeichnet] haben) in Schutzhaft; Freispruch durch OLG Kassel (16.9. 1933); KZ Breitenau vom 16.9.1933 bis 15.10.1933 und vom 19.10.1933 bis 23.12.1933.

Heinrich K. aus Mauswinkel/Kr. Gelnhausen, geb. am 22.3.1911 in Mauswinkel/Kr. Gelnhausen, Steinrichter, im KZ Breitenau vom 15.10.1933 bis 7.11.1933 als SA-Mann inhaftiert.

---

4   Am 18.6.1930 kam es in Kassel zu Straßenkämpfen zwischen NSDAP- und KPD-Angehörigen, nachdem die NSDAP demonstrativ politische Versammlungen in der ›roten‹ Altstadt durchführen wollte, die von der republikanischen Polizei verboten bzw. aufgelöst wurden. Im Mittelpunkt standen die Auseinandersetzungen um das Versammlungslokal »Stadt Stockholm«, bei denen der NSDAP-Stadtverordnete Messerschmidt so schwer verwundet wurde, daß er am 23.7.1930 an den Folgen der Verletzung starb. Messerschmidt wurde zum Märtyrer und Helden der NS-Bewegung in Kassel und Kurhessen erklärt. Vgl. Wilhelm Frenz, Der Aufstieg des Nationalsozialismus in Kassel 1922 bis 1933, in: Hessen unterm Hakenkreuz, a.a.O., 63 ff., hier: 70-73.

Karl K. aus Kirchbracht/Kr. Gelnhausen, geb. am 29.1.1914 in Kirchbracht/Kr. Gelnhausen, Landwirt, im KZ Breitenau vom 4.10.1933 bis 30.10.1933 als SA-Mann inhaftiert.

Heinrich Kepper aus Grebenstein, geb. am 10.7.1891 in Grebenstein/Kr. Hofgeismar, Bürogehilfe, im KZ Breitenau vom 9.2.1934 bis 16.3.1934 inhaftiert (Grund bzw. Anlaß der Inhaftierung unbekannt).

Bruno Kermer aus Kassel, geb. am 19.9.1893 in Prinzenthal/Kr. Bromberg, Schlosser, aus politischen Gründen (angeblich KPD) im KZ Breitenau vom 31.7.1933 bis 21.8.1933; Verurteilung durch Sondergericht Kassel (22.8.1933) wegen »Heimtücke« zu zwei Jahren Gefängnis; Strafanstalten Hameln und Hannover (bis 27.7.1935).

Heinrich Kestner aus Harmuthsachsen/Kr. Witzenhausen, geb. am 13.6.1886 in Harmuthsachsen/Kr. Witzenhausen, Arbeiter, aus politischen Gründen (als lokaler Funktionär der KPD inhaftiert) im KZ Breitenau vom 1.9.1933 bis 22.12.1933 inhaftiert; Untersuchungshaftanstalt Kassel wegen Vorwurf der ›Wehrkraftzersetzung‹ (6.3.1944-23.8.1944) und Einstellung des Verfahrens »mangels Beweises«. Er starb am 4.8.1949 während eines Kuraufenthalts in Bad Wildungen.

Heinrich Klar aus Breuna/Kr. Wolfhagen, geb. am 24.9.1904 Breuna/Kr. Wolfhagen, Arbeiter, aus politischen Gründen (Sohn eines »aktiven SPD-Manns«) im KZ Breitenau vom 12.7.1933 bis 28.7.1933.

August Kleinfelder aus Bad Orb/Kr. Gelnhausen, geb. am 12.11.1907 in Kassel/Kr. Gelnhausen, Händler, aus politischen Gründen (angeblich Anhänger der KPD) seit dem 26. März 1933 in Schutzhaft, verschiedene Strafanstalten; im KZ Breitenau vom 15.10.1933 bis 22.12.1933 inhaftiert, im Rahmen der Weihnachtsamnestie entlassen; 1940 Organisation Todt; Zwangsverpflichtung bei der Dynamit Nobel (Munitionsfabrik) in Stadtallendorf (ab 1940). Er starb am 1.6.1962.

Heinrich Kleinschmidt aus Ellingerode/Kr. Witzenhausen, geb. am 14.1.1906 in Laudenbach/Kr. Witzenhausen, Arbeiter, aus politischen Gründen (angeblich Anhänger der KPD) Schutzhaft seit dem 27. März 1933; im KZ Breitenau vom 24.6.1933 bis 16.10.1933 inhaftiert, anschließend KZ Börgermoor (bis 31.3.1934).

Leo Klug aus Flieden/Kr. Fulda, geb. am 12.11.1906 in Barmen, Arbeiter, aus politischen Gründen (ADGB, angeblich KPD) im KZ Breitenau vom 29.6.1933 bis 27.9.1933 inhaftiert.

Otto Knauf aus Kassel, geb. am 14.8.1900 in Kassel, Arbeiter, aus politischen Gründen (angeblich KPD, IAH) Schutzhaft seit dem 8.4.1933; im KZ Breitenau vom 1.9.1933 bis 16.10.1933, anschließend in Schutzhaft (bis 15.4.1934) in Nebenlagern des KZ Esterwegen.

Louis Knippschild aus Kassel, geb. am 19.5.1891 in Kassel, Heizer, aus politischen Gründen (»als Marxist an den Verfolgungen gegen die SA und NSDAP in der Altsstadt[5] beteiligt gewesen« [nat.soz. Polizeivorwurf vom März 1934]) im KZ Breitenau vom 1.9.1933 bis 17.3.1934 inhaftiert.

Gustav Knocke aus Karlshafen/Kr. Hofgeismar, geb. am 20.5.1903 in Osterwald/Kr. Hameln, Arbeiter, aus politischen Gründen (angeblich »KPD«) im KZ Breitenau vom 16.6.1933 bis 5.8.1933 inhaftiert.

Philipp Knögel aus Kassel, geb. am 3.1.1872 in Nastätten/Kr. St. Goarshausen, Schneidermeister, aus politischen Gründen (KJVD) im KZ Breitenau vom 24.10.1933 bis 6.2.1934 inhaftiert; Verurteilung durch OLG Kassel (23.3.1934) wegen »Vorbereitung zum Hochverrat« im Kasseler KJVD-Prozeß zu einem Jahr und sechs Monaten Gefängnis.

August Koch (Helsa) aus Helsa, geb. am 20.4.1912 in Helsa/Kr. Kassel, Arbeiter, im KZ Breitenau vom 19.9.1933 bis 30.10.1933 inhaftiert (Grund bzw. Anlaß der Inhaftierung unbekannt).

August Koch (Kassel) aus Kassel, geb. am 7.9.1906 in Kassel, Fahrbursche, aus politischen Gründen (angeblich KPD) im KZ Breitenau vom 22.12.1933 bis 26.1.1934 inhaftiert.

Georg Koch aus Martinhagen/Kr. Wolfhagen, geb. am 3.11.1914 in Martinhagen/Kr. Wolfhagen, Arbeiter, aus politischen Gründen (angeblich KPD) im KZ Breitenau vom 1.7.1933 bis 14.8.1933 inhaftiert.

Jean Koch aus Langenselbold/Kr. Hanau; geb. am 14.5.1889 in Mittelsheim, Arbeiter, aus politischen Gründen (wegen »beschimpfender Äußerungen der Reichsregierung«) im KZ Breitenau vom 16.9.1933 bis 20.9.1933, vom 23.9.1933 bis 30.10.1933 und vom 1.11.1933 bis 5.12.1933 inhaftiert. Er lebte nach 1947 in Langenselbold.

Wilhelm Koch II aus Calden/Kr. Hofgeismar, geb. am 17.7.1880 in Calden/Kr. Hofgeismar, Schneidermeister, aus politischen Gründen (angeblich KPD; wegen »Beleidigung des Obersten SA-Führers«) im KZ Breitenau vom 1.8.1933 bis 27.8.1933 inhaftiert; Verurteilung durch Sondergericht Kassel (28.8.1933) wegen »Vergehens gegen das Heimtückegesetz« zu einem Jahr und sechs Monaten Gefängnis; Arbeitserziehungslager Breitenau (26.8.-10.9.1941), weil er Schneiderarbeiten für Juden gefertigt hatte.

Christian Köhler aus Grebenstein, geb. am 4.3.1883 in Grebenstein/Kr. Hofgeismar, Invalide, im KZ Breitenau vom 5.8.1933 bis 11.9.1933 inhaftiert (Grund bzw. Anlaß der Inhaftierung unbekannt); Verurteilung durch Sondergericht Kassel (12.9.1933) wegen »Heimtücke« zu einem Jahr Gefängnis; Gefängnis Freiendiez (bis September 1934).

---

5   Siehe Fußnote 4.

Erwin Köhler s. Erwin ***Cohn**

Fritz Köhler aus Ravolzhausen/Kr. Hanau, geb. am 22.9.1895 in Ravolzhausen/Kr. Hanau, Kaufmann, im KZ Breitenau vom 30.9.1933 bis 2.3.1934 (Grund bzw. Anlaß der Inhaftierung unbekannt).

Ludwig Köhler aus Frankfurt/M., geb. am 7.12.1901 in Frankfurt/Main, Fuhrmann, aus politischen Gründen (angeblich KPD) Schutzhaft und KZ seit dem 13. Juli 1933; im KZ Breitenau vom 28.10.1933 bis 7.11.1933 inhaftiert; Verurteilung durch OLG Kassel (14./17.5.1935) wegen »Vorbereitung zum Hochverrat« zu einem Jahr und sechs Monaten Gefängnis.

Christian König (II) aus Niederschleidern/Kreis des Eisenbergs, geb. am 19.6.1868 in Niederschleiden/Kreis des Eisenbergs, Klempner, im KZ Breitenau vom 8.8.1933 bis 1.9.1933 inhaftiert (Grund bzw. Anlaß der Inhaftierung unbekannt).

Franz Kohl aus Kassel, geb. am 26.5.1905 in Altona, Bankbeamter, im KZ Breitenau vom 26.8.1933 bis 15.10.1933 und vom 19.10.1933 bis 22.12.1933 inhaftiert (Grund bzw. Anlaß der Inhaftierung unbekannt).

Wilhelm Kohl aus Hanau, geb. am 7.11.1888 in Hanau, Silberschmied, aus politischen Gründen (angeblich Anhänger der KPD; »war Leiter des Kreis-Erwerbslosenausschusses«) im KZ Breitenau vom 23.9.1933 bis 8.11.1933 inhaftiert; erneut 1935 in Schutzhaft genommen.

Philipp Kohn aus Fulda, geb. am 24.6.1873 in Mohr (Schleswig-Holstein), Geschäftsinhaber, aus antisemitischem Motiv (als Jude verfolgt) im KZ Breitenau vom 9.9.1933 bis 11.9.1933 und vom 16.9.1933 bis 10.10.1933 inhaftiert.

Daniel Kolb aus Rückingen/Kr. Hanau, geb. am 29.1.1898 in Trebus (Brandenburg), Kraftfahrer, aus politischen Gründen (angeblich aktives KPD-Mitglied) im KZ Breitenau vom 23.9.1933 bis 17.11.1933 inhaftiert; anschließend KZ Lichtenburg; er sollte anläßlich der Weihnachtsamnestie 1933 entlassen werden.

Karl Kraft (I), aus Oberelsungen /Kr. Wolfhagen; geb. am 10.11.1915 in Oberelsungen/Kr. Wolfhagen, Zimmermann, im KZ Breitenau vom 11.9.1933 bis 7.10.1933 (Grund bzw. Anlaß der Inhaftierung unbekannt).

Karl (Carl) Kraft (II) aus Nieste/Kr. Kassel; geb. am 18.9.1874 in Nieste/Kr. Kassel, Landwirt, führender SPD-Politiker, Bürgermeister in Nieste (bis zu seiner gewaltsamen Amtsenthebung durch die Nazis), Mitglied des preuß. Landtags für den Wahlkreis 19 (seit 1925); aus politischen Gründen im KZ Breitenau vom 29.6.1933 bis 28.7.1933; erneute Festnahme im Rahmen der »Aktion Gewitter« (22.8.1944); Zuchthaus Wehlheiden, KZ Sachsenhausen (bis 17. 10.1944); nach dem Krieg wieder Bürgermeister in Nieste und Kreistagsabgeordneter (SPD) im Landkreis Kassel. Er starb am 25.6.1952.

Friedrich (Fritz) Kramer aus Kassel, geb. am 13.4.1886 in Homberg, Gastwirt, aus politischen Gründen (als Kommunist) inhaftiert, im Polizeigefängnis Kassel schwer mißhandelt und in Untersuchungshaft (ab 23.11.1933); Freispruch durch OLG Kassel (17.2.1934) vom Hochverratsvorwurf »mangels Beweises«; im KZ Breitenau vom 22.2.1934 bis 12.3.1934 inhaftiert; weitere Verhaftungen und Gefängnisaufenthalte (1936-1937).

Georg Kramm aus Guxhagen/Kr. Melsungen, geb. am 28.1.1903 in Kassel, Bäcker, aus politischen Gründen (politischer Führer der KPD-Ortsgruppe Guxhagen) im KZ Breitenau vom 29.6.1933 bis 13.9.1933 inhaftiert; er kehrte aus sowjetischer Kriegsgefangenschaft nach Guxhagen zurück (September 1945).

Gustav Kramm aus Grebenstein/Kr. Hofgeismar, geb. am 9.10.1905 in Grebenstein/Kr. Hofgeismar, Arbeiter, im KZ Breitenau vom 5.8.1933 bis 7.10.1933 inhaftiert (Grund bzw. Anlaß der Inhaftierung unbekannt).

Ludwig Krause aus Kassel, geb. am 7.8.1900 in Niedenstein/Kr. Fritzlar-Homberg, Schlosser, aus politischen Gründen (KPD, Roter Frontkämpferbund) am 1.3.1933 verhaftet, Polizeigefängnis Kassel; im KZ Breitenau vom 28.7.1933 bis 5.9.1933 und vom 15.9.1933 bis 22.12.1933 inhaftiert; Verurteilung durch OLG Kassel (15.2.1935) wegen »Vorbereitung zum Hochverrat« zu einem Jahr und zehn Monaten Gefängnis.

Heinrich Krebs aus Kassel, geb. am 8.9.1872 in Heckershausen/Kr. Kassel, Maurer, aus politischen Gründen (wegen kritischer Äußerungen über den Obersten SA-Führer Ernst Röhm) in den Kasseler ›Bürgersälen‹ mißhandelt und im KZ Breitenau vom 15.9.1933 bis 18.9.1933 inhaftiert.

Wilhelm Kreitz aus Kassel, geb. am 29.11.1882 in Geismar/Kr. Göttingen, Schriftsetzer, SPD, Schriftleiter (seit 1907) des »Kasseler Volksblatts« (SPD) und deren leitender Redakteur (1933), Stadtverordneter in Kassel; gegen ihn wurden von NSDAP-Funktionären mehrere Prozesse angestrengt; aus politischen Gründen Schutzhaft am 10. Juni 1933; im KZ Breitenau vom 29.6.1933 bis 5.8.1933 inhaftiert. Mitglied der Stadtverordnetenversammlung (1946-1952). Er starb am 8.4.1965 in Kassel.

Clemens Krenz aus Gertenbach/Kr. Witzenhausen, geb. am 20.11.1901 in Helbra/Kr. Seekreis Mansfeld, Reisender, im KZ Breitenau vom 24.6.1933 bis 28.9.1933 inhaftiert (Grund bzw. Anlaß der Inhaftierung unbekannt).

Heinrich Kress aus Enkheim/Kr. Hanau, geb. am 18.9.1906 in Enkheim/Kr. Hanau, Weißbinder, im KZ Breitenau vom 23.9.1933 bis 23.12.1933 inhaftiert (Grund bzw. Anlaß der Inhaftierung unbekannt).

Wolf [Wilhelm Johann?]Kreutzer aus Oberissigheim/Kr. Hanau, geb. am 5.1.1899 in Oberissigheim/Kr. Hanau, Arbeiter, KPD-Gemeindevertreter, seit Ende März 1933 in Schutzhaft, aus politischen Gründen im KZ Breitenau vom 30.9.1933 bis 23.12.1933 inhaftiert.

Georg Kroll aus Immenhausen/Kr. Hofgeismar, geb. am 21.1.1911 in Immenhausen/Kr. Hofgeismar, Schuhmacher, aus politischen Gründen (wegen angeblicher Betätigung für die illegale KPD) inhaftiert; im KZ Breitenau vom 5.8.1933 bis 27.9.1933; Anklage wegen »Vorbereitung zum Hochverrat« (22.6.1934); Verurteilung durch OLG Kassel wegen »Vorbereitung zum Hochverrat« zu einem Jahr und drei Monaten Gefängnis; Strafanstalt Kassel, Hameln, Wesermünde [heute: Bremerhaven] (bis Juli 1935).

Konrad Krüger aus Gelnhausen, geb. am 24.8.1898 in Graudenz, Dachdecker, aus politischen Gründen (»Hauptträdelsführer der KPD bzw. des Reichsbanners und sehr gehässiger und verbissener Gegner der nat.soz. Erhebung«) Schutzhaft im Strafgefängnis Frankfurt-Preungesheim (März bis August 1933); im KZ Breitenau vom 8.8.1933 bis 10.11.1933 inhaftiert, anschließend wahrscheinlich KZ Esterwegen (bis April 1934). Er lebte 1950 in Gelnhausen. Später verzog er nach Singen.

Otto Krüger aus Bad Sooden-Allendorf, geb. am 11.12.1907 in Heringen/Kr. Hersfeld, Schmied, aus politischen Gründen (wegen angeblich »tätlicher Angriffe gegen NSDAP-Mitglieder«) verhaftet; im KZ Breitenau vom 13.9.1933 bis 30.9.1933 und vom 30.10.1933 bis 22.12.1933 inhaftiert.

Heinrich Krug aus Großenritte/Kr. Kassel, geb. am 24.3.1916 in Großenritte/Kr. Kassel, Maurer, aus politischen Gründen (KJVD) im KZ Breitenau vom 7.10.1933 bis 20.10.1933 und vom 27.10.1933 bis 16.3.1934; Verurteilung durch OLG Kassel im Kasseler KJVD-Prozeß (23.3.1934) zu acht Monaten Gefängnis; Strafanstalt Halle/Saale.

Karl Küllmer aus Reichensachsen/Kr. Eschwege, geb. am 22.5.1900 in Reichensachsen/Kr. Eschwege, Schlosser, führender Kommunist in Eschwege; MdR (1933); aus politischen Gründen seit 1.3.1933 in Schutzhaft, KZ Sonnenburg (März bis September 1933); im KZ Breitenau vom 24.10.1933 bis 17.11.1933 inhaftiert; Verurteilung durch OLG Kassel (22./24.11.1934) wegen »Vorbereitung zum Hochverrat« zu einem Jahr Gefängnis; Strafanstalt Kassel-Wehlheiden (bis 23.11.1935). Er starb am 4.1.1977 in Eschwege. (Zu seiner Person mehr S.189 ff.).

Johann Kuprian aus Hanau, geb. am 2.11.1899 in Hütten, Packer, aus politischen Gründen (angeblich KPD) im KZ Breitenau vom 16.9.1933 bis 8.11.1933, anschließend KZ Sonnenburg (wahrscheinlich bis 28.3.1934). Er lebte nach 1945 in Hanau, wo er am 18.2.1968 starb.

Felix Lang aus Wien, geb. am 22.7.1892 in Wien, Koch, im KZ Breitenau vom 12.10.1933 bis 19.10.1933 inhaftiert (Grund bzw. Anlaß der Inhaftierung unbekannt).

Karl Lange aus Kassel, geb. am 26.11.1905 in Kassel, Kaufmann, im KZ Breitenau vom 21.11.1933 bis 24.12.1933 inhaftiert (Grund bzw. Anlaß der Inhaftierung unbekannt).

Justus Langenau aus Kassel, geb. am 27.2.1888 in Kassel, Kaufmann, im KZ Breitenau vom 18.8.1933 bis 7.9.1933 inhaftiert (Grund bzw. Anlaß der Inhaftierung unbekannt).

Alwin Lapp aus Dörnigheim/Kr. Hanau, geb. am 5.9.1905 in Dörnigheim/Kr. Hanau, Schreiner, aus politischen Gründen (angeblich KPD, RGO, Kampfbund gegen den Faschismus) im KZ Breitenau vom 30.9.1933 bis 22.12.1933; erneute Inhaftierung (Februar 1935); Verurteilung durch OLG Kassel (7.6.1935) im Verfahren gegen Paul Joerg u.a. wegen »Vorbereitung zum Hochverrat« zu einem Jahr und zwei Monaten Gefängnis; Strafanstalt Freiendiez (bis April 1936). Nach dem Krieg Bürgermeister in Dörnigheim. Er starb am 23.8.1950 in Dieburg.

Paul Lehmann aus Trockenerfurth/Kr. Borken, geb. am 20.8.1906 in Benndorf/Mansfelder Seekreis, Bergbaustudent, seit Dezember 1933 in Schutzhaft in Borken und Kassel (Karlshospital) aus politischen Gründen (weil er sich öffentlich gegen die »Gewaltmethoden« der NSDAP ausgesprochen hatte) im KZ Breitenau vom 1.2.1934 bis 12.3.1934 inhaftiert.

Jakob Leister aus Nied/Kr. Frankfurt a.M., geb. am 26.7.1897 in Sülzbach/Kr. Heilbronn, Kranführer, aus politischen Gründen (angeblich KPD) mehrfach seit Juni 1933 inhaftiert; im KZ Breitenau vom 28.10.1933 bis 7.11.1933; anschließend wahrscheinlich KZ Sonnenburg (bis April 1934).

Walter Leng aus Kassel, geb. am 7.2.1907 in Portz-Urbach/Kr. Mülheim a. Rh., Kaufmann, aus politischen Gründen (Wiederaufbau der verbotenen KPD) im KZ Breitenau vom 19.10.1933 bis 20.10.1933 inhaftiert; Freispruch durch OLG Kassel (17.2.1934) mangels Beweises); erneut im KZ Breitenau (vom 2.3.1934 bis 16.3.1934). Er lebte 1981 in Kassel.

Wilhelm Lenz aus Schlüchtern, geb. am 13.02.1901 in Aßlar-Klein-Altenstädten, Arbeiter, aus politischen Gründen (angeblich KPD) im KZ Breitenau vom 20.10.1933 bis 8.12.1933 inhaftiert.

Heinrich Lesch, aus Homberg, geb. am 30.11.1901 in Wernswig/Kr. Fritzlar-Homberg, Bergmann, SPD, Eiserne Front; wegen kritischer Äußerungen (»es gehe ihm zur Zeit noch schlechter als vor der Machtübernahme«) im KZ Breitenau vom 8.8.1933 bis 30.8.1933, ›Heimtücke‹-Verfahren eingestellt (September 1933).

Adolf Levy aus Karlshafen, geb. am 20.9.1907 in Langenau, Metzger, aus antisemitischen Motiven (als Jude verfolgt) im KZ Breitenau vom 19.6.1933 bis
29.6.1933 inhaftiert.

Dr. Michael Lewinsohn aus Steinau/Kr. Schlüchtern, geb. am 21.3.1904 in
Pskow/UdSSR, Chemiker, im KZ Breitenau vom 22.6.1933 bis 11.9.1933
inhaftiert (Grund bzw. Anlaß der Inhaftierung unbekannt).

Otto Lilienfeld aus Rückingen/Kr. Hanau; geb. am 27.3.1907 in Rückingen/Kr.
Hanau, Kaufmann, aus antisemitischen Motiven im KZ Breitenau vom
30.9.1933 bis 17.11.1933 inhaftiert, anschließend KZ Lichtenburg; erneute
Festnahme im November 1938; KZ Buchenwald (bis 31.12.1938); illegale
Flucht nach Belgien; Verhaftung und Abschiebung nach Frankreich; Lager
Gurs, Lager »Les Milles«, Sammellager Drancy; KZ Auschwitz, wo er am
19.9.1942 ums Leben kam.

Kurt Lindner aus Fulda, geb. am 17.11.1901 in Oels (Regierungsbezirk Breslau), Schreinermeister, aus politischen Gründen (als Sozialdemokrat) im
KZ Breitenau vom 14.7.1933 bis 14.8.1933 inhaftiert.

Peter Linz aus Bruchköbel/Kr. Hanau, geb. am 20.11.1881 in Bruchköbel/Kr.
Hanau, Maurer, aus politischen Gründen (angeblich Anhänger der KPD)
im KZ Breitenau vom 16.9.1933 bis 23.12.1933 inhaftiert.

Heinrich Lipphardt aus Niederkaufungen/Kr. Kassel, geb. am 19.8.1906 in
Niederzwehren/Kr. Kassel, Schreiner, aus politischen Gründen (»rühriger
Anhänger des Kommunismus«) im KZ Breitenau vom 12.7.1933 bis
14.8.1933 und vom 21.8.1933 bis 27.9.1933, anschließend Polizeigefängnis
Kassel (bis 7.11.1933). Er lebte nach 1947 in Heiligenrode/Kr. Kassel. Er
starb 1997 in Heiligenrode.

Wilhelm Lissmann aus Hanau, geb. am 23.12.1901 Langendiebach/Kr. Hanau,
Arbeiter, als Kommunist verhaftet; im KZ Breitenau vom 23.12.1933 bis
4.1.1934 und vom 9.1.1934 bis 16.1.1934; er soll im KZ Breitenau schwer
mißhandelt worden sein.

Otto Literski aus Hanau, geb. am 27.10.1901 in Hannover, Transportarbeiter,
im KZ Breitenau vom 23.12.1933 bis 3.1.1934 und vom 9.1.1934 bis
16.1.1934 inhaftiert (Grund bzw. Anlaß der Inhaftierung unbekannt).

Benjamin Loewenberg aus Wächtersbach/Kr. Gelnhausen, geb. am 21.2.1909
in Wächtersbach/Kr. Gelnhausen, Kaufmann, aus politischen Gründen
(»Hauptträdelsführer der KPD bzw. des Reichsbanners und sehr gehässiger
und verbissener Gegner der nat.soz. Erhebung«) und aus antisemitischen
Motiven im KZ Breitenau vom 8.8.1933 bis 10.11.1933 inhaftiert.

Georg Lörper aus Kassel, geb. am 23.12.1909 in Kassel, Monteur, aus politischen
Gründen (KPD, RFB, Kampfbund gegen den Faschismus,) verhaftet; im
August 1933 dem SS-Pionier-Sturm ausgeliefert und im »Wasser-

sporthaus« schwer mißhandelt; im KZ Breitenau vom 1.9.1933 bis 29.9. 1933 inhaftiert, anschließend Polizeigefängnis Kassel (bis 21.12.1933); erneute Verhaftung (April 1936);Verurteilung durch OLG Kassel (14.7. 1936) wegen »Vorbereitung zum Hochverrat« zu einem Jahr und sechs Monaten Gefängnis; Strafgefangenen-Moorlager Ahlen-Falkenberg; erneute Schutzhaft (1939) und Verurteilung (im Jahre 1941 wegen angeblicher Teilnahme an einem Sprengstoffattentat gegen das »Kasseler Volksblatt« im Jahre 1931) zu drei Jahren Zuchthaus; Zuchthaus Wehlheiden (bis Oktober 1942); anschließend Strafbataillon 999.

Ernst Lohagen aus Kassel, geb. am 12.5.1897 in Elberfeld, Parteiangestellter, seit dem 15. Mai 1933 in Schutzhaft im Polizeigefängnis Kassel; von 1924/25 bis etwa 1931 der führende Kopf der Kommunistischen Partei im Bezirk Hessen-Waldeck; MdR (1930-1932); Mitglied des Kommunallandtags; Mitte 1931 als Funktionär in Kassel abgesetzt; im KZ Breitenau vom 16.6.1933 bis 16.10.1933 inhaftiert, von dort KZ Papenburg; erneute Verhaftung (23.7.1935) (»führend an dem Neuaufbau der KPD beteiligt«); Verurteilung durch Volksgerichtshof (19.1.1938) zu 15 Jahren Zuchthaus. In der SBZ/DDR zahlreiche hohe Ämter und Funktionen, z.B. 1946-1952 Mitglied des Parteivorstands bzw. ZK der SED; 1952 wegen »Unterdrückung der Kritik, parteischädigendem Verhalten« aus dem ZK ausgeschlossen und »Arbeiterveteran«. Er starb am 2.11.1971. Seine Frau Paula Lohagen, Kommunistin und in gleicher Weise politisch wie er gegen den Nationalsozialismus im Untergrund tätig, wurde ebenso hart verfolgt. Im Sommer 1935 wurde sie gemeinsam mit ihm verhaftet und zu drei Jahren Zuchthaus verurteilt; Strafanstalt Ziegenhain; KZ Ravensbrück; KZ Auschwitz, wo sie (1944) umkam.

Friedrich Loose aus Niederelsungen/Kr. Wolfhagen, geb. am 23.2.1909 in Niederelsungen/Kr. Wolfhagen, Schneider, aus politischen Gründen (angeblich KPD) im KZ Breitenau vom 16.6.1933 bis 19.7.1933 inhaftiert; erneute Verhaftung und Verurteilung durch OLG Kassel (20.7.1937) wegen »Vorbereitung zum Hochverrat« zu einem Jahr und neun Monaten Gefängnis. Er lebte nach 1945 in Niederelsungen.

Wilhelm Lukan aus Harleshausen [heute Kassel], geb. am 16.3.1889 in Zierenberg/Kr. Wolfhagen, Sozialdemokrat; Bürgermeister [in Harleshausen] a.D., da aus polit. Gründen am 24.3.1933 ›beurlaubt‹ und am 12.10.1933 entlassen, im KZ Breitenau vom 29.6.1933 bis 3.10.1933 inhaftiert.

Johann Mangasser aus Ludwigshafen, geb. am 28.12.1910 in Algringen/Algrange (Frankreich), Polsterer, im KZ Breitenau vom 16.9.1933 bis 23.12.1933 inhaftiert (Grund bzw. Anlaß der Inhaftierung unbekannt).

Wilhelm Marquardt aus Kassel, geb. am 8.4.1901 in Lennep, Invalide, aus politischen Gründen (angeblich KPD) im KZ Breitenau vom 11.8.1933 bis 8.9.1933 inhaftiert.

Hans M. aus Bad Wildungen, geb. am 27.7.1901 in Wolfsanger/Kr. Kassel, Buchhalter, im KZ Breitenau vom 1.11.1933 bis 28.11.1933 als SA-Mann inhaftiert.

Paul Masch aus Wellen/Kr. d. Eder, geb. am 11.10.1904 in Freienwalde/Kr. Barnim, Stellmacher, Schutzhaft seit Mai 1933; OLG Kassel sprach ihn im Untersuchungsverfahren wegen Beteiligung an Brandstiftung mangels Beweises frei (19.7.1933); im KZ Breitenau vom 31.7.1933 bis 27.9.1933 inhaftiert.

Alfred Matthes aus Kassel, geb. am 12.2.1891 in Rechenbach/Vogtl., Geschäftsführer, Gauleiter Hessen-Nassau des Zentralverbandes der Arbeitsinvaliden, aus politischen Gründen (Sozialdemokrat) im KZ Breitenau vom 5.7.1933 bis 28.7.1933 inhaftiert; KZ Sachsenhausen (22.8.-26.9.1944) im Rahmen der »Aktion Gewitter«, zum Volkssturm verpflichtet; in Polen vermißt.

Ernst Matzak aus Kassel, geb. am 22.4.1909 in Biskupitz/Kr. Hindenburg, Koch, aus politischen Gründen (Mitglied des KJVD) in Schutzhaft im Polizeigefängnis Kassel (Mai 1933); anschließend im KZ Breitenau vom 19.7.1933 bis 13.9.1933 inhaftiert.

Paul Melcher aus Kassel, geb. am 21.1.1899 in Kassel, Elektromonteur, aus politischen Gründen (KPD, RGO) seit April 1933 mehrfach in Schutzhaft; im KZ Breitenau vom 1.7.1933 bis 28.9.1933 inhaftiert. Er lebte nach 1945 in Kassel.

Heinrich Merle aus Kassel, geb. am 17.7.1907 in Düsseldorf, Arbeiter, führender Kommunist in Kassel (Kampfbund gegen den Faschismus), aus politischen Gründen im KZ Breitenau vom 16.6.1933 bis 12.10.1933 inhaftiert; Untersuchungshaft (seit 18.10.1933); Verurteilung durch Schwurgericht Kassel (wegen seiner angeblichen Beteiligung an einem Todesfall aus dem Jahre 1931) zu drei Jahren Gefängnis (20.4.1934); Strafanstalt Hameln und Straflager Emsland (bis Dezember 1937); anschließend KZ Buchenwald; KZ Lublin-Majdanek, KZ Auschwitz und KZ Mauthausen; von dort KZ Melk/Donau und KZ Ebensee; seit Mai 1945 vermißt; er wurde später für tot erklärt.

Franz Merten aus Vallendar/Kr. Koblenz; geb. am 21.10.1911 in Vallendar/Thongrube, Landwirt, aus politischen Gründen (angeblich KPD) im KZ Breitenau vom 9.9.1933 bis 16.10.1933 inhaftiert.

Fritz Messerschmidt aus Wilhelmshausen, geb. am 18.10.1909 in Wilhelmshausen/Kr. Kassel, Arbeiter, im KZ Breitenau vom 1.7.1933 bis 14.8.1933 inhaftiert (Grund bzw. Anlaß der Inhaftierung unbekannt).

Wilhelm Metz aus Homberg, geb. am 15.5.1912 in Gombeth/Kr. Fritzlar-Homberg, Gespannführer, im KZ Breitenau vom 14.1.1934 bis 16.1.1934 inhaftiert (Grund bzw. Anlaß der Inhaftierung unbekannt).

Josef Meyer aus Hanau, geb. am 21.9.1912 in Hanau, Arbeiter, im KZ Breitenau vom 23.12.1933 bis 2.1.1934 inhaftiert (Grund bzw. Anlaß der Inhaftierung unbekannt).

Karl Meyer aus Hanau, geb. am 10.9.1911 in Hanau, Arbeiter, im KZ Breitenau vom 23.12.1933 bis 2.1.1934 inhaftiert (Grund bzw. Anlaß der Inhaftierung unbekannt).

Louis Meyer aus Korbach/Kr.d.Eisenbergs, geb. am 18.2.1880 in Hildesheim, Volksschullehrer und Kantor, als Sozialdemokrat und Jude verfolgt; im KZ Breitenau vom 1.7.1933 bis 28.9.1933 inhaftiert; Deportation in das KZ Dachau (1937), KZ Buchenwald (September 1938 – Juni 1939); Emigration nach Palästina. Sein Sohn [Hermann?] wurde später deportiert und gilt als verschollen.

Otto Miedl aus Hanau und Rückingen, geb. am 7.12.1895 in Passau, Arbeiter, in Schutzhaft aus politischen Gründen (KPD, Kampfbund gegen Faschismus); Freispruch im Verfahren wegen »Vorbereitung zum Hochverrat« (26. 8.1933); im KZ Breitenau vom 1.9.1933 bis 8.11.1933 inhaftiert, anschließend KZ Sonnenburg (bis 23.12.1933).

Arthur Mielke aus Bad Wildungen, geb. am 26.2.1891 in Bischofswerda/Kr. Schlochau, Melker, seit dem 28.3.1933 aus politischen Gründen in Schutzhaft; wegen »wiederholter Agitation für die KPD« im KZ Breitenau vom 19.7.1933 bis 10.11.1933, anschließend KZ Sonnenburg (bis 23.12.1933).

Hans Minkler aus Altenritte, geb. am 27.3.1910 in Altenritte/Kr. Kassel, Maler, seit Frühjahr 1933 in Schutzhaft aus politischen Gründen (wegen »kommunistischer Betätigung«; Kandidat einer KPD-Liste für die Gemeindewahlen); im KZ Breitenau vom 19.6.1933 bis 13.9.1933 inhaftiert. Er lebte nach 1945 in Altenritte/Kr. Kassel.

Karl Mittelstädt aus Großauheim/Kr. Hanau, geb. am 1.12.1880 in Barth/Kr. Franzburg, Former, aus politischen Gründen (KPD) seit dem 23.3.1933 in Schutzhaft; im KZ Breitenau vom 23.9.1933 bis 17.3.1934; erneutes politisches Verfahren wegen kritischer Äußerungen zur Wehrmacht (1941), das vom Volksgerichtshof an das OLG Kassel verwiesen wurde. Er starb am 9.5.1960 in Großauheim.

Eduard Möller (Fritzlar), aus Fritzlar, geb. am 15.1.1899 in Fritzlar, Elektromonteur, im KZ Breitenau vom 23.10.1933 bis 6.12.1933 inhaftiert (Grund bzw. Anlaß der Inhaftierung unbekannt).

Eduard Möller (Schmalkalden), aus Schmalkalden, geb. am 1.8.1884 in Schmalkalden, Schmied, im KZ Breitenau vom 9.9.1933 bis 21.10.1933 inhaftiert (Grund bzw. Anlaß der Inhaftierung unbekannt).

Johannes Möller aus Hersfeld, geb. am 30.3.1898 in Hersfeld, Rohrleger, aus politischen Gründen (angeblich Anhänger der KPD) im KZ Breitenau vom 23.9.1933 bis 22.12.1933 inhaftiert.

Konrad Mönch aus Ziegenhain, geb. am 22.11.1913 in Ziegenhain, Schmied, im KZ Breitenau vom 19.9.1933 bis 1.11.1933 und vom 10.11.1933 bis 25.11.1933 inhaftiert (Grund bzw. Anlaß der Inhaftierung unbekannt).

Adam Mösinger aus Gelnhausen, geb. am 11.11.1906 in Frankfurt/Main, Schmied, aus politischen Gründen (KPD, Internationale Arbeiterhilfe) in Schutzhaft seit dem 2.4.1933; im KZ Breitenau vom 8.8.1933 bis 10.11.1933 inhaftiert, anschließend KZ Sonnenburg und KZ Esterwegen (bis April 1934); am 1.9.1939 erneut verhaftet; KZ Sachsenhausen; Strafeinheit Dirlewanger (7.11.1944-19.4.1945). Er lebte 1951 in Gelnhausen.

Max Mohaupt aus Korbach, geb. am 15.10.1909 in Posen, Arbeiter, aus politischen Gründen (angeblich »KPD-Funktionär«) im KZ Sonnenburg, anschließend im KZ Breitenau vom 21.9.1933 bis 10.11.1933, dann im KZ Esterwegen (bis November 1934) inhaftiert.

Johann Mohr aus Gersfeld/Kr. Fulda, geb. am 1.6.1883 in Hettenhausen/Kr. Fulda, Landwirt, im KZ Breitenau vom 29.6.1933 bis 14.7.1933 inhaftiert (Grund bzw. Anlaß der Inhaftierung unbekannt).

Hans Mühlbauer aus Enkheim, geb. am 12.9.1910 in Enkheim/Kr. Hanau, Autoschlosser, aus politischen Gründen (Anhänger der KPD) im KZ Breitenau vom 23.9.1933 bis 23.12.1933 inhaftiert.

Karl Mühlberger aus Kassel, geb. am 7.2.1897 in Heidenheim, Kaufmann, aus politischen Gründen (wegen abfälliger Bemerkungen über den preußischen Ministerpräsidenten H. Göring) im KZ Breitenau vom 7.10.1933 bis 22.12.1933 inhaftiert.

Adolf Müller aus Hanau, geb. am 12.8.1896 in Hanau, Weißbinder, hatte als Stadtverordneter auf der Liste der KPD kandidiert, politischer Führer der KPD in Hanau; mehrere Inhaftierungen seit dem 5.3.1933; im KZ Breitenau vom 23.9.1933 bis 8.11.1933 inhaftiert, anschließend KZ Sonnenburg und KZ Esterwegen (bis 29.3.1934); am 1.9.1939 erneute Inhaftierung; KZ Sachsenhausen (bis Juli 1943); KZ Dachau (bis 14.10.1944).

Arthur Müller aus Hanau, geb. am 25.2.1914 in Hanau, Schleifer, im KZ Breitenau vom 16.9.1933 bis 8.11.1933 und vom 10.11.1933 bis 11.12.1933 inhaftiert (Grund bzw. Anlaß der Inhaftierung unbekannt).

Hans Müller aus Witzenhausen, geb. am 27.1.1894 in Wolfsanger/Kr. Kassel, Schlosser, KPD-Stadtverordneter in Witzenhausen, aus politischen Gründen (KPD-Funktionär) seit 25.3.1933 in Schutzhaft; im KZ Breitenau vom 24.6.1933 bis 20.9.1933 inhaftiert.

Heinrich Müller aus Oberkaufungen/Kr. Kassel, geb. am 3.10.1907 in Oberkaufungen/Kr. Kassel, Weißbinder, aus politischen Gründen (wegen Verweigerung des »Arbeitsdienstes«) im KZ Breitenau vom 14.8.1933 bis 27.9.1933 inhaftiert.Er starb 1973 in Hessisch Lichtenau.

Walter Müller aus Kassel, geb. am 25.1.1912 in Kassel, Bäckerlehrling, im KZ Breitenau vom 12.7.1933 bis 25.8.1933 inhaftiert (Grund bzw. Anlaß der Inhaftierung unbekannt).

Willi Müller aus Kassel, geb. am 6.8.1900 in Spolldorf, Reisender, aus politischen Gründen (angeblich Anhänger der KPD) im KZ Breitenau vom 15.9.1933 bis 22.12.1933 inhaftiert.

Hugo M. aus Mauswinkel/Kr. Gelnhausen, geb. am 27.9.1912 in Haspe/Kr. Hagen, Arbeiter, im KZ Breitenau vom 4.10.1933 bis 30.10.1933 als SA-Mann inhaftiert.

Karl Nagel aus Kassel, geb. am 22.12.1883 in Kassel, Arbeiter, aus politischen Gründen (»hat öfter durch Äußerungen [Rot-Front-Rufe] die Nat. Reg. verächtlich gemacht«) im KZ Breitenau vom 26.8.1933 bis 16.3.1934 inhaftiert.

Heinrich Nehrke aus Kassel, geb. am 8.6.1910 in Kassel, Arbeiter, im KZ Breitenau vom 21.8.1933 bis 27.9.1933 inhaftiert (Grund bzw. Anlaß der Inhaftierung unbekannt).

Friedrich Neidhardt aus Hanau, geb. am 29.9.1899 in Langenselbold/Kr. Hanau, Arbeiter, aus politischen Gründen (»war an Überfällen auf SA-Leute beteiligt«) im KZ Breitenau vom 30.9.1933 bis 8.11.1933 inhaftiert, anschließend KZ Sonnenburg, KZ Esterwegen (bis 30.9.1934).

Johann Neidhardt aus Hanau, geb. am 16.5.1875 in Langenselbold/Kr. Hanau, Zimmermann, aus politischen Gründen (Funktionär der KPD) im KZ Breitenau vom 23.12.1933 bis 5.1.1934 und vom 9.1.1934 bis 12.3.1934 inhaftiert, anschließend Polizeigefängnis Kassel; Verurteilung durch OLG Kassel (25.5.1934) wegen »Vorbereitung zum Hochverrat« zu einem Jahr und drei Monaten Gefängnis; Strafanstalt Hameln u.a. (bis 1.11.1935).

Richard Nestler aus Ochshausen/Kr. Kassel, geb. am 22.9.1881 in Talheim, Obermelker, im KZ Breitenau vom 22.6.1933 bis 13.9.1933 inhaftiert (Grund bzw. Anlaß der Inhaftierung unbekannt). Er starb am 26.7.1966 in Lohfelden/Kr. Kassel.

Georg Neumann aus Kassel, geb. am 27.1.1896 in Kassel, Schlosser, aus politischen Gründen (kommunistischer Funktionär) im KZ Breitenau vom 8.8.1933 bis 19.10.1933 inhaftiert, Verurteilung durch OLG Kassel (10.11.1933) wegen »Vorbereitung zum Hochverrat« zu zwei Jahren und

sechs Monaten Zuchthaus; Zuchthaus Kassel-Wehlheiden und Strafgefangenenlager Börgermoor; anschließend KZ Lichtenburg, KZ Sachsenhausen (20.1.1936 bis 20.4.1939).

Friedrich Neusel aus Hohenkirchen/Kr. Hofgeismar, geb. am 11.12.1900 in Ho-
henkirchen/Kr. Hofgeismar, Schlosser, im KZ Breitenau vom 21.8.1933 bis
28.9.1933 inhaftiert (Grund bzw. Anlaß der Inhaftierung unbekannt).

Heinrich Niedling aus Kassel, geb. am 12.10.1898 in Marburg, Kellner, aus
politischen Gründen (wegen Streikaufruf und Angriffen gegen Behörden)
im KZ Breitenau vom 16.8.1933 bis 29.9.1933 inhaftiert.

Adam Nix aus Gelnhausen, geb. am 7.1.1907 in Frankfurt/Main, Arbeiter, aus
politischen Gründen (»Hauptträdelsführer der KPD bzw. des Reichsbanners und sehr gehässiger und verbissener Gegner der nat.soz. Erhebung«)
am 22.3.1933 in Schutzhaft genommen; im KZ Breitenau vom 8.8.1933 bis
17.11.1933 inhaftiert, anschließend KZ Lichtenburg, KZ Esterwegen (bis
August 1934).

Ernst N. aus Kassel, geb. am 20.5.1900 in Wickenrode/Kr. Witzenhausen,
Bäcker, im KZ Breitenau vom 16.10.1933 bis 7.11.1933 als SA-Mann
inhaftiert.

Georg Nolte aus Immenhausen/Kr. Hofgeismar, geb. am 2.11.1909 in Immen-
hausen/Kr. Hofgeismar, Arbeiter, im KZ Breitenau vom 5.8.1933 bis
27.9.1933 inhaftiert (Grund bzw. Anlaß der Inhaftierung unbekannt).

Julius Oppenheim aus Kassel, geb. am 26.1.1885 in Kassel, Kaufmann, aus
antisemitischen Motiven im KZ Breitenau vom 1.11.1933 bis 30.11.1933
inhaftiert.

Josef Ott aus Wachenbuchen/Kr. Hanau, geb. am 24.2.1886 in Seligenstadt/Kr.
Offenbach, Lagerhalter beim Bezirkskonsumverein Hanau; diese Stelle
verlor er aus politischen Gründen (31.8.1933), im KZ Breitenau vom
30.9.1933 bis 22.12.1933 inhaftiert.

Kurt Otto aus Philippsthal/Kr. Hersfeld, geb. am 21.11.1910 in Gohlis, Abituri-
ent, aus politischen Gründen (»wegen systematischer Verhetzung der Bevölkerung und Verbreitung unwahrer Behauptungen«) im KZ Breitenau
vom 29.12.1933 bis 17.3.1934 inhaftiert. Nach 1945 amtierte er in
Philippsthal als Bürgermeister.

Ludwig Pappenheim aus Schmalkalden, geb. am 17.3.1887 in Eschwege, verantwortlicher Redakteur der »Volksstimme« (SPD), Stadtrat, Mitglied des
Kommunal- und Provinziallandtags sowie stellv. Landrat des Kr. Herrschaft Schmalkalden, aus politischen und antisemitischen Motiven im KZ
Breitenau vom 24.7.1933 bis 16.10.1933, anschließend KZ Börgermoor
und Neusustrum, dort wurde er (angeblich bei einem Fluchtversuch) am
4. Januar 1934 ermordet. (Näheres zu seiner Person S.191 ff.).

Heinrich Parthesius aus Grüsen/Kr. Frankenberg, geb. am 1.12.1901 in Grüsen/Kr. Frankenberg, Schreiner, aus politischen Gründen (als Sozialdemokrat) im KZ Breitenau vom 29.6.1933 bis 28.7./3.8.1933 inhaftiert. (Näheres zu seiner Person vgl. 203 f.).

Erich Pechmann aus Kassel, geb. am 5.6.1900 in Berlin, Fotograf, seit 2.3.1933 in Schutzhaft aus politischen Gründen (Kandidat für die Stadtverordnetenliste der KPD 1933), Freispruch (17.2.1934) durch OLG Kassel vom Vorwurf der »Vorbereitung zum Hochverrat« »mangels Beweises«; im KZ Breitenau vom 22.2.1934 bis 16.3.1934, anschließend Illegalität in Berlin und Amsterdam.

Ernst Pehlke aus Steinau/Kr. Schlüchtern, geb. am 28.12.1901 in Arnoldsdorf/Neisse, Arbeiter, aus politischen Gründen (Mitglied im »Internationalen Sozialistischen Kampfbund«), im KZ Breitenau vom 20.10.1933 bis 10.11.1933 inhaftiert, anschließend KZ Sonnenburg; Entlassung war für Weihnachten 1933 vorgesehen.

Johannes Pertgen aus Enkheim/Kr. Hanau, geb. am 8.1.1908 in Enkheim/Kr. Hanau, Kernmacher, aus politischen Gründen (Verdacht, »Druckschriften und Flugblätter kommunistischen Inhalts verbreitet zu haben«) im KZ Breitenau vom 23.9.1933 bis 27.10.1933 und vom 28.10.1933 bis 23.12. 1933 inhaftiert.

Paul Pertgen aus Enkheim/Kr. Hanau, geb. am 6.7.1910 in Enkheim/Kr. Hanau, Bruder von Johannes Pertgen (s.o.), Weißbinder, aus politischen Gründen (KPD) im KZ Breitenau vom 16.9.1933 bis 28.10.1933, anschließend Untersuchungsgefängnis Kassel; Verurteilung durch OLG Kassel (17. 11.1933) wegen »Vorbereitung zum Hochverrat« zu einem Jahr und sechs Monaten Gefängnis; Strafanstalt Hameln, Strafgefangenenlager Papenburg (bis 1.3.1935); Strafbataillon 999 (1.12. 1942 bis 28.12.1944), Kriegsgefangenschaft.

Eduard Peter aus Oberrodenbach/Kr. Hanau, geb. am 5.2.1898 in Oberrodenbach/Kr. Hanau, Arbeiter, im KZ Breitenau vom 23.12.1933 bis 3.1.1934 inhaftiert (Grund bzw. Anlaß der Inhaftierung unbekannt).

Rudolf Peters aus Heckershausen/Kr. Kassel, geb. am 12.11.1895 in Zetschdorf, Schlosser, Wohnungsdurchsuchung, aus politischen Gründen (KPD) Schutzhaft, Untersuchungshaft, Freispruch mangels Beweises durch OLG Kassel (17.2.1934), Fortsetzung der Polizeihaft, im KZ Breitenau vom 2.3.1934 bis 16.3.1934 inhaftiert.

Wilhelm Pfannkuch aus Heiligenrode/Kr. Kassel, geb. am 24.12.1881 in Heiligenrode/Kr. Kassel, Bürgermeister in Heiligenrode (bis zu seiner Absetzung durch die Nazis im März 1933), aus politischen Gründen (SPD) Schutzhaft (seit 14.6.1933), Polizeigefängnis Kassel, im KZ Breitenau vom

29.6.1933 bis 3.10.1933 inhaftiert; erneute Festnahme im Rahmen der »Aktion Gewitter« (22.8.1944), KZ Sachsenhausen (bis 5.10.1944). Er lebte nach 1945 in Heiligenrode.

Justus Pfeffermann aus Immenhausen/Kr. Hofgeismar, geb. am 5.11.1906 in Immenhausen/Kr. Hofgeismar, Schlosser, aus politischen Gründen (politischer Leiter der KPD Immenhausen) Schutzhaft (März, August 1933) und im KZ Breitenau vom 5.8.1933 bis 27.9.1933 inhaftiert, Untersuchungshaft (nachw. z.B. im Juni 1934); Verurteilung durch OLG Kassel (21.9.1934) wegen »Vorbereitung zum Hochverrat« zu zwei Jahren Gefängnis; Strafanstalt Hameln, Straflager Verden/Aller. Er starb am 25.5.1946 in Immenhausen.

Karl P. aus Kirchbracht, geb. am 4.1.1912 in Kirchbracht/Kr. Gelnhausen, Arbeiter, im KZ Breitenau vom 4.10.1933 bis 30.10.1933 als SA-Mann inhaftiert.

Wilhelm Pfromm aus Kassel, geb. am 6.10.1905 in Sandershausen/Kr. Kassel, Heizer, aus politischen Gründen (Verdacht, am Wiederaufbau der illegalen KPD beteiligt zu sein) seit Oktober in Schutzhaft und Untersuchungshaft; Freispruch durch OLG Kassel (17.2.1934) »mangels Beweises«; im KZ Breitenau vom 22.2.1934 bis 16.3.1934 inhaftiert; erneute Inhaftierung (Februar 1936) und Verurteilung durch OLG Kassel (7.8.1936) wegen »Vorbereitung zum Hochverrat« (er soll Kontakte zu einem KPD-Führer hergestellt und »Propagandamaterial« geliefert haben) zu sieben Jahren und sechs Monaten Zuchthaus verurteilt; Strafanstalt Kassel-Wehlheiden, Strafanstalt Bochum; dort kam er am 12.11.1942 ums Leben.

Paul Pickel aus Frankenberg, geb. am 6.11.1898 in Offenhausen (Mittelfranken), Müller, aus politischen Gründen (KPD, Roter Frontkämpferbund) im KZ Breitenau vom 29.6.1933 bis 20.9.1933 inhaftiert; erneute Inhaftierung 1937; Verurteilung durch OLG Kassel (17.8.1936) zu vier Jahren Zuchthaus wegen »Vorbereitung zum Hochverrat«; Zuchthaus Kassel-Wehlheiden, Münster/Westfalen; Provinzial-Heilanstalt Eichelborn/Westfalen; Landesheilanstalt Kloster Haina (bis Mai 1945); P. Pickel starb bei einem Verkehrsunfall im Jahr 1960. (Näheres zu seiner Person im Kapitel IX).

Heinrich Pierson aus Oberzwehren/Kr. Kassel, geb. am 10.6.1883 in Oberzwehren/Kr. Kassel, Lagerverwalter, Mitglied des Gemeinderats Oberzwehren und Kreisdeputierter im Landkreis Kassel, aus politischen Gründen (Sozialdemokrat) im KZ Breitenau vom 29.6.1933 bis 1.9.1933 inhaftiert. Mitglied der Stadtverordnetenversammlung Kassel (Mai-August 1946), ehrenamtlicher Stadtrat und Magistratsmitglied (1946). Er starb am 1.12.1955 in Kassel.

Karl Pilger aus Breuna/Kr. Wolfhagen, geb. am 24.4.1909 in Breuna/Kr. Wolfhagen, Maurer, aus politischen Gründen (wegen öffentlichen Singens der

»Internationalen«) im KZ Breitenau vom 12.7.1933 bis 8.8.1933 inhaftiert. Er lebt in Breuna.

Franz Pisulla aus Fritzlar, geb. am 21.2.1886 in Smolnitz/Gleiwitz, Lok.-Führer a.D., aus politischen Gründen (KPD) im KZ Breitenau vom 24.7.1933 bis 16.10.1933 inhaftiert; anschließend KZ Börgermoor (bis 23.12.1933); Verurteilung durch Sondergericht Kassel (19.8.1936) wegen »Heimtücke« zu neun Monaten Gefängnis; Gefängnis Hanau (bis 10.10.1937), anschliessend KZ Lichtenburg, KZ Buchenwald (bis 2. Mai 1941) .

Heinrich Plitzer aus Kassel, geb. am 29.12.1907 in Kassel, Arbeiter, aus politischen Gründen (»Verdacht sich an Ausschreitungen gegen SA-Männer beteiligt zu haben«) im KZ Breitenau vom 1.9.1933 bis 17.3.1934 inhaftiert.

Philipp Pohlmann aus Hanau, geb. am 23.6.1907 in Hanau, Etuimacher, aus politischen Gründen (»wegen Verdachts kommunistischer Umtriebe«) im KZ Breitenau vom 25.1.1934 bis 17.3.1934 inhaftiert.

Fritz Precht aus Ihringshausen/Kr. Kassel, geb. am 2.1.1883 in Lindau, Angestellter, SPD, Mitglied des Kreistags und Kreisausschusses Kassel-Land vor 1933, Mitglied des Provinziallandtags, Bürodirektor im Landratsamt Kassel, aus politischen Gründen im KZ Breitenau vom 5.7.1933 bis 28.7.1933; Mitglied der ersten Bundesversammlung (1949); Mitglied der Verfassungberatenden Landesversammlung Hessen (1945) und des Hessischen Landtags (1946-1951). Er starb am 9.1.1951 in Kassel.

Karl Preiss aus Hanau, geb. am 23.5.1906 in Hanau, Dreher, aus politischen Gründen (wegen des Verdachts der »Vorbereitung zum Hochverrat« und »Verbreitung hochverräterischer Schriften«; angeblich Anhänger der KPD) im KZ Breitenau vom 9.9.1933 bis 11.12.1933 inhaftiert.

Karl-August Quer aus Kassel, geb. am 21.4.1891 in Eltmannshausen/Kr. Eschwege, Lehrer, aus politischen Gründen (Sozialdemokrat und Gauführer des Reichsbanners Schwarz-Rot-Gold), im KZ Breitenau vom 16.6.1933 bis 29.6.1933 inhaftiert; Quer war bis 1944 Verfolgungsmaßnahmen ausgesetzt (Entlassung aus dem Schuldienst im März 1933, Kriegsdienstverpflichtung in einer Munitionsfabrik, Mißhandlungen, ständige Hausdurchsuchungen und Gestapohaft, Einberufung zum Volkssturm). Russische Kriegsgefangenschaft. Er starb am 10. Juli 1962.

Jakob Raabe aus Oberkaufungen, geb. am 24.4.1897 in Oberkaufungen/Kr. Kassel, Weber, aus politischen Gründen (KPD) im KZ Breitenau vom 14.8.1933 bis 11.9.1933 inhaftiert; Verurteilung durch OLG Kassel (12.1.1935) wegen »Vorbereitung zum Hochverrat« und Vergehen gegen das Sprengstoffgesetz zu einem Jahr und sechs Monaten Gefängnis; Strafanstalten Hameln und Hildesheim (bis Juli 1936). Er lebte nach 1947 in Oberkaufungen. Er starb dort am 11.5.1959.

Friedrich Rack aus Gelnhausen, geb. am 7.6.1906 in Niedermülbach, Friseur, aus politischen Gründen (angeblich »KPD-Funktionär«) im KZ Breitenau vom 8.8.1933 bis 22.12.1933 inhaftiert.

Rudolf Rech aus Hanau, geb. am 24.3.1907 in Hanau, Händler, im KZ Breitenau vom 23.12.1933 bis 3.1.1934 inhaftiert (Grund bzw. Anlaß der Inhaftierung unbekannt).

Willi Rech aus Hanau, geb. am 16.6.1910 in Hanau, Händler, im KZ Breitenau vom 23.12.1933 bis 3.1.1934 und vom 9.1.1934 bis 12.2.1934 inhaftiert (Grund bzw. Anlaß der Inhaftierung unbekannt).

Leopold Reichardt aus Melsungen, geb. am 26.11.1902 in Kassel, Arbeiter, im KZ Breitenau vom 1.7.1933 bis 16.8.1933 inhaftiert (Grund bzw. Anlaß der Inhaftierung unbekannt).

Georg Reiff aus Hofgeismar, geb. am 13.5.1882 in Lamerden/Kr. Hofgeismar, Steueroberwachtmeister, aus politischen Gründen (Sozialdemokrat) im KZ Breitenau vom 21.8.1933 bis 10.10.1933 inhaftiert; aus politischen Gründen vom Finanzamt Hofgeismar entlassen und weiteren Verfolgungsmaßnahmen ausgesetzt; Verhaftung im Rahmen der »Aktion Gewitter« (22.8.1944), KZ Sachsenhausen, KZ Oranienburg (bis November 1944). Er lebte nach dem Krieg in Hofgeismar.

Peter Reinicke aus Treysa/Kr. Ziegenhain, geb. am 13.3.1912 in Kellersberg, Arbeiter, im KZ Breitenau vom 20.2.1934 bis 23.2.1934 und vom 27.2.1934 bis 17.3.1934 inhaftiert (Grund bzw. Anlaß der Inhaftierung unbekannt).

Erich Reischert aus Kassel, geb. am 16.9.1904 in Kassel, Arbeiter, aus politischen Gründen (wegen »KPD-Propaganda am Arbeitsplatz«) im KZ Breitenau vom 21.9.1933 bis 12.10.1933 inhaftiert.

Konrad Reis aus Eiterhagen/Kr. Kassel, geb. am 1.3.1885 in Eiterhagen/Kr. Kassel, Bezirksleiter im Zentralverband der Steinarbeiter, Gewerkschaftssekretär [ADGB], aus politischen Gründen (angeblich wegen »Vergehen gegen die Verordnung zum Schutz von Volk und Staat«) in Schutzhaft (19.4.1933) im Karlshospital Kassel und im KZ Breitenau vom 1.7.1933 bis 8.8.1933.

Heinz R. aus Kassel, geb. am 26.5.1909 in Kassel, [keine Angaben zum Beruf], im KZ Breitenau vom 16.10.1933 bis 7.11.1933 als SA-Mann inhaftiert.

Gustav Rennert aus Gelnhausen; geb. am 11.3.1888 in Gelnhausen, Lagerhalter, aus politischen Gründen (politischer Führer der KPD im Landkreis Gelnhausen; Landtagskandidat 1932) seit 4. März 1933 in Schutzhaft; Freispruch durch OLG Kassel (Ende Mai 1933) vom Vorwurf der »Vorbereitung zum Hochverrat«; erneute Schutzhaft, Polizeigefängnis Preungesheim; im KZ Breitenau vom 8.8.1933 bis 17.11.1933 inhaftiert; Polizeigefängnis Hanau (Dezember 1933 bis Februar 1934); im Rahmen der »Aktion Gewitter« KZ Dachau (27.8.-8.9.1944).

Heinrich Reusswig aus Hanau, geb. am 20.1.1900 in Niederrodenbach/Kr. Hanau, Gastwirt, aus politischen Gründen (im Rahmen einer Gestapoaktion gegen Angehörige der KPD und SPD am 18. Dezember 1933 festgenommen) im KZ Breitenau vom 23.12.1933 bis 15.1.1934 und vom 19.1.1934 bis 22.1.1934 inhaftiert; anschließend Polizeigefängnis Kassel (bis 15. April 1934).

Wilhelm Reusswig aus Hanau, geb. am 9.4.1874 in Niederrodenbach/Kr. Hanau, Diamantschleifer, aus politischen Gründen (wegen »Verdachts kommunistischer Umtriebe«) im KZ Breitenau vom 23.12.1933 bis 9.1.1934 und vom 23.1.1934 bis 17.3.1934 inhaftiert.

August Reuter aus Guxhagen/Kr. Melsungen, geb. am 27.3.1903 in Guxhagen/Kr. Melsungen, Arbeiter, aus politischen Gründen (als Sozialdemokrat und wegen »Beleidigung des Führers«) im KZ Breitenau vom 29.6.1933 bis 13.9.1933 inhaftiert.

Karl Richter (Berlepsch) aus Berlepsch-Ellerode/Kr. Witzenhausen, geb. am 4.4.1885 in Mücheln/Kr. Querfurt, Arbeiter, seit 24. April 1933 in Schutzhaft wegen »Beleidigung des Führers«; aus politischen Gründen (angeblich Anhänger der KPD) im KZ Breitenau vom 24.6.1933 bis 28.9.1933 inhaftiert; Verurteilung durch OLG Kassel (28.6.1938) wegen »Heimtücke« zu einem Jahr Gefängnis (angeblich abfällige Äußerungen zur Eingliederung Österreichs ins Deutsche Reich); Strafanstalt Kassel-Wehlheiden (bis April 1939).

Karl Richter (Grebenstein), aus Grebenstein, geb. am 1.1.1904 in Grebenstein/Kr. Hofgeismar, Kesselschmied, im KZ Breitenau vom 5.8.1933 bis 10.10.1933, inhaftiert (Grund bzw. Anlaß der Inhaftierung unbekannt).

Ludwig Richter aus Hanau, geb. am 22.3.1914 in Hanau, Kupferschmied, im KZ Breitenau vom 30.9.1933 bis 8.11.1933 und vom 10.11.1933 bis 11.12.1933, (Grund bzw. Anlaß der Inhaftierung unbekannt).

Rudolf Riebling aus Großauheim/Kr. Hanau, geb. am 18.11.1891 in Frankfurt/Main, Dreher, aus politischen Gründen (Sozialdemokrat) in Schutzhaft (31.8.1933); im KZ Breitenau vom 16.9.1933 bis 12.10.1933 und vom 13.10.1933 bis 13.11.1933 inhaftiert; Freispruch durch Sondergericht Kassel (13.11.1933) im Verfahren wegen »Heimtücke«(1933).

Willi Risch aus Kassel, geb. am 15.3.1900 in Kassel, Schlosser, aus politischen Gründen (angeblich Funktionär der KPD) im März 1933 in Schutzhaft genommen; im KZ Breitenau vom 16.6.1933 bis 16.10.1933 inhaftiert, anschließend KZ Börgermoor; weitere Verfolgungsmaßnahmen und Inhaftierungen (1936 und 1937).

Karl Ritter aus Harleshausen/Kr. Kassel, geb. am 15.3.1899 in Kassel, Schlosser, aus politischen Gründen (Sozialdemokrat) im KZ Breitenau vom 29.6. 1933 bis 16.8.1933 inhaftiert. Mitglied der Stadtverordnetenversammlung

(Mai-August 1946); Bezirksvors. SPD Harleshausen (seit 1947). Er starb am 9.5.1981 in Kassel.

Hans Röhrig aus Wellerode/Kr. Kassel, geb. am 28.11.1906 in Crumbach/Kr. Kassel, Steinrichter, aus politischen Gründen (KPD, Kampfbund gegen den Faschismus) im KZ Breitenau vom 15.10.1933 bis 16.11.1933 inhaftiert; erneute Festnahme im Oktober 1936 und Verurteilung durch OLG Kassel (24.8.1937) wegen »Vorbereitung zum Hochverrat« zu zwei Jahren und sechs Monaten Zuchthaus; Strafanstalt Kassel-Wehlheiden; anschließend KZ Sachsenhausen; seit August 1940 KZ Auschwitz (dort als Kapo tätig); Entlassung und Zwangsrekrutierung zur Strafeinheit Dirlewanger (August 1944). Er starb am 29. 12. 1970 in Kassel.

Willi Röse aus Herbelhausen/Kr. Frankenberg, geb. am 6.3.1903 in Herbelhausen/Kr. Frankenberg, Schlosser, aus politischen Gründen (wegen des Verdachts, »auch jetzt noch für die KPD zu arbeiten«) seit 5.3.1933 in Schutzhaft und im KZ Breitenau vom 13.9.1933 bis 10.11.1933 inhaftiert; anschließend KZ Sonnenburg, KZ Esterwegen (bis Anfang April 1933).

Jakob Röser aus Hanau, geb. am 7.6.1899 in Hanau, Arbeiter, im KZ Breitenau vom 1.9.1933 bis 8.11.1933 inhaftiert (Grund bzw. Anlaß der Inhaftierung unbekannt).

Justus Rommel aus Kassel, geb. am 24.5.1899 in Borken/Kr. Fritzlar-Homberg, Arbeiter, aus politischen Gründen (»politische Reibereien mit SS- und SA-Männern herbeigeführt«) im KZ Breitenau vom 6.3.1934 bis 16.3.1934 inhaftiert; Einweisung in das Arbeitshaus Breitenau (4.2.1938).

Wilhelm Ross aus Hanau, geb. am 8.4.1882 in Heimchen, Händler, aus politischen Gründen (angeblich Anhänger der KPD) im KZ Breitenau vom 16.9.1933 bis 19.10.1933 inhaftiert.

Georg Rudolf aus Frankfurt/M., geb. am 10.10.1892 in Schloßborn, Sattler, aus politischen Gründen (KPD) seit 15. März 1933 in Schutzhaft; im KZ Breitenau vom 28.10.1933 bis 7.11.1933 inhaftiert; anschließend KZ Sonnenburg (bis 23.12.1933). Er starb am 23.12.1982 in Frankfurt/M.

Willi Rudolph aus Obervellmar/Kr. Kassel, geb. am 1.5.1907 in Obervellmar/Kr. Kassel, Maurer, im KZ Breitenau vom 28.7.1933 bis 8.9.1933 inhaftiert (Grund bzw. Anlaß der Inhaftierung unbekannt). Er starb am 11.1.1978.

Konrad Rüdiger aus Bottendorf/Kr. Frankenberg; geb. am 10.4.1896 in Bottendorf/Kr. Frankenberg, Arbeiter, Vors. SPD in Bottendorf, aus politischen Gründen (als Sozialdemokrat, Mitglied des Reichsbanners Schwarz-Rot-Gold und der Eisernen Front) von Polizei und SS am 24. Juni 1933 inhaftiert; Gerichtsgefängnis Frankenberg; im KZ Breitenau vom 29.6. 1933 bis 28.7.1933. Er starb am 10.1.1961 in Bottendorf.

Franz Rüfer aus Hanau, geb. am 2.8.1897 in Hanau, Arbeiter, aus politischen Gründen (»war an Überfällen auf SA-Leute beteiligt; war Leiter der Roten Hilfe«) im KZ Breitenau vom 23.9.1933 bis 24.10.1933 inhaftiert, anschließend KZ Esterwegen (bis 28.3.1934); Verurteilung durch Sondergericht Kassel (20.10.1937) wegen Beleidigung zu vier Monaten Gefängnis (er soll alle NSDAP-Leute als »Feiglinge und Schwindler« bezeichnet haben).

Adolf Rügheimer aus Kassel, geb. am 6.11.1897 in Kassel, Schlosser, aus politischen Gründen (KPD, Roter Frontkämpferbund) im KZ Breitenau vom 16.6.1933 bis 16.10.1933 inhaftiert, anschließend KZ Börgermoor; Verurteilung durch OLG Kassel (15.2.1935) wegen »Vorbereitung zum Hochverrat« zu einem Jahr und drei Monaten Gefängnis; weitere Festnahmen und Inhaftierungen; KZ Buchenwald (1.9.1939 bis 22.7.1940). Nach 1945 lebte er in Kassel. Er starb am 19. Oktober 1967 in Kassel.

Friedrich Rühl aus Niedervellmar/Kr. Kassel, geb. am 24.11.1904 in Speele/Kr. Hann. Münden, Kaufmann, im KZ Breitenau vom 1.9.1933 bis 8.9.1933 inhaftiert (Grund bzw. Anlaß der Inhaftierung unbekannt).

Andreas Ruhl aus Kassel, geb. am 20.12.1907 in Kassel, Schlosser, aus politischen Gründen (KPD, RGO, Eiserne Front) seit 19. März 1933 in Schutzhaft; im KZ Breitenau vom 16.6.1933 bis 14.8.1933; erneute Inhaftierung im Januar 1936; Verurteilung durch OLG Kassel (8.1.1937) wegen »Vorbereitung zum Hochverrat« zu einer Zuchthausstrafe von fünf Jahren; Zuchthaus Kassel-Wehlheiden (bis 23.1.1941); erneute Schutzhaft und Einweisung in KZ Sachsenhausen (32.1.1941-2.5.1945).

Wilhelm Rumpf aus Breuna/Kr. Wolfhagen, geb. am 13.4.1909 in Breuna/Kr. Wolfhagen, Maurer, im KZ Breitenau vom 12.7.1933 bis 14.8.1933 inhaftiert (Grund bzw. Anlaß der Inhaftierung unbekannt).

Hans Ruth aus Niederrodenbach/Kr. Hanau, geb. am 9.4.1914 in Niederrodenbach/Kr. Hanau, Diamantschleifer; aus politischen Gründen (KPD) im KZ Breitenau vom 30.9.1933 bis 23.12.1933 inhaftiert. Er lebte 1951 in Niederrodenbach.

Konrad Ruth aus Rüdigheim/Kr. Hanau, geb. am 29.3.1886 in Hüttengesäß/Kr. Hanau, Schreiner, aus politischen Gründen (KPD, Rote Hilfe) im KZ Breitenau vom 30.9.1933 bis 17.11.1933 inhaftiert, anschließend KZ Lichtenburg (bis 24.12.1934); Verurteilung durch OLG Kassel (7.6.1935) wegen »Vorbereitung zum Hochverrat« zu drei Jahren Zuchthaus; Zuchthäuser Ziegenhain und Butzbach (bis Februar 1938). Er starb am 29.9.1953 in Hanau.

Peter Saalfeld aus Kassel, geb. am 10.10.1907 in Kassel, Kaufmann; aus politischen Gründen (angeblich Anhänger der KPD; »soll sich in beleidigender Form über die NSDAP geäußert haben«) im KZ Breitenau vom 21.8.1933 bis 28.9.1933 inhaftiert; weitere Inhaftierungen; Ermittlungsverfahren wegen »komunistischer Mundpropaganda« durch Oberstaatsanwaltschaft Kassel (Februar 1939).

Eduard Saft aus Witzenhausen, geb. am 2.2.1901 in Witzenhausen, Schlosser, im KZ Breitenau vom 31.7.1933 bis 27.9.1933 inhaftiert (Grund bzw. Anlaß der Inhaftierung unbekannt).

Willi Salzmann aus Gelnhausen, geb. am 19.3.1893 in Gelnhausen, Kupferschmied, aus politischen Gründen (»Haupträdelsführer der KPD bzw. des Reichsbanners und sehr gehässiger und verbissener Gegner der nat.soz. Erhebung«) im KZ Breitenau vom 31.7.1933 bis 10.11.1933 inhaftiert, anschließend KZ Papenburg; KZ Esterwegen (bis 4.4.1934).

Hermann Samer aus Bergen/Kr. Hanau; geb. am 24.7.1904 in Enkheim/Kr. Hanau, Dreher, aus politischen Gründen (als Anhänger der KPD) im KZ Breitenau vom 16.9.1933 bis 24.10.1933 inhaftiert, anschließend wahrscheinlich KZ Esterwegen (dort sollte er am 22./23.12.1933 entlassen werden).

Willi Schadler aus Breslau, geb. am 23.4.1910 in Neiße/Kr. Oppeln, Sattler, aus politischen Gründen ("staatsfeindliche Aktivitäten nach dem 21.3.1933"; angeblich KPD) im KZ Breitenau vom 1.9.1933 bis 28.9.1933 inhaftiert.

Johann Schadt aus Langenselbold/Kr. Hanau; geb. am 11.9.1901 in Langenselbold/Kr. Hanau, Arbeiter, im KZ Breitenau vom 23.9.1933 bis 24.10.1933 inhaftiert (Grund bzw. Anlaß der Inhaftierung unbekannt).

Ernst Schädler aus Frielendorf/Kr. Ziegenhain, geb. am 8.11.1905 in Podelzig/Kr. Lebus, Zimmerer, aus politischen Gründen (als führender kommunistischer Funktionär [Unterbezirksleiter] im Landkreis Ziegenhain) seit 27.3.1933 in Schutzhaft; im KZ Breitenau vom 19.6.1933 bis 16.10.1933 inhaftiert, anschließend KZ Esterwegen (16.10.1933-1.9.1934); erneute Schutzhaft und Untersuchungshaft (27.1.-3.11.1936); Verurteilung durch OLG Kassel (3.11.1936) wegen »Vorbereitung zum Hochverrat« zu fünf Jahren Zuchthaus; Strafanstalt Vechta (bis 27.1.1941); KZ Sachsenhausen (bis 10.11.1944); Strafeinheit Dirlewanger; sowjetische Kriegsgefangenschaft (Dezember 1944); nach Rückkehr aus Gefangenschaft (August 1946) lebte er in Frielendorf, wo er am 4.12.1955 starb.

August Schäfer aus Ochshausen/Kr. Kassel; geb. am 9.1.1898 in Friedrichsthal/Kr. Hofgeismar, Gespannführer, aus politischen Gründen (vermutl. als Sozialdemokrat) im KZ Breitenau vom 22.6.1933 bis 13.9.1933 inhaftiert.

Georg Schäfer aus Kassel, geb. am 8.11.1905 in Kassel, Arbeiter, im KZ Breitenau vom 7.11.1933 bis 8.12.1933 inhaftiert (Grund bzw. Anlaß der Inhaftierung unbekannt).

Wilhelm Schäfer aus Langenselbold/Kr. Hanau; geb. am 4.4.1902 in Langenselbold/Kr. Hanau, Weißbinder, aus politischen Gründen (als kommunistischer Funktionär und Gemeindevertreter) seit dem 3.3.1933 in Schutzhaft; im KZ Breitenau vom 30.9.1933 bis 2.3.1934 inhaftiert; weitere Inhaftierungen und Verfolgungsmaßnahmen (1937, 1938, 1939, 1944).

Anton Schaeffer aus Kassel, geb. am 27.5.1898 in Koblenz, Kaufmann, aus politischen Gründen (1928 aus der NSDAP wegen kritischer Äußerungen über Hitler ausgeschlossen [»Parteischädling«]); im KZ Breitenau vom 5.7.1933 bis 27.9.1933 inhaftiert. Zahlreiche Inhaftierungen (1933-1945). Er starb am 16.11.1960 in Kassel.

Wilhelm Schellhase aus Rhörda/Kr. Eschwege, geb. am 15.7.1892 in Röhrda/Kr. Eschwege, Kaufmann, Konsumgenossenschaft, aus politischen Gründen (»Funktionär der SPD«) im KZ Breitenau vom 18.8.1933 bis 17.11.1933 inhaftiert.

Georg S. aus Hersfeld, geb. am 18.5.1897 in Ziegenhain, Bankbeamter, im KZ Breitenau vom 21.10.1933 bis 21.11.1933 als SA-Mann inhaftiert.

Franz Schiftner aus Grafenbach/Österreich, geb. am 8.10.1905 in Seebenstein/Österreich, Schreiner, im KZ Breitenau vom 12.10.1933 bis 19.10. 1933 inhaftiert (Grund bzw. Anlaß der Inhaftierung unbekannt).

Siegfried Schild aus Korbach, geb. am 28.7.1891 in Eimelrod, Händler, aus antisemitischen Motiven verfolgt, angeblich »Überfall und Bedrohung eines SS-Mannes«; im KZ Breitenau vom 6.2.1934 bis 16.3.1934 inhaftiert; Deportation von Kassel in das Ghetto Riga; seitdem gilt er als verschollen.

Karl Schimpf aus Gelnhausen, geb. am 9.9.1903 in Frankfurt/Main, Schreiner, aus politischen Gründen (»Hauptträdelsführer der KPD bzw. des Reichsbanners und sehr gehässige und verbissene Gegner der nat.soz. Erhebung«) im KZ Breitenau vom 8.8.1933 bis 17.11.1933. Er lebte 1949 in Miltenberg.

Ernst Schippel aus Witzenhausen, geb. am 29.5.1900 in Helbra/Mannsfelder Seenkreis, Korbmacher, aus politischen Gründen (angeblich Anhänger der KPD) im KZ Breitenau vom 24.6.1933 bis 8.9.1933 inhaftiert.

Gustav Schlereth aus Marbach/Kr. Fulda, geb. am 5.11.1891 in Fulda, Zimmermann, aus politischen Gründen (wegen Nachfrage nach Erhöhung des Lohnes) im KZ Breitenau vom 15.10.1933 bis 30.11.1933 inhaftiert.

Friedrich Schmalenberg aus Horas/Kr. Fulda, geb. am 1.12.1897 in Oberelfringhausen/Kr. Hörde, Schuhmacher, aus politischen Gründen (KPD, Rote Hilfe) im KZ Breitenau vom 30.11.1933 bis 16.3.1934 inhaftiert; Verurteilung durch OLG Kassel (14.3.1935) wegen »Vorbereitung zum Hochverrat« zu einem Jahr Gefängnis. Er starb am 14.1.1975 in Fulda.

Johannes Schmalstieg aus Kassel, geb. am 26.9.1906 in Linden, Arbeiter, aus politischen Gründen (»Staatsfeindliche Äußerungen gegen die Regierung«; KPD) im KZ Breitenau vom 16.11.1933 bis 16.3.1934 inhaftiert.

Bruno Schmidt aus Hanau, geb. am 7.10.1899 in Parsken, Schlosser, aus politischen Gründen (Verdacht auf kommunistische Betätigung) im KZ Breitenau vom 30.9.1933 bis 8.11.1933 inhaftiert; anschließend KZ Sonnenburg (bis 6.3.1934).

Franz Schmidt aus Hanau, geb. am 9.4.1907 in Hanau, Dreher, aus politischen Gründen (»war Leiter des früheren Freidenkerverbandes«) im KZ Breitenau vom 7.10.1933 bis 8.11.1933 inhaftiert.

Friedrich Schmidt aus Hanau, geb. am 19.7.1900 in Klein Steinheim/Kr. Hanau, Arbeiter, aus politischen Gründen (Kampfbund gegen den Faschismus, KPD) im KZ Breitenau vom 23.9.1933 bis 24.10.1933 inhaftiert, anschließend KZ Esterwegen (bis 26.5.1934).

Gustav Schmidt aus Marburg, geb. am 29.6.1899 in Kirchhain/Kr. Marburg, Anstreicher, aus politischen Gründen (»KPD-Funktionär; Vorstandsmitglied Ortsgruppe Marburg KPD«) im KZ Breitenau vom 26.8.1933 bis 23.12.1933 inhaftiert.

Heinrich Schmidt aus Bad Wildungen, geb. am 11.12.1897 in Gießen, Arbeiter, aus politischen Gründen (wegen Abhörens des »Moskau-[Radio] Senders«) im KZ Breitenau vom 15.10.1933 bis 10.11.1933 inhaftiert, anschließend vermutlich in ein anderes Lager (KZ Esterwegen bis 29. 9.1934); weitere Verfolgungs- und Inhaftierungsmaßnahmen. Er starb am 11.1.1942 in der Landesheilanstalt Weilmünster.

Hermann Schmidt aus Crumbach/Kr. Kassel; geb. am 4.8.1907 in Crumbach/Kr. Kassel, Stellmacher, aus politischen Gründen (Anhänger der KPD) im KZ Breitenau vom 8.8.1933 bis 9.8.1933 inhaftiert; anschließend Untersuchungshaftanstalt Kassel (bis 5.5.1934). Er starb am 1.11.1937 in Lohfelden/Kr. Kassel.

Willi Schmidt aus Hanau, geb. am 17.4.1911 in Hanau, Hilfsarbeiter, aus politischen Gründen (wegen »Verdachts kommunistischer Umtriebe«) im KZ Breitenau vom 23.1.1934 bis 17.3.1934 inhaftiert.

Heinrich Schmied aus Langendiebach/Kr. Hanau, geb. am 28.7.1901 in Gundamsried/Bayern, Bierbrauer, aus politischen Gründen (RGO, KPD) im KZ Breitenau vom 23.9.1933 bis 24.10.1933 inhaftiert, anschließend KZ Esterwegen (bis 22.12.1933); erneute Schutzhaft im Juli 1941 und Verurteilung durch OLG Kassel (22.11.1941) wegen »Vorbereitung zum Hochverrat« zu sechs Jahren Zuchthaus; Zuchthaus Kassel-Wehlheiden, wo er verstarb (12.2.1944).

Arno Schminke aus Kassel, geb. am 22.5.1908 in Kassel, Schlosser, aus politischen Gründen (KPD) in Schutzhaft seit 15. August 1933; schwere Mißhandlungen im Wassersportheim in Kassel durch SS; im KZ Breitenau vom 1.9.1933 bis 29.9.1933 inhaftiert, anschließend Polizeigefängnis Kassel (bis 21.12.1933); Desertion (Februar 1945); Inhaftierung und Verurteilung zu vier Jahren Zuchthaus (wegen seiner Kriegsverwundung wurde von der Todesstrafe abgesehen).

Heinrich Schneider aus Schlüchtern; geb. am 8.6.1909 in Schlüchtern, Schreiner, aus politischen Gründen (illegales Flugschriftenmaterial der KPD ausgeliefert) im KZ Breitenau vom 20.10.1933 bis 10.11.1933 inhaftiert, anschließend KZ Sonnenburg, wo er am 22./23.12.1933 entlassen werden sollte.

Heinrich Schneider aus Marburg, geb. am 27.4.1892 in Steinbach, Arbeiter, aus politischen Gründen (Vorstand der KPD und der Roten Hilfe Marburg) seit dem 27.3.1933 in Schutzhaft; im KZ Breitenau vom 11.8.1933 bis 5.1.1934 inhaftiert. Er lebte 1953 in Marburg.

Karl Schönewald aus Hanau, geb. am 12.12.1899 in Melsungen, Weber, aus politischen Gründen (Anhänger der KPD) Schutzhaft (16.12.1933) und Mißhandlungen durch SS in der Kaserne am Paradeplatz in Hanau; im KZ Breitenau vom 23.12.1933 bis 11.1.1934 (möglicherweise bis März 1933) inhaftiert; anschließend Polizeigefängnis Kassel (bis Mai 1934).

Ludwig Schöning aus Niederelsungen/Kr. Wolfhagen, geb. am 2.12.1910 in Niederelsungen/Kr.Wolfhagen, Pflasterer, aus politischen Gründen (KPD) im KZ Breitenau vom 12.7.1933 bis 14.8.1933 inhaftiert; Verurteilung durch OLG Kassel (20.7.1937) wegen »Vorbereitung zum Hochverrat« (Abhörens des »Senders Moskau«) zu einem Jahr und drei Monaten Gefängnis. Er gilt seit dem 11.3.1945 (im Osten) als vermißt.

Hans Schramm aus Witzenhausen, geb. am 1.4.1907 in Witzenhausen, Arbeiter, aus politischen Gründen (als kommunistischer Funktionär; Unterbezirksleiter KPD Witzenhausen) am 27.3.1933 in Schutzhaft genommen; im KZ Breitenau vom 24.6.1933 bis 16.10.1933 inhaftiert, anschließend KZ Börgermoor, KZ Esterwegen (bis 1.9.1934). Verurteilung durch OLG Kassel (7.5.1937) wegen »Vorbereitung zum Hochverrat« zu vier Jahren Zuchthaus; Zuchthaus Kassel-Wehlheiden; KZ Sachsenhausen (bis zur Befreiung durch die Alliierten). Er lebte nach 1945 in Witzenhausen. Er starb dort im Dezember 1978.

August Schreiber aus Tann (Rhön)/Kr. Fulda, geb. am 28.11.1897 in Tann (Rhön)/Kr. Fulda, Kaufmann, aus politischen Gründen (wegen Anfrage nach Erhöhung des Lohns) im KZ Breitenau vom 15.10.1933 bis 22.12.1933 inhaftiert.

Wilhelm Schreiber aus Harleshausen/Kr. Kassel, geb. am 18.12.1890 in Harleshausen/Kr. Kassel, Fräser, aus politischen Gründen (als Anhänger der KPD und wegen einer kritischen Äußerung gegenüber dem NSDAP-Ortsgruppenleiter) im KZ Breitenau vom 29.6.1933 bis 13.9.1933 inhaftiert.

August Schülbe aus Kassel, geb. am 13.4.1889 in Oberhone/Kr. Eschwege, Arbeiter, aus politischen Gründen (Funktionär der KPD) in Schutzhaft seit 7.6.1933 und im KZ Breitenau vom 1.8.1933 bis 16.10.1933 inhaftiert, anschließend KZ Neusustrum (bis 23.12.1933); verschiedene Haftstätten und Untersuchungsgefängnisse (24.12.1933-8.8.1935); Verurteilung durch Volksgerichtshof (27.6.1935) zu neun Jahren Zuchthaus wegen »Vorbereitung zum Hochverrat« und Vergehen gegen das Sprengstoffgesetz; Zuchthaus Kassel-Wehlheiden; Strafgefangenenlager Aschendorfer Moor; Zuchthaus Kassel-Wehlheiden (9.8.1935 bis 12./18.3.1944). Er war fast elf Jahre ununterbrochen in Haft gewesen. Er starb am 1.11.1983 in Kaufungen/Kr. Kassel.

Ferdinand Schultheis aus Hanau, geb. am 19.2.1911 in Hanau, Spengler, aus politischen Gründen (wegen angeblicher Betätigung für die illegale KPD) im KZ Breitenau vom 23.12.1933 bis 9.1.1934 inhaftiert.

Hans Schulz aus Berlin, geb. am 23.5.1912 in Berlin, Arbeiter, im KZ Breitenau vom 19.9.1933 bis 8.1.1934 inhaftiert (Grund bzw. Anlaß der Inhaftierung unbekannt), anschließend KZ Papenburg (vermutlich bis 31.3.1934).

Wilhelm Schwarz aus Langenselbold, geb. am 16.11.1894 in Langenselbold/Kr. Hanau, Arbeiter, aus politischen Gründen (Kampfbund gegen den Faschismus, Vorsitzender des KPD-nahen Ortsausschusses für Erwerbslose) im KZ Breitenau vom 30.9.1933 bis 9.10.1933 und vom 13.10.1933 bis 23.12.1933 inhaftiert.

Adolf See aus Kassel, geb. am 20.5.1890 in Felsberg/Kr. Melsungen, Schreiner, aus politischen Gründen (angeblich »politische Reibereien mit SS- und SA-Männern herbeigeführt«) im KZ Breitenau vom 13.3.1934 bis 17.3. 1934 inhaftiert.

August Segmüller aus Kassel, geb. am 27.1.1892 in Worms, Schlosser, im KZ Breitenau vom 1.9.1933 bis 27.9.1933 inhaftiert (Grund bzw. Anlaß der Inhaftierung unbekannt).

Reinhard Seibel aus Bischofsheim/Kr. Hanau, geb. am 13.3.1874 in Bischofsheim/Kr. Hanau, Arbeiter, aus politischen Gründen (wegen angeblicher tätlicher Angriffe gegen NSDAP-Mitglieder) im KZ Breitenau vom 16.9.1933 bis 22.12.1933 inhaftiert.

Karl [Friedrich?]Sei[c]kel aus Hanau, geb. am 26.10.1903 in Hanau, Arbeiter, aus politischen Gründen (angeblich »an Überfällen auf SA-Leute beteiligt«) im KZ Breitenau vom 30.9.1933 bis 8.11.1933 inhaftiert.

Heinrich Seitz aus Kassel, geb. am 1.6.1897 in Obervorschütz/Kr. Fritzlar-Homberg, Schlosser, aus politischen Gründen (Roter Frontkämpferbund seit 1925; am Aufbau der illegalen KPD beteiligt) im KZ Breitenau vom 1.7.1933 bis 19.7.1933 inhaftiert; erneute Festnahme

(1.2.1935) und Verurteilung durch OLG Kassel (5.4.1935) wegen »Vorbereitung zum Hochverrat« zu drei Jahren Zuchthaus; Zuchthaus Kassel-Wehlheiden; anschließend erneute Schutzhaft und Untersuchungs-haft sowie Ermittlungsverfahren. Er lebte nach 1946 in Kassel. Dort starb er am 23.5.1960.

Adam Selbert aus Kassel, geb. am 16.5.1893 in Gemünden/Kr. Frankenberg, Obersekretär, sozialdemokratischer Politiker; Ortsvors. SPD Niederzwehren; Mitglied des Kommunal-, des Provinziallandtags und des Landesausschusses; Mitglied des Kreistags für den Landkreis Kassel; Beigeordneter der Gemeinde Niederzwehren; aus politischen Gründen im KZ Breitenau vom 29.6.1933 bis 28.7.1933 inhaftiert. Im Dezember 1933 Entlassung als Beamter auf Lebenszeit aus dem Dienst der Gemeinde Niederzwehren (Gesetz zur Wiederherstellung des Berufsbeamtentums). Nach 1945 lebte er in Kassel. Er starb dort am 17.5.1965.

Karl Seng aus Dörnigheim/Kr. Hanau, geb. am 3.3.1914 in Dörnigheim/Kr. Hanau, Schreiner, aus politischen Gründen (KPD, Kampfbund gegen Faschismus) im KZ Breitenau vom 30.9.1933 bis 3.2.1934 inhaftiert; erneute Verhaftung (Februar 1935) und Verurteilung durch OLG Kassel (7.6.1935) wegen »Vorbereitung zum Hochverrat« zu zwei Jahren und sechs Monaten Zuchthaus; Zuchthaus Kassel-Wehlheiden (bis 8.8.1937); anschließend erneute Schutzhaft und KZ Buchenwald (bis 29.1.1941); Strafbataillon 999 (1942-1945). Nach 1945 lebte er in Dörnigheim. Er starb dort am 5.2.1966.

Ludwig Sennhenn aus Wickenrode/Kr. Witzenhausen, geb. am 10.12.1907 in Wickenrode/Kr. Witzenhausen, Schlosser, aus politischen Gründen (wegen öffentlicher antinazistischer Äußerungen) in Schutzhaft genommen und im KZ Breitenau vom 24.7.1933 bis 13.9.1933 inhaftiert.

Gustav Siebert aus Kassel, geb. am 29.11.1896 in Kassel, Händler, aus politischen Gründen (»im Verdacht, sich in der KPD betätigt zu haben«) im KZ Breitenau vom 26.8.1933 bis 16.3.1934 inhaftiert.

Heinrich Siebert aus Kassel, geb. am 22.11.1897 in Ulfen/Kr. Rotenburg, Schuhmacher, aus politischen Gründen (Betriebsrat, Eiserne Front, Sozialdemokrat) im KZ Breitenau vom 29.6.1933 bis 14.8.1933 inhaftiert; anschließend zahlreiche Vernehmungen und Durchsuchungen. Nach 1945 Bürgermeister in Burghasungen und Stadtverordneter (SPD) in Kassel (1949-1956). Er starb am 12. Juni 1971 in Kassel.

Johannes Siegfahrt aus Frankfurt/M., geb. am 2.3.1872 in Lingenfeld/Kr. Germersheim, Arbeiter, aus politischen Gründen (»Politische Umtriebe und Beschimpfung der Regierung«) im KZ Breitenau vom 21.10.1933 bis

17.11.1933 inhaftiert, anschließend KZ Lichtenburg (vermutlich bis 28.3.1934).

Heinrich S. aus Mauswinkel/Kr. Gelnhausen, geb. am 10.3.1913 in Mauswinkel/Kr. Gelnhausen, Landwirt, im KZ Breitenau vom 15.10.1933 bis 7.11.1933 als SA-Mann inhaftiert.

Adam Sinsel aus Hanau, geb. am 26.3.1907 in Klein Steinheim/Kr. Hanau, Arbeiter, aus politischen Gründen (»im Verdacht, an der Herstellung staatsfeindlicher Flugblätter beteiligt zu sein«) im KZ Breitenau vom 23.12.1933 bis 11.1.1934 inhaftiert.

Bernhard Sinsel aus Hanau, geb. am 27.8.1911 in Hanau, Arbeiter, im KZ Breitenau vom 23.12.1933 bis 11.1.1934 inhaftiert (Grund bzw. Anlaß der Inhaftierung unbekannt).

Konrad Sonntag aus Quentel/Kr. Witzenhausen, geb. am 22.1.1891 in Spangenberg/Kr. Melsungen, Arbeiter, aus politischen Gründen (»Beschimpfung unseres Führers und Reichskanzlers«) im KZ Breitenau vom 8.8.1933 bis 13.9.1933; Verurteilung durch Sondergericht Kassel (14.9.1933) zu acht Monaten Gefängnis; Strafanstalt Frankfurt-Preungesheim (bis 13.5.1934); Entlassung aus politischen Gründen aus dem DAG-Werk Hessisch Lichtenau (7.1.1937). Er lebte nach dem Krieg in Quentel, wo er am 20.8.1973 starb.

Karl Spahn aus Hanau, geb. am 11.4.1908 in Hanau, Händler, aus politischen Gründen (bei einer polizeilichen »Sonderaktion« gegen Kommunisten festgenommen und schwer mißhandelt); im KZ Breitenau vom 9.1.1934 bis 12.1.1934 inhaftiert. Er lebte nach dem Krieg in Hanau.

Eduard Specht aus Hanau, geb. am 15.5.1872 in Hanau, Metallschleifer, vom Hochverratsvorwurf durch das Kasseler Sondergericht »mangels Beweises« freigesprochen (26.8.1933); anschließend aus politischen Gründen im KZ Breitenau vom 1.9.1933 bis 19.10.1933 inhaftiert. Er lebte nach dem Krieg in Hanau. Er starb dort am 7.9.1949.

Ernst Spicker aus Langenselbold/Kr. Hanau, geb. am 7.2.1904 in Langenselbold/Kr. Hanau, Schlosser, im KZ Breitenau vom 30.9.1933 bis 17.11.1933 inhaftiert (Grund bzw. Anlaß der Inhaftierung unbekannt).

Max Spier aus Zwesten/Kr. Fritzlar-Homberg, geb. am 24.3.1897 in Zwesten/Kr. Fritzlar-Homberg, Metzger, aus antisemitischen Motiven (er habe »geschächtet«) im KZ Breitenau vom 19.1.1934 bis 16.3.1934 inhaftiert; anschließend Verurteilung zu zwei Monaten Gefängnis; Gerichtsgefängnis Marburg; Emigration nach New York (USA) am 31. März 1938.

Walter Spillner aus Kassel, geb. am 27.3.1909 in Hann. Münden, Bäcker, aus politischen Gründen (Kampfbund gegen den Faschismus, KPD-Funktionär) im KZ Breitenau vom 8.8.1933 bis 19.10.1933; Verurteilung durch OLG

Kassel wegen »Vorbereitung zum Hochverrat« zu einem Jahr und sechs Monaten Gefängnis; Zuchthaus Kassel-Wehlheiden; weitere Vernehmungen und Inhaftierung, Ermittlungen des Oberreichsanwalts (Berlin).

Reinhold Stehl aus Niederzwehren, geb. am 9.12.1892 in Kassel, Brunnenbauer, aus politischen Gründen (er habe sich »abfällig über die Regierung der nationalen Erhebung« geäußert) im KZ Breitenau vom 11.8.1933 bis 14.8.1933 und vom 16.8.1933 bis 30.8.1933; anschließend Verurteilung durch Sondergericht Kassel wegen »Heimtücke« zu zwei Jahren Gefängnis; Strafanstalt Hameln; erneute Untersuchungshaft (12.9.1939) und Verurteilung durch Sondergericht Kassel (31.1. 1940) wegen »Heimtücke« (»böswillig gehässige Äußerungen über den Führer«) zu drei Jahren Gefängnis; Strafanstalt Wolfenbüttel; Arbeitserziehungslager Breitenau (21.3. bis 10.5.1943); zum »Meckerer Bautrupp« in Lublin; schwere Mißhandlungen durch SS, Krankenhaus; Lager Dobrowitza; Entlassung (September 1944). Er lebte nach dem Krieg in Kassel; hier starb er am 18. März 1968.

Sally Stern aus Niederurff/Kr. Fritzlar-Homberg, geb. am 12.1.1879 in Niederurff/Kr. Fritzlar-Homberg, Metzger, aus antisemitischen Motiven (er soll »geschächtet« haben) im KZ Breitenau vom 19.1.1934 bis 14.3.1934 inhaftiert; Emigration mit Ehefrau Selma und Tochter Lilly in die USA. Er starb in New York am 22. Juli 1967.

Willi Stern aus Zimmersrode/Kr. Fritzlar-Homberg, geb. am 3.4.1883 in Zimmersrode/Kr. Fritzlar-Homberg, Metzger, aus antisemitischen Motiven (er soll »geschächtet« haben) im KZ Breitenau vom 19.1.1934 bis 14.3.1934 inhaftiert.

Wilhelm Störmer aus Wellen/Kr. der Eder, geb. am 6.10.1893 in Helsum/Kr. Geldern, Brunnenarbeiter, aus politischen Gründen (als »nachträgliche Sühne für einen Überfall auf den jetzigen [SA]Standartenführer Sautter«) im KZ Breitenau vom 23.1.1934 bis 19.2.1934, anschließend KZ Papenburg (bis 1.5.1934). Er lebte nach dem Krieg in Wellen.

Otto Stolze aus Hofgeismar, geb. am 24.4.1898 in Hofgeismar, Kaufmann, aus politischen Gründen (soll Anhänger der KPD gewesen sein) im KZ Breitenau vom 28.7.1933 bis 1.2.1934 und vom 2.2.1934 bis 16.3.1934 inhaftiert.

Wilhelm Stone[r] aus Neumorschen/Kr. Melsungen, geb. am 4.10.1907 in Neustadt/Kr. Marburg, Schneider, aus politischen Gründen (soll KPD-Funktionär gewesen sein) im KZ Breitenau vom 9.9.1933 bis 16.10. 1933 inhaftiert, anschließend (Papenburg?) KZ (bis wahrscheinlich April 1934).

Willi Strauch aus Kassel, geb. am 26.7.1877 in Hesserode, Schlosser, aus politischen Gründen (soll Anhänger der KPD gewesen sein) im KZ Breitenau vom 15.9.1933 bis 22.12.1933 inhaftiert.

Johannes Thalheimer aus Langenselbold/Kr. Hanau, geb. am 5.8.1913 in Langenselbold/Kr. Hanau, Pflasterer, aus politischen Gründen im KZ Breitenau vom 23.9.1933 bis 12.10.1933 inhaftiert.

Helmut Thiele aus Kassel, geb. am 6.5.1915 in Brandenburg, Handl.-Gehilfe, aus politischen Gründen (Reorganisation des illegalen KJVD in Kassel und Umgebung) im KZ Breitenau vom 8.12.1933 bis 6.2.1934; Untersuchungshaft; Verurteilung durch OLG Kassel (23.3.1934) zu zwei Jahren Gefängnis; Strafgefängnis Halle/Saale; KZ Lichtenburg (bis 14.10.1936). Er lebte nach dem Krieg in Frankfurt a.M.

August Thöne aus Kassel, geb. am 26.6.1909 in Grebenstein/Kr. Hofgeismar, Arbeiter, aus politischen Gründen (Mitglied der KPD-Bezirksleitung bis Anfang 1933) im KZ Breitenau vom 1.8.1933 bis 8.8.1933 inhaftiert; Verurteilung durch OLG (19.8.1933) Kassel wegen »Vorbereitung zum Hochverrat« zu drei Jahren Zuchthaus.

Georg Thomas aus Petersberg/Kr. Hersfeld, geb. am 9.12.1901 in Petersberg/Kr. Hersfeld, Elektromonteur, aus politischen Gründen (wegen »kommunistischer Umtriebe«) im KZ Breitenau vom 23.9.1933 bis 22.12.1933 inhaftiert; mehrere Vernehmungen und kurzzeitige Inhaftierungen. Er lebte nach dem Krieg in Petersberg. Er starb dort am 7. 7.1960.

Richard Tölle aus Hann. Münden, geb. am 25.7.1899 in Hann. Münden, Schiffer, aus politischen Gründen (Mitglied der Bezirksleitung der KPD in Kassel) im KZ Breitenau vom 31.7.1933 bis 27.9.1933 inhaftiert; weitere Inhaftierungen und Ermittlungen 1939 (wegen seiner Tätigkeit im Roten Frontkämpferbund im Jahre 1931).

Konrad Trebing aus Kassel, geb. am 16.12.1883 in Kassel, Arbeiter, aus politischen Gründen (soll »politische Reibereien mit SS- und SA-Männern herbeigeführt« haben) im KZ Breitenau vom 25.1.1934 bis 16.3.1934 inhaftiert.

Heinrich Treibert aus Fritzlar, geb. am 31.3.1898 in Treysa/Kr. Ziegenhain, Landrat a.D., aus politischen Gründen (Sozialdemokrat, galt »nach wie vor als ein die öffentliche Ruhe und Sicherheit gefährdender Marxist«) in Schutzhaft genommen, zuerst im Karlshof b. Wabern, dann im KZ Breitenau vom 14.7.1933 bis 28.7.1933 inhaftiert. (Näheres zu seiner Person im Kapitel 9).

Wilhelm Tripp aus Steinau/Kr. Schlüchtern, geb. am 5.10.1896 in Essen, Schreinermeister, aus politischen Gründen (angeblich politischer Führer der KPD-Ortsgruppe Steinau) im KZ Breitenau vom 20.10.1933 bis 10.11.1933, anschließend KZ Sonnenburg (geplant bis 22./23.12. 1933). Er lebte nach 1945 in Steinau.

Hans Umbach aus Weimar/Kr. Kassel, geb. am 22.3.1915 in Weimar/Kr. Kassel, Steinmetz, aus politischen Gründen (für den verbotenen KJVD tätig) im

KZ Breitenau vom 24.10.1933 bis 29.11.1933 und vom 30.11.1933 bis 6.2.1934 inhaftiert.

Karl V. aus Spangenberg-Dörnbach/Kr. Melsungen, geb. am 19.2.1903 in Remscheid, Arbeiter, aus politischen Gründen (Verdacht der Tätigkeit für die verbotene KPD) im KZ Breitenau vom 5.7.1933 bis 20.9.1933 inhaftiert.

Ernst Vestner aus Hanau, geb. am 21.7.1902 in Kreuzlingen/Schweiz, Bäcker, im KZ Breitenau vom 23.12.1933 bis 11.1.1934 inhaftiert (Grund bzw. Anlaß der Inhaftierung unbekannt).

Hermann Völker aus Schmalkalden, geb. am 7.5.1883 in Schmalkalden, Schmied, aus politischen Gründen (Sozialdemokrat, Stadtverordneter und Stadtrat; galt bei den Verfolgungsbehörden als »wilder Marxist«, der bei einem Überfall auf den SA-Mann Gerhard Müller beteiligt war, bei dem dieser mißhandelt und zusammengeschlagen worden sein soll) im KZ Breitenau vom 8.8.1933 bis 21.10.1933 inhaftiert.

Karl Vogel aus Arolsen, geb. am 28.6.1905 in Barop/Kr. Hörde, Maurer, aus politischen Gründen (wegen angeblich »staatsfeindlicher Reden« auf dem Festplatz des Sängerbundes festgenommen) und im KZ Breitenau vom 22.6.1933 bis 5.8.1933 inhaftiert.

Fritz Wagner aus Kassel, geb. am 12.2.1895 in Salzungen/Kr. Meiningen, Gewerkschaftssekretär, aus politischen Gründen (Sozialdemokrat) im KZ Breitenau vom 29.6.1933 bis 14.8.1933 inhaftiert.

Karl Wagner aus Hanau, geb. am 30.11.1901 in Großauheim/Kr. Hanau, Arbeiter, im KZ Breitenau vom 16.9.1933 bis 24.10.1933 inhaftiert (Grund bzw. Anlaß der Inhaftierung unbekannt).

Rudolf Wagner aus Kassel, geb. am 27.9.1901 in Kassel, Kellner, aus politischen Gründen (soll »politische Reibereien mit SS- und SA-Männern herbeigeführt« haben) im KZ Breitenau vom 6.3.1934 bis 16.3.1934.

Willi Walberg aus Kassel, geb. am 2.7.1899 in Kassel, Arbeiter, aus politischen Gründen (»führender KPD-Funktionär in Kassel«) in Schutzhaft genommen (28.5.1933) und im KZ Breitenau vom 1.7.1933 bis 16.10.1933 inhaftiert; anschließend KZ Papenburg (bis 1.5.1934); erneute Verhaftung (25.1.1936) und Schutzhaft, Untersuchungshaft (bis 10.8.1937); Verurteilung durch OLG Kassel (10.8.1937) zu sechs Jahren Zuchthaus; Zuchthaus Kassel-Wehlheiden (bis 8./10.5.1942); anschließend KZ Sachsenhausen (bis 2.5.1945). Er lebte ab 1946 in Kassel. Er starb dort am 7.3.1988.

Wilhelm Waldeck aus Immenhausen/Kr. Hofgeismar, geb. am 13.6.1911 in Immenhausen/Kr. Hofgeismar, Maurer, aus politischen Gründen (Verdacht der Fortsetzung der Tätigkeit für die verbotene KPD) im KZ Breitenau vom 5.8.1933 bis 27.9.1933 inhaftiert; erneute Verhaftung (26.7.1934) und Verurteilung durch OLG Kassel wegen »Vorbereitung zum Hochverrat« (21.9.1934) zu einem Jahr und drei Monaten Gefängnis; Strafanstalt Hameln (bis 27.10.1935).

Karl Walter aus Hanau, geb. am 27.2.1915 in Dorndorf, Polsterer, aus politischen Gründen (»wegen Verdachts kommunistischer Umtriebe«) im KZ Breitenau vom 19.1. bis 17.3.1934 inhaftiert.

Ewald Wand aus Kassel, geb. am 10.10.1898 in Breitenworbis/Kr. Worbis, Laborant, aus politischen Gründen (Verdacht der Tätigkeit für die verbotene KPD) im KZ Breitenau vom 16.6.1933 bis 19.7.1933 inhaftiert; erneute Inhaftierung (25.1.1936); Verurteilung durch OLG Kassel wegen »Vorbereitung zum Hochverrat« (2.10.1936) zu zwei Jahren und sechs Monaten Zuchthaus; Zuchthaus Wehlheiden (bis 2.12.1938); anschließend Schutzhaft Polizeigefängnis Kassel; KZ Sachsenhausen (bis 6.9.1944). Er lebte nach 1945 in Kassel. Er starb am 8.4.1966 in Lohfelden/Kr. Kassel.

August Weber aus Wickenrode/Kr. Witzenhausen, geb. am 24.5.1890 in Wickenrode/ Witzenhausen, Bergmann, im KZ Breitenau vom 29.6.1933 bis 25.8.1933 inhaftiert (Grund bzw. Anlaß der Inhaftierung unbekannt).

Karl Weber aus Hanau, geb. am 16.10.1913 in Hanau, Weißbinder, aus politischen Gründen (»wegen Verdachts kommunistischer Umtriebe«) am 18.12.1933 in Schutzhaft genommen; im Hanauer Polizeigefängnis von SS-Angehörigen mißhandelt; im KZ Breitenau vom 12.1.1934 bis 17.3.1934 inhaftiert. Er lebte nach 1945 in Langenselbold.

Ludwig Weber aus Netze/Kreis der Eder, geb. am 23.10.1901 in Netze/Kreis der Eder, Arbeiter, aus politischen Gründen (»weil er seine illegale kommunistische Betätigung nicht einstellte«) im März/April und im Juni 1933 in Schutzhaft genommen; im KZ Breitenau vom 19.7.1933 bis 10.11.1933 inhaftiert; anschließend KZ Sonnenburg, KZ Papenburg (bis 16.8.1934).

Otto Weber aus Kassel, geb. am 18.5.1905 in Köln, Zahntechniker, aus politischen Gründen (Reichsbanner Schwarz-Rot-Gold, Sozialdemokrat; angeblich »an tätlichen Auseinandersetzungen mit NSDAP-Mitgliedern« beteiligt) im KZ Breitenau vom 21.8.1933 bis 16.10.1933 inhaftiert; anschließend KZ Börgermoor (bis 24.12.1933); erneute Verhaftungen und Schutzhaft (September bis Dezember 1939; Juni/Juli 1944). Er lebte nach dem Krieg in Grebenstein. Er starb dort am 6. Mai 1984.

Heinrich Wegmann aus Hanau, geb. am 17.6.1880 in Hanau, Tapezierer, aus politischen Gründen (angeblich »Spitzenfunktionär der KPD«) im KZ Breitenau vom 30.9.1933 bis 8.11.1933 inhaftiert; anschließend KZ Sonnenburg (bis 28.3.1934); erneute Verhaftung (Februar 1935) und Verurteilung durch OLG Kassel (7.6.1935) wegen »Vorbereitung zum Hochverrat« zu einem Jahr und sechs Monaten Gefängnis; Strafanstalt Kassel-Wehlheiden (bis 4.8.1936); anschließend Schutzhaft und KZ Lichtenburg, anschließend KZ Buchenwald (bis 12.1.1940). Er lebte nach dem Krieg in Rückingen und Hanau. Dort starb er am 1.10.1960.

Alfred Wehle aus Berlin, geb. am 6.4.1898 in Berlin, Tischler, aus politischen Gründen (Verdacht, eine verbotene kommunistische Sportorganisation wiederbegründet zu haben) im KZ Breitenau vom 12.7.1933 bis 5.8.1933; Ermittlungen durch Generalstaatsanwalt Kassel (17. 2.1938).

Fritz Wehnhardt aus Niederzwehren/Kr. Kassel, geb. am 29.7.1903 in Kassel, Installateur, aus politischen Gründen (Verdacht der Tätigkeit für die verbotene KPD) im KZ Breitenau vom 19.6. bis 13.9.1933 inhaftiert; Untersuchungshaft (1934/1935); Verurteilung durch OLG Kassel (8./12.1.1935) wegen »Vorbereitung zum Hochverrat« zu einem Jahr Gefängnis; Strafbataillon 999 (4.2.1943 bis 9.5.1945).

Peter Weidenbach aus Langenselbold/Kr. Hanau, geb. am 13.1.1884 in Langenselbold/Kr. Hanau, Hausierer, aus politischen Gründen (er hatte mehrere Plakate mit der Aufschrift »Nieder mit Hitler« angebracht) in Schutzhaft genommen und im KZ Breitenau vom 7.10.1933 bis 23.12.1933 inhaftiert.

Adolf Weider aus Kassel, geb. am 9.8.1899 in Kassel, Schlosser, aus politischen Gründen (»Betätigung als Marxist. Hat sich öfter an Ausschreitungen gegen SA-Männer beteiligt.«) im KZ Breitenau vom 26.8.1934 bis 17.3.1934 inhaftiert.

Norbert Weil aus Schenklengsfeld/Hersfeld, geb. am 25.1.1904 in Schenklengsfeld/Kr. Hersfeld, Kaufmann, aus politischen Gründen und antisemitischen Motiven (SPD, Reichsbanner Schwarz-Rot-Gold, »marxistisch eingestellt«; »Der Jude Weil«) am 12.5.1933 in Schutzhaft genommen; schwerste Mißhandlungen, Mordversuche und Scheinhinrichtungen durch SS-Angehörige; Festnahme im Juni 1933; im KZ Breitenau vom 24.7.1933 bis 15.9.1933 inhaftiert, im Dezember 1933 emigrierte er nach Palästina. Er starb am 2. März 1987 in Haifa.

Paul Weise aus Kassel, geb. am 7.8.1915 in Kassel, Bäcker, im KZ Breitenau vom 21.8.1933 bis 27.9.1933 inhaftiert (Grund bzw. Anlaß der Inhaftierung unbekannt).

Georg Weiß aus Kassel, geb. am 2.10.1909 in Kassel, Arbeiter, aus politischen Gründen (SPD, Reichsbanner Schwarz-Rot-Gold) im KZ Breitenau vom 12.7.1933 bis 9.8.1933 inhaftiert.

Karl Weiss aus Hanau, geb. am 21.2.1893 in Suhl, Maler, im KZ Breitenau vom 23.12.1933 bis 11.1.1934 inhaftiert (Grund bzw. Anlaß der Inhaftierung unbekannt).

Justus Wendel aus Wellerode/Kr. Kassel, geb. am 3.6.1898 in Wellerode/Kr. Kassel, Steinrichter, im KZ Breitenau vom 15.10.1933 bis 16.11.1933 inhaftiert (Grund bzw. Anlaß der Inhaftierung unbekannt).

Heinrich Wenig aus Hanau, geb. am 19.12.1906 in Düsseldorf, Schleifer, im KZ Breitenau vom 16.9.1933 bis 11.12.1933 inhaftiert (Grund bzw. Anlaß der Inhaftierung unbekannt).

Friedrich Wenzel aus Michelsrombach/Kr. Hünfeld, geb. am 29.8.1912 in Michelsrombach/Kr. Hünfeld, Zimmermann, aus politischen Gründen (wegen angeblich tätlicher Übergriffe gegen Mitglieder der SS und SA) im KZ Breitenau vom 30.9.1933 bis 7.11.1933 und vom 8.12.1933 bis 22.12.1933 inhaftiert.

Gustav Werkmeister aus Bad Sooden-Allendorf, geb. am 3.1.1906 in Göttingen, Arbeiter, aus politischen Gründen (angeblich Tätigkeit für die verbotene KPD) im KZ Breitenau vom 16.6.1933 bis 8.1.1934 inhaftiert.

Konrad Westphal aus Hanau, geb. am 29.10.1877 in Oberissigheim/Kr. Hanau, Dienstmann, im KZ Breitenau vom 7.10.1933 bis 8.11.1933 inhaftiert (Grund bzw. Anlaß der Inhaftierung unbekannt).

Hermann Weymann aus Breuna/Kr. Wolfhagen, geb. am 16.2.1911 in Breuna/Kr. Wolfhagen, Maurer, aus politischen Gründen (Tätigkeit für die verbotene KPD) im KZ Breitenau vom 12.7.1933 bis 14.8.1933 inhaftiert; erneute Verhaftung (15.4.1937) und Verurteilung durch OLG Kassel (13.7.1937) wegen »Vorbereitung zum Hochverrat« zu zwei Jahren Zuchthaus; Zuchthaus Kassel-Wehlheiden (bis 15.4.1939); Strafbataillon 999 (1.11.1942 bis 8.5.1945). Nach Kriegsgefangenschaft lebte er in Breuna. Er starb am 22.6.1983.

Christian Wicke aus Elgershausen/Kr. Kassel, geb. am 22.2.1905 in Elgershausen/Kr. Kassel, Invalide, aus politischen Gründen (Tätigkeit für die verbotene KPD) im KZ Breitenau vom 19.6.1933 bis 13.9.1933; Verurteilung durch Amtsgericht Kassel wegen Vergehens gegen die Verordnung zum »Schutze des deutschen Volkes« zu zwei Monaten Gefängnis; Gefängnis Kassel-Wehlheiden. Er lebte nach dem Krieg in Kassel. Er starb dort am 12.12.1982.

Xaver Wiedmann aus Frankfurt/M., geb. am 14.1.1910 in Frankfurt/Main, Former, aus politischen Gründen (Tätigkeit für die verbotene KPD) inhaftiert, vom Schöffengericht Frankfurt a.M. »mangels Beweises« freigesprochen; anschließend im KZ Breitenau vom 28.10.1933 bis 7.11.1933 inhaftiert; anschließend KZ Sonnenburg (bis 23.12.1933).

Heinrich W. aus Kirchbracht/Gelnhausen, geb. am 1.9.1914 in Mauswinkel/Kr. Gelnhausen, Schneider, im KZ Breitenau vom 4.10.1933 bis 30.10.1933 als SA-Mann inhaftiert.

Friedrich Wörner aus Langendiebach/Kr. Hanau, geb. am 27.8.1897 in Langendiebach, Silberschmied, aus politischen Gründen (angeblich Unterbezirksleiter der KPD Hanau) im KZ Breitenau vom 23.9.1933 bis 24.10.1933 inhaftiert; anschließend KZ Esterwegen (wahrscheinlich bis 22.12.1933); erneute Inhaftierung (18.2.1935) und Verurteilung durch OLG Kassel (Juni 1935) wegen »Vorbereitung zum Hochverrat« zu einem Jahr und drei Monaten Gefängnis; Strafanstalt Frankfurt-Preungesheim; im Rahmen der »Aktion Gewitter« KZ Dachau (22.8.bis 22.10.1944). Seit 1950 lebte er im Landkreis Hanau. Er starb am 5.5.1990 in Rodenbach/Kr. Hanau.

Philipp Wörner aus Bruchköbel/Kr. Hanau, geb. am 20.4.1900 in Langenselbold/Kr. Hanau, Schleifer, aus politischen Gründen (Vorsitzender der KPD Bruchköbel) im KZ Breitenau vom 16.9.1933 bis 24.10.1933 inhaftiert; anschließend KZ Esterwegen (bis 8.4.1934). Er lebte nach dem Krieg in Bruchköbel. Dort verstarb er am 15.10.1966.

Fritz Wolf aus Niederzwehren/Kr. Kassel, geb. am 11.9.1912 in Niederkaufungen/Kr. Kassel, Bäcker, aus politischen Gründen (Sozialdemokrat) im KZ Breitenau vom 12.7.1933 bis 5.8.1933 inhaftiert.

Bernhard Wonhöfer aus Bochum, geb. am 14.5.1910 in Schüren/Kr. Hörde, Arbeiter, im KZ Breitenau vom 21.11.1933 bis 11.12.1933 inhaftiert (Grund bzw. Anlaß der Inhaftierung unbekannt).

Wilhelm Zanger aus Kassel, geb. am 1.5.1899 in Allendorf/Kr. Witzenhausen, Arbeiter, aus politischen Gründen (Roter Frontkämpferbund, KPD) im KZ Breitenau vom 16.6.1933 bis 12.7.1933 inhaftiert; zunächst vom OLG Kassel »mangels Beweises« freigesprochen (15.2.1935); erneut verhaftet (Februar 1936) und beschuldigt, sich »am Neuaufbau der freien Gewerkschaften« beteiligt zu haben; Verurteilung durch OLG Kassel (19.6.1936) zu fünf Jahren Zuchthaus; Zuchthaus Kassel-Wehlheiden (bis 26.2.1941); anschließend Schutzhaft und Einlieferung in das Arbeitserziehungslager Breitenau (28.3.1941).

Heinrich Zell aus Hanau, geb. am 9.11.1901 in Niederroden, Schmied, aus politischen Gründen (Verdacht der Tätigkeit für die verbotene KPD) im KZ Breitenau vom 9.9.1933 bis 24.10.1933 inhaftiert; anschließend KZ Esterwegen (bis 22.12.1933).

Heinrich Ziegler aus Homberg/Efze, geb. am 22.12.1883, Dachdecker, aus politischen Gründen (»wegen Beleidigung von SS- und SA-Angehörigen«) im KZ Breitenau vom 8.8.1933 bis 11.8.1933 inhaftiert; Verurteilung durch Schöffengericht Marburg wegen »Beleidigung in zwei Fällen« zu zehn Monaten Gefängnis. Er lebte nach dem Krieg in Homberg/Efze.

Renatus Z. aus Kassel, geb. am 3.11.1911 in Bautzen, Automechaniker, im KZ Breitenau vom 4.10.1933 bis 17.11.1933 als SA-Mann inhaftiert.

Karl Ziegner aus Kassel, geb. am 24.4.1908 in Kassel, Bauschlosser, aus politischen Gründen (Roter Frontkämpferbund, Kampfbund gegen den Faschismus) im KZ Breitenau vom 16.6.1933 bis 14.8.1933 inhaftiert; Verurteilung durch OLG Kassel (15.2.1935) wegen »Vorbereitung zum Hochverrat« zu zwei Jahren Gefängnis; Strafgefängnis Hameln und Brual-Rhede (bis 15.4.1937); Strafbataillon 999 (seit 1.12.1942); englische Kriegsgefangenschaft; er lebte nach dem Krieg in Kassel.

Hugo Zien aus Remscheid-Lennep, geb. am 18.6.1914 in Vogelsmühle, Arbeiter, aus politischen Gründen (»kommunistische Umtriebe«) im KZ Breitenau vom 21.8.1933 bis 11.9.1933 und vom 24.10.1933 bis 10.11.1933 inhaftiert.

Wilhelm Zien aus Remscheid-Lennep, geb. am 29.12.1910 in Hügerswagen, Arbeiter, aus politischen Gründen (»kommunistische Umtriebe«) im KZ Breitenau vom 21.8.1933 bis 11.9.1933 und vom 24.10.1933 bis 10.11.1933 inhaftiert.

Otto Zieres aus Hanau, geb. am 14.2.1891 in Langenselbold/Kr. Hanau, Schlosser, aus politischen Gründen (Tätigkeit für die verbotene KPD, Verdacht der Teilnahme an einem Bombenanschlag auf den Hanauer Oberbürgermeister) seit Ende März 1933 im Schutzhaft; im KZ Breitenau vom 5.8.1933 bis 16.10.1933 inhaftiert; anschließend KZ Börgermoor (bis 23.12.1933); KZ Sachsenhausen (1.9.1939 bis 9.11.1940). Er starb am 28.5.1976 in Hanau.

Adolf Zufall aus Kassel, geb. am 25.8.1904 in Kassel, Schlosser, aus politischen Gründen (angeblich Anhänger der verbotenen KPD) im KZ Breitenau vom 16.6.1933 bis 28.7.1933 und vom 21.11.1933 bis 22.12.1933 inhaftiert.

Quellen- und Literaturverzeichnis

I. Ungedruckte Quellen

Archiv des Landeswohlfahrtsverbandes Hessen, Kassel
Landarmen- und Korrektionsanstalt Breitenau 1874-1949 (1976):
Bestand 1. Nr. 112, Band 1.
Bestand 2. Nr. 60. Jahresberichte der Landesarbeitsanstalt Breitenau.
Bestand 2. Nr . 376. Personalakte Heinrich Klimmer, Anstaltsdirektor.
Bestand 2. Nr. 521. Personalakte Joseph Schrötter, Anstaltsvorsteher.
Bestand 2. Nr. 7630. Aufnahmebuch für Häftlinge während Bestehens des Konzentrationslagers 1933-1934.
Bestand 2. Nr. 7631. Einrichtung und Auflösung des KZ Breitenau für politische Häftlinge 1933-1934.
Bestand 2. Nr. 7633. Aufnahmebuch Breitenau für Schutzhäftlinge, Altersheiminsassen, Korrigenden, Häuslinge u.a. 1895-1945.
Bestand 2. Nr. 9735. Allgemeines.
Bestand 2. Nr. 9741. Aufnahme, Verpflegung und Entlassung von Anstaltsinsassen, Bestellung von unterschiedlichen Waren usf.
Bestand 2. Nr. 9794. Breitenau I B 1. Jahresbericht der Landespflegeanstalt und des Altenheims zu Breitenau für das Rechnungsjahr 1933.

Hessisches Staatsarchiv Marburg
165/3878. Der Regierungspräsident (RP) in Kassel. Sonder-Akten betreffend Verrechnung der Kosten für Schutzhaftgefangene. Band I (1933).
165/3886. RP Kassel. Sonder-Akten betreffend die Kommunistische Partei Deutschlands. K.P.D. Die kommunistische Bewegung. Band 1.
165/3886. RP Kassel betr. die KPD im Jahre 1933. Band 2.
165/3965. RP Kassel. Ereignismeldungen der Staatspolizeistelle Kassel und monatliche Lageberichte derselben. Band II. 1935.
165/3982. RP Kassel. Betr. Störung der Öffentlichen Sicherheit und Ordnung. Band 10. März bis Juli 1933; Band 11. August 1933 - Oktober 1933; Band 12. Oktober 1933 bis Februar 1934; Band 13. Vom März 1934 bis August 1934.
165/6985. Waffenfunde bei Chr. Knöchel, KPD, und Genossen in Kassel, 1931-1933
180 Wolfhagen 2329. Durchführung der Verordnung zum Schutz von Volk und Staat vom 28.2.1933; Maßnahmen gegen marxistische u.a. Organisationen; Schutzhaft [...]. 1933-1939.
180 Hersfeld 9408. MdI an die RP u. den PP Berlin vom 29.5.1933 betr. Vernehmung in polizeilichem Gewahrsam befindlicher Personen durch Angehörige der SA und SS.

180 Hersfeld 9411. Organisation der politischen Polizei. 1933-1938.
180 Melsungen 3729. Betr. Landerziehungsheim Walkemühle 1932-1937.

Hessisches Hauptstaatsarchiv Wiesbaden
Dokumentation des biographisch aufgebauten Forschungsprojektes zu Verfolgung und Widerstand in Hessen.
Spruchkammerakten.

Staatsanwaltschaft Kassel
Geschichtlich wertvolle Akten. Urteil der Strafkammer III des Landgerichts Kassel gegen August A. vom 5. Juni 1951 wegen Körperverletzung im Amte.

Hessisches Justizministerium Wiesbaden
Regierungspräsidium Kassel/Darmstadt. Akten zur Entschädigung und Wiedergutmachung.

Stadtarchiv Kassel
Best. A.5.55 (Betreuungsstelle).

Bundesarchiv Abt. III. Außenstelle Berlin-Zehlendorf (ehemals Berlin Document Center)
Rasse- und Siedlungshauptamt. Personalbögen.
NSDAP-Kartei.

Pfarramt Guxhagen
Akten der Pfarrei Breitenau im Kirchenkreis Melsungen.

JVA Kassel[-Wehlheiden] Archiv
Tagesbericht des Polizeigefängnisses in Kassel vom 30.3. - 16.6.1933.
Akte Schutzhaftgefangene.

Privatsammlung Kurt Pappenheim, Schmalkalden
Nachlaß Ludwig Pappenheim.

Gemeindearchiv Oberkaufungen
XVIII,1.

Archiv Gedenkstätte Breitenau
Gespräche mit Zeitzeugen, Aufzeichnungen und nachgelassene Dokumente:
Notiz über ein Gespräch mit Frau Martha *Beißwenger* in Kassel (1981).
Belz, Willi: Politische Lebensgeschichte. Persönliche Aufzeichnungen 1979/1980.

Notiz über ein Gespräch mit Wilhelm und Frau Schäfer (Schwiegersohn bzw. Tochter von F. *Bente*) in Holzhausen (1987).

Notiz über ein Gespräch mit Marcin *Blaszczak* (1981) in Asbach/Kreis Bad Hersfeld.

Notiz über ein Gespräch mit Bernhard *Boczkowski* in Kassel (1981).

Notiz über ein Gespräch mit Heinrich Bolte (Sohn von Georg *Bolte*) in Lohfelden (1987).

Notiz über ein Gespräch mit Ernst *Ehmer* in Kassel (1982).

Notiz über ein Gespräch mit Friedrich *Eisenacher* in Kassel (1987).

Notiz über ein Gespräch mit Frau Käte Funkenstein [über Kurt *Finkenstein*] in Kassel (1982).

Notiz über ein Gespräch mit Rudolf *Freidhof* in Kassel (1980).

Notiz über ein Gespräch mit Otto *Haferburg* in Kassel (1981).

Notiz über ein Gespräch mit Franz *Heil* in der Gedenkstätte Breitenau (1987).

Notiz über ein Gespräch mit Frau Martha *Herbordt* in Kassel (1982).

Notiz über ein Gespräch mit Justus *Hochrath* in Kassel (1982).

Notiz über ein Telefongespräch mit Erwin *Köhler* aus Kassel (1991).

Notiz über ein Gespräch mit Karl Kramm (Sohn von Georg *Kramm*) in Guxhagen (1983).

Küllmer, Karl: Nachgelassene Dokumente.

Notiz über ein Gespräch mit Walter *Leng* und Frau Leng in Kassel (1981).

Notiz über ein Gespräch mit Friedrich *Loose* in Nieder-Elsungen (1984).

Notiz über ein Gespräch mit Hans *Minkler* in Altenritte (1980).

Notiz über ein Gespräch mit Kurt *Pappenheim* in Schmalkalden (1985).

Gedächtnisprotokoll von Willi Hierdes über die eintägige Festnahme von Fritz *Raabe* in Breitenau. Aufgezeichnet am 1.8.1995 und schriftlich mitgeteilt an Vf. von Herrn Karl Cöster, Breuna.

Notiz über ein Gespräch mit Heinrich *Rüffer* in Kassel (1995).

Notiz über ein Gespräch mit Josef Müller (Schwiegersohn von August *Schäfer*) in Lohfelden (1987).

Notiz über ein Gespräch mit Frau Wagner (Tochter von Heinrich *Siebert*) in Kassel (1982).

Notiz über ein Gespräch mit Helmut Vaugt (dem Sohn von Karl *Vaugt*) in der Gedenkstätte Breitenau (1993).

Notiz über ein Gespräch mit Hermann *Weymann* in Kassel (1981).

Notiz über ein Gespräch mit Frau Dora *Zimmermann* in Kassel (1981).

Korrespondenzen:

Schriftliche Mitteilung von Dr. med. F. Achler, Neuental-Zimmersrode (1989).

Schriftliche Mitteilung von Frau Bambey, Kulturbeauftragte der Gemeinde Frielendorf (1995).

Stellungnahme von Frau OStR Brigitte Boesch, Dipl.-Ökotrophologin (1996).

Schriftliche Mitteilungen von Heinz Brandt, Stadtarchivar in Frankenberg (1995).

Schriftliche Auskunft von Barbara Distel, Leiterin der KZ-Gedenkstätte Dachau (1995, 1996).

Schriftliche Mitteilung des Landeskirchlichen Archivs der Evangelischen Kirche von Kurhessen-Waldeck (1997).

Schriftliche Mitteilung des Stadtarchivs Gelnhausen (1997).

Schriftliche Mitteilung von Johannes Grötecke, Bad Wildungen (1992).

Schreiben des HHStA Wiesbaden (Dr. Eiler) (1992).

Schriftliche Mitteilung von Frau Höppner (1995).

Schriftliche Mitteilung von Frau Dr. Renate Hoer, GDCh Frankfurt a. M. (1997).

Schriftliche Mitteilung von Herrn Manfred Hülsebruch, Stadtarchiv Bad Wildungen (1997).

Schriftliche Mitteilung von Heinrich Kleinschmidt, Hessisch Lichtenau (1989).

Schriftliche Mitteilungen von Kurt Pappenheim, Schmalkalden (1995).

Schriftliche Mitteilungen der Familie Treibert, Schwalmstadt (1991, 1995).

Dokumentationen

Richter, Gunnar: Ton-Dia-Reihe »Der Umgang mit der nationalsozialistischen Zeit – Eine lokale Studie über ein Verbrechen der Endphase des Zweiten Weltkriegs. Methoden des Recherchierens« (Staatsexamensarbeit Gesamthochschule Kassel 1981).

Schutzhaftgefangene des Konzentrationslagers Breitenau 1933/1934. Namen, Geburtsdaten, Geburtsorte, Wohnorte, Berufe, Haftzeiten. Alphabetisch und nach Kreisen zusammengestellt von Dietfrid Krause-Vilmar. Kassel 1987.

Schutzhaftgefangene des Konzentrationslagers Breitenau 1933/1934. Eine quellenorientierte Dokumentation. 4 Bände. Kassel 1997.

Universität Kassel GHK: Informationsstelle Nationalsozialismus in Nordhessen
Sammlung Georg Merle.

II Gedruckte Quellen

Amtsblatt der Regierung zu Kassel 1933.

Bericht über die Ergebnisse der Verwaltung des Bezirksverbandes des Regierungsbezirks Kassel 1932-1936; hier: Bericht über das Jahr 1933.

Bericht von Christian Wicke über seine Haftzeit in Breitenau. In: Ulrich Schneider (Hg): Hessen vor 50 Jahren. Frankfurt a.M. 1983, 74 ff.

Klein, Thomas (Hg.): Die Lageberichte der Geheimen Staatspolizei über die Provinz Hessen-Nassau 1933-1936. Mit ergänzenden Materialien herausgegeben, eingeleitet und erläutert von Thomas Klein. (=Veröffentlichungen aus den Archiven preußischer Kulturbesitz, Band 22/I und 22/II) Köln - Wien 1986.

Klein, Thomas (Hg.): Der Regierungsbezirk Kassel 1933 - 1936. Die Berichte des Regierungspräsidenten und der Landräte. Herausgegeben und eingeleitet von Thomas Klein. Zwei Teile. (=Quellen und Forschungen zur hessischen Geschichte. Herausgegeben von der Historischen Kommission Darmstadt und der Historischen Kommission für Hessen, 64) Darmstadt und Marburg 1985.

Ministerial-Blatt für die Preußische innere Verwaltung. Herausgegeben vom Preußischen Ministerium des Innern. Berlin. Teil I (Allgemeine Polizei-, Kommunal-, Wohlfahrts- usw. Angelegenheiten) 94 (1933).

Reichsgesetzblatt I (1933).

Verhandlungen des Kommunallandtags für den Regierungsbezirk Kassel am 5. April 1933.

III Literatur vor 1945

Arbeiter Illustrierte Zeitung 15. Jg., Nr. 27 vom 1.7.1936. »Berlin ruft zur Olympiade«.

Braunbuch über Reichstagsbrand und Hitlerterror. Faksimile-Nachdruck der Originalausgabe von 1933. Frankfurt a.M. 1978.

Gemeindelexikon für die Provinz Hessen-Nassau. Auf Grund der Materialien der Volkszählung vom 2. Dezember 1895 und anderer amtlicher Quellen bearbeitet vom Königlichen statistischen Bureau. Berlin 1897.

Die Geschichte der Kurhessischen SA. Herausgegeben von der SA-Standarte 47 (Kassel). Schriftleitung: SA-Truppführer Karl Poppe. [2. Auflage] Kassel 1935.

Geschichte der Jüdischen Gemeinde Kassel - unter Berücksichtigung der Hessen-Kasseler Gesamtjudenheit. Hgg. von der Israelitischen Gemeinde Kassel. Band I. Kassel 1931 [Verfasser: R. Hallo und J. Dalberg].

Handbuch für den Gau Kurhessen der NSDAP. Im Auftrag der Gauleitung Kurhessen bearbeitet vom Gaupresseamt. Kassel 1934.

Handbuch für den Preußischen Landtag. Ausgabe für die 4. Wahlperiode (von 1932 an). Berlin (Juni) 1932.

Handbuch für den Preußischen Landtag. Ausgabe für die 5. Wahlperiode (von 1933 an). Herausgegeben von E. Kienast. Berlin (Anfang Mai) 1933.

Hersfelder Zeitung (1933).

Hessische Post (1945).

Hessische Volkswacht 4 (1933) - 5 (1934).

Kasseler Neueste Nachrichten 23 (1933).

Kasseler Post 51 (1933), 52 (1934).

Konzentrationslager. Ein Appell an das Gewissen der Welt. Ein Buch der Greuel. Die Opfer klagen an. Dachau – Brandenburg – Papenburg – Königstein – Lichtenburg – Colditz – Sachsenburg – Moringen – Hohnstein – Reichenbach – Sonnenburg. Karlsbad 1934.

Kurhessische Landeszeitung 5 (1934).

Landau, G.: Beschreibung des Kurfürstentums Hessen. Cassel 1842.

Melsunger Tageblatt 5 (1933).

Meyers Lexikon. 8. Aufl. Leipzig 1939, Band 6.

Meyers Orts- und Verkehrs-Lexikon. Leipzig und Wien ^{5}1912.

Pappenheim, Ludwig: Die Sozialdemokratie im Kasseler Kommunallandtag und im Kreistag des Kreises Herrschaft Schmalkalden. o.O. o.J.

Rudolph, H. : Vollständigstes geographisch-topographisch-statistisches Ortslexikon von Deutschland [...] Zürich 1868.

Sperlings Zeitschriften- und Zeitungs-Adreßbuch. Handbuch der deutschen Presse. Die wichtigsten deutschen Zeitschriften und politischen Zeitungen Deutschlands, Österreichs und des Auslands. 57. Ausgabe. Leipzig 1931 und 59. Ausgabe. Leipzig 1935.

Volksstimme. Organ für die werktätige Bevölkerung West-Thüringens. Schmalkalder Tageblatt. 32. Jg. (1919); später: Organ der Sozialdemokratischen Partei. Schmalkalder Tageblatt. Amtsblatt der Kreiskommunalverwaltung und der Städtischen Behörden. 15 Jg. (1933). Redaktion: Ludwig Pappenheim.

IV Literatur nach 1945 (Auswahl)

100 Jahre Jugendheim Karlshof 1886-1986. Eine Chronik. Zusammengestellt von Ernst Bässe. Kassel 1986.

»... werden in Kürze anderweit untergebracht ....« Das Schicksal der Fuldaer Juden im Nationalsozialismus. Eine Dokumentation. Herausgegeben von Gerhard Renner, Joachim Schulz und Rudolf Zibuschka. Fulda 1990.

»Doch die Freiheit, die kommt wieder!« NS-Gegner im württembergischen Schutzhaftlager Ulm 1933-1935. Stuttgart 1994.

Abel, Karl-Dietrich: Presselenkung im NS-Staat. Eine Studie zur Geschichte der Publizistik in der nationalsozialistischen Zeit. Berlin 1968

Anatomie des SS-Staates. Hgg. von Hans Buchheim, Martin Broszat, Hans-Adolf Jacobsen und Helmut Krausnick. 2 Bände. München 1967.

Arbeitsgemeinschaft Spurensicherung des Kommunalen Jugendbildungswerkes der Kreisstadt Korbach: Judenverfolgung in Korbach. Eine Dokumentation. Korbach 1989.

Archiv der Stadt Kassel (Hg.): Kasseler Stadtverordnete der I. bis X. Wahlperiode (1946-1985). Lebensdaten. Zusammengestellt von Peter Heckwolf und Karl Neubauer unter Leitung von Frank-Roland Klaube [als Ms. vervielfältigt]. Kassel 1990.

Arnsberg, Paul: Die jüdischen Gemeinden in Hessen. Anfang - Untergang - Neubeginn. Band 1. Frankfurt a.M. 1971.

Artzt, Heinz: Mörder in Uniform. Organisationen, die zu Vollstreckern nationalsozialistischer Verbrechen wurden. München 1979.

Ayaß, Wolfgang: Das Arbeitshaus Breitenau. Bettler, Landstreicher, Prostituierte, Zuhälter und Fürsorgeempfänger in der Korrektions- und Landarmenanstalt Breitenau. Kassel 1992.

Ayaß, Wolfgang: »Asoziale« im Nationalsozialismus. Stuttgart 1995.

Ayaß, Wolfgang: Die Landesarbeitsanstalt und das Landesfürsorgeheim Breitenau, in: Richter, Breitenau, 21-49.

Barthel, Karl: Die Welt ohne Erbarmen. Bilder und Skizzen aus dem K.Z. Greiffenverlag: Rudolstadt 1946.

Beier, Gerhard: Arbeiterbewegung in Hessen. Zur Geschichte der hessischen Arbeiterbewegung durch einhundertfünfzig Jahre (1834-1984). Frankfurt 1984.

Belz, Willi: Soldat gegen Hitler. Ein Antikriegsbuch. Köln 1987.

Belz, Willi: Die Standhaften. Über den Widerstand in Kassel 1933-1945. Ludwigsburg 1960. 2. Auflage Kassel 1978.

Biereigel, Hans: Mit der S-Bahn in die Hölle. Wahrheiten und Lügen über das erste Nazi-KZ. Berlin 1994.

Bracher/Sauer/Schulz: Die nationalsozialistische Machtergreifung. Band I (K.D. Bracher: Stufen der Machtergreifung) [zuerst 1960] Frankfurt-Berlin-Wien 1974.

Bramsted, Ernest K.: Goebbels und die nationalsozialistische Propaganda. Frankfurt a.M. 1971.

Broszat, Martin: Politische Denunziationen in der NS-Zeit: Aus Forschungserfahrungen im Staatsarchiv München. In: Archivalische Zeitschrift 73 (1977), 221-238.

Chronik der Gemeinde Nieste. Herausgegeben zum 1. Dorf- und Heimatfest 1972. Nachdruck der handgeschriebenen »Chronik der Gemeinde Nieste«. Kassel 1972.

Deutsche Parlamentsdebatten. Band II: 1919-1933. Hgg. von Detlef Junker. Hamburg 1971.

Die Geschichte der jüdischen Gemeinde Korbach. Herausgegeben von der Kreisstadt Korbach - Stadtarchiv -. Korbach 1993.

Dillmann,J./ Krause-Vilmar,D./ Richter,G.: Mauern des Schweigens durchbrechen. Die Gedenkstätte Breitenau (=Nationalsozialismus in Nordhessen. Schriften zur regionalen Zeitgeschichte, 9) Kassel 1986.

Döhn, Lothar: Presse und Nationalsozialismus in Kassel, in: Volksgemeinschaft und Volksfeinde. II, 58 - 95.

Dokumente zur deutschen Verfassungsgeschichte. Hgg. von Ernst Rudolf Huber. Band 1. Deutsche Verfassungsdokumente 1803-1850. Stuttgart, Berlin, Köln, Mainz [3]1978.

Drobisch, Klaus/ Wieland, Günther: System der NS-Konzentrationslager 1933-1939. Berlin 1993.

Drobisch, Klaus: Hinter der Torinschrift ›Arbeit macht frei‹. Häftlingsarbeit, wirtschaftliche Nutzung und Finanzierung der Konzentrationslager 1933 bis 1939. In: Hermann Kaienburg (Hg.): Konzentationslager und deutsche Wirtschaft 1939-1945. Opladen 1996, 17-27.

Drobisch, Klaus: Zeitgenössische Berichte über Nazikonzentrationslager 1933-1939. In: Jahrbuch für Geschichte 26 (1982), 103-133.

Erinnern an Breitenau 1933-1945. Eine Ausstellung historischer Dokumente. Herausgegeben von der Gesamthochschule Kassel. Fachbereich Erziehungswissenschaft/Humanwissenschaften. Projektgruppe Breitenau. U. Deuker, D. Krause-Vilmar, H. Mehner, R. Nolle, W. Prinz, G. Richter, W. Tiegel. Kassel [4]1984.

Evangelisches Pfarramt Guxhagen-Breitenau (Hg.): Kloster Breitenau. Melsungen o. J.

Feldner, Claus und Wieden, Peter: Harleshausen wie es früher war. Photographien und Geschichten. Gudensberg-Gleichen 1984.

Fischer-Defoy, Christine: Arbeiterwiderstand in der Provinz. Arbeiterbewegung und Faschismus in Kassel und Nordhessen 1933-1945. Eine Fallstudie. Berlin 1982.

Flämig, Gerhard: Hanau im Dritten Reich. Band II (1933-1945). Verfolgung und Widerstand. Hanau 1987.

Form, Wolfgang und Engelke, Rolf: »Hochverrat« – »Heimtücke« – »Wehrkraftzersetzung«. Zur politischen Strafjustiz in Hessen. In: Knigge-Tesche, Renate und Ullrich, Axel (Hg.), Verfolgung und Widerstand in Hessen. Frankfurt a.M. 1996, 26-43.

Frei, Norbert und Schmitz, Johannes: Journalismus im Dritten Reich, München 1989.

Fremde im eigenen Land. Beiträge zur Kultur- und Sozialgeschichte der Juden in den Kreisen Hofgeismar, Kassel, Wolfhagen und in der Stadt Kassel. Herausgegeben von Helmut Burmeister und Michael Dorhs. Hofgeismar 1985.

Frenz, Wilhelm: Der Aufstieg des Nationalsozialismus in Kassel 1922 bis 1933. In: Werner Wolf/ Antonio Peter (Hg.): Als es mit der Freiheit zu Ende ging. Studien zur Machtergreifung der NSDAP in Hessen. Wiesbaden 1990, S. 21-64.

Fricke, Dieter u.a. (Hg.): Die bürgerlichen Parteien in Deutschland. Handbuch der Geschichte der bürgerlichen Parteien und anderer bürgerlicher Interessenorganisationen. Vom Vormärz bis zum Jahre 1945. 2 Bände Leipzig 1968.

Garbe, Detlef (Hg.): Die vergessenen KZs? Gedenkstätten für die Opfer des NS-Terrors in der Bundesrepublik. Bornheim-Merten 1983.

Gedenkbuch. Opfer der Verfolgung der Juden unter der nationalsozialistischen Gewaltherrschaft in Deutschland 1933-1945. Bearbeitet vom Bundesarchiv Koblenz und dem ISD Arolsen. 2 Bände Koblenz 1986.

Gellately, Robert : Gestapo und Terror. Perspektiven auf die Sozialgeschichte des nationalsozialistischen Herrschaftssystems. In: ›Sicherheit‹ und ›Wohlfahrt‹. Polizei, Gesellschaft und Herrschaft im 19. und 20. Jahrhundert. Hrgg. von Alf Lüdtke. Frankfurt a.M. 1992, 371-392 .

Giebeler, Karl/ Lutz, Thomas/ Lechner, Silvester (Hg.): Die frühen Konzentrationslager in Deutschland. Austausch zum Forschungsstand und zur pädagogischen Praxis in Gedenkstätten. (=Protokolldienst 12/96 der Evangelischen Akademie Bad Boll). Bad Boll 1996.

Graf, Christoph: Politische Polizei zwischen Demokratie und Diktatur. Die Entwicklung der preußischen Politischen Polizei vom Staatsschutzorgan der Weimarer Republik zum Geheimen Staatspolizeiamt des Dritten Reiches. Berlin 1983 (=Einzelveröffentlichungen der Historischen Kommission zu Berlin, Band 36).

Grünewald, Paul: KZ Osthofen. Material zur Geschichte eines fast vergessenen Konzentrationslagers. Frankfurt a.M. 1979.

Grünewald, Paul: Das KZ Osthofen. In: Eike Hennig (Hg.): Hessen unterm Hakenkreuz. Studien zur Durchsetzung der NSDAP in Hessen. Frankfurt 1983, 503 ff.

Gutachten des Instituts für Zeitgeschichte. München 1958.

Hagemann, Jürgen: Die Presselenkung im Dritten Reich. Bonn 1970.

Hale, Oron J.: Presse in der Zwangsjacke 1933-1945. Düsseldorf 1965.

Heimatgeschichtlicher Wegweiser zu Stätten des Widerstands und der Verfolgung 1933-1945. Hrsg. vom Studienkreis Deutscher Widerstand. Band 1/1. Hessen I. Regierungsbezirk Darmstadt. Autorinnen: Ursula Krause-Schmitt, Jutta von Freyberg. (Neuausgabe) Frankfurt a.M. 1995.

Heimatgeschichtlicher Wegweiser zu Stätten des Widerstands und der Verfolgung 1933-1945. Hgg. vom Studienkreis Deutscher Widerstand. Band 1/2. Hessen II. Regierungsbezirke Gießen und Kassel. Autorinnen: Ursula Krause-Schmitt, Jutta von Freyberg, Friedrich Wehe. Frankfurt a.M. 1996.

Heimatkalender Kreis Kassel, herausgegeben vom Lehrer-Arbeitskreis für Heimatkunde 3 (1952) [Nachruf auf Landrat Karl Herrmann], 95.

Hein, Martin: Das Jahr 1933 in der Evangelischen Landeskirche in Hessen-Kassel. In: Jahrbuch der Hessischen Kirchengeschichtlichen Vereinigung 44 (1993), 155-166.

Hein, Martin (Hg.): Kirche im Widerspruch. Die Rundbriefe des Bruderbundes Kurhesssicher Pfarrer und der Bekennenden Kirche Kurhessen-Waldeck 1933-1935. Darmstadt 1996.

Hessen unterm Hakenkreuz. Studien zur Durchsetzung der NSDAP in Hessen. Hgg. von Eike Hennig u.a. Frankfurt a.M. 1983.

Hessische Nachrichten, Kassel.

Hett, Ulrike und Tuchel, Johannes: Die Reaktionen des NS-Staates auf den Umsturzversuch vom 20. Juli 1944. In: Steinbach,Peter/Tuchel,Johannes (Hg.), Widerstand gegen den Nationalsozialismus. Bonn 1994, 377-390.

Historisches Ortslexikon für Kurhessen. Bearbeitet von Heinrich Reimer. Marburg 1974 [Neudruck der 1. Ausgabe Marburg 1926].

Hofmann, Susanne: In Memoriam - Marcin Blaszczak. In: Rundbrief 10 des Vereins zur Förderung der Gedenkstätte und des Archivs Breitenau. Kassel 1991, 3-5.

Honikel, Karl: Verfolgung, Verteibung und Vernichtung 1933-1945. Der Untergang der jüdischen Gemeinde Schenklengsfeld. In: Geschichte der Jüdischen Gemeinde Schenklengsfeld. Schenklengsfeld 1988, S. 201-250, hier: S.221-223 (Der Fall Norbert Weil).

Ibach, Karl: Kemna. Wuppertaler Konzentrationslager 1933-1934. 3. Auflage Wuppertal 1981 [zuerst 1948 u.d.T. Kemna. Wuppertaler Lager der S.A.1933].

Jenner, Harald: Konzentrationslager Kuhlen 1933. Rickling 1988.

Kaienburg, Hermann (Hg.): Konzentationslager und deutsche Wirtschaft 1939-1945. Opladen 1996.

Kammler, Jörg: Ich habe die Metzelei satt und laufe über ... Kasseler Soldaten zwischen Verweigerung und Widerstand (1939-1945). Eine Dokumentation. 2. verb. Aufl. Kassel 1985.

Kammler, Jörg: Nationalsozialistische Machtergreifung und Gestapo - am Beispiel der Staatspolizeistelle für den Regierungsbezirk Kassel. In: Hessen unterm Hakenkreuz, 506-535.

Kammler, Jörg: Widerstand und Verfolgung – illegale Arbeiterbewegung, sozialistische Solidargemeinschaft und das Verhältnis der Arbeiterschaft zum NS-Regime. In: Volksgemeinschaft und Volksfeinde, Band 2, 325-387.

Kieserling, Manfred: Faschisierung und gesellschaftlicher Wandel. Mikroanalyse eines nordhessischen Kreises 1928 - 1935. Wiesbaden 1991.

Kindt, Walter (Hg.): Die deutsche Jugendbewegung 1920 bis 1933. Die bündische Zeit. Quellenschrift [=Dokumentation der Jugendbewegung III]. Düsseldorf, Köln 1974.

Klein, Thomas (Hg): Leitende Beamte der allgemeinen Verwaltung in der preußischen Provinz Hessen-Nassau und in Waldeck 1867-1945 (=Quellen und Forschungen zur hessischen Geschichte. Herausgegeben von der Historischen Kommission Darmstadt und der Historischen Kommission für Hessen, 70). Darmstadt und Marburg 1988.

Klein, Thomas: Zur Geschichte der Kasseler Eingemeindungen. In: Hess. Jahrb. f. Landesgeschichte 36 (1986), 317-349.

Klein, Thomas (Bearb.): Grundriß zur deutschen Verwaltungsgeschichte 1815-1945. Reihe A: Preußen. Band 11. Marburg 1979.

Knigge-Tesche, Renate und Ullrich, Axel (Hg.): Verfolgung und Widerstand in Hessen. Frankfurt a.M. 1996.

Konzentrationslager Dachau 1933-1945. Katalog. 6. Auflage o.O. 1978.

Kosthorst, Erich und Walter, Bernd: Konzentrations- und Strafgefangenenlager im Dritten Reich. Beispiel Emsland. Band 1. Düsseldorf 1983.

Krause-Vilmar, Dietfrid: Hitlers Machtergreifung in der Stadt Kassel. In: Volksgemeinschaft und Volksfeinde Band 2, 13-36.

Krause-Vilmar, Dietfrid: Das Konzentrationslager Breitenau in Guxhagen bei Kassel 1933/34. In: Werner Wolf/Antonio Peter (Hg.): Als es mit der Freiheit zu Ende ging. Studien zur Machtergreifung der NSDAP in Hessen. Wiesbaden 1990, 211 - 233.

Krenkel, Eva-Maria und Nürnberger, Dieter u.a.: Lebensskizzen kriegsgefangener und zwangsverpflichteter Ausländer im Raum Fritzlar-Ziegenhain 1940-1943 (=Nationalsozialismus in Nordhessen, Heft 6). Kassel 1985.

Kropat, Wolf-Arno: Kristallnacht in Hessen. Das Judenpogrom vom November 1938. Eine Dokumentation. Wiesbaden 1988.

Kühnl, Reinhard: Formen bürgerlicher Herrschaft. Liberalismus. Faschismus. Hamburg 1971.

Kurhessische und waldeckische Zeitungen bis 1945 in Mikroform. Verfilmte Zeitungsbestände in der Universitätsbibliothek Marburg, der Gesamt- hochschulbibliothek Kassel und der Landesbibliothek Fulda. Ein Katalog (=Schriften der Universitätsbibliothek Marburg, Bd. 60; Hessische Forschungen zur geschichtlichen Landes- und Volkskunde, Bd. 24). Marburg und Kassel 1992.

KZ Moringen. Männerlager, Frauenlager, Jugendschutzlager. Eine Dokumentation. Herausgegeben von der Gesellschaft für jüdisch-christliche Zusammenarbeit Göttingen e.V. und dem Evangel.-lutherischen Pfarramt Göttingen o.J. [1983].

Lechner, Silvester: Das KZ Oberer Kuhberg und die NS-Zeit in der Region Ulm/Neu-Ulm. Stuttgart 1988.

Lee van Dovski [i.e. H. Lewandowski]: Eros der Gegenwart. Quasi ein III. Band von »Genie und Eros«. Neuer Pfeil-Verlag. Genf 1952, S. 94 - 108 [Biographische Skizze Kurt Finkensteins].

Lengemann, Jochen: Das Hessen-Parlament 1946-1986. Biographisches Handbuch des Beratenden Landesausschusses, der Verfassungberatenden Landesversammlung Groß-Hessens und des Hessischen Landtags 1.-11. Wahlperiode. Hgg. vom Präsidenten des Hessischen Landtags. Frankfurt a.M. 1986.

Löber, Ralf: Das Benediktinerkloster Breitenau. In: Richter, Gunnar(Hg): Breitenau. Zur Geschichte eines nationalsozialistischen Konzentrations- und Arbeitserziehungslagers. Kassel 1993, 16-20.

M.d.R. Die Reichstagsabgeordneten der Weimarer Republik in der Zeit des Nationalsozialismus. Politische Verfolgung, Emigration und Ausbürgerung 1933-1945. Eine biographische Dokumentation. Bearbeitet von Katharina Lübbe und Martin Schumacher. Düsseldorf 1991.

Mann, Frank-Matthias: Über das Verschwinden der Jüdischen Gemeinde Guxhagen. In: Rundbrief 10 des Vereins zur Förderung der Gedenkstätte und des Archivs Breitenau. Kassel 1991, 12-17.

Mann, Frank-Matthias: Liste der als Juden verfolgten Häftlinge Breitenaus 1933 - 1945. In: Rundbrief 9 des Vereins zur Förderung der Gedenkstätte und des Archivs Breitenau. Kassel 1991, 20-33.

Matzerath, Horst: Nationalsozialismus und kommunale Selbstverwaltung. Stuttgart 1970.

Morsch, Günter (Hg.): Konzentrationslager Oranienburg. (=Schriftenreihe der Stiftung Brandenburgische Gedenkstätten Nr. 3) Berlin 1994.

Müller, Karlheinz: Preußischer Adler und Hessischer Löwe. Hundert Jahre Wiesbadener Regierung 1866-1966. Dokumente der Zeit aus den Akten. Wiesbaden 1966.

Namen und Schicksale der Juden Kassels 1933-1945. Ein Gedenkbuch. Herausgegeben vom Magistrat der Stadt Kassel. Bearbeitet von Wolfgang Prinz und Beate Kleinert. Kassel 1986.

Noll, Christof: Kloster Breitenau. In: Zeitschrift für Hessische Geschichte und Landeskunde 92 (1987), 27-41.

NS-Presseanweisungen der Vorkriegszeit. Edition und Dokumentation. Band 1: 1933. München-New York-London-Paris 1984.

Ortner, Helmut: Roland Freisler – Mörder im Dienst Hitlers. Göttingen 1995.

Perk, Willy: Hölle im Moor. Zur Geschichte der Emslandlager 1933-1945. Frankfurt a.M. 1979.

Pingel, Falk: Häftlinge unter SS-Herrschaft. Widerstand, Selbstbehauptung und Vernichtung in NS-Konzentrationslagern. Hamburg 1978.

Prinz, Wolfgang: Die Judenverfolgung in Kassel. In: Volksgemeinschaft und Volksfeinde, Band 2, 144-222.

Quellen zu Widerstand und Verfolgung unter der NS-Diktatur in hessischen Archiven. Übersicht über die Bestände in Archiven und Dokumentationsstellen. Bearb. v. Herbert Bauch, Volker Eichler, Ulrich Eisenbach, Rolf Engelke und Wolfgang Form. Wiesbaden 1995.

Richardi, Hans-Günther: Schule der Gewalt. Die Anfänge des Konzentrationslagers Dachau 1933-1934. Ein dokumentarischer Bericht. München 1983.

Richter, Gunnar: Recherchen zur Ermordung von sechs polnischen Gefangenen von Breitenau in Herzhausen bei Vöhl. In: Rundbrief des Fördervereins Breitenau Nr. 16. Kassel 1997, 47-57.

Richter, Gunnar (Hg): Breitenau. Zur Geschichte eines nationalsozialistischen Konzentrations- und Arbeitserziehungslagers. Mit Beiträgen von Wolfgang Ayaß, Ralf Löber und G. Richter. Kassel 1993.

Schilde, Kurt/Tuchel, Johannes: Columbia-Haus. Berliner Konzentrationslager 1933-1936. Berlin 1990.

Schön, Eberhart: Die Entstehung des Nationalsozialismus in Hessen. Meisenheim am Glan 1972. (=Mannheimer Sozialwissenschaftliche Studien. Hgg. v. Hans Albert, Martin Irle u.a., Band 7).

Schröder, Wilhelm Heinz: Sozialdemokratische Parlamentarier in den deutschen Reichs- und Landtagen 1867-1933. Biographien - Chronik - Wahldokumentation. Ein Handbuch. (=Handbücher zur Geschichte des Parlamentarismus und der politischen Parteien, hrsg. von Rudolf Morsey, Gerhard A. Ritter und Klaus Tenfelde, Band 7) Düsseldorf 1995.

Schüler, Justus: Schulrat des Kreises Hofgeismar. In: Schulrat Heinrich Grupe 80 Jahre. Ein Leben für die Schule. Hrsg. v. der Volkshochschule des Kreises Hofgeismar e.V. Verbindung mit dem Kreislehrerverein. Melsungen 1958, 64 ff.

Schwarz, Gudrun: Die nationalsozialistischen Lager. Überarb. Ausgabe Frankfurt a.M. 1996.

Schwarz, Max :MdR. Biographisches Handbuch der Reichstage. Hannover 1965

Segev, Tom: Die Soldaten des Bösen. Zur Geschichte der KZ-Kommandanten. Aus dem Amerikanischen. Reinbek 1992.

Slenczka, Hans: Die evangelische Kirche von Kurhessen-Waldeck in den Jahren 1933 bis 1945. Göttingen 1977.

So begann es 1933. Naziterror und erster Widerstand in Hanau Stadt und Land. (=Hanauer Hefte, 2). Hrg. v. d. VVN - Kreis Main-Kinzig o.O. o.J.

Sonn, Naftali Herbert und Berge, Otto: Schicksalswege der Juden in Fulda und Umgebung. Fulda 1984.

Sonn, Naftali Herbert: Geschichtliche Wahrheit und Verantwortung - Schicksale der Juden in der Epoche der nationalsozialistischen Herrschaft, besonders in der Stadt Fulda. In: Fuldaer Geschichtsblätter 54 (1978), Nr. 5.

Sösemann, Bernd und Schulz, Michael: Nationalsozialismus und Propaganda. Das Konzentrationslager Oranienburg in der Anfangsphase totalitärer Herrschaft. In: Günter Morsch (Hg.): Konzentrationslager Oranienburg. Berlin 1994, 78-94.

Stokes, Lawrence D.: Das Eutiner Schutzhaftlager. Zur Geschichte des ›wilden‹ Konzentrationslagers Eutin. In: Vierteljahrshefte für Zeitgeschichte 27 (1979), S. 570-625.

Suhr, Elke: Konzentrationslager – Justizgefangenenlager – Kriegsgefangenenlager im Emsland 1933-1945. In: Verfolgung – Ausbeutung – Vernichtung. Die Lebens- und Arbeitsbedingungen der Häftlinge in deutschen Konzentrationslagern 1933- 1945. Hrsg. von Ludwig Eiber. Hannover 1985, 66-89.

Suhr, Elke u. Boldt, Werner : Lager im Emsland 1933-1945. Geschichte und Gedenken. Oldenburg 1985.

Tappe, Joachim: Die Geschichte der Arbeiterbewegung in Witzenhausen. Herausgegeben zum Anlaß des 100-jährigen Bestehens des SPD-Ortsvereins Witzenhausen. Witzenhausen 1984.

Tuchel, Johannes: Konzentrationslager. Organisationsgeschichte und Funktion der »Inspektion der Konzentrationslager« 1934 - 1938. Boppard 1991.

Übel, Rolf: Das Landauer Schutzhaftlager (März bis Juli 1933). In: Heimat-Jahrbuch des Landkreises Südliche Weinstraße 11 (1989), 47-50.

Verzeichnis der Haftstätten unter dem Reichsführer-SS (1933-1945). Konzentrationslager und deren Außenkommandos, sowie andere Haftstätten unter dem Reichsführer-SS in Deutschland und deutsch besetzten Gebieten. Herausgegeben vom ISD. Arolsen 1979.

Vötterle, Karl: Haus unterm Stern. Ein Verleger erzählt. Kassel 1969.

Volksgemeinschaft und Volksfeinde. Herausgegeben von Jörg Kammler und Dietfrid Krause-Vilmar. Band 1: Eine Dokumentation. Band 2: Studien. Kassel 1984 und 1987.

Weber, Hermann: Die Wandlung des deutschen Kommunismus. Band 2 Frankfurt 1969.

Wer war Wer in der DDR? Ein biographisches Handbuch. Herausgegeben von Bernd-Rainer Barth u. a. Frankfurt a.M. 1995.

Wieden, Peter und Feldner, Claus: Niederzwehren wie es früher war. Ein Bilder- und Lesebuch. Gudensberg-Gleichen 1986.

Wiegand, Werner: Sozialdemokraten in Immenhausen. Ein Beitrag zur Geschichte der Arbeiterbewegung. Teil 2. Immenhausen 1990.

Wieland, Lothar: Die Konzentrationslager Langlütjen II und Ochtumsand. Bremerhaven 1992.

Wittfogel, Karl August: Staatliches Konzentrationslager VII. Eine *Erziehungsanstalt* im Dritten Reich. Roman. Mit einem Nachwort von Joachim Radkau. Bremen 1991.

Wollenberg, Jörg: Vom Auswandererlager zum KZ. Zur Geschichte des Bremer Konzentrationslagers Mißler. In: Zwangsarbeit, Rüstung, Widerstand 1931-1945. Beiträge zur Sozialgeschichte Bremens, Heft 5. Hgg. v. Wiltrud Drechsel, Heide Gerstenberger, Christian Marzahn. Bremen 1982, 85-150.

Die folgenden Staatsexamensarbeiten der Universität Gesamthochschule Kassel
sind in der Bibliothek der Universität ausleihbar:

Gruska, Ellen/Nentwig, Monika: Kurt Finkenstein. Ein Leben für die Befreiung der Menschheit (1893-1944) (bei D. Krause-Vilmar) 1984.

Meier, Sigrun: Roland Freisler - Materialien zu einer politischen Biographie.
Staatsexamensarbeit Gesamthochschule Kassel (bei Prof. Dr. Kammler)
1976.

Relke, Jürgen: Justiz als politische Verfolgung. Rechtsprechung des Landgerichts und des Sondergerichts Kassel bei »Heimtücke«-Vergehen und in
»Rassenschande«- Fällen 1933 - 1945 - unter besonderer Berücksichtigung
des »Rassenschandeprozesses« gegen Werner Holländer. Staatsexamensarbeit Gesamthochschule Kassel (bei Prof. Dr. J. Kammler) 1983.

Richter, Gunnar: Der Umgang mit der nationalsozialistischen Zeit – Eine
lokale Studie über ein Verbrechen der Endphase des Zweiten Weltkriegs.
Methoden des Recherchierens. Staatsexamensarbeit Gesamthochschule
Kassel (bei D. Krause-Vilmar) 1981.

Bildnachweise

Bei den Abbildungen ist in der Regel der Nachweis in der jeweiligen Legende
aufgeführt. Im folgenden werden einige bislang nicht aufgeführte Nachweise
nachgetragen:

Seite I: Kurt Finkenstein, Karl Küllmer (Archiv Gedenkstätte Breitenau); Paul
Pickel (Stadtarchiv Frankenberg); Friedrich Herbordt (von privater Seite).
Seite II: Von privater Seite.
Seite III: Fritz Precht, Heinrich Treibert, Karl-August Quer (von privater Seite);
Karl Herrmann [Heimatkalender Kreis Kassel 3 (1952), 95].
Seite IV: Von privater Seite.
Seite V: Karl Ritter, Adam und Elisabeth Selbert (von privater Seite); Rudolf
Freidhof (Die Volksvertretung - Handbuch des Deutschen Bundestags. Stuttgart
1949, 365).
Seite VI: Von privater Seite.
Seite VII: Von privater Seite.
Seite VIII: Die Postkarte entdeckte Gunnar Richter (Gedenkstätte Breitenau) im
Jahre 1997 auf einem Kasseler Flohmarkt. - Das Bild von der Verhaftung Valentin
Gabels (von privater Seite).

Abkürzungen

A.A.- Antifaschistische Aktion
BDC- Berlin Document Center
Bgmstr- Bürgermeister
HHStA Wbdn- Hessisches Hauptstaatsarchiv Wiesbaden
HN- Hessische Nachrichten
HNA- Hessische/ Niedersächsische Allgemeine
HStA Mbg- Hessisches Staatsarchiv Marburg/Lahn
IAH- Internationale Arbeiterhilfe
ISK- Internationaler Sozialistischer Kampfbund
JVA - Justizvollzugsanstalt
KJVD- Kommunistischer Jugendverband Deutschlands
KPD- Kommunistische Partei Deutschlands
KZ - Konzentrationslager
LG - Landgericht
LKPA- Landeskriminalpolizeiamt (Sitz in Berlin)
LR- Der Landrat in ...
LWV Hessen- Landeswohlfahrtsverband Hessen (Sitz in Kassel)
MdI- Der Innenminister
MdL- Mitglied des Landtags
MdR- Mitglied des Reichstags
OLG- Oberlandesgericht
OP- Der Oberpräsident (der preußischen Provinz Hessen-Nassau; Sitz in Kassel)
PP Kassel - Der Polizeipräsident in Kassel
pr- preußisch/e/r
RA- Rechtsanwalt
RdErl.- Runderlaß
RegBez. - Regierungsbezirk
RGBl- Reichsgesetzblatt
RFB- Roter Frontkämpferbund
RGO- Revolutionäre Gewerkschafts-Opposition
RHD- Rote Hilfe Deutschland
RP (Kassel) - Der Regierungspräsident (in Kassel)
SPD- Sozialdemokratische Partei Deutschlands
StA Kassel - Stadtarchiv Kassel

Sacherklärungen

Aktion Gewitter

Die sogenannte »Aktion Gewitter« war eine groß angelegte Verhaftungsaktion im Rahmen des Staatsterrors nach dem 20. Juli 1944. Über 6000 ehemalige Mandatsträger und Abgeordnete aus SPD, KPD, Zentrum und Bayerischer Volkspartei - die Gestapo hatte bereits 1935 mit der Anlage einer Kartei von Personen begonnen, die »im Falle außerordentlicher Ereignisse« sofort verhaftet werden sollten - verschwanden in Gefängnissen und Konzentrationslagern. Vgl.: Ulrike Hett/Johannes Tuchel: Die Reaktionen des NS-Staates auf den Umsturzversuch vom 20. Juli 1944, in: Peter Steinbach/Johannes Tuchel (Hg.) Widerstand gegen den Nationalsozialismus. Bonn 1994, 377-390, hier 382 f.

Antifaschistische Aktion (A.A.)

Die »Antifaschistische Aktion« war ein im Mai 1932 von der KPD unternommener Versuch, die Basis gegen den Nationalsozialismus, den »Kampf gegen den Faschismus« (z.B. durch Einheitsausschüsse, Mieterausschüsse, Erwerbslosenausschüsse, Bauernkomitees u.a.) zu verbreitern. Tatsächlich jedoch konnte diese Verbreiterung (allein schon wegen des Sozialfaschismus-Vorwurfs gegen die SPD) nicht gelingen; die A.A. blieb auf Kundgebungen und Aufrufe des kommunistischen Lagers beschränkt.

Eiserne Front

Die »Eiserne Front« (Drei parallel niederstoßende Pfeile als Zeichen) wurde am 16.12.1931 von SPD, Gewerkschaften und Arbeitersportvereinen gegen den zunehmenden Terror von rechts gegründet. Ihre erste Bewährungsprobe beim Preußenschlag (im Juli 1932) bestand sie nicht; sie war überhaupt der Skrupellosigkeit der Nazibewegung nicht gewachsen. Nach der Zerschlagung der freien Gewerkschaften im Mai 1933 zerfiel der am 7.3.1933 verbotene Verband.

Freidenker

Liberale Bewegung der Aufklärungszeit, die den frei von religiösen und kirchlichen Dogmen Denkenden meint. In der internationalen sozialistischen Arbeiterbewegung kam es seit Beginn des 20. Jahrhunderts zu einer ›proletarischen‹ Freidenkerbewegung (in Deutschland zum ›Bund proletarischer Freidenker‹), die besonders in der Zeit der Weimarer Republik bei Anhängern sozialistischer und anarchistischer Parteien und Gruppen starken Zuspruch fand. Nicht zuletzt ging es dabei auch um die Rolle von Kirche und Religion im öffentlichen Schulwesen.

›Heimtücke‹
Bereits am 21. März sorgte Hitler für eine Verordnung, die für oppositionelle Meinungsäußerungen hohe Strafen androhte. Es handelte sich um die ›Verordnung des Reichspräsidenten zur Abwehr heimtückischer Angriffe gegen die Regierung der nationalen Erhebung. Vom 21. März 1933‹ [RGBl I (1933), 135]. Der § 3 war einer der Willkür und der Denunziation Tür und Tor öffnenden ›Rechts‹-bestimmungen des Hitler-Staates; er blieb bis zum Ende 1945 in Kraft und lautete: »Wer vorsätzlich eine unwahre oder gröblich entstellte Behauptung tatsächlicher Art aufstellt oder verbreitet, die geeignet ist, das Wohl des Reichs oder eines Landes oder das Ansehen der Reichsregierung oder einer Landesregierung oder der hinter diesen Regierungen stehenden Parteien oder Verbände schwer zu schädigen, wird [...] mit Gefängnis bis zu zwei Jahren [...] bestraft.« Im Dezember 1934 wurde diese Verordnung in ein Gesetz überführt und verschärft. Begleitet war die ›Heimtücke‹-Verordnung durch die Bildung von Sondergerichten.

Internationale Arbeiterhilfe (IAH)
Die »Internationale Arbeiterhilfe« war eine von der Kommunistischen Internationalen begründete Organisation, die 1921 einem Aufruf Lenins an die »Werktätigen der Industrieländer« folgend für Hilfe angesichts der Hungerkatastrophe in der Sowjetunion sorgen sollte. Später ging es um Hilfe bei Naturkatastrophen, Wirtschaftskrisen und Massenstreiks.

Internationaler Sozialistischer Kampf-Bund (ISK)
Von dem Göttinger Philosophen Leonard Nelson im Jahre 1925 gegründete Vereinigung überwiegend von der sozialdemokratischen Linken kommender Sozialisten, die mit der Politik der SPD-Parteiführung unzufrieden waren. Der ISK war pädagogisch (z.T. ›lebensreformerisch‹) engagiert (z.B. Minna Specht und das Landerziehungsheim Walkemühle bei Melsungen) und seine Anhänger spielten bei den bildungspolitischen Nachkriegsplanungen in der Londoner Emigration eine bedeutende Rolle. Vgl. Klär, Karl-Heinz: Zwei Nelson-Bünde: Internationaler Jugend-Bund (IJB) und Internationaler Sozialistischer Kampf-Bund (ISK) im Licht neuer Quellen. In: IWK 18 (1982), 310-360.

Kampfbund gegen den Faschismus
Der ›Kampfbund gegen den Faschismus‹ trat an die Stelle des im Jahre 1929 verbotenen ›Roten Frontkämpferbundes‹ (RFB).

Reichsbanner Schwarz-Rot-Gold
Das »Reichsbanner Schwarz-Rot-Gold« wurde am 22.2.1924 in Magdeburg von führenden Funktionären der SPD zum Schutz der parlamentarischen Weimarer

Republik gegründet. Anfang der 30er Jahre gehörten ihm ca. eine Million Mitglieder an, überwiegend Sozialdemokraten, jedoch auch Mitglieder des Zentrums und der Deutschen Staatspartei.

Revolutionäre Gewerkschafts-Opposition (RGO)
Die »Revolutionäre Gewerkschafts-Opposition« war eine Ende der 20er Jahre von Kommunisten in den freien Gewerkschaften gebildete radikale Gegenbewegung zur sozialdemokratischen Gewerkschaftspolitik mit der Tendenz zur Umwandlung in eine eigene Mitgliederorganisation (»Rote Einheitsverbände«).

Rote Hilfe
Die »Rote Hilfe Deutschland« (RHD) wurde am 1.10.1924 von der KPD gegründet (1. Vors. Wilhelm Pieck; ab 1925 Clara Zetkin), um von der Justiz (»bürgerliche Klassenjustiz«) Verfolgten materielle, juristische und moralische Unterstützung zukommen zu lassen. In der Tat war die Justiz im Weimarer Staat auf dem rechten Auge blind, wie die zeitgenössischen (z.b. von Erich Gumbel, Otto Kirchheimer und Erich Fränkel) und spätere Untersuchungen (z.B. von Elisabeth und Heinrich Hannover) deutlich belegen. Die RHD wurde z.B. von Albert Einstein, Käthe Kollwitz, Kurt Tucholsky, Heinrich Zille u.a. unterstützt.

Roter Frontkämpferbund (RFB)
Am 31. Mai 1924 in Halle auf Beschluß des Zentralkomitees der Kommunistichen Partei Deutschlands als Wehrverband gegründet; in ihm waren vor allem ehemalige Soldaten des Weltkriegs zusammengefaßt. Der RFB hatte etwa 150 000 Mitglieder. Er wurde im Jahre 1929 verboten.

Strafbataillone
Als Reaktion auf die hohen und steigenden militärischen Verluste der deutschen Armeen zwang die NS-Führung nicht nur Strafgefangene, sondern auch verurteilte politische Gegner des Regimes als ›Wehrunwürdige‹ in sogenannte ›Bewährungseinheiten‹. Seit Oktober 1942 wurden ›Strafbataillone‹ (als erstes das Strafbataillon 999) aufgestellt. Zahlreiche ›Politische‹ wurden in diese besonders rücksichtslos und schikanös geführten Einheiten einberufen. Vgl. Jörg Kammler: Kasseler Soldaten zwischen Verweigerung und Widerstand. In: Knigge-Tesche, Renate/ Ulrich, Axel (Hg.): Widerstand und Verfolgung in Hessen. Wiesbaden 1996, 525-537 (hier 533 f.).

Register

Westphal, Konrad	282	Wolf, Fritz	283
Weymann, Hermann	123, 132,	Wonhöfer, Bernhard	283
	136, 141, 282	Zanger, Wilhelm	208, 283
Wicke, Christian	116, 133, 223, 282	Zell, Heinrich	88, 283
Wiedmann, Xaver	282	Ziegler, Heinrich	283
Wittfogel, Karl August	112	Ziegner, Karl	283
Wittrock, Christian	86	Zien, Hugo	284
Wittrock, Karl	86	Zien, Wilhelm	284
Wolf, Max	82	Zieres, Otto	284
Wörner, Friedrich	70, 282	Zinn, Georg-August	50, 86
Wörner, Philipp	283	Zufall, Adolf	284

Orte

Städte, Landkreise und Gemeinden, ausgenommen Breitenau, Guxhagen und Kassel, und Orte von Konzentrationslagern (z.B. Buchenwald bei Weimar, Kemna bei Wuppertal) sind berücksichtigt. Staaten, Länder und geographische Bezeichnungen (z.B. Fuldaberg) sind nicht aufgenommen. Aus dem Anhang wurden die Wohnorte (nicht die Geburtsorte) aufgenommen.

Dank

Zahlreichen ehemals als ›Schutzhaftgefangenen‹ in Breitenau unschuldig eingesperrten Menschen und ihren Angehörigen danke ich für die vielfältigen Hilfen, die sie mir gegeben haben. Stellvertretend für alle nenne ich Willi Belz, Bernhard Boczkowski, Friedrich Eisenacher, Rudolf Freidhof, Otto Haferburg, Friedrich Loose, Walter Leng, Hans Minkler, Willi Walberg, Hermann Weymann, den Sohn von Georg Bolte, die Tochter von Friedrich Bente, die Frau von Kurt Finkenstein, die Frau und den Sohn von Georg Kroll, den Sohn von Kurt Pappenheim und die Tochter von Karl Ritter, mit denen allen ich gesprochen habe. Einige von ihnen haben uns Aufzeichnungen, Dokumente und Fotos aus der Zeit 1933/1934 übersandt; auch dafür danken wir sehr.

Dem Landeswohlfahrtsverband Hessen, der Rechtsnachfolger des Kommunalen Bezirksverbandes Hessen geworden ist, möchten wir dafür danken, daß er der Universität Gesamthochschule Kassel die Akten zu wissenschaftlicher Bearbeitung zur Verfügung gestellt hat. Zahlreiche Archive, besonders das Hessische Hauptstaatsarchiv in Wiesbaden (Dr. Volker Eichler als Leiter des Projekts ›Widerstand und Verfolgung in Hessen‹), das Archiv des Landeswohlfahrtsverbandes Hessen in Kassel, das Hessische Staatsarchiv in Marburg und das Stadtarchiv Kassel haben meine Forschungen unterstützt.

Gunnar Richter (Gedenkstätte Breitenau), Heinz Brandt (vormals Stadtarchiv Frankenberg), Michael Dorhs (Regionalmuseum Hofgeismar) und Monika Köberich danken wir für zusätzliche Recherchen, Frank-Roland Klaube (Stadtarchiv Kassel), Dr. Bodo Ritscher (Gedenkstätte Buchenwald-Weimar) für ihre Unterstützung.

Ich kann nicht alle nennen, die durch eine Auskunft oder eine Mitteilung das Zustandekommen dieser Arbeit gefördert haben; im Quellenverzeichnis sind sie namentlich aufgeführt.

Ich danke all denen herzlich, die das Manuskript auf seinem langem Weg hilfreich, kritisch und anregend begleitet haben, besonders Wolfgang Ayaß, Jörg Kammler, Thomas Klein, Gunnar Richter, Florian Tennstedt und Irmtraud Krause-Vilmar. Für Anregungen und Hinweise danke ich ferner Bernt Armbruster, Frau Bambey, Guido Falkner, Johannes Grötecke, Eike Hennig, Dieter Haist, Maili Hochhuth, Manfred Hülsebruch, Hartfrid Krause, Winfried Mogge und Bernd Joachim Zimmer. Elisabeth Krause-Vilmar danke ich für ihre Hilfe bei der Datenerfassung.

Mein Dank gilt auch der Hessischen Staatskanzlei, die die Drucklegung des Buches förderte, und dem Schüren Verlag, der bei der Herstellung kooperativ und fachkundig auf Qualität achtete.

Kassel, im September 1997   *Dietfrid Krause-Vilmar*

318

Nationalsozialismus in Nordhessen
Schriften zur regionalen Zeitgeschichte

Michael Winkelmann
"Auf einmal sind sie weggemacht"
Lebensbilder Arolser Juden im 20.
Jahrhundert
1992. 424 S. 82 Fotos, 208 Dokumente.
Kt. DM 36.-

Günter Steiner
Waldecks Weg ins Dritte Reich
Gesellschaftliche und politische Strukturen
eines ländlichen Raumes während der
Weimarer Republik und zu Beginn des
Dritten Reiches
328 S. Abb. Faksimiles. Kt. DM 30.-

Jürgen Raabe
Zwangsarbeit in der Kurhessischen
Kupferschieferbergbau Sontra 1940-1945.
Erkundungen, Studien und Dokumente.
135 S. Abb. Kt. DM 14.50

Wolfgang Ayaß
Das Arbeitshaus Breitenau
Bettler, Landstreicher, Prostituierte,
Zuhälter und Fürsorgeempfänger in der
Korrektions- und Landarmenanstalt
Breitenau (1874-1949)
402 S. Kt. Abb. DM 30.-

Manfred Klüppel
„Euthanasie" und Lebensvernichtung am
Beispiel der Landesheilanstalten Haina und
Merxhausen
98 S. Kt. DM 9.80

Heither/Matthäus/Pieper
Als jüdische Schülerin entlassen
Erinnerungen und Dokumente zur
Geschichte der Heinrich-Schütz-Schule in
Kassel. 200 S. Abb. Kt. DM 14.50

Gunnar Richter (Hg.): Breitenau
Zur Geschichte eines
nationalsozialistischen Konzentrations-
und Arbeitserziehungslagers
ISBN 3-928172-25-5,
319 S. Abb. Gebunden. DM 20.-

Ewald/Hollmann/Schmidt
Ausländische Zwangsarbeiter in Kassel
1940-1945
Hg. v. Prof. D. Krause-Vilmar. 227 S.
Abb. Kt. DM 15.-

Richard Kallok / Gerhard Walter
Oberkaufungen 1930-1935
Weltwirtschaftskrise und Anfangsjahre der
NS-Herrschaft in einem Arbeiterdorf
ISBN 3-928172-56-5, 120 S. Kt. DM 18.-

Karl Kollmann / Thomas Wiegand
Spuren einer Minderheit
Jüdische Friedhöfe und Synagogen im
Werra-Meißner-Kreis
140 S. 133 Abb. Geb. Fadenheft. DM 25.-

Wim de Vries
Zurück nach Kassel
Die Ballade vom Wahnsinn
Gedichte. Holländisch/deutsch.
Vorw. v. D. Krause-Vilmar
Kt. DM 20.-.

Judith Magyar Isaacson
Befreiung in Leipzig
Erinnerungen einer ungarischen Jüdin
238 S. Kt. DM 24.-

Trude Levi
Eine Katze namens Adolf
192 S. Kt. Fotos. DM 24.-

Bitte fordern Sie unseren Gesamtkatalog an.

VERLAG WINFRIED JENIOR
Lassallestr. 15 - D-34119 Kassel
Tel.: 0561-7391621 oder 0561-17655, Fax: 0561-774148
Internet: http://members.aol.com/Jenior/Menue.html